틸문, 그리고 하늘에 이르는 계단

시친의 지구연대기 II THE EARTH CHRONICLES

틸문, 그리고 하늘에 이르는 계단

제카리아 시친 지음 | 이근영 옮김

AK
Alternative Knowledge

THE STAIRWAY TO HEAVEN

Copyright ⓒ 1999 by Zecharia Sitchin
All rights reserved.

No part of this book may be reproduced or transmitted in any form or by any means without the prior written permission of the author. Korean translation copyright ⓒ 2006 by eMorning Book Pub.

이 책의 한국어판 저작권은 저작권자와의 독점계약으로
도서출판 이른아침에 있습니다. 신저작권법에 의해 한국 내에서
보호를 받는 저작물이므로 무단전재와 복제를 금합니다.

나는 대홍수 이전 시대의
돌 비문에 새겨진
수수께끼 같은 글도
해독할 수 있다.
_아슈르바니팔 왕의 비문 중에서

| 차 례 |

1 낙원을 찾아서
낙원, 영원한 생명의 정원 · 13   생명수를 찾아 떠난 탐험가들 · 15
신들과 함께 영생을 누린 인간들 · 20   생명의 샘을 찾은 모세 · 22
낙원에 도착한 알렉산더 대왕 · 26   생명의 샘을 찾아 떠난 십자군 원정 · 33
영생의 샘물의 열쇠를 쥔 프레스터 요한 · 36

2 영원히 살았던 조상들
신의 아들 알렉산더 · 44   영원한 생명의 비밀을 알았던 사람들 · 51
회오리바람을 타고 하늘로 오른 엘리야 · 58
움직이는 구름을 타고 하늘로 오른 에녹 · 63

3 파라오들의 사후세계 여행
신(神)이 건설한 땅 이집트 · 73   신의 혈통을 이어받은 이집트 왕족들 · 78
다시 살아나는 자, 이집트 파라오 · 81

4 하늘에 이르는 계단
파라오의 사후 여행 · 94   두아트, 신들의 비행장 · 99
하늘에 이르는 계단에 오른 파라오 · 116

시친의 지구연대기 II
THE EARTH CHRONICLES

5 지구로 온 신들

지구를 떠난 인간 · 132   5천 년 전에 지구를 떠난 파라오 · 134
신들의 우주선 사령실, 벤벤 · 138   오벨리스크, 신의 우주선을 재현하다 · 145
구약, 잊혀진 도시들의 역사적 기록 · 151   주시자의 땅, 슈메르 · 161
태양계의 비밀을 알고 있던 수메르인 · 164

6 대홍수 이전의 날들

대홍수 이전의 문명 · 176   수메르를 찾은 아눈나키 · 182
인류 진화의 비밀 · 185   대홍수에서 살아남은 인간들 · 194
대홍수 이전 시대의 구약과 수메르 이야기 · 197   지구를 다스린 네필림들 · 205

7 죽기를 거부한 왕, 길가메시

길가메시 서사시 · 213   길가메시의 여행 · 215
착륙장에 도착한 길가메시 · 228   신들의 미움을 산 길가메시 · 234
살아 있는 자의 땅, 틸문 · 244   젊음의 식물을 찾은 길가메시 · 255

| 차 례 |

8 구름을 타고 다닌 사람들
틸문은 어디에 있는가 · 263   모든 신화와 성경의 원전, 수메르 이야기 · 277
자폰의 정상을 차지하려는 신들의 싸움 · 289   신들의 통신 기지, 자폰의 요새 · 301

9 착륙 장소
최고신들의 경배 장소, 레바논 신전 · 306   레바논 신전의 거대한 석판들의 비밀 · 318
레바논 신전을 만든 이들 · 325   신성한 돌의 정체 · 330

10 틸문, 우주선의 땅
틸문을 찾아 떠난 길가메시의 두 번째 여행 · 340   틸문의 땅, 시나이 반도 · 347
시나이 반도와 틸문의 유사성 · 351   시나이 반도를 지칭하는 다른 이름, 틸문 · 362
다양한 식물의 서식지, 시나이 반도 · 368

11 숨어 있는 산
시나이 산을 찾아서 · 376   진짜 시나이 산은? · 381
출애굽의 경로를 찾아서 · 398   고대 기록 속의 시나이 산 · 408

시친의 지구연대기 II
THE EARTH CHRONICLES

12 피라미드의 비밀
성스러운 측량사들 · 413   대홍수 이후에 세워진 우주선 기지 · 419
대피라미드의 미스터리 · 424   파라오의 시신이 없는 피라미드 · 443

13 위조된 파라오의 이름
풀리지 않는 피라미드의 의문들 · 454   피라미드에 숨겨진 비밀의 방들 · 466
조작된 쿠푸의 피라미드 · 483   조작된 멘카라의 피라미드 · 496

14 스핑크스의 시선(視線)
착륙 좌표로서의 피라미드 · 505   대홍수 이전 신들의 통제 센터, 예루살렘 · 516
북위 30도 선상의 성스러운 도시들 · 530   신성한 안내자 스핑크스의 시선 · 533
하늘에 이르는 계단은 어디에 · 542

참고문헌 · 550

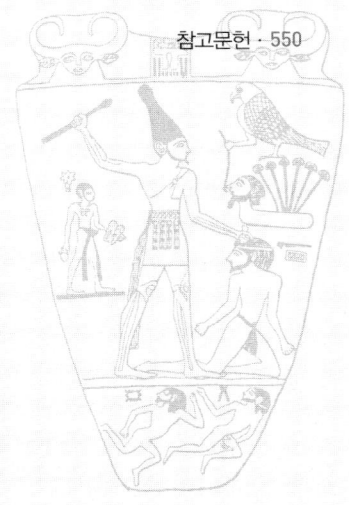

일러두기

1. 본문에 등장하는 성경의 내용은 대한성서공회의 『성경전서(표준새번역)』에 따랐다. 다만 저자가 조금 다른 의미로 해석한 부분은 저자의 해석에 따르고 끝에 *로 표시한 후 필요에 따라 한글 성경 번역 문구를 괄호에 넣어 표기했다.
2. 지명과 인명 등 고유명사는 통상의 표기원칙에 따르되, 아직 통일되지 않은 용어들은 역자가 판단하여 표기했다.

틸문, 그리고 하늘에 이르는 계단

# 1

낙원을 찾아서

| 낙원, 영원한 생명의 정원 |

고대의 기록들에 따르면 인간이 영원히 살았던 때가 있었다고 한다. 그때는 흔히 말하는 '황금시대'로, 인간이 에덴동산에서 하나님과 함께 살며 멋진 과수원을 가꾸었고 하나님은 그곳을 산책하면서 신선한 바람을 즐겼다는 것이다.

> 주 하나님은 보기에 아름답고 먹기에 좋은,
> 열매를 맺는 온갖 나무를 땅에서 자라게 하시고,
> 동산 한가운데는 생명나무와 선과 악을 알게 하는 나무를 자라게 하셨다.
> 강 하나가 에덴에서 흘러나와서 동산을 적시고,
> 에덴을 지나서는 네 줄기로 갈라져서 네 강을 이루었다.

첫째 강의 이름은 비손(Pishon)인데 (…)
둘째 강의 이름은 기혼(Gihon)인데 (…)
셋째 강의 이름은 티그리스(Tigris)인데 (…)
넷째 강은 유프라테스(Euphrates)이다.
_「창세기」 2 : 9~14

아담과 이브는 선과 악을 알게 하는 나무의 열매만 빼고는 모든 나무의 열매를 먹을 수 있었다. 그런데 아담과 이브가 뱀의 유혹에 빠져 선악과를 먹자 하나님은 갑자기 영생(永生)의 문제를 걱정하기 시작한다.

주 하나님이 말씀하셨다.
"보아라, 이 사람이 우리 가운데 하나처럼, 선과 악을 알게 되었다.
이제 그가 손을 내밀어서, 생명나무의 열매까지 따서 먹고,
끝없이 살게 하여서는 안 된다."
그래서 주 하나님은 그를 에덴동산에서 내쫓으시고 (…)
에덴동산의 동쪽에 케루빔(Cherubim, 한글 번역에서는 '그룹')들을 세우시고,
빙빙 도는 불칼을 두셔서,
생명나무에 이르는 길을 지키게 하셨다.
_「창세기」 3 : 22~24

그렇게 인간은 영원한 생명이 있는 곳으로부터 추방당했다. 그러나 그곳에서 쫓겨났다고 해서 그 후로 영원한 생명의 땅을 잊거나, 갈망하지 않거나, 그곳에 가려고 노력하지 않은 것은 결코 아니었다.

낙원에서 인간이 추방당한 후 수많은 영웅들이 영원한 생명을 얻고

자 지구의 구석구석을 샅샅이 찾아 헤맸다. 그중 일부는 실제로 그런 낙원의 근처까지 갔었다고 하며, 보통 사람들 중에서도 낙원을 보았다고 주장하는 사람들이 있었다. 오랜 세월 동안 영원한 생명을 주는 낙원을 찾는 일은 개인적인 모험이었지만, 서기 1000년경부터 그것은 강력한 세력을 갖춘 왕국들의 국가적 목표가 되기도 했다.

| **생명수를 찾아 떠난 탐험가들** |

흔히 우리는 이른바 '신세계(The New World)'가 탐험가들이 인도로 향하는 새로운 항로를 찾던 중에 발견된 것이라고 생각한다. 물론 그런 설명이 일부 사실이기는 하지만 잘 알려지지 않은 또 하나의 주요 계기가 있었다. 사건은 스페인을 단일국가로 통일한 페르난도(Fernando Ⅱ)와 이사벨(Isabel I)의 욕망에서 시작된다. 그들이 가장 찾고 싶어했던 것은 인도의 새로운 항로가 아닌 '영원한 젊음의 샘(The Fountain of Eternal Youth)'이었다. 그 신비한 샘의 물은 노인을 회춘시키고 젊음을 영원히 유지시켜 준다고 알려져 있었는데, 그 이유는 그것이 낙원에 있는 샘에서 솟아 나오기 때문이라는 것이었다.

콜럼버스(Christopher Columbus)와 그의 부하들은 그들이 인도 부근의 섬일 것이라고 믿었던(그래서 '서인도 제도'라고 이름 붙여진) 곳에 도착하자마자 '노인을 다시 젊게 만드는' 전설의 샘을 찾아 나섰다. 또 콜럼버스 이후에 수많은 스페인 탐험가들이 비밀에 감춰진 샘의 위치를 알아내기 위해 현지인들을 심문했으며 심지어 고문까지 했다.

전설의 샘을 찾아 나섰던 사람들 중 가장 유명한 인물은 직업 군인이자 탐험가였던 폰세 데 레온(Juan Ponce de León)이었다. 그는 기사 견습생의 신분에서 현재는 아이티(Haiti) 공화국으로 불리는 히스파니올라(Hispaniola) 섬 일부의 총독 자리까지 오른 인물이었다. 1511년에 그는 생포된 현지인들의 심문을 직접 참관했다. 현지인들은 자신들의 섬에 대해 말하면서 진주와 다른 보물에 대해 털어놓았다. 또 자신들의 섬에 있는 놀라운 효능을 지닌 물에 대해서도 자랑을 늘어놓았다. 그 섬에는 '나이가 많아 노쇠한 노인들'이 마시는 샘이 있다는 것이었다. 그리고 그 샘의 물을 마신 노인들은 '왕성하게 기운이 솟아 남성다움을 발휘했으며 다시 아내를 취해 아이들을 낳았다'는 것이었다.

이미 노인의 길에 접어들었던 폰세 데 레온은 현지인들의 말을 듣고선 흥분을 감출 수 없었다. 그들이 말하는 것이야말로 젊음을 되찾아 준다는 기적의 샘이 분명했기 때문이었다. 그중에서도 특히 그 샘물을 마신 노인들이 '남성다움을 발휘'했고 심지어는 젊은 아내를 다시 얻어 아이까지 낳았다는 부분이 가장 흥미로웠을 것이다. 왜냐하면 당시 스페인 왕궁에는 다른 유럽의 왕궁들과 마찬가지로 위대한 화가들의 걸작들이 걸려 있었는데, 그런 그림들 가운데 사랑이나 성행위가 암시될 경우 젊음을 되찾아 준다는 전설의 샘이 빠짐없이 묘사돼 있었기 때문이다. 그런 그림들 중에서 가장 유명한 것은 스페인 사람들이 인도를 찾아 나섰던 당시에 그려진 티치아노(Vecellio Tiziano)의 〈신성한 사랑과 세속의 사랑 Sacred and Profane Love〉이다. 잘 알려진 것처럼 티치아노의 그림에 그려진 샘의 물은 영원한 젊음을 가져다주어 '남성다움을 발휘'하도록 해주는 것으로, 최고의 성행위와 밀접하게 연관되어 있었다.

폰세 데 레온이 페르난도 왕에게 보고한 내용은 스페인 왕실의 공식 기록에 남아 있다. 그 기록에는 바하마(Bahamas) 군도나 다른 서인도 제도의 원주민들이 '놀라운 효능을 가진 물이 끝없이 흐르는 샘이 있는 섬에 대해 말하고 있는데 (…) 그 물을 마시면 노인이 다시 젊어진다'고 믿고 있다고 적혀 있다. 『폰세 데 레온의 젊음의 샘 : 지리적 신화의 역사 Ponce de León's Fountain of Youth : History of a Geographical Myth』라는 책을 쓴 올시키(Leonardo Olschki)를 비롯한 많은 학자들은 '젊음의 샘이야말로 신세계 정복자들이 가장 찾고자 했던 것'이라고 주장했다. 스페인의 페르난도 왕 역시 그런 기대를 갖고 있었으며 그 샘을 발견했다는 소식을 누구보다도 애타게 기다렸음이 분명하다.

폰세 데 레온의 보고를 전해 들은 페르난도 왕은 잠시도 지체하지 않았다. 페르난도 왕은 1512년 2월 23일자로 폰세 데 레온에게 '발견 특허'를 교부해 히스파니올라 제도 북쪽을 독점적으로 탐험할 수 있는 권한을 주었다. 또 스페인 함대에는 폰세 데 레온이 '젊음의 샘'이 있다는 '베이니니(Beininy)' 혹은 '비미니(Bimini)' 섬을 하루빨리 발견할 수 있도록 최고의 배와 선원을 지원하라고 명령했다. 왕이 폰세 데 레온에게 내건 조건은 한 가지였다. '섬에 도착해서 그 섬에 있는 젊음의 샘을 발견하는 즉시 보고하라.'

1513년 3월에 폰세 데 레온은 비미니 섬을 찾기 위해 히스파니올라 제도 북쪽을 향해 떠났다. 겉으로 드러난 탐험의 목적은 '금과 여러 광물'을 찾는다는 것이었지만, 실제 목적은 '영원한 젊음의 샘'을 찾는 것이었다. 그의 선원들도 바하마 제도의 수많은 섬들을 돌아다니면서 그런 사실을 곧 알게 되었다. 어떤 섬에서건 그들은 금이 아니라 특이한 샘을 찾으라는 명령을 받았기 때문이다. 그들은 섬의 모든 물을 마셔보았다. 그러나 특별한 효능이 있는 물을 발견하지 못했다. 그러던 중 스페인 사람들이 파스카 데 플로레스(Pasca de Flores)라고 부르는 부활절에 폰세 데 레온과 부하들은 기다란 해안선을 발견했다. 폰세 데 레온은 그것을 어떤 섬의 해안선이라고 생각했고 그곳에 플로리다(Florida)라는 이름을 붙였다. 폰세 데 레온의 부하들은 해안선을 따라 항해하며 플로리다의 여러 곳에 상륙해, 짙은 숲을 헤치고 수없이 많은 샘물을 마셨다. 그러나 거기서도 기적의 샘은 찾을 수 없었다.

비록 폰세 데 레온의 탐험이 실패로 끝나기는 했지만 그렇다고 해서 샘이 어딘가에 있다는 확신이 사라진 것은 아니었다. 그것은 아직 발견되지 않았을 뿐이었다. 때문에 보다 많은 현지인들이 체포됐고 심문을 받았다. 그런데 그들 중 일부는 그들이 주장하는 나이보다 훨씬 더 젊어 보였다. 또 어떤 현지인들은 젊음의 샘의 존재를 확신케 하는 전설을 말해 주기도 했다.

커틴(J. Curtin)의 저작 『원시 아메리카의 창조 신화 *Creation Myths of Primitive America*』에 소개된 전설 중 하나를 보면, '위쪽에 앉은 자'인 올렐비스(Olelbis)가 인간을 창조하면서 지구에 두 명의 사자(使者)를 내려 보내 하늘과 지구를 연결하는 사다리를 만들었다고 한다. 그 사자들은 사다리의 중간쯤에 깨끗한 물이 가득한 웅덩이가 있는 쉴 곳을 만들었으며, 사다리의 맨 꼭대기에는 두 개의 샘을 만들었는데, 하나는 마시기 위한 것이었고 다른 하나는 목욕을 위한 것이었다. 올렐비스는 남자나 여자가 나이를 먹어 늙게 되면 그들에게 사다리를 타고 꼭대기로 올라가 샘물의 물을 마시고 목욕을 하도록 시켰고, 그 결과 그들은 다시 젊음을 되찾았다고 한다.

히스파니올라 제도 북쪽의 어딘가에 신비한 젊음의 샘이 존재한다는 믿음은, 폰세 데 레온의 탐험이 실패로 돌아간 바로 다음 해인 1514년에도 교황 레오 10세(Leo X)에게 다음과 같은 보고서가 제출될 정도로 강력했다.

히스파니올라에서 325리그(약 1,600킬로미터) 떨어진 곳에 보유카(Boyuca) 혹은 아나네오(Ananeo)라고 알려진 섬이 있는데, 그 지역을 탐사한 자들에 따르면, 그곳에는 그 물을 마시면 노인을 회춘시키는 놀라운 샘이 있다고 합니다. 교황께서는 이 말을 가볍게 듣지 마시기 바랍니다. 왜냐하면 이런 말을 궁전에 전한 사람들은 모두가 지혜나 재산이 보통 사람들보다 훨씬 풍부한 사람들이며, 그들이 모두 이것을 진실이라고 믿고 있기 때문입니다.

폰세 데 레온도 실패에 굴하지 않고 조사를 계속하여 젊음의 샘은 특정한 강과 함께 찾아야 한다는 결론을 얻었으며, 나아가 젊음의 샘과 그 강은 숨겨진 지하 터널로 연결되어 있을 것이라고 생각했다. 만약 젊음의 샘이 플로리다에 있다면 그것은 플로리다에 있는 어떤 강으로부터 기원했을 것이라고도 추측했다.

1521년에 스페인 국왕은 폰세 데 레온에게 다시 한번 젊음의 샘을 찾는 탐험을 명령했고 이번에는 플로리다가 가장 집중적인 탐사 대상이 됐다. 이번 탐사의 목적은 첫 번째 탐사와는 달리 세상에 공공연하게 알려졌다. 폰세 데 레온의 탐험이 있은 후 불과 몇 십 년 후에 스페인의 역사가인 안토니오 데 에레야(Antonio de Herrera y Tordesillas)가 서인도제도의 역사를 다룬 자신의 저서에서 '폰세 데 레온은 인디언들 사이에 잘 알려져 있던 신성한 샘과 회춘의 효능을 지닌 강을 찾기 위해 탐험을 떠났다'고 기록했기 때문이다. 폰세 데 레온은 쿠바와 히스파니올라의 원주민들이 '거기서 목욕을 하면 다시 젊어질 수 있다고 확신하던' 비미니의 샘과 플로리다의 강을 찾고자 했던 것이다.

그러나 폰세 데 레온은 영원한 젊음을 찾기는커녕 탐험 도중 원주민의 화살에 목숨을 잃고 말았다. 폰세 데 레온 이후에도 영생을 주는 묘약을 찾으려는 사람들의 노력은 계속됐다. 그렇지만 왕실의 명령에 따라 국가적 차원에서 조직적으로 젊음의 샘을 찾는 일은 다시는 되풀이되지 않았다.

그렇다면 젊음의 샘을 찾는 일은 처음부터 헛된 일이었을까? 페르난도와 이사벨, 폰세 데 레온, 그리고 젊음의 샘을 찾아 항해하다가 목숨을 잃은 수많은 사람들은 모두 오래된 전설 같은 이야기를 어리석게 믿었던 바보들이었을까?

최소한 본인들은 그렇게 생각하지 않았던 것이 분명하다. 기독교 구약이나 이교도들의 전승 설화, 그리고 위대한 여행가들의 많은 이야기들이 모두 젊음을 영원히 유지하게 하는 영생을 주는 물이나 감로수가 어딘가에 있다는 것을 확신하도록 만들었기 때문이다.

| 신들과 함께 영생을 누린 인간들 |

당시 유럽 전역에는 그것을 발견하는 자에게 죽음이 면제된다는 비밀스러운 장소나 샘물, 과일 혹은 풀에 대한 오래된 이야기들이 여럿 전해지고 있었다. 그중 한 이야기에는 신성한 시냇가에 살며 금고에 마법의 사과를 보관하고 있다는 이둔(Idunn)이라는 여신이 등장한다. 신들이 나이를 먹으면 이둔에게 찾아가 그녀의 사과를 먹고 다시 젊어진다는 것이다. 실제로 이둔이라는 이름은 '다시 젊어지다'라는 뜻이며, 그녀가 보관하고 있는 사과는 '신들의 불로장생약(Elixir of the Gods)'이라고 불렸다.

이 이야기는 헤라클레스와 그의 유명한 12가지 노역(勞役)을 떠올리게 한다. 아폴론 신을 모시던 여사제는 신탁을 통해 헤라클레스의 고난을 예언한다. 그러나 동시에 '그 모든 고난이 끝나고 나면 너는 영생을 얻은 자' 중 하나가 될 것이라고 헤라클레스를 안심시킨다. 영생을 얻기 위해 헤라클레스가 해야 했던 12가지 일 중 11번째 일은 님프 헤스페리데스(Hesperides)가 지키는 황금 사과를 따오는 일이었다. '저녁의 아가씨들'로 알려진 헤스페리데스는 지구의 끝에 살고 있었다고 한다.

그리스와 로마 인들도 오랜 수명과 젊음을 얻은 많은 인간의 이야기들을 남겼다. 아폴론 신은 사르페돈(Sarpedon)의 몸에 영약을 발라 그가 보통 인간보다 훨씬 더 오래 살도록 만들어 주었다. 아프로디테도 파온(Phaon)에게 향유를 선물했는데, 그것을 바른 파온은 아름다운 청년으로 변해 '레스보스에 사는 모든 여성들의 가슴을 설레게 했다'고 한다. 또 여신 데메테르(Demeter)가 불속에 던져 영생을 주려고 했던 데모폰(Demophon)도 만약 그의 어머니가 데메테르의 의도를 오해하지만 않았더라면 영생을 얻었을지 모른다.

탄탈로스(Tantalos) 역시 신들의 식탁에서 그들의 술과 음식을 먹고 영원히 살게 되었다. 그러나 그는 후에 자기의 아들을 죽여 신들에게 대접한 벌로, 지켜볼 수는 있지만 결코 먹을 수는 없는 감미로운 과일과 물이 가득한 땅으로 유배당하는 벌을 받는다. 신화에 따르면 헤르메스(Hermes)가 그의 아들을 다시 살려 놓았다고 한다. 한편 오디세우스(Odysseus)는 요정 칼립소(Calypso)로부터 그녀와 함께 머무른다면 영생을 주겠다는 제안을 받지만 고향의 아내에게로 돌아가기 위해 영생을 포기했다.

또 평범한 어부였다가 바다의 신이 된 글라우코스(Glaukos)의 이야기도 유명하다. 어느 날 글라우코스는 자기가 잡은 물고기가 어떤 풀잎에 닿자 다시 살아나 물로 돌아가는 것을 본다. 글라우코스도 그 풀잎을 먹고 물고기가 뛰어든 바로 그 자리로 뛰어들었다. 거기서 바다의 신인 오케아노스(Okeanos)와 테티스(Tethys)가 그를 신들의 일원으로 받아들여, 글라우코스는 영생을 얻어 신이 되었다는 것이다.

| 생명의 샘을 찾은 모세 |

콜럼버스가 스페인에서 항해를 시작한 1492년은 무어인들이 그라나다(Granada)에서 항복함으로써 이슬람의 이베리아 반도 점령이 끝난 해이기도 하다. 그 이전까지 이베리아 반도를 놓고 거의 8세기 동안 이슬람과 기독교의 갈등이 계속되면서 두 문화 사이의 교류가 활발하게 이루어졌는데, 그 과정에서 이슬람의 경전인『코란』에 등장하는 물고기와 생명의 샘에 대한 이야기가 이슬람교도들은 물론이고 기독교도들에게도 잘 알려지게 되었다. 그리고 그 이야기의 진실성은 그것이 어부 글라우코스에 대한 그리스의 전설과 거의 같다는 사실로 뒷받침되곤 했다. 또한 전설의 샘이 있는 '인디아'를 찾아 나섰던 콜럼버스도 그 이야기의 영향을 많이 받았던 것으로 알려져 있다.

생명의 샘에 대한『코란』의 이야기는 18번째 '수라(surah, 章)'에 담겨 있다.『코란』의 18번째 장은 구약「출애굽기」의 주인공인 모세가 겪은 여러 가지 신비스러운 일을 다루고 있다. 하나님의 사자(使者)라는 새로운 일을 맡게 되어 그 준비를 하던 모세는 신비스러운 '하나님의 종'을 찾아 그로부터 부족한 지식을 전수받도록 계획되어 있었다. 모세는 시종과 함께 단 하나의 실마리만을 갖고 그 수수께끼 같은 '하나님의 종'을 찾아 나서야만 했다. 모세는 마른 물고기를 갖고 길을 떠났는데, 그 물고기가 다시 살아나 물로 사라지는 곳이 바로 그가 '하나님의 종'을 만나게 될 장소라는 것이었다.

아무런 성과도 없이 오랜 시간 돌아다닌 끝에, 모세의 시종은 모세에게 이제 그만 포기하자고 말한다. 그러나 모세는 '두 강이 만나는 곳'에 이르기 전에는 절대로 포기할 수 없다고 대답한다. 그러다가 그 두 사람도 모르는 사이에 '두 강이 만나는 곳'에서 실제로 기적이 일어난다.

> 그러나 그들이 두 강이 만나는 곳에 이르렀을 때,
> 그들은 물고기에 대해 까맣게 잊어버렸다.
> 물고기는 마치 굴이라도 파고 가듯이
> 물결 사이를 헤치고 갔다.

그런 사실을 모른 채 여행을 계속하던 모세는 시종에게 '아침을 가져오라'고 지시한다. 그제야 시종은 물고기가 없어졌다고 대답한다.

> "우리가 바위로 몸을 피했을 때
> 어떤 일이 일어났는지 보지 못하셨나요?
> 저는 물고기에 대해서는 까맣게 잊고 있었습니다.
> 악마가 제가 주인님께 말씀드리는 것을 잊게 했나 봅니다.
> 물고기는 물결 사이를 멋지게 헤엄쳐 갔습니다."
> 그러자 모세가 말했다.
> "그곳이 바로 우리가 찾던 곳이다."

마른 물고기가 살아나 헤엄쳐 갔다는 『코란』의 이야기는 그리스 신화에서처럼 일반 어부에 대한 것이 아니라, 만인에게 존경받는 모세에게 일어난 이야기다. 【그림1】 더욱이 그것은 우연한 발견이 아니라 생명의 물이 있는 장소에 대해 알고 있던 하나님에 의해 미리 예정된 일이었다.

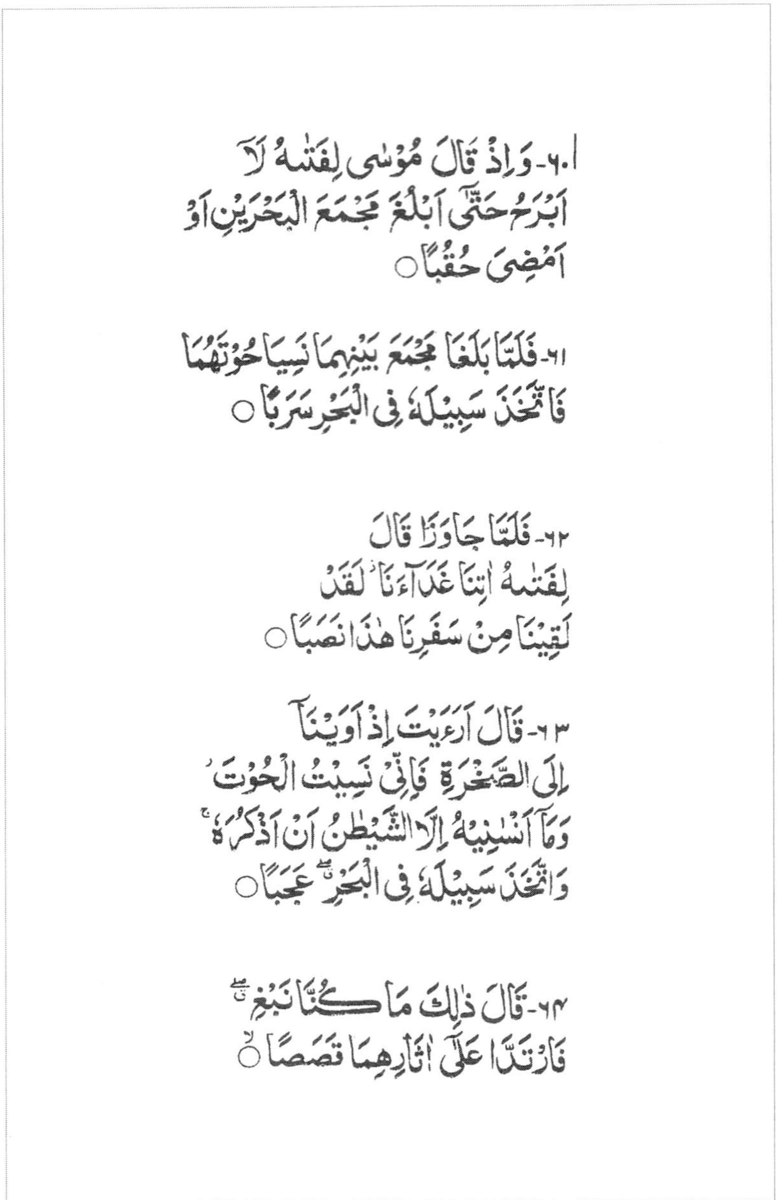

٦٠ - وَإِذْ قَالَ مُوسَىٰ لِفَتَاهُ لَا أَبْرَحُ حَتَّىٰ أَبْلُغَ مَجْمَعَ الْبَحْرَيْنِ أَوْ أَمْضِيَ حُقُبًا ○

٦١ - فَلَمَّا بَلَغَا مَجْمَعَ بَيْنِهِمَا نَسِيَا حُوتَهُمَا فَاتَّخَذَ سَبِيلَهُ فِي الْبَحْرِ سَرَبًا ○

٦٢ - فَلَمَّا جَاوَزَا قَالَ لِفَتَاهُ آتِنَا غَدَاءَنَا لَقَدْ لَقِينَا مِن سَفَرِنَا هَٰذَا نَصَبًا ○

٦٣ - قَالَ أَرَأَيْتَ إِذْ أَوَيْنَا إِلَى الصَّخْرَةِ فَإِنِّي نَسِيتُ الْحُوتَ وَمَا أَنْسَانِيهُ إِلَّا الشَّيْطَانُ أَنْ أَذْكُرَهُ ۚ وَاتَّخَذَ سَبِيلَهُ فِي الْبَحْرِ عَجَبًا ○

٦٤ - قَالَ ذَٰلِكَ مَا كُنَّا نَبْغِ ۚ فَارْتَدَّا عَلَىٰ آثَارِهِمَا قَصَصًا ○

[그림 1] 모세가 마른 물고기로 생명의 샘을 찾은 일화가 담긴 『코란』의 18번째 장의 일부

앞서 언급했던 독실한 기독교인이었던 스페인의 왕과 여왕은 「요한계시록」에 묘사된 다음과 같은 광경을 문자 그대로 믿었을 것이 분명했다.

> 수정과 같이 빛나는 생명수의 강이 (…)
> 하나님의 보좌 (…) 로부터 흘러 나와서
> 도시의 넓은 거리 한가운데를 흘렀습니다.
> 강 양쪽에는 열두 종류의 열매를 맺는 생명나무가 있어서 (…)
> _「요한계시록」 22 : 1~2

또한 그들은 '목마른 사람에게는 내가 생명수 샘물을 거저 마시게 하겠다'거나 '하나님의 낙원에 있는 생명나무의 열매를 주어서 먹게 하겠다'는 「요한계시록」의 약속도 굳게 믿었을 것이다(「요한계시록」 21 : 6, 2 : 7). 그들은 또 「시편」에 나오는 다음과 같은 구절도 잘 알고 있었을 것이다.

> 주의 시내에서 단물을 마시게 하시니,
> 주께는 생명 샘이 있습니다.
> _「시편」 36 : 8~9

따라서 당시에는 기독교의 구약에도 기록돼 있는 생명의 샘이 존재한다는 믿음에 의심의 여지가 없었다. 문제는 그것이 어디에 있으며 어떻게 그것을 발견하느냐 하는 것이었다.

앞서 살펴본 『코란』의 18번째 장은 그 문제에 몇 가지 중요한 실마리를 제공한다. 마른 물고기가 살아서 헤엄쳐 간 내용을 묘사한 후 『코란』은 다른 세 가지 이야기를 전한다. 첫 번째는 해가 지는 땅에 대한 것이며, 두 번째는 해가 뜨는 땅인 동쪽에 대한 것이고, 마지막은 두 번째 땅을 넘어서 곡(Gog)과 마곡(Magog)이 온갖 전대미문의 악행을 저지르고 있는 땅에 대한 것이다. 세 번째 이야기에는 곡과 마곡의 악행을 끝내기 위해서 '두 개의 뿔을 가진 자'라는 뜻의 이름을 가진 영웅 두알카르나인(Du-al'karnain)이 등장한다. 그는 두 개의 높은 산 사이의 협곡을 쇳덩어리로 막고 그 위에 녹인 납을 부어 곡과 마곡 사람들이 감히 서로 넘나들지 못할 거대한 장벽을 만들었다고 한다. 그렇게 갈라진 곡과 마곡 사람들은 더 이상 문제를 일으키지 못했다는 것이다.

카르나인(Karnain)이라는 단어는 히브리어와 아랍어에서 모두 '두 개의 뿔'이나 '두 개의 빛'이라는 뜻을 갖고 있다. 따라서 『코란』에 등장하는 두알카르나인은 곧 모세를 묘사하는 말로 해석할 수 있다. 왜냐하면 시나이 산에서 하나님과 대면하고 내려온 모세의 얼굴은 '빛나고' 있었다고 전해지기 때문에, 모세를 두알카르나인이라는 별칭으로 부른다고 해서 이상할 것이 없다. 그러나 중세 시대에는 『코란』에 등장하는 이 두알카르나인이라는 이름과 그와 연관된 세 개의 땅에 대한 이야기를, 기원전 4세기에 인도까지 아우르는 대제국을 건설했던 알렉산더 대왕과 그의 정복에 연결시켜 해석하곤 했다.

| 낙원에 도착한 알렉산더 대왕 |

모세 대신에 알렉산더 대왕을 끼워 넣은 새로운 해석은 알렉산더 대왕의 제국 건설과 그 과정에서 일어난 여러 가지 모험에 대한 전설에서 비롯된 것이다. 그런 전설에는 알렉산더 대왕이 곡과 마곡의 땅을 평정

했다는 것뿐만 아니라 알렉산더 대왕과 그의 요리사가 생명의 샘을 발견했을 때 죽은 물고기가 살아났다는 것까지도 포함돼 있다.

중세에 유럽과 근동에서 유행하던 알렉산더 대왕에 대한 이야기들은 그리스의 역사가였던 칼리스테네스(Callisthenes of Olynthus)의 저작들에 근거한 것으로 알려져 있다. 칼리스테네스는 알렉산더의 명령에 따라 알렉산더의 아시아 원정 동안에 일어난 모험과 승리를 기록했지만 결국 알렉산더의 심기를 건드려 감옥에서 죽게 된다. 그러면서 그의 기록들은 소리 소문 없이 사라졌다. 그런데 그로부터 수 세기가 지난 후에 유럽에서는 칼리스테네스의 사라진 저작들의 라틴어 번역본이라는 문서들이 나타나기 시작했다. 학자들은 이런 문서들을 '유사 칼리스테네스'라고 불렀다.

그 이후 아주 오랫동안 유럽과 근동 지역에 떠돌아다녔던 알렉산더의 정벌을 기록한 다양한 언어의 번역본들은 라틴어로 된 '유사 칼리스테네스'에 기초한 것으로 여겨져 왔다. 그러나 실제로는 라틴어본의 번역본이 아닌 히브리어, 아랍어, 페르시아어, 시리아어, 아르메니아어, 에티오피아어로 쓰인 원본과 그리스어로 된 원본이 독자적으로 존재한다는 것이 훗날 밝혀졌다. 그중에는 기원전 2세기에 알렉산드리아에서 만들어진 것도 있었다. 이런 서로 다른 판본들은 부분적으로 그 내용이 다른 곳이 있기는 하지만 전체적인 내용이 놀라울 정도로 비슷한 것으로 보아, 하나의 원전에서 비롯된 것으로 볼 수 있다. 즉 실제 칼리스테네스의 원전이 사라지지 않고 이렇게 다양한 형태로 변형된 것일 수도 있고, 혹은 일부 학자들이 주장하는 것처럼 알렉산더 대왕이 그의 어머니 올림피아스(Olympias)와 스승 아리스토텔레스(Aristoteles)에게 보낸 편지의 다양한 복사본일 수도 있다.

여러 가지 판본들을 종합해 보면 알렉산더 대왕의 신비한 모험은 그가 이집트를 정복한 후에 시작된다. 기록만으로는 알렉산더 대왕이 택한 경로가 어디인지도 분명치 않고 다양한 일화들의 정확한 시간적, 공간적 관계도 분명치 않다.

그러나 최초의 일화만 보아도 왜 중세 사람들이 모세와 알렉산더를 혼동했는지가 분명하게 드러난다. 알렉산더도 모세처럼 이집트를 떠났으며, 바닷물을 갈라 자신의 군사들이 걸어서 바다를 건너도록 시도했던 것이다!

바다에 도착한 알렉산더는 바닷물 가운데 납으로 벽을 만들어 바다를 가르려고 했다. 알렉산더의 공병(工兵)들은 '녹인 납이 수면 위로 솟아오를 때까지 그것을 바다에 부었다'. 그리고 '그 위에 탑과 기둥을 세우고 기둥 위에는 머리에 두 개의 뿔이 달린 알렉산더의 상을 세웠다'. 알렉산더는 자신의 상에 '이 근처의 바다를 항해하는 모든 자는 내가 바다를 막았다는 것을 알게 될 것이다'라고 적어 넣었다고 한다.

그렇게 물을 막은 알렉산더와 그의 병사들은 바다를 건너기 시작했다. 그러나 일종의 예방책으로 죄수들을 먼저 보냈다. 죄수들이 바다 한가운데 솟아난 탑에 이르자 '죄수들 위로 파도가 덮쳤고 그들을 모두 삼켜 버렸으며, 두 개의 뿔이 난 자는 그것을 보고 바다의 엄청난 힘에 전율했다'. 알렉산더는 결국 모세를 흉내 내는 것을 포기했다.

그러나 알렉산더는 바다 건너편의 '암흑의 땅'을 탐험하는 것을 단념하지 않고 계속 우회로를 탐사했으며, 그 과정에서 유프라테스 강과 티그리스 강의 근원을 찾아 '하늘과 별, 그리고 행성들의 비밀'을 연구하기도 했다.

결국 알렉산더는 병사들을 남겨 놓고 몇몇 측근들만 대동한 채로 암흑의 땅을 향해 가다가 사막의 끝에 있는 '무샤스(Mushas)'라는 산에 도달한다. 거기서 며칠을 더 가서 알렉산더는 '막힌 곳도 없고 아주 평평한, 곧게 뻗은 길'을 만나게 된다. 알렉산더는 이번에는 측근들까지 떼어 놓고 혼자서 그 길을 따라간다. 12일 낮과 밤을 걸어간 끝에 알렉산더는 '천사의 광채를 느낀다'. 그러나 보다 가까이 가자 천사의 모습은 '화염'인 것으로 드러난다. 알렉산더는 그제야 자신이 '세상을 둘러싸고 있는 산'에 이른 것을 깨닫는다.

그런데 '화염'으로 현화한 천사도 알렉산더를 보고 상당히 놀란다. 천사는 '인간아, 너는 누구며 도대체 왜 여기에 왔느냐'면서 '지금까지 어떤 인간도 와 보지 못한 어둠의 땅에 어떻게 들어올 수 있었느냐'고 묻는다. 알렉산더는 신이 자신을 인도했으며 자신에게 '지상의 낙원인 이곳에 도달할 힘'을 주었다고 답한다.

고대의 저자는 독자들에게 땅 밑으로 난 통로를 통해 지옥이 아니라 낙원으로 갈 수 있다는 사실을 확신시키기 위해, 알렉산더와 천사 사이에 있었던 신과 인간의 문제에 대한 긴 대화를 소개한다. 먼저 천사는 알렉산더에게 인간 친구들에게 돌아갈 것을 종용한다. 그러나 알렉산더는 하늘과 땅, 신과 인간의 문제에 대한 답을 요구하다가, 지금까지 어떤 인간도 가져 보지 못한 것을 자신이 얻게 된다면 돌아가겠다고 말한다. 천사는 알렉산더의 요구를 받아들여 '네가 평생 죽지 않을 방법을 말해 주겠다'고 한다. 알렉산더는 '그렇게 해달라'고 요청한다. 천사가 알렉산더에게 전해 준 비밀은 다음과 같다.

아라비아의 어떤 곳에 신은 완전한 암흑의 어둠을 두셨고 거기에 지식의 보고를 감췄다. 거기에는 또 '생명의 물'이라고 불리는 샘물도 있는데, 누구든

지 그것을 한 모금만 마셔도 결코 죽지 않는다.

천사는 그 생명의 물이 '천사처럼 하늘을 날게 만드는 힘'도 갖고 있다고 말한다. 알렉산더는 '도대체 지구의 어느 곳에 그런 샘물이 있느냐'고 묻는다. 그러나 천사는 '그러한 지식의 계승자들에게 물어보라'는 수수께끼 같은 답만을 준다. 그리고 마지막으로 알렉산더에게 포도 한 송이를 주면서 부하들에게 먹이라고 한다.

부하들에게 돌아온 알렉산더는 자기가 겪은 일을 전했고, 그들에게 포도 한 알씩을 주었다. 그러나 '알렉산더가 포도 한 알을 뽑을 때마다 그 자리에 새 포도알이 열렸다'. 결국 알렉산더는 포도 한 송이로 부하들 전부와 말까지 먹일 수 있었다고 한다.

알렉산더는 생명의 샘을 찾고자 자신이 알고 있는 모든 현자들을 찾아 나선다. 알렉산더는 그들에게 '혹시 그들이 읽었던 책에서 신이 지식의 보고를 감추어 놓은 어둠의 장소에 대해 읽어 본 적이 있는지, 그리고 거기에 있다는 생명의 샘에 대해 들어 본 적이 있는지'를 묻는다. 그리스 판본에 따르면 알렉산더는 답을 알고 있는 현자를 찾아 지구 끝까지 갔었다고 한다. 그러나 에티오피아 판본에 따르면 알렉산더가 찾던 현자는 바로 알렉산더의 부하들 중에 있었다. 마툰(Matun)이라는 이름의 그는 고대의 기록에 대해 잘 알고 있었다. 그는 그 장소가 '해가 오른쪽에서 뜰 때 해가 뜨는 장소 근처에 있다'고 말한다.

정보라고 할 것도 없는 이런 수수께끼 같은 말로 무장한 채, 알렉산더는 마툰과 함께 생명의 샘을 찾아 어둠의 장소로 간다. 그러나 여행이 길어지면서 피곤해진 알렉산더는 마툰을 먼저 보내 길을 찾게 한다. 알렉산더는 마툰이 어둠 속에서도 잘 볼 수 있도록 돌 하나를 건네주는데,

그 돌은 신들 사이에서 살던 고대의 왕이 알렉산더에게 준 것이었다. 그 돌은 아담이 에덴동산을 떠날 때 거기서 갖고 나온 것으로 지구상의 어떤 돌보다도 무거웠다고 한다.

조심스럽게 길을 찾아가기는 했지만 마툰은 결국 길을 잃고 만다. 그때 마툰이 알렉산더로부터 받은 돌을 꺼내 땅 위에 놓자 그 돌이 환하게 빛을 발했다. 주변이 밝아지자 샘 하나가 모습을 드러냈다. 그러나 마툰은 그것이 생명의 샘이라는 사실을 깨닫지 못했다. 에티오피아 판본은 그 이후에 일어난 일을 다음과 같이 묘사하고 있다.

> 마툰은 그때 말린 물고기 한 마리를 갖고 있었다. 몹시 배가 고팠던 그는 그것을 잘 씻어서 요리할 생각으로 샘으로 갔다. (…) 그런데 말린 물고기가 물에 닿자마자 살아나 헤엄을 치는 것이었다.
> 그것을 본 마툰은 옷을 벗고 물고기를 따라 물속으로 들어갔다.

그 샘이 자신이 찾던 바로 그 '생명의 샘'이라는 것을 깨달은 마툰은 즉시 그 물로 목욕을 하고 물을 마시기도 했다. 샘물 밖으로 나왔을 때 마툰은 배도 고프지 않았고 아무런 세속적인 걱정도 없는 사람이 되었다. 그는 영원히 젊은 '엘키드르(El-Khidr)', 즉 '불후의 사람'이 되었던 것이다.

그러나 알렉산더에게로 돌아온 마툰은 자기가 발견한 것에 대해 아무 말도 하지 않는다. 결국 알렉산더는 직접 길을 찾아 나선다. 어둠 속에서 길을 가던 알렉산더는 마툰이 버려 놓은 돌이 '환하게 빛나고 있는 것을 보았는데, 그 돌에서는 두 줄기 빛이 뿜어져 나왔다'. 제대로 길을 찾았다고 생각한 알렉산더는 계속 나아갔다. 그런데 어둠 속에서 누군가가 알렉산더의 커져 가기만 하는 야망을 꾸짖으면서, 영생을 얻기는커녕 곧 죽게 될 것이라고 예언하는 목소리를 듣게 된다. 겁에 질린 알렉산더는 생명의 샘을 찾는 일을 포기하고 자기의 부하들에게로 돌아온다.

또 다른 판본에 따르자면, 알렉산더가 '사파이어와 에메랄드 그리고 히아신스(hyacinth, 붉은색과 노란색 계통의 지르콘 보석의 변종으로 풍신자석風信子石이라고도 함-옮긴이)로 장식된' 장소에 이르렀을 때 그에게 돌아가도록 경고한 것은 사람의 얼굴을 한 새〔鳥〕였다고 한다. 또한 알렉산더가 자기 어머니에게 보냈다는 편지에는 알렉산더의 길을 막은 것이 두 명의 새-인간〔鳥人〕이었다고 쓰여 있다.

그리스 판본 중 하나에 따르면, '빛처럼 번쩍이는 물'이 있던 샘에 마른 물고기를 가져가서 씻으려고 했던 것은 마툰이 아니라 알렉산더의 요리사였던 안드레아스(Andreas)였다고 한다. 안드레아스가 가져간 마른 물고기가 샘물에 닿자마자 곧바로 살아나 그의 손에서 빠져나갔다. 자신이 발견한 것이 생명의 샘임을 알게 된 안드레아스는 그 물을 마신 후 은으로 된 잔에 물을 담아 간직했지만, 아무에게도 그 사실을 말하지 않았다. 이 판본에 따르면, 360명의 부하들을 대동했던 알렉산더는 이 사실을 모른 채 계속 행군하다가, 태양도 달도 별도 없지만 이상하게도 밝은 곳에 이르게 된다. 그런데 그곳으로 들어가는 길은 사람의 얼굴을 가진 두 명의 새-인간이 막고 있었다.

그중 한 명이 알렉산더에게 '네가 서 있는 곳은 신들에게만 허락된 곳이니 돌아가라. 미천한 인간아, 돌아가라. 너는 축복받은 땅에 발을 들여놓을 수 없다'고 말한다. 공포에 질린 알렉산더와 그의 부하들은 그곳을 떠나지만 그곳의 흙과 돌을 기념품으로 간직한다. 그들은 그로부터 며칠을 행군한 후에야 비로소 영원한 밤의 땅을 빠져나온다. 그런데 빛이 있는 곳에 나와서 살펴보니 그들이 '흙과 돌'이라고 생각하고 가져온 것이 사실은 진주와 보석 그리고 금 덩어리들이었다.

그제야 요리사 안드레아스는 알렉산더에게 마른 물고기가 살아난 샘물에 대해 이야기한다. 그러나 자신이 그 샘의 물을 마셨고 그중 일부를 간직하고 있다는 사실은 여전히 비밀로 한다. 화가 난 알렉산더는 그를 때린 후 쫓아낸다. 그런데 마침 알렉산더의 딸과 사랑에 빠져 있던 안드레아스는 혼자 떠나기가 싫어서 그녀에서 비밀을 털어놓고 자신이 간직하고 있던 마법의 물을 마시게 한다. 이 모든 사실을 알게 된 알렉산더는 자신의 딸까지 쫓아낸다. 알렉산더는 딸에게 '너는 영원히 살게 되었으므로 신적인 존재가 되었다. 따라서 인간들 사이에서는 살 수 없으니 축복받은 자들의 땅에 가서 살라'고 말한다. 그리고는 요리사 안드레아스를 죽여 그의 목에 돌을 매달아 바다에 던져 버렸다. 그러나 안드레아스는 죽지 않고 살아나 안드렌틱(Andrentic)이라는 바다 괴물이 된다. 그렇게 '요리사와 처녀의 이야기'는 끝이 난다.

| 생명의 샘을 찾아 떠난 십자군 원정 |

중세 유럽의 왕들에게 자문을 해주던 현자들에게는, 알렉산더 대왕과 생명의 샘에 대한 이렇게 다양한 이야기들이 있다는 사실이 생명의 샘 이야기가 진실이라는 확신을 더 분명하게 심어 주는 계기가 되었다. 이제 문제는 도대체 그 생명의 샘이 어디에 있느냐 하는 것이었다.

그것은 이집트 국경지대를 건너 모세가 활동했던 지역인 시나이 반도 어딘가에 있는 것일까? 아니면 유프라테스 강과 티그리스 강이 시작되는 시리아의 북부 지역 어딘가에 있는 것일까? 알렉산더는 그것을 지구의 끝이라고 여겼던 인도에서 찾았던 것일까? 아니면 알렉산더가 지구의 끝으로부터 돌아와 다시 떠난 원정에서 발견한 것일까?

중세의 학자들이 생명의 샘의 위치에 대한 실마리를 찾기 위해 노력하고 있을 때, 기독교 세계에서 나온 새로운 작품들에 의해 그 샘이 인도에 있을 것이라는 의견이 우세해졌다. 라틴어로 쓰인 『낙원으로 간 알렉산더 대왕 *Alexander Magni Inter Ad Paradisum*』과 같은 작품들은 어둠의 땅 혹은 어둠의 산이 지구의 끝에 있는 것으로 간주했다. 또 그 중 일부 글에서는 알렉산더가 갠지스 강에서 배를 탔는데, 그곳은 구약에 나오는 비손(Pishon) 강이라고 주장하기도 했다. 그리고 그곳, 즉 인도 혹은 인도 연안의 한 섬에서 알렉산더가 생명의 샘이 있는 천국의 문에 도달했다는 것이다.

생명의 샘이 있는 곳이 인도일 것이라는 주장이 중세 유럽에서 설득력을 얻는 동안 전혀 예상치 못했던 출처에서 이 문제에 대한 새로운 실마리가 제공됐다. 1145년에 독일 프라이징(Freising)의 주교였던 오토(Otto)는 자신의 『연대기 *Chronicon*』라는 책에서 아주 놀라운 편지를 소개했다. 그 편지는 그전까지는 전혀 알려지지 않았던, 기독교를 믿는 인도의 어떤 왕이 교황에게 보낸 것으로, 그 편지에서 그는 낙원의 강이 실제로 자신의 영토에 있다고 주장했다는 것이다.

오토 주교는 자신의 주장에 신빙성을 더하기 위해, 교황에게 그 편지를 직접 전달한 사람이 지중해 연안에 있는 시리아의 도시인 게발(Gebal)의 주교 휴(Hugh)였다는 정보까지 구체적으로 밝혔다. 편지를 쓴 인도의 기독교 지도자는 '존 더 엘더(John the Elder)' 혹은 '프레스터 요한(Prester John, 사제 요한)'으로 불렸다. 그는 어린 예수를 방문했다는 동방박사들(Magi) 중 한 사람의 후손이며, 페르시아의 이슬람 왕들을 물리쳤고 지구의 끝에 있는 땅에 번창하는 기독교 왕국을 건설한 인물로 알려졌다.

현재는 많은 학자들이 오토 주교가 주장한 편지와 관련된 모든 것이 기독교 선전을 위한 일종의 사기극이었다고 생각한다. 그러나 몇몇 학자들은 교황에게 전달된 편지의 기록은 실제로 일어났던 일이 왜곡된 것이었을 뿐이라고 본다. 오토 주교가 그 편지의 존재를 밝히기 1년 전인 1144년, 기독교 세계는 팔레스타인을 포함한 기독교 성지에 대한 이슬람의 점령에 대항해 십자군을 일으킨 지 50년 만에 에데사(Edessa)에서 이슬람 군으로부터 치명적인 패배를 당한 상태였다. 그런데 중앙아시아에서는 몽골이 이슬람 제국을 침입해 들어오면서 1141년에 이슬람 왕인 산자르(Sanjar)를 격퇴하는 일이 있었다. 이 소식이 지중해 연안 도시들에 전해지면서 마치 지구의 다른 쪽에서 기독교 왕이 일어나 이슬람을 패배시킨 것처럼 각색된 것이라는 설명이다.

1095년에 시작된 제1차 십자군 원정의 목표에는 영원한 젊음의 샘 혹은 생명의 샘을 찾는 일이 포함되어 있지 않았지만, 그 이후의 십자군 원정에서는 그것이 분명히 포함되어 있었다. 왜냐하면 1145년에 오토 주교가 '프레스터 요한'과 그의 왕국에 있는 천국의 강에 대해 소개하자마자 교황은 십자군 활동의 재개를 공식적으로 선언했기 때문이다. 그로부터 2년 뒤인 1147년에 독일의 콘라트 3세(Konrad Ⅲ) 황제는 유럽의 많은 영주와 귀족들을 규합해 제2차 십자군 원정을 시작한다.

제2차 십자군 원정대가 우여곡절을 겪고 있는 동안 프레스터 요한이 원정대에 협력을 약속했다는 소문이 온 유럽에 퍼졌다. 당시의 궁중 기록들에 따르면, 프레스터 요한은 1165년에 비잔틴 황제와 신성 로마 제국의 황제 그리고 다른 많은 유럽의 왕들에게 편지를 보내 그가 자신의 군대와 함께 성지(Holy Land)로 진군할 것을 선언했다고 한다. 이 과정에서 그의 왕국은 다시 한번 천국의 강과 천국의 문이 위치한 멋진 곳으로 묘사되었다.

그러나 프레스터 요한의 이런 약속은 실현되지 않았다. 유럽에서 인도로의 길은 열리지 않았다. 한편 십자군 원정은 13세기 말에 이르러 이슬람교도들에게 최후의 패배를 당해 끝나고 만다.

하지만 십자군 원정의 흥망성쇠와 관계없이 인도에 생명의 샘이 있다는 믿음은 더욱 굳건해졌고 점점 더 널리 퍼져 나갔다.

| 영생의 샘물의 열쇠를 쥔 프레스터 요한 |

12세기 말에 알렉산더 대왕의 모험에 대한 또 다른 새로운 이야기가 온 유럽에 퍼지기 시작했다. 그것은 '알렉산더의 모험담(Romance of Alexander)'이라는 제목으로 알려졌는데, 두 명의 프랑스인들이 라틴어로 된 '유사 칼리스테네스'와 당시에 돌아다니던 알렉산더 대왕에 대한 다른 전승되는 이야기들에 기초해 만들어 낸 것으로 훗날 밝혀졌다. 그러나 당시 유럽의 군인과 기사 그리고 도시 사람들에게는 그 이야기의 작가나 출처가 중요한 것이 아니었다. 왜냐하면 그 이야기는 신비한 땅에서 알렉산더가 겪은 모험을 머릿속에 생생하게 그려 볼 수 있도록 해 주었기 때문이다.

그 안에는 세 개의 놀라운 샘에 대한 이야기도 들어 있었다. 세 개의 샘은 각각 노인을 젊게 만들어 주고, 영생을 주고, 죽은 자를 살려 낸다고 전해졌다. 또 그 세 개의 샘은 각각 다른 곳에 위치하고 있는데, 서아시아의 티그리스 강과 유프라테스 강이 있는 지역, 아프리카의 나일 강 지역, 그리고 인도의 갠지스 강 지역이 그곳들이라는 것이었다. 그리고 그 강들이 바로 구약에서 말하는 에덴동산의 네 강이며, 비록 각기 다른 땅을 흐르기는 하지만 모두 에덴동산에서 기원한다는 것이었다.

『알렉산더의 모험담』에 따르면 알렉산더와 그의 부하들이 찾은 것은 그중에서 인도에 있는 젊음을 되찾아 주는 샘이었다고 한다. 그리고 알렉산더의 부하들 중 56명의 노인들이 그 '젊음의 샘물을 먹고 나서 30대의 모습을 회복했다'고 전한다. 『알렉산더의 모험담』이 여러 나라 말로 번역되어 널리 퍼지면서 이 부분에 대한 묘사가 더욱 구체적으로 더해져, 어떻게 늙은 병사들의 모습이 변했고 남성으로서의 기능이 강화되었는지에 대한 설명도 곁들여졌다.

그러나 문제는 적대적인 이슬람교도들이 가로막고 있는 인도에 있다는 이 샘에 어떻게 갈 수 있는가 하는 것이었다.

여러 명의 교황이 '탁월하고 훌륭한 인도의 왕이자 예수의 사랑하는 아들'인 수수께끼 같은 프레스터 요한에게 연락을 취하려고 시도했다. 1245년에 교황 인노켄티우스 4세(Innocentius Ⅳ)는 몽골인들이 동방정교의 한 지파인 네스토리우스교(Nestorian)에 속하며 몽골의 지도자인 칸(Khan)이 바로 프레스터 요한일 것이라고 생각하고, 피안 델 카르피니(Giovanni da Pian del Carpini)라는 수사(修士)를 남부 러시아를 통해 칸에게 보낸다. 또 1254년에는 아르메니아의 성직자 겸 왕이었던 하이톤(Hayton)이 위장을 하고 터키 동부 지역을 가로질러 러시아 남부에 있던 몽골 추장의 진영에 가기도 했다. 하이톤의 모험에 대한 기록을 보면 그는 카스피 해 연안의 '쇠로 된 문(The Iron Gates)'이라고 불리는 좁은 협곡을 지났다고 하는데, 하이톤의 행로가 협곡을 막기 위해 녹인 쇠를 부었다고 전해지는 알렉산더 대왕의 이야기와 흡사했기 때문에 지구의 끝에 천국의 문이 분명히 있을 것이라는 당시 유행하던 추측을 더욱 강화시켰다.

프레스터 요한의 왕국을 찾기 위한 교황과 왕들의 이런 시도는 니콜로 폴로(Nicolo Polo)와 마페오 폴로(Maffeo Polo) 형제나, 니콜로 폴로의 아들 마르코 폴로(Marco Polo), 그리고 독일 볼덴젤레(Boldensele) 지역의 기사 빌리암과 같은 개인적인 모험가들에 의해 이어졌다.

이런 모험가들의 여행기는 교회나 유럽 왕실들의 생명의 샘에 대한 관심을 유지시켰다. 그러다가 14세기 중반에 출판된 한 권의 책이 생명의 샘과 낙원의 땅에 대한 대중적인 관심을 다시 한번 불러일으켰다. 그 책의 저자는 자신을 영국의 세인트 올번스(St. Albans)에서 태어난 '기사 존 맨더빌(Sir John Mandeville)'이라고 소개하면서, 자기가 '예수의 해 1322년에 바다로 여행을 떠났다'고 말한다. 그로부터 34년 후에 여행을 마치고 『기사 존 맨더빌 경의 항해와 여행 *The Voyage and Travels of Sir John Mandeville, Knight*』이라는 책을 쓴 그는 자신이 '성지와 예루살렘, 위대한 칸(Khan)과 프레스터 요한의 땅, 그리고 인도와 다른 많은 나라들'을 여행했다고 기록했다.

'프레스터 요한의 영토'라는 제목이 붙은 27장에서 그는 다음과 같이 적고 있다.

> 황제인 프레스터 요한은 대단히 넓은 영토를 갖고 있으며, 그의 영토 안에는 많은 훌륭한 도시와 마을 그리고 거대한 섬들이 있다. 또 낙원으로부터 흘러나온 거대한 강들이 인도의 전체 영토를 여러 섬으로 나누고 있으며 (…) 땅은 비옥하고 풍성하다. (…) 프레스터 요한의 땅에는 많은 보석이 있어서 사람들이 그것으로 크고 작은 접시와 잔 같은 것들을 만들어 쓴다.

맨더빌은 계속해서 낙원의 강에 대해서도 묘사한다.

프레스터 요한의 땅에는 자갈의 바다(Gravelly Sea)라고 불리는 바다가 있다. 그 바다에서 사흘 거리에 거대한 산맥이 있는데, 그곳으로부터 낙원에서 시작한 거대한 강이 흘러나온다. 그 강에는 물은 한 방울도 없으며 보석으로 가득 차 있다. 그 강은 사막을 가로질러 흘러 강줄기가 끝나는 곳에서 자갈의 바다에 이른다.

낙원의 강을 건너면 거기에는 '길고 넓은 밀스터락(Milsterak)이라는 거대한 섬'이 있는데 그곳이 지상의 낙원이다. 그곳에는 '인간이 상상할 수 있는 가장 아름다운 정원이 있으며 그 안에는 온갖 종류의 열매를 맺는 나무들과 다양한 효능과 냄새를 지닌 수많은 풀이 자란다'. 맨더빌은 여기에 덧붙여, 이 낙원에는 멋진 궁전과 방들이 있는데 그것들은 모두 부유하고 사악한 한 남자가 만든 것으로, 다양한 성적 쾌락을 만족시키기 위한 것이라고 말한다. 보석과 같은 귀한 물건에 대한 이야기로 독자들의 상상력과 탐욕을 자극한 후, 이어서 남성들의 성적 욕구를 자극하고 있는 것이다.

맨더빌의 기록에 따르면 그곳은 '15살 이하의 처녀들 중 가장 아름다운 처녀들과, 비슷한 또래의 미소년들로 가득 차 있었으며, 그들은 금으로 된 화려한 옷을 입고 있었는데, 사악한 남자는 그들을 천사라고 불렀다'고 한다. 또 그 사악한 남자는,

세 개의 맑고 고귀한 샘을 만들었는데, 모두 옥과 수정으로 둘러싸여 있었으며 금과 각종 보석으로 장식되어 있었다. 그리고 그는 땅 밑으로 도랑을 만들

어 세 개의 샘에서 우유나 포도주 혹은 꿀이 흐르도록 만들었다. 그는 그 땅을 낙원이라고 불렀다.

그 사악한 남자는 '용감하고 훌륭한 기사들'을 그 땅으로 유혹해서 마음껏 즐기게 한 후에 자신의 적들을 죽이도록 종용했다. 또한 그 기사들에게 그들이 죽는다 해도 다시 살아나 영원히 젊음을 유지할 수 있기 때문에 죽음을 두려워할 필요가 없다고 말했다고 한다.

만약 전장에서 죽는다면 그 기사들은 사악한 남자의 낙원으로 돌아와서 어린 처녀들과 같은 나이가 되어 그녀들과 즐기게 될 것이다. 그 후에 기사들은 더욱 아름다운 천국으로 가게 될 것이며, 거기서 장엄하고 자비로운 자연의 신을 직접 보게 될 것이라는 주장이었다.

맨더빌은 그러나 그곳이 구약에서 말하는 낙원은 아니라고 했다. 그는 자신의 책 30장에서 구약의 낙원은 알렉산더 대왕이 여행했던 섬과 땅 너머에 있다고 주장했다. 그리고 그곳에 이르기 위해서는 지구의 동쪽 끝으로 가야 하는데, 그 길은 '홍해가 대양과 분리되는 곳에 위치한' 금과 은의 광산이 가득한 두 개의 섬을 향하고 있다고 말한다.

> 그리고 그 섬들을 지나 프레스터 요한이 다스리는 사막을 건너 동쪽으로 똑바로 계속 가다 보면 산과 거대한 돌만이 있는 어둠의 지역에 이르게 되는데, 낮이건 밤이건 아무것도 볼 수 없는 곳이다. (…) 그리고 그 황량한 어둠의 땅은 인간의 조상인 아담과 이브가 처음 살던 지상 낙원까지 이어져 있다.

그리고 낙원의 강은 그곳으로부터 흘러나온다.

낙원의 가장 높은 곳의 한가운데에는 네 개의 물줄기를 만들어 내는 샘이 있다. 첫 번째 강은 비손(Pison) 혹은 갠지스(Ganges)라고 불리는데 인도 혹은 엠락(Emlak) 지방을 흐르며, 그 강 안에는 수많은 보석과 생명의 수액 그리고 사금이 가득 차 있다. 두 번째 강은 나일(Nile) 혹은 기손(Gyson)이라고 불리며 에티오피아와 이집트 땅을 흐른다. 세 번째 강은 티그리스인데 대 아르메니아와 아시리아 지역을 흐른다. 마지막 강은 유프라테스이며 메디아와 아르메니아, 페르시아를 지난다.

자신도 구약에 나오는 이 에덴동산에는 이르지 못했다고 고백하면서 맨더빌은, '어떤 인간도 신의 특별한 은총이 없이는 그곳에 접근할 수 없기 때문에 그곳에 대해 더 이상 말할 수 없다'고 기록했다.

그러나 맨더빌의 이런 고백에도 불구하고 영어 원본을 번역한 다른 수많은 번역서들에서는 마치 맨더빌이 '나 존 맨더빌은 그 샘을 보았으며 내 동료들과 함께 세 번이나 물을 마셨고 물을 마신 후에는 아주 기분이 좋았다'고 쓴 것처럼 되어 있다. 영어 원본에서 맨더빌이 류머티즘 통풍으로 고생하고 있다고 말한 사실이나 그가 거의 죽음에 이르렀다고 적은 부분은 보다 환상적인 이야기에 열광하던 사람들에게는 별로 문제가 되지 않았던 것으로 보인다. 또 현대의 학자들이 밝혀낸 것처럼, 존 맨더빌이라는 사람은 실제로는 한 번도 여행을 해본 적이 없는 프랑스인 의사로, 그가 먼 지역을 여행한 다른 사람들의 여행기를 편집해서 책을 썼다는 사실도 별로 문제가 되지 않았다.

로젠블라트(Angel Rosenblat)는 아메리카 대륙의 발견으로 이어진 여러 탐험가들의 동기에 대해 다음과 같이 말하고 있다 : '거기에는 지상 낙원이 존재한다는 믿음과 함께 영원한 젊음의 샘을 찾겠다는 파우스트적인 욕망이 작용하고 있었다. 중세의 모든 사람들이 그런 열망을 갖고 있었다. 잃어버린 낙원의 이야기에서 생명의 나무는 생명의 샘으로 변화되었고 다시 젊음의 샘 혹은 강으로 변화되었다.' 따라서 '인도에 모든 병을 치료하고 영생을 주는 생명의 샘이 있다는 믿음과, 프레스터 요한의 기독교 왕국을 여행하면서 실제로 그곳을 발견했다는 존 맨더빌의 이야기에 대한 믿음'이 여러 사람들의 탐험에 동기를 부여했다.

이제 인도로 가거나 낙원에서 흐르는 강을 찾는 일은 '쾌락과 젊음 그리고 행복에 대한 상징'처럼 변모한다.

이슬람교도들에 의해 육로가 막힌 상황에서 유럽의 기독교 왕국들은 포기하지 않고 인도로 가는 바닷길을 찾기 시작한다. 15세기에는 '항해의 왕 엔리케(Henrique O Navegador)'의 통치 아래 포르투갈 왕국이 아프리카를 돌아 동양으로 향하는 경쟁에서 가장 앞서 있었다. 1445년에 포르투갈의 디아스(Dinís Dias)는 세네갈 강의 입구에 도착해서 자신의 항해 목적을 드러내는 보고서를 보낸다. '사람들은 이 강이 지상 낙원인 에덴동산에서 흘러나온 지구상에서 가장 훌륭한 강인 나일 강의 지류라고 합니다.' 이에 곧 다른 사람들도 아프리카 대륙의 끝에 있는 희망봉을 도는 이런 항해에 참여한다. 그러던 중 1499년에 바스코 다 가마(Vasco da Gama)가 선단을 이끌고 아프리카를 일주하여 꿈에 그리던 목적지인 인도에 도착했다.

하지만 이른바 '발견의 시대'를 시작했던 포르투갈은 경쟁에서 승리하지 못했다. 고대의 지도들과 동쪽으로 모험을 떠났던 사람들의 글을 면밀하게 연구한 이탈리아 출신의 선원인 크리스토발 콜론(Cristóbal Colón, 콜럼버스의 스페인 이름)이 서쪽으로 항해하면 포르투갈이 찾던 동쪽 항로보다 훨씬 짧은 항로로 인도에 도착할 수 있다고 생각했기 때문이다. 후원자를 물색하던 콜럼버스는 페르난도 왕과 이사벨 여왕을 찾게 된다. 그때 그는 주석이 달린 『마르코 폴로 여행기』의 라틴어 판본을 갖고 있었으며, 첫 번째 항해에도 그 책을 가지고 갔다. 그러나 콜럼버스는 그보다 150년 전에 '하나님이 지구를 둥글게 만드셨기 때문에' 서쪽으로 가서 가장 먼 동쪽에 도착할 수 있었다고 말했던 존 맨더빌의 책을 참고했을지도 모른다.

1492년 1월에 페르난도 왕과 이사벨 여왕은 이슬람교도들을 물리치고 이베리아 반도에서 그들을 완전히 몰아냈다. 그들은 그 일을, 십자군이 성취하지 못했던 것을 스페인이 성취할 수 있다는 신성한 암시로 여겼는지도 모른다. 같은 해 8월 3일, 콜럼버스는 스페인 국기를 달고 인도로 가는 서쪽 항로를 찾기 위해 항해를 시작했고, 10월 12일에 육지에 도착했다. 1506년에 죽을 때까지 콜럼버스는 그것을 프레스터 요한의 전설적인 영토의 일부라고 생각했다.

그리고 앞에서 본 것처럼 콜럼버스의 '발견'이 있은 후 20년이 지난 뒤에, 페르난도 왕은 폰세 데 레온에게 '발견 특허'를 주고 지체 없이 젊음의 샘을 찾을 것을 명령한다.

스페인 왕은 자신이 알렉산더 대왕을 모방하고 있다고 생각했다. 그러나 실제로 그는 알렉산더 대왕보다 훨씬 더 오래된 고대의 발자취를 쫓고 있었던 것이다.

2

영원히 살았던 조상들

| 신의 아들 알렉산더 |

바빌론에서 33세의 나이로 세상을 떠난 알렉산더 대왕의 짧은 생은, 성스러운 비밀을 풀기 위해 지구의 끝까지 가보겠다는 열망에서 시작된 정복과 모험 그리고 탐험으로 가득 차 있었다.

알렉산더의 목적은 아주 분명했다. 올림피아스와 필리포스 2세 사이에서 태어난 알렉산더는 당대 최고의 철학자였던 아리스토텔레스로부터 고대의 많은 지식을 배웠다. 그러나 어린 시절 알렉산더는 부모의 다툼과 이혼을 목격했으며, 결국 올림피아스는 이혼 후에 알렉산더를 데리고 도망친다. 알렉산더는 나중에 필리포스에게로 돌아와 기원전 336년에 필리포스가 암살되자 스무 살의 어린 나이로 왕위를 이어받게 된다. 초기의 아시아 정복 과정에서 알렉산더는 신탁으로 유명한 델포이

(Delphoe) 신전에 이르게 된다. 거기서 그는 훗날 여러 가지 형태로 반복되는 유명한 예언, 즉 자신이 명성을 얻지만 젊은 나이에 죽게 될 것이라는 신탁을 받게 된다.

그렇지만 알렉산더는 그 말에 기가 죽기는커녕, 스페인 사람들이 그로부터 1,800년 후에 그랬듯이, 생명의 물을 찾아 나선다. 그러기 위해서 그는 동쪽으로 가는 길을 열어야만 했다. 왜냐하면 그곳에서 모든 신들이 왔기 때문이었다. 위대한 제우스는 페니키아의 티레(Tyre)에서 지중해를 헤엄쳐 건너 크레타 섬으로 왔다. 역시 지중해를 건너온 아프로디테는 키프로스(Kípros) 섬을 거쳐 왔고, 포세이돈은 말을 가지고 소아시아 지방에서 왔으며, 아테네는 올리브나무를 가지고 서아시아로부터 그리스로 왔다. 그리고 알렉산더가 공부한 그리스 역사가들의 저서에 따르자면, 그런 위대한 신들이 온 그 동쪽의 땅에 인간에게 영생을 주는 물이 있는 것으로 알려져 있었다.

그리스 역사가들은 페르시아의 왕 키루스(Cyrus) 2세의 아들이었던 캄비세스(Cambyses) 2세에 대한 이야기도 다루었는데, 그는 시리아와 팔레스타인 그리고 시나이 반도를 지나 이집트를 공격했다고 한다. 이집트인들을 무찌른 캄비세스 2세는 포로들을 잔인하게 다루었으며 이집트인들이 모시던 아몬(Ammon)의 신전도 파괴했다. 그 후에 캄비세스 2세는 더 남쪽으로 내려가 '다른 민족보다 오래 사는 것으로 유명한 에티오피아인들'을 공격했다. 알렉산더보다 100년을 앞서 살았던 역사가 헤로도토스(Herodotos)는 자신의 유명한 책인 『역사 *Historiae*』의 3권에서 그 사건을 다음과 같이 묘사하고 있다.

캄비세스의 첩자들이 에티오피아 왕에게 선물을 전달하는 것처럼 가장하고 에티오피아로 갔다. 그러나 그들의 목적은 에티오피아의 동정을 살피고, 특히 에티오피아에 '태양의 서판(The Table of the Sun)'이 있는지를 확인하기 위한 것이었다.

캄비세스의 첩자들은 에티오피아 왕에게 '페르시아에서는 여든 살 정도가 가장 긴 수명'이라고 말하면서 에티오피아인들이 다른 민족보다 훨씬 오래 산다는 소문이 사실인지를 묻는다. 에티오피아 왕은 그 말이 사실이라고 하면서,

그들을 한 샘으로 데려갔고 거기서 그들은 몸을 씻었다. 그러자 그들의 피부가 마치 기름에 목욕이라도 한 것처럼 부드럽고 윤택하게 되었다. 그리고 샘에서는 바이올렛 향기가 흘러나왔다.

캄비세스 2세에게 돌아온 첩자들은 그 샘의 물이 '너무나 맑고, 나무든 나무보다 가벼운 것이든 어떤 것도 뜨지 않고 모두 바닥으로 가라앉았다'고 보고한다. 헤로도토스는 다음과 같이 이야기를 맺고 있다.

이 샘에 대한 이야기가 진실이라면, 에티오피아인들이 장수하는 이유는 그 샘의 물을 계속 사용했기 때문일 것이다.

에티오피아에 있다는 젊음의 샘과 페르시아의 캄비세스 2세가 아몬 신전을 파괴했다는 두 이야기는 모두 알렉산더의 일생과 직접적인 관련이 있다. 이것은 먼저 알렉산더가 필리포스 2세의 아들이 아니라 올림피아스와 이집트의 신 아몬 사이에서 태어난 아들이라는 소문과 연

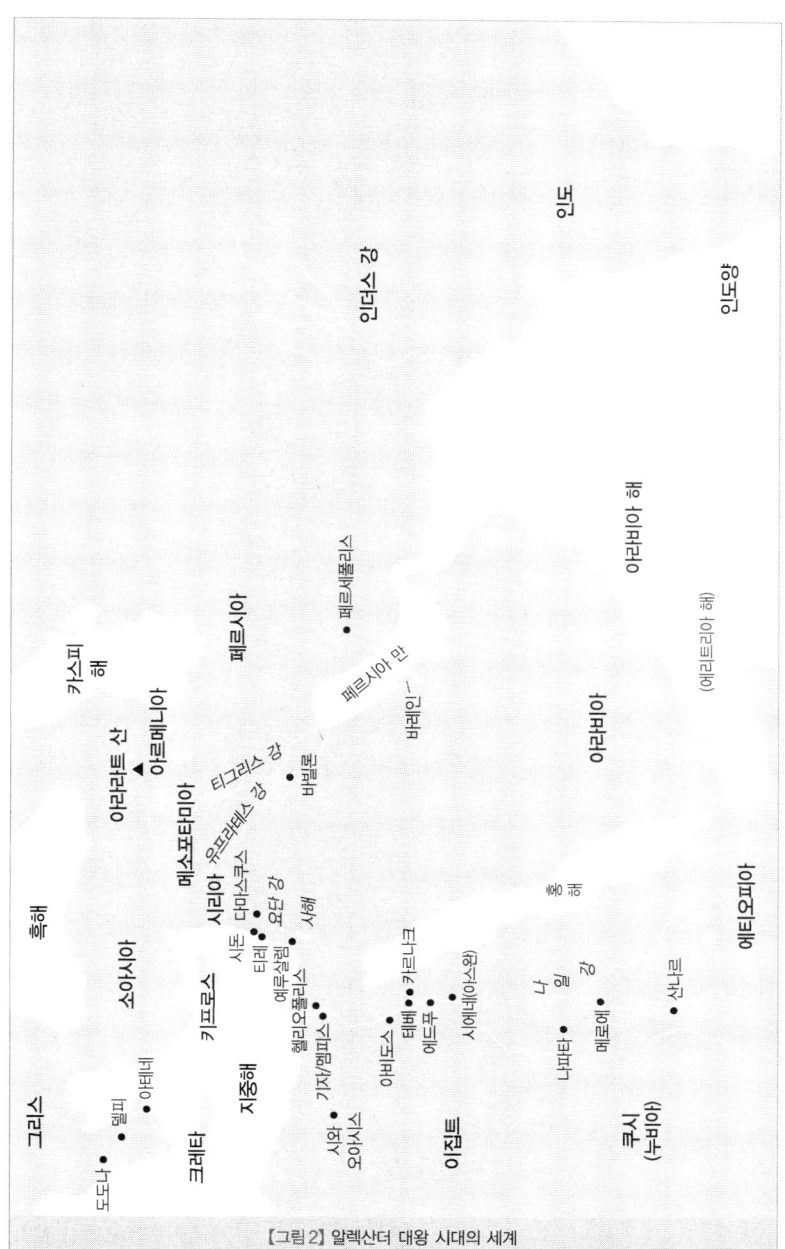

[그림2] 알렉산더 대왕 시대의 세계

결된다. [그림3] 필리포스 2세와 올림피아스의 사이가 좋지 않았던 것도 이런 소문이 돌게 된 이유 중 하나였다고 한다.

'유사 칼리스테네스'의 여러 판본에 소개된 바에 따르면, 그리스 사람들이 넥타네보스(Nectanebus)라고 부르던 한 이집트 파라오가 필리

[그림3] 이집트의 아몬 신 조상

포스 2세의 왕궁을 방문한 적이 있다고 한다. 위대한 마술사이자 예언자로 알려졌던 그는 은밀하게 올림피아스를 유혹했다. 올림피아스는 몰랐지만 사실 그는 넥타네보스로 가장한 아몬이었다. 따라서 올림피아스가 낳은 알렉산더는 실제로는 아몬의 아들이었던 것이다. 그런데 캄비세스 2세가 바로 그 아몬의 신전을 철저하게 파괴했던 것이다.

소아시아에서 페르시아 군대를 물리친 알렉산더는 곧바로 이집트로 향한다. 알렉산더는 당시 이집트를 통치하고 있던 페르시아 총독의 거센 저항을 기대했지만, 거의 아무런 저항도 받지 않고 이집트를 점령한다. 알렉산더는 그것을 신의 뜻으로 받아들였다. 알렉산더는 지체 없이 아몬의 신탁이 주어진다는 '대 오아시스(The Great Oasis)'로 갔다. 전설에 따르자면, 거기서 아몬 신이 직접 알렉산더에게 자신이 그의 친아버지라는 사실을 밝혔다고 한다. 그러자 이집트의 신관들은 알렉산더를 파라오로 신격화시킨다. 이렇게 보면 영생을 얻고자 했던 알렉산더의 욕망은 특권이 아니라 자신의 권리를 찾으려는 노력이었다고 볼 수 있다. 그 일이 있은 후부터 알렉산더가 발행한 동전을 보면, 그는 두 개의 뿔을 가진 제우스-아몬 신으로 묘사되고 있다. [그림4]

그 후 알렉산더는 아몬 신을 섬기는 예배 중심지였던 이집트 남쪽의 카르나크(Karnak)로 간다. 거기에는 눈요깃거리 이상의 장관이 펼쳐진다. 기원전 3000년경부터 신성한 신앙의 중심지였던 카르나크에는 파라오들에 의해 지어진 수없이 많은 신전과 아몬에게 바쳐진 기념물들이 있었다. 그중에서도 가장 인상적인 것은 하트셉수트(Hatshepsut) 여왕에 의해 알렉산더의 시대보다 무려 1,000년 전에 지어진 거대한 신전이었다. 그런데 하트셉수트 여왕 또한 위장을 하고 찾아온 아몬에 의해 태어났다고 한다.

영원히 살았던 조상들 49

【그림 4】 알렉산더를 뿔이 달린 제우스-아몬 신으로 묘사한 동전

　그곳에서 실제로 어떤 일이 있었는지는 아무도 모른다. 그러나 역사 문헌을 통해 확인되는 사실은, 알렉산더가 군대를 동쪽으로 돌려 페르시아 제국의 심장부로 향하지 않고, 몇 명의 근위병과 측근들만을 데리고 카르나크 남쪽으로 더 내려갔다는 것이다. 알렉산더를 이해할 수 없었던 그의 측근들은 알렉산더가 사랑하는 여인을 찾아 길을 떠났다는 추측까지 내놓았다.

　알렉산더의 측근들뿐만 아니라 당시의 역사학자들에게도 알렉산더의 이런 행적은 이해하기 어려운 일이었다. 알렉산더의 원정을 기록한 역사가들이 만들어 낸 이야기에서는, 그가 찾아 나섰던 여인이 '어떤 남자도 그 아름다움을 충분히 형언할 수 없는' 이른바 '요부' 혹은 '팜므 파탈(femme fatale, 운명의 여인)'로 묘사돼 있다. 오늘날 수단에 해당하는 이집트 남부의 여왕이었던 그녀의 이름은 칸다케(Candace, 성경의 간다게)였다고 한다. 솔로몬과 시바의 여왕 이야기에서와는 반대로 알렉산더가 미지의 여왕을 찾아 나선 것이었다. 그러나 알렉산더가 찾아간 것은 사랑이 아닌 영원한 생명의 비밀이었다.

| 영원한 생명의 비밀을 알았던 사람들 |

알렉산더와 즐거운 시간을 보낸 칸다케 여왕은 그에게 이별 기념으로 '신들이 모이는 훌륭한 동굴'의 비밀을 알려준다. 여왕이 알려준 대로 알렉산더는 비밀의 장소를 발견하게 된다.

> 알렉산더는 몇 명의 부하만을 데리고 들어갔는데, 그 안에서 별처럼 빛나는 안개에 휩싸인다. 그곳의 지붕은 마치 별이 비추는 것처럼 빛나고 있었다. 신들의 외모는 장대했으며 많은 사람들이 조용히 신들을 보좌하고 있었다. 알렉산더는 겁을 먹었고 다소 놀라기도 했다. 그러나 그는 흡사 광선 같은 빛을 뿜어내는 빛나는 눈을 가진 비스듬하게 누워 있는 인물들을 보고 그들에게 어떤 일이 벌어지는지 좀 더 지켜보기로 한다.

눈에서 광선을 뿜어내며 '비스듬하게 누워 있는' 인물들이 알렉산더의 걸음을 멈추게 했다. 그들은 신일까, 아니면 신이 된 인간들일까? 그러다가 알렉산더는 그중 한 '인물'의 목소리를 듣고 깜짝 놀란다.

> 그중 한 인물이 말했다.
> "어서 오게, 알렉산더. 내가 누구인 줄 아는가?"
> 알렉산더가 답했다.
> "아니오, 모르겠습니다."
> 그 인물이 다시 말했다.
> "나는 세손추시스(Sesonchusis)라네. 세계를 정복한 왕이었으며 이제는 신의

반열에 올라선 사람이지."

그러나 알렉산더는 세손추시스가 자신이 찾던 사람이기라도 한 듯이 전혀 놀라지 않았다고 한다. 어쨌든 그들은 알렉산더가 올 것을 이미 알고 있었고, 알렉산더는 안으로 초대되어 '모든 우주의 창조자이며 감시자'의 앞으로 가게 된다. 그는 '안으로 들어가, 불처럼 밝은 안개를 보았으며, 옥좌에 앉아 있는 사라피스(Sarapis) 신을 보았다'(그리스 판본에서는 옥좌에 앉아 있던 신이 디오니소스였다고 한다).

알렉산더는 사라피스 신에게 자신이 얼마나 오래 살 것인지를 묻는다. "신이여, 제가 얼마나 살겠습니까?"

사라피스 신은 아무런 답변도 하지 않았다. 그러자 그 침묵의 뜻을 눈치 챈 세손추시스가 알렉산더를 위로한다. 세손추시스는 '비록 내가 신들의 반열에 오르기는 했지만 나는 너처럼 축복받은 사람은 아니다. (…) 왜냐하면 내가 전 세계를 정복하고 많은 사람을 굴복시켰지만 아무도 나의 이름을 기억하지 못하는 데 반해, 너는 엄청난 명성을 얻을 것이기 때문이다. (…) 너는 죽은 후에도 영원한 이름을 얻을 것이다'라고 말한다. 세손추시스는 '너는 죽어서도 살 것이며 죽지 않을 것이다'라고 알렉산더에게 말하면서 영원한 명성으로 인해 영생을 얻을 것이라고 위로했던 것이다.

실망한 알렉산더는 그 동굴을 나와, 자신보다 앞서 죽지 않는 신의 반열에 속한 선조들에 합류하기 위해 죽음의 운명을 벗어나는 방법을 찾는 '여행을 계속한다'.

알렉산더의 모험을 다룬 한 판본에 따르자면 알렉산더가 만난 선조들 중에는 노아의 증조부였던 에녹(Enoch)도 포함돼 있었다고 한다. 그리고 알렉산더가 에녹을 만난 곳은 거친 산악지대로, '살아 있는 자의 땅에 있는 낙원'이었으며 '성자(聖者)들이 사는 곳'이었다고 한다. 산의 꼭대기에는 빛나는 건물이 있었는데, 그 건물로부터 2,500개의 금판으로 만들어진 거대한 계단이 솟아나 하늘로 향하고 있었다. 그 건물의 커다란 현관에서 알렉산더는 '벽감(壁龕) 안에 들어 있는 금으로 된 조상(彫像)들'과 금으로 된 제단, 그리고 약 18미터 정도 높이의 높다란 두 개의 '촛대'를 보았다.

> 근처에 있는 침상에 사람의 모습을 한 인물이 누워 있었는데 금과 보석으로 장식된 두루마기를 입고 있었고, 그 사람의 머리 위에는 금으로 된 포도나무 가지에 보석으로 된 포도알이 달려 있었다.

그런데 그 남자가 갑자기 입을 열어 자신이 에녹이라고 밝힌다. 에녹은 '신의 비밀을 알려고 하지 말라'고 알렉산더에게 경고한다. 에녹의 경고에 따라 알렉산더는 그 장소를 떠나 자신의 부하들에게로 돌아온다. 그러나 알렉산더는 떠나기 전에 포도 한 송이를 선물로 받았으며 그것으로 자신의 모든 병사들을 먹일 수 있었다고 한다.

또 다른 판본에 따르면 알렉산더는 에녹뿐만이 아니라 선지자 엘리야(Elijah)도 만났다고 한다. 구약에 따르면 엘리야도 영생을 얻은 인간 중 하나였다. 알렉산더가 그 두 사람을 만난 곳은 인적이 없는 사막지대에서였다고 한다. 갑자기 알렉산더의 말이 '영(靈)'에 휩싸여 알렉산더와 함께 공중으로 솟아올라 번쩍이는 신전으로 날아간다. 신전 안에는 에녹과 엘리야가 있었다. 그들의 얼굴에서는 빛이 났으며 이는 우유보다 희고 눈은 샛별보다 더 밝았다. 그들은 '거대했고 품위가 넘쳤다'.

그들은 자신들의 정체를 밝히면서 '하나님께서 우리들을 죽음으로부터 막아 주셨다'고 말한다. 그들은 알렉산더에게 그 장소가 '생명을 보관하는 도시'이며 그곳으로부터 '밝은 생명의 물'이 흐른다고 설명한다. 그러나 알렉산더가 '생명의 물'을 마시거나 그 장소에 대해 더 많은 것을 알아내기 전에, '불의 전차'가 알렉산더를 다시 잡아채 그의 부하들에게로 돌려보냈다는 것이다.

이슬람 전승 설화에 따르면 마호메트(Muḥammad) 역시 알렉산더보다 1,000년 후에 자신의 흰 말을 탄 채 하늘로 올라갔다고 한다.

신들의 동굴에 대한 이런 이야기나 혹은 알렉산더의 모험에 대한 다른 이야기들이 단순히 꾸며낸 이야기나 전설에 불과한 것일까? 아니면 다소 윤색되기는 했지만 그럼에도 불구하고 분명한 역사적 사실에 기초한 것일까?

과연 칸다케라는 이름의 여왕이나 세손추시스라는 왕은 실존했던 것일까? 사실 그런 이름들은 아주 오랫동안 수수께끼로 남아 있었다. 만약 이집트의 왕실에 그런 이름들이 있었다고 해도 그들의 이름은 모래바람에 사라진 고대의 유물들처럼 무의미해졌을 수도 있다. 거기에 더해 해독이 불가능한 이집트의 상형문자는 의문을 증폭시킬 뿐이다. 또한 이집트의 오래된 이야기들은 그리스와 로마를 통해 후대에게 전해지면서 신화로 바뀌어, 결국 합리적으로 이해할 수 없는 애매한 이야기로 변해 버렸다.

그러다가 1798년에 나폴레옹이 이집트를 정복하면서 유럽인들은 이집트를 '재발견'하게 되었다. 나폴레옹의 원정군 안에는 사막의 모래를 들춰 망각의 장벽을 걷어 낸 학자들이 포함돼 있었기 때문이다. 그들은 로제타(Rosetta)라는 마을 근처에서 서로 다른 세 개의 언어로 똑같은 내용을 적어 놓은 석판 하나를 발견했다. 석판에 기록된 것은 이집트 파라오들의 위업과 신들을 찬송하는 내용으로, 고대 이집트의 언어와 문자를 해독할 중요한 열쇠를 제공했다.

1820년대에 유럽인들은 보다 더 남쪽인 수단까지 내려가 나일 강 유역의 메로에(Meroe)라는 곳에서 뾰족한 모양의 피라미드를 포함한 다양한 고대의 기념비들을 발견했다. 프로이센의 왕실 원정대는 1842년에서 1844년 사이에 같은 곳에서 대단히 인상적인 고고학적 유물들을 발굴했다. 또 1912년과 1914년 사이에 다른 발굴단들이 발굴한 곳들 중에는 '태양의 신전'이라고 불리던 곳도 포함되어 있었는데, 아마도 그곳이 캄비세스 2세의 첩자들이 '태양의 서판'을 본 곳인지도 모른다. 금세기에 들어와 새로운 발굴이 이어지고 상형문자들이 더 많이 해독되면서, '태양의 신전'이 있던 바로 그 지역에 기원전 1000년 무렵 누비아(Nubia)라는 왕국이 있었으며 그것이 구약에서 말하는 쿠시(Kush)라는 곳임이 확인됐다.

또한 칸다케라는 여왕도 실제 그곳에 있었다. 상형문자에 따르면 누비아 왕국은 초기에 매우 현명하고 자비로운 여왕에 의해 다스려졌다고 한다. 그녀의 이름이 바로 칸다케였다.【그림5】 그리고 그 이후로 여성이 왕위를 물려받게 되면 위대한 여왕의 상징이었던 칸다케의 이름을 사용했다는 것이다.

그렇다면 세손추시스라는 왕은 어떤가? '유사 칼리스테네스'의 에티오피아 판본에 따르면, 이집트로 향하던(혹은 이집트에서 돌아오던) 알렉산더와 그의 병사들은 악어로 가득 찬 호숫가를 지나게 되었다고 한다. 그곳에는 예전의 어떤 왕이 지어 놓은 호수를 가로지르는 길이 있었다. '그리고 호숫가에 기둥이 하나 서 있었는데 그것은 이방인의 제단

【그림 5】 누비아를 다스렸던 칸다케 여왕

으로 거기에는 다음과 같은 글이 적혀 있었다. – 내 이름은 코시(Kosh), 세계의 왕이며 이 호수를 건넌 정복자이다.'

쿠시와 누비아를 지배했었고 세계를 정복했던 코시는 과연 누구였을까? 같은 이야기의 그리스 판본에 따르면 홍해의 일부로 묘사된 그 호수를 건넜던 정복자가 바로 세손추시스였다고 한다. 다시 말해 세손추시스와 코시는 동일 인물로 이집트와 누비아를 지배했던 바로 그 파라오였던 것이다. 누비아의 유적에는 그 지도자가 '빛나는 신'으로부터

【그림 6】 세손추시스가 신으로부터 생명의 열매를 받는 모습

대추야자처럼 생긴 생명의 열매를 받는 모습이 묘사돼 있다. 【그림 6】

이집트의 기록을 보면 기원전 2000년대에 세계를 정복했던 한 위대한 파라오에 대해 말하고 있다. 그의 이름은 세누세르트(Senusert)였으며 아몬 신의 충실한 숭배자였다. 그리스 역사가들은 세누세르트가 리비아와 아라비아, 에티오피아, 홍해의 모든 섬들, 그리고 훗날 페르시아의 영토보다 훨씬 더 동쪽에 이르는 아시아 지역의 대부분을 정복했으며, 소아시아 지역을 통해 유럽까지 침공했었다고 말한다. 역사가 헤로

도토스는 세누세르트를 세소스트리스(Sesostris)라고 부르면서, 이 위대한 파라오는 자신이 가는 곳마다 거대한 기둥들을 세웠다고 전한다. 헤로도토스는 '그가 세운 기둥들은 지금도 여전히 남아 있다'고 기록했다. 그러므로 알렉산더는 헤로도토스가 알렉산더보다 100년 앞서 기록으로 적어 놓은 것을 직접 눈으로 확인한 것이다.

이처럼 세손추시스는 실제로 존재했던 파라오다. 그의 이집트 이름인 세누세르트는 '그의 탄생이 계속되는 자, 즉 영원히 사는 자'라는 뜻이다. 이집트의 파라오로 태어난 그는 신들의 대열에 합류할 권리를 갖고 있었으며 또한 영원히 살 수 있었던 것이다.

| 회오리바람을 타고 하늘로 오른 엘리야 |

생명의 샘 혹은 영원한 젊음의 샘을 찾는 과정에서 가장 중요한 것은 그것이 결코 헛된 일이 아니라는 확신이었는데, 과거에 이미 그런 일에 성공한 사람들이 있었다는 것은 대단히 중요한 정보였다. 또한 만약 잃어버린 낙원으로부터 흘러나오는 강이 존재한다면, 그곳을 찾기 위해서는 이미 그곳에 갔었던 사람들의 발자취를 따르는 것이 가장 빠른 길일 것이다. 알렉산더는 이런 생각으로 영원히 살았던 조상들을 찾아 나선 것이었다.

알렉산더가 그들을 실제로 만났는가는 문제의 핵심이 아니다. 중요한 사실은, 알렉산더와 그의 일대기를 다룬 역사가들 모두가 영원히 살았던 조상들이 과거에 정말 존재했었다고 믿었다는 점이다. 즉, 자신들보다 훨씬 이전 시대에는 신이 허락한다면 인간도 영원히 살 수 있었다고 믿었던 것이다.

알렉산더의 모험을 기록한 수많은 역사가들과 작가들은 알렉산더가 세손추시스, 엘리야, 에녹을 만난 다양한 사건들을 묘사하고 있다. 세손추시스라는 인물의 정체는 단지 추측만 가능할 뿐이며 그가 영생을 얻게 된 과정도 분명치 않다. 그러나 알렉산더 이야기의 한 판본에 에녹과 함께 등장했던 엘리야의 경우는 그렇지 않다.

엘리야는 구약의 선지자로, 기원전 9세기에 이스라엘 왕국이 아합(Ahab)과 아하시야(Ahaziah)의 지배하에 있을 때 실제로 활동하던 인물이었다. '나의 신은 야훼(Yahweh)'라는 뜻을 지닌 엘리야(Eli-Yah)라는 이름만 보아도 그가 히브리의 신인 야훼를 받들었던 사람이라는 것을 알 수 있다. 그런데 엘리야가 살던 당시는 야훼를 받들던 사람들이 가나안의 신인 바알(Baal)을 신봉하던 사람들로부터 박해받던 때였다. 그래서 그는 요단 강가의 비밀스러운 장소에 머물면서 하나님의 계시를 받았다고 하며, 후에 여러 가지 기적을 행하는 '망토'를 받는다. 엘리야가 행한 최초의 기적은 「열왕기상」 17장에 기록된 것처럼, 페니키아의 시돈(Sidon) 근처에서 자신에게 거처를 제공해 준 과부에게 한줌의 밀가루와 몇 방울의 기름을 주어 평생 사용해도 떨어지거나 마르지 않도록 해준 것이다. 게다가 엘리야는 병으로 죽은 그 과부의 아들을 살려줄 것을 하나님에게 호소해 그를 회생시킨다. 또 엘리야는 하늘에서 '하나님의 불'을 불러내 우상 숭배에 사로잡힌 왕과 사제들과의 싸움에 사용하기도 한다.

구약에 따르면 엘리야는 '회오리바람 속에서 하늘로 올라갔기' 때문에 지상에서 죽지 않았다. 그래서 유대교에서는 엘리야가 여전히 살아 있는 것으로 여기고 있으며, 오늘날까지도 유대인들은 유월절 전날 밤에 그를 집으로 초대하곤 한다. 그의 승천에 대해서는 구약에 아주 자세하게 기록돼 있다. 그리고 「열왕기하」 2장에 묘사된 것처럼 그의 승천은 갑작스럽거나 예상치 못했던 일이 아니었다. 그의 승천은 신들에 의해 미리 계획되고 예정된 일로 엘리야는 그 장소와 시간까지 이미 알고 있었다.

지정된 장소는 요단 강 동쪽에 있는 요단 계곡이었는데, 어쩌면 그곳은 엘리야가 일찍이 '하나님의 사람'으로 점지되었던 바로 그 장소였는지도 모른다. 엘리야는 길갈(Gilgal)을 떠나면서 자신의 가장 충실한 제자인 엘리사(Elisha)를 떼어 놓으려고 했지만 뜻을 이루지 못한다. 두 사람이 길을 가는 도중에 수많은 예언자 수련생들이 '주께서 엘리야를 오늘 하늘로 데려가려고 하신다는 것이 정말이냐'고 묻는다.

구약이 기록한 그대로 읽어 보자.

주께서 엘리야를 회오리바람에 실어 하늘로 데리고 올라가실 때가 되니,
엘리야가 엘리사를 데리고 길갈을 떠났다.
"나는 주의 분부대로 베델(Beth-El)로 가야 한다.
그러나 너는 여기에 남아 있어라."
그러나 엘리사는
"주께서 살아 계심과 스승님께서 살아 계심을 두고 맹세합니다.
나는 결코 스승님을 떠나지 않겠습니다"라고 말하였다.
그리하여 그들은 함께 베델까지 내려갔다.
베델에 살고 있는 예언자 수련생들이 엘리사에게 와서 물었다.
"선생님의 스승을 주께서 오늘 하늘로 데려가려고 하시는데,
선생님께서는 알고 계십니까?"
엘리사가 말하였다.
"나도 알고 있으니, 조용히 하시오."

_「열왕기하」 2 : 1~3

베델에 이르자 엘리야는 자기의 최종 목적지가 요단 강가의 여리고 (Jericho, 예리코)라고 말하면서 다시 한번 엘리사에게 그곳에 남을 것을 권한다. 그러나 엘리사는 결코 엘리야의 곁을 떠나지 않겠다고 말한다. 그래서 '그들은 함께 여리고로 갔다'.

여리고에 살고 있는 예언자 수련생들이 엘리사에게 와서 물었다.
"선생님의 스승을 주께서 오늘 하늘로 데려가려고 하시는데,
선생님께서는 알고 계십니까?"
엘리사가 말하였다.
"나도 알고 있으니, 조용히 하시오."
_「열왕기하」 2 : 5

앞서 두 번이나 엘리사를 떼어 놓는 데 실패한 엘리야는 여기서 다시 한번 엘리사에게 여리고에 남아 있을 것을 권하면서 혼자서 요단 강가로 가겠다고 말한다. 그러나 엘리사는 절대로 엘리야와 떨어지려고 하지 않는다. 엘리사가 엘리야를 따라가는 것을 보고 예언자 수련생들 중 '쉰 명이 요단 강까지 그들을 따라갔다. 엘리야와 엘리사가 요단 강가에 서니, 따르던 제자들도 멀찍이 멈추어 섰다'(「열왕기하」 2 : 7).

그때에 엘리야가 자기의 겉옷을 벗어 말아서,
그것으로 강물을 치니, 물이 좌우로 갈라졌다.
두 사람은 물이 마른 강바닥을 밟으며, 요단 강을 건너갔다.

_「열왕기하」 2 : 8

강을 건넌 후에 엘리사는 스승이 갖고 있는 능력의 갑절을 갖고 싶다고 엘리야에게 말한다. 엘리야는 '주께서 나를 너에게서 데려가시는 것을 네가 보면, 네 소원이 이루어질 것'이라고 말한다.

그들이 이야기를 하면서 가고 있는데,
갑자기 불병거와 불말이 나타나서,
그들 두 사람을 갈라놓더니,
엘리야만 회오리바람에 싣고 하늘로 올라갔다.
엘리사가 이 광경을 보면서 외쳤다.
"나의 아버지! 나의 아버지!
이스라엘의 병거이시며 마병이시여!"
엘리사는 엘리야를 다시는 볼 수 없었다.
_「열왕기하」 2 : 11~12

슬픔에 잠긴 엘리사는 잠시 동안 넋을 놓고 있었다. 그리고는 엘리야가 남기고 간 신비한 능력을 지닌 망토를 보았다. 그것은 우연이었을까 아니면 의도된 일이었을까? 엘리사는 엘리야가 남기고 간 망토를 집어 들고 요단 강가로 돌아간다. 그리고는 야훼의 이름을 부르면서 강물을 쳤다. 그러자 '강물이 좌우로 갈라졌다'. 엘리사는 강을 건넌다. 요단 강의 서쪽 여리고 평원 쪽에서 이 광경을 본 예언자의 제자들은 '엘리야의 능력이 엘리사 위에 내렸다고 말하면서, 엘리사를 맞으러 나와, 땅에 엎드려 절을 하였다'.

그러나 여전히 자신들이 본 것을 믿지 못한 50명의 제자들은 엘리야가 정말로 하늘로 올라간 것인지를 확인하고 싶어했다. 어쩌면 주께서 엘리야를 들어다가 어떤 산 위나 계곡에다 던졌을지도 모른다는 것이 그들의 생각이었다. 엘리사는 그들을 말리려고 했지만 그들이 하도 성가시게 간청하자 그들에게 엘리야를 찾아보라고 한다. 그들은 3일 동안 엘리야를 찾는다. 그러나 결국 그들은 엘리야를 찾지 못하고 돌아온다. 엘리사는 '내가 너희들에게 가지 말라고 하지 않더냐?'고 말한다. 엘리사는 이스라엘의 주님이 엘리야를 불병거에 태워 하늘로 데려갔다는 것을 알고 있었던 것이다.

│ 움직이는 구름을 타고 하늘로 오른 에녹 │

알렉산더의 모험을 기록한 역사가들이 알렉산더가 낙원에서 만났다고 전한 또 다른 인물인 에녹은, 신약과 구약에도 잘 기록되어 있지만 그보다 훨씬 앞선 근동의 이야기에서도 자주 등장하는 인물이다.

구약에 따르면 에녹은 아담의 자손 중 저주받은 가인(Cain)의 계보가 아닌 셋(Seth)으로 이어지는 계보의 7번째 족장이다. 따라서 그는 구약에 등장하는 대홍수의 영웅 노아(Noah)의 증조할아버지가 된다. 「창세기」 5장에는 아담에서 노아에 이르는 계보를 각 족장들이 아들을 낳을 때의 나이와 죽을 때의 나이로 기록하고 있다. 그러나 에녹만은 예외여서 그가 언제 죽었는지에 대한 기록이 없다. 「창세기」는 '에녹은 하나님과 동행하다가' 지상에서 사라졌다고만 기록하면서 에녹의 나이 365세에 '하나님이 그를 데려가신 것'으로 주장하고 있다.

이런 신비스러운 구약의 기록에 대해 주석을 달았던 유대의 학자들은 에녹이 승천하던 실제 상황을 다룬 것으로 보이는, 구약보다 더 오래된 기록을 인용하곤 했다. 그 기록에 따르자면 하늘로 올라간 에녹은 흔히 '계약의 천사'로 불리는 메타트론(Metatron)이 되어 하나님의 옥좌 바로 뒤에 서 있다고 한다.

라프너(I. B. Lavner)가 『이스라엘의 전설들 Kol Agadoth Israel』이라는 책에 모아 놓은 이야기들에서는, 에녹이 하나님의 처소로 올라갈 때 불을 뿜는 말(구약의 불말)이 그를 데려가기 위해 하늘에서 내려왔다고 한다. 그때 에녹은 사람들에게 정의에 대해 설교하고 있었다. 하늘에서 불을 뿜는 말이 내려오는 것을 본 사람들은 에녹에게 도대체 무슨 일이 일어난 것인지 물었다. 에녹은 '이제 너희들을 떠나 하늘로 갈 때가 된 것이다'라고 답했다고 한다. 그러나 에녹이 하늘에서 내려온 말에 올라탔는데도 불구하고 사람들이 그의 곁을 떠나지 않고 일주일 동안이나 따라다녔다. 결국 '7일째 되는 날 불말들이 끄는 불마차와 천사가 내려와 에녹을 하늘로 데려갔다'. 에녹이 하늘로 올라가고 있을 때 하늘의 천사들이 하나님에게 '여인에게서 태어난 인간이 어떻게 하늘로 오를 수 있느냐?'고 물었다. 이에 하나님은 에녹의 신앙심과 헌신을 지적하면서 생명과 지혜의 문을 열어 그를 맞아들이고, 그에게 훌륭한 옷을 입히고 빛나는 관을 씌워 주셨다는 것이다.

구약에서 어떤 이야기를 짧고 신비스럽게 다룬 경우는, 흔히 그것을 기록한 사람들이 그 주제에 대해 쉽게 접할 수 있는 보다 상세한 이야기에 독자들이 이미 익숙하다고 생각했기 때문인 경우가 많다. 에녹 이야기도 예외가 아니다. 실제로 에녹의 이야기를 다룬 「정의의 서 The Book of Righteousness」나 「야훼의 전쟁에 대한 서 The Book of the Wars of Yahweh」와 같은 구체적인 책들이 이스라엘의 주석자들에 의해 거론되기도 했다. 그런 책들은 존재했음이 분명하지만 지금은 모두 사라지고 없다. 신약에서도 '에녹은 죽지 않고 하늘로 옮겨 갔다'고 말하면서, 에녹이 하늘로 옮겨 가 영생을 얻기 전에 에녹에 의해 쓰였거나 그에게 바쳐진「에녹의 증언 Testimony of Enoch」이라는 글이 있었다고 암시하고 있다(「히브리서」11 : 5).「유다서」1장도 에녹의 예언을 인용한 것으로 보아 분명히 에녹에 의해 쓰인 글이 있었던 것으로 추측된다.

여러 세기에 걸친 다양한 종류의 기독교 서적들이 에녹의 글을 인용하거나 에녹의 글에 대한 암시를 담고 있다. 그리고 실제로도「에녹서 Book of Enoch」라고 불린 책의 여러 판본이 기원전 200년경부터 존재했다는 것이 사실로 밝혀졌다. 19세기에 다양한「에녹서」들을 본격적으로 연구한 학자들은 그것이 크게 두 가지 원형을 갖고 있다는 결론을 얻었다.「에녹 1」로 칭해지는 것은 '에녹서의 에티오피아 판본'으로 히브리어 혹은 아람어로 쓰인 원본을 그리스어로 번역한 것을 다시 에티오피아어로 번역한 것이다.「에녹 2」라고 불리는 것은 '에녹의 비밀에 대한 서'라는 제목으로, 원래 그리스어로 쓰인 것을 슬라브어로 번역한 것이다. 물론 학자들은「에녹 1」과「에녹 2」가 보다 이전의 원전에서 파생되었을 수도 있으며, 따라서 고대에 하나의「에녹서」가 존재했을지도 모른다는 가능성을 배제하지 않고 있다.

에녹이 스스로 화자가 되어 이야기를 전하는 것처럼 기록된「에녹의 비밀에 대한 서」는 정확한 시간과 장소를 묘사하면서 시작된다.

365번째 해의 첫 달 첫 날에 나는 혼자 집에서 침대 위에 누워 잠을 자고 있었다. (…) 그런데 갑자기 땅에서는 본 적이 없는 무척 키가 큰 두 사람이 나타났다. 그들의 얼굴은 마치 태양처럼 빛이 났고, 눈은 불타는 등잔 같았고, 입술에서는 불이 뿜어져 나왔다. 그들의 옷은 깃털 같았으며, 발은 붉은 빛이었다.

> 그들의 날개는 금보다 더 번쩍였으며, 손은 눈보다 더 희었다. 그들은 내 침대 맡에 서서 내 이름을 불렀다.

에녹은 그 이상한 사람들의 목소리에 잠이 깼다고 기록하고 있다. '나는 분명히 내 눈 앞에 서 있는 그들을 보았다.' 에녹은 그들에게 경의를 표했지만 두려움에 떨었다. 그러자 두 사람이 에녹을 안심시켰다.

> 에녹이여, 기운을 내라. 두려워하지 마라. 영원한 주님께서 우리를 네게 보내셨다. 오늘 너는 우리와 함께 하늘로 올라갈 것이다.

그들은 에녹에게 가족과 하인들을 깨워 '주님이 에녹을 그들에게 다시 보낼 때까지' 에녹을 찾지 말라고 이르게 한다. 에녹은 그 말을 따랐으며, 그 사이에 아들들에게 정의롭게 사는 길에 대해서 말한다. 그리고 곧 이별의 시간이 다가온다.

> 내가 내 아들들에게 말을 하고 나자 그들이 나를 불러 날개에 태우고 나를 구름 위로 올렸다. 그러자 구름이 움직이기 시작했다. (…) 높이 올라가는 동안 나는 공중을 보았고, 더 올라가서는 에테르(ether, 대기 밖의 공간)를 보았다. 그리고 그들은 나를 첫 번째 천국에 올려놓고 지구의 어떤 바다보다도 더 큰 거대한 바다를 보여 주었다.

'움직이는 구름'을 타고 그렇게 하늘로 올라간 에녹은 '200명의 천사들이 별을 다스리는' 첫 번째 천국과 암흑의 공간인 두 번째 천국을 지나 세 번째 천국으로 간다. 거기서 에녹은 아름답고 향기로운 나무와 열매로 가득 찬 성스러운 모습의 정원을 본다. 그 한가운데는 생명의 나무가 있었는데, 그곳은 하나님이 낙원에 오실 때 휴식을 취하던 장소였다.

에녹은 생명나무의 장엄한 모습을 '어떤 창조물보다 더 아름다웠으며, 사방이 금색과 심홍색이었고 불처럼 투명했다'고 묘사한다. 그 나무의 뿌리에서 시작된 꿀과 우유와 기름과 포도주가 흐르는 네 개의 강은 하늘을 내려와 지구를 돈 후 지상의 에덴동산에 이른다. 생명나무가 있는 이 세 번째 천국은 300명의 '아주 장엄한' 천사들이 지키고 있다. 그리고 이 세 번째 천국에는 '정의로운 사람들의 장소'와 사악한 자들이 고문을 당하는 '끔찍한 장소'도 있었다.

더 올라가 네 번째 천국에 이른 에녹은 선각자들과 갖가지 멋진 창조물들과 하나님의 귀빈들을 보았다. 그리고 다섯 번째 천국에서는 주님의 군대를 보았다. 여섯 번째 천국에서는 '별들의 회전을 탐구하는 한 무리의 천사들'을 보았다. 마침내 에녹은 일곱 번째 천국에 이르러 수많은 천사들이 분주히 움직이는 가운데 '멀리' 주님이 옥좌에 앉아 계신 것을 보게 된다.

두 명의 날개 달린 사람과 움직이는 구름이 에녹을 일곱 번째 천국의 끝에 홀로 내려놓고 가 버린다. 그러자 주님이 자신의 대천사 가브리엘(Gabriel)을 보내 에녹을 옥좌 앞으로 데려오라고 명한다.

거기에서 에녹은 33일 동안 과거와 미래의 모든 일과 지혜에 대해 가르침을 받는다. 그 후에 에녹은 '아주 무섭게 생긴' 천사와 함께 지구로 내려오게 된다. 에녹이 지구를 떠나 있던 시간은 모두 60일이었다. 지구로 내려온 에녹은 30일 동안 자기 아들들에게 율법을 가르친 후 다시 하늘로 올라가 다시는 내려오지 않는다.

에녹의 개인적인 증언이자 동시에 역사적 기록으로 쓰인 「에녹서」의 에티오피아 판본의 원래 제목은 아마도 '에녹의 증언(The words of Enoch)'이었을 것으로 여겨지는데, 여기서는 에녹의 천국 여행뿐만 아니라 지구의 사방 끝으로의 여행에 대해서도 기록하고 있다. 에녹은 '지구의 북쪽 끝에 이르러 거대하고 화려한 장치를 보았다'고 했지만 그 장치가 무엇인지는 설명하지 않았다. 에녹은 거기서 '하늘로 열린 문 세 개'를 보았으며 각각의 문에서는 눈과 한기 그리고 서리가 뿜어져 나왔다. 에녹은 지구의 서쪽 끝에서도 같은 문 세 개를 보았다.

에녹은 거기서 지구의 남쪽 끝으로 내려가게 되는데, 거기에 있는 하늘의 문에서는 이슬과 비가 내리고 있었다. 그 다음에 에녹은 동쪽 끝으로 가서 별들의 움직임을 관찰할 수 있는 또 다른 하늘의 문을 보았다고 한다.

이어서 에녹은 '지구의 중심'과 그 중심의 동쪽과 서쪽에서 인류 최고의 비밀이라고 할 수 있는 과거와 미래의 비밀을 본다. '지구의 중심'은 후에 예루살렘의 성전이 세워진 곳인데, 에녹은 그것의 동쪽에서 지식의 나무를 보았고 그것의 서쪽에서 생명의 나무를 보았다.

에녹은 지구의 중심에서 동쪽으로 가는 동안 산과 사막을 지났으며, 눈과 얼음으로 뒤덮인 산의 정상에서 흐르는 강물과 갖가지 향기와 수액을 내는 온갖 나무들을 보았다. 더 동쪽으로 가서 에녹은 에리트리아해(Erythraean Sea, 아라비아 해와 홍해)와 접한 산맥을 지났다. 좀 더 동쪽으로 가던 중 에녹은 천국의 입구를 지키는 천사 조티엘(Zotiel)을 만나는데, 그곳이 바로 '정의로운 정원'이었다. 거기서 그는 많은 멋진 나무들을 보게 되며 그중엔 '지식의 나무'도 있었다. 그것은 전나무 정도 크기였으며 캐럽(Carob, 콩과에 속하는 교목) 잎과 같은 모양의 잎이 달려 있었고 열매는 포도송이 같았다. 천사 조티엘이 에녹에게 그 나무가 바로 아담과 이브가 열매를 따 먹고 에덴동산에서 쫓겨나게 된 지식나무라고 확인해 준다.

지구의 중심에서 서쪽으로 여행하던 에녹은 '밤낮없이 불타는 불의 산'에 이른다. 그 산을 넘어서 에녹은 '깊고 험준한 협곡'으로 갈린 여섯 개의 산으로 둘러싸인 장소에 도착한다. 일곱 번째 산이 그곳에 솟아 있었는데, 그것은 '옥좌와 같은 모양이었고 향기 나는 나무들로 둘러싸여 있었다. 그 나무들 중에는 처음 맡아보는 향기를 내는 나무가 있었고 (…) 그 나무의 열매는 대추야자처럼 보였다'.

가운데 있는 산은 '성스러운 위대한 자, 영광의 주님, 영원한 왕이 지구를 찾아올 때 앉게 될' 옥좌라고 동행한 천사가 에녹에게 알려 준다. 그리고 대추야자와 비슷한 열매가 달린 나무에 대해서는 다음과 같이 설명한다.

> 그리고 향기 나는 저 나무는 위대한 심판의 날까지 어떤 인간도 만질 수 없는 것이다. (…) 그 나무의 열매는 선택된 자들의 양식이 될 것이다. (…) 그 나무의 향기는 그들의 뼛속까지 스며들어 갈 것이며, 선택된 자들은 지구에서 영원히 살 것이다.

이렇게 지구의 비밀스러운 장소들을 방문한 후 드디어 에녹이 하늘로 올라가는 여행을 할 때가 되었다. 에녹의 뒤를 이은 다른 사람들이 그랬듯이 에녹도 이때 '그 정상이 하늘에 닿아 있는 산'과 어둠의 땅으로 가게 된다.

> 천사들은 그들이 원한다면 사람의 형상으로도 나타날 수 있는 타오르는 불꽃

과 같은 모습의 사람들이 있는 곳으로 나를 데려갔다.

그리고 천사들은 어둠의 땅과 그 정상이 하늘에 닿아 있는 산으로 나를 데려갔다. 거기서 나는 선각자들의 방과 하늘의 보물들 그리고 불타는 화살과 활, 화살통, 불타는 칼, 번개가 보관된 깊은 곳도 보았다.

자신의 예정된 운명에서 벗어날 방법을 찾던 알렉산더가 이 지점에서 영생을 얻는 데 실패한 것과는 달리, 에녹은 그의 뒤를 따른 이집트의 파라오들처럼 신들의 축복을 받으며 영생을 얻는 데 성공한다. 에녹은 영생을 얻을 자격이 있다고 판단되었기 때문에 '천사들이 그를 생명의 물로 인도한다'. 거기서 더 나아가 에녹은 '불의 집'에 이른다.

그리고 나는 불꽃으로 둘러싸인 수정으로 된 벽 가까이에 이르렀고, 이내 두려움에 떨었다.

불꽃을 지나자 역시 수정으로 지어진 거대한 집이 나타났다. 그 집의 벽은 수정으로 모자이크를 한 것 같았으며, 바닥도 수정이었다. 천장은 별과 번개의 길처럼 보였고, 그 사이로 불을 뿜는 케루빔(Cherubim)들이 있었고, 하늘은 물과 같았다.

그 집의 벽은 불꽃으로 둘러싸여 있었고, 문들도 불타고 있었다.

내가 그 집 안으로 들어가자 그곳은 불처럼 뜨거우면서 얼음처럼 차가웠다.

그리고 불로 지어진 대문을 가진 첫 번째 것보다 더 큰 집이 서 있었다.

그 안을 살피니 태양처럼 빛나는 바퀴가 달린 수정처럼 보이는 것으로 만들어진 높은 옥좌가 있었으며, 거기에 케루빔이 보였다.

그 옥좌 밑에서는 불꽃이 퍼져 나오고 있었기 때문에 더 이상 볼 수 없었다.

이윽고 '불의 강'에 이르러 에녹은 더 높은 곳으로 올라가게 된다. 그는 '지구의 모든 강의 근원지와 (…) 지구의 주춧돌들 그리고 구름을 움직이는 지구의 바람들', 즉 지구 전체를 한눈에 보게 된다. 거기서 더 높이 올라간 에녹은 '바람이 창공까지 닿고 하늘과 땅 사이에 머무는 곳에 이른다'. '나는 태양의 주위를 감아 도는 하늘의 바람과 모든 별들을 보았다.' '천사들의 길'을 따라가던 에녹은 '높은 곳에 있는 하늘의 궁창(firmament)'에 이르러 '지구의 끝'을 본다.

그곳에서 에녹은 하늘의 전경을 보게 되며, '빛나는 거대한 산과 같은 일곱 개의 별'을 본다. 에녹이 어디에서 별을 보건 '그중 셋은 동쪽을 향하고' 있었는데, 그쪽은 '하늘의 불이 밝혀진 곳'이었다. 그곳에서는 '불기둥'들이 오르락내리락 하고 있었으며 그 불기둥들은 '깊이와 넓이를 헤아릴 수 없었다'. 다른 편으로는 세 개의 별이 '남쪽을 향해' 있었다. 그 별들이 향해 있는 곳은 '그 위로 하늘의 궁창도 없고 아래로는 디딜 땅도 없는 깊은 심연이었는데 (…) 아무것도 없는 허공이었으며 무시무시한 곳이었다'. 에녹이 자신을 실어 나르던 천사에게 이유를 묻자, 천사는 '거기서 하늘이 끝나기 때문이다. (…) 그곳은 하늘과 땅의 끝이며 별의 감옥이다'라고 답한다.

일곱 개의 별들 중 한가운데 있는 별은 '하나님의 옥좌처럼 하늘에 닿았다'. 알라바스터(alabaster, 설화석고)처럼 보이는 '옥좌의 꼭대기는 청옥(靑玉, 사파이어)' 같았으며, 별은 마치 '불꽃' 같았다.

계속해서 하늘을 여행하던 에녹은 '나는 여행하다가 모든 것이 혼란스러운 곳에 이르렀다'고 말한다. 거기서 에녹은 '무시무시한 것'을 본다. 에녹이 본 것은 '하늘의 별들이 함께 뭉쳐 있는 모습'이었다. 천사는 에녹에게 '그것은 하나님의 명을 어긴 별들로 1만 년의 세월 동안 이

곳에 묶여 있는 것'이라고 설명한다.

하늘로의 첫 번째 여행에 대한 기록을 마치면서 에녹은 '그리고 나, 에녹은 환상 속에서 모든 것의 종말을 보았다. 그리고 어떤 사람도 내가 본 것을 본 적이 없었다'고 말한다. 그 후에 에녹은 하늘의 처소에서 모든 지혜를 전수받고 다시 지구로 내려와 다른 사람들에게 자신이 배운 것을 가르친다. 그리고 구체적으로 명시되지 않은 기간 동안 '에녹은 인간들이 알지 못하는 곳에 감추어져, 그가 어디에 있는지 어떻게 되었는지 아무도 모른다'. 그러다가 대홍수가 다가오자, 에녹은 자신의 가르침을 글로 적고 증손자인 노아에게 정의롭고 구원받을 만한 인간이 될 것을 충고한다(이 부분은 앞서 살핀 다른 판본에서 에녹이 30일 동안 자기 자식들에게만 율법을 가르치고 하늘로 다시 올라갔다고 말한 내용과 다소 다르다).

그리고 나서 에녹은 다시 한번 '지구에 사는 자들 사이에서 들어 올려진다. 에녹은 성령의 마차 위에 태워졌고, 그의 이름은 인간들 사이에서 영원히 사라졌다'.

3

파라오들의 사후세계 여행

신(神)이 건설한 땅 이집트

영원히 살았던 조상들을 찾아다닌 알렉산더의 모험은 그 조상들이 경험한 것과 같은 요소들, 즉 동굴, 천사, 지하세계의 불, 불마차와 불말 같은 것들로 이루어져 있다. 그러나 알렉산더 이야기에서 더 두드러진 것은, 기독교 시대보다 훨씬 앞선 시기에는 알렉산더와 그의 역사가들을 포함한 대부분의 사람들이 영생을 얻고자 한다면 이집트의 파라오들을 모방해야 한다고 생각했다는 사실이다.

그런 연유로 알렉산더가 반쪽은 신의 혈통을 이었다는 이야기도 그리스 지역의 신과 연결되지 않고 복잡한 과정을 거쳐 이집트의 아몬 신과 연결되었던 것이다. 알렉산더가 소아시아에서 페르시아 군대를 물리친 후에 페르시아 군을 뒤쫓지 않고 이집트로 향한 사건은 전설이 아니라 역사적 사실이다. 이집트에서 그는 자신의 신성한 '뿌리'에 대한 답을 얻었다고 하며, 그때부터 생명의 물을 찾기 시작했다.

고대의 히브리나 그리스, 그 밖의 다른 민족의 전설에 등장하는 영생을 얻은 사람들은 신의 특별한 축복을 받은 것이었지만, 고대 이집트의 왕인 파라오들은 영생을 특권이 아닌 권리로 갖고 있었다. 물론 그 권리는 모든 사람이 갖고 있었던 것은 아니었고, 다른 민족 전설에 나타나는 것처럼 소수의 정의로운 자들에게 한정된 것도 아니었다. 그 특권은 단지 그들이 이집트의 왕위에 앉아 있다는 이유로 부여된 것이었다. 이집트의 전설에 따르자면, 그렇게 된 이유는 이집트 최초의 왕이 인간이 아니라 신이었기 때문이다.

이집트 전설에 의하면 아주 먼 옛날에 '하늘의 신'들이 '천상의 원반(The Celestial Disk)'으로부터 지구로 내려왔다고 한다. 그리고 '고대에 지구로 내려온 위대한 신들'이 이집트가 홍수로 잠겨 있을 때 이집트에 와서, 나일 강에 댐을 건설하고 정교한 배수로를 만들고 간척을 해서 이집트를 물과 진흙에서 건져냈다고 한다. 그래서 이집트의 별명이 '올려진 땅'이라고 불리게 된 것이다. 이 일을 한 고대의 신의 이름은 '프타(PTAH, 건설자)'였다. 프타는 위대한 과학자이자 공학자였으며 건축가였다고 한다. 그는 신들 중에서도 가장 뛰어난 기술자로 인간을 창조하는 데도 기여했다고 한다. 그의 지팡이는 흔히 눈금이 새겨진 것으로 묘사되곤 하는데, 현대의 측량사들이 사용하는 눈금이 새겨진 자와 흡사한 모양이다. 【그림7】

이집트 전설에는, 프타가 후에 남쪽으로 은퇴해서 현재의 아스완 댐이 있는 나일 강의 첫 번째 폭포 근처의 비밀 동굴에 자신이 설치한 수문으로 나일 강의 물을 통제하는 일을 계속했다고 한다. 그러나 이집트

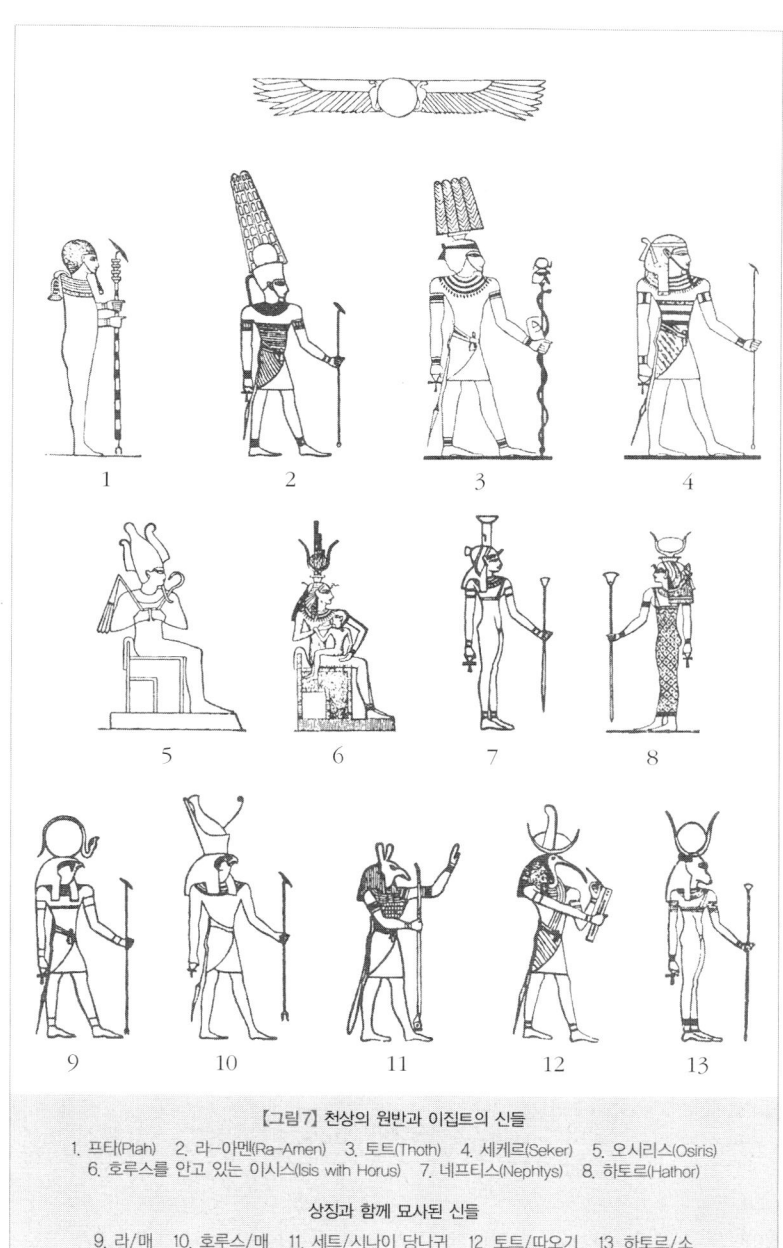

[그림7] 천상의 원반과 이집트의 신들
1. 프타(Ptah) 2. 라-아멘(Ra-Amen) 3. 토트(Thoth) 4. 세케르(Seker) 5. 오시리스(Osiris)
6. 호루스를 안고 있는 이시스(Isis with Horus) 7. 네프티스(Nephtys) 8. 하토르(Hathor)

상징과 함께 묘사된 신들
9. 라/매 10. 호루스/매 11. 세트/시나이 당나귀 12. 토트/따오기 13. 하토르/소

를 떠나기 전에 프타는 이집트 최초의 신성 도시를 세우고 그곳의 이름을 안(AN)이라고 명명했다. 그곳은 구약에서는 온(On)이라고 불렸고 그리스인들은 헬리오폴리스(Heliopolis)라고 불렸던 곳이다. 프타는 그곳에 '천상의 원반'을 경배하는 뜻에서 라(RA)라는 이름이 붙여진 자신의 아들을 이집트 최초의 신성한 지배자로 세운다.

위대한 '하늘과 땅의 신'이었던 라는 안(AN)에 특별한 성전을 세우는데, 그 성전 안에는 라가 하늘에서 지구로 올 때 타고 내려왔다고 알려진 벤벤(Ben-Ben)이라는 '신성한 물체'가 보관되었다고 한다.

시간이 흐른 뒤에 라는 자신의 이집트 왕국을 오시리스(OSIRIS)와 세트(SETH)라는 두 신에게 나눠 준다. 그러나 형제였던 이들이 하나의 왕국을 둘로 나눠 갖는 것은 성공하지 못한다. 세트는 계속해서 오시리스를 죽이려고 한다. 몇 번의 시도 끝에 세트는 오시리스를 속여 관 속에 넣는 데 성공하고 그 관의 뚜껑을 닫아 물에 던진다. 그러나 오시리스의 누이동생이자 아내였던 이시스(ISIS)가 현재의 레바논 해안 근처를 떠다니는 관을 발견한다. 이시스는 오시리스를 부활시키기 위해 다른 신들의 도움을 청하러 가는 동안 오시리스를 숨긴다. 그러나 그 사이에 세트가 오시리스의 시체를 찾아내 토막을 내서 온 나라에 뿌린다. 하지만 이시스는 여동생인 네프티스(NEPHTYS)의 도움을 받아 오시리스의 남근을 제외한 모든 부분을 찾아다가 다시 붙여서 오시리스를 부활시킨다. 부활한 오시리스는 그 후 다른 세계에서 다른 하늘의 신들과 함께 영원히 살게 된다.

이집트의 기록은 오시리스에 대해 다음과 같이 말하고 있다.

그는 비밀의 문에 들어섰다.

영원의 주인의 영광이

수평선에서 라의 길을 따라 빛나는 그와 함께 하신다.

 오시리스의 부활 후 그가 갖고 있던 이집트의 왕권은 그의 아들인 호루스(HORUS)에게 넘어갔다. 호루스가 태어났을 때 그의 어머니인 이시스는 세트의 마수에서 벗어나게 하려고, 마치 구약에 나오는 모세의 어머니가 그랬듯이 그를 나일 강의 갈대 사이에 숨겼다고 한다. 그런데 그는 전갈에 물려 죽고 만다. 이시스는 곧바로 마법의 힘을 지닌 신 토트(THOTH)에게 도움을 청한다. 그때 하늘에 있던 토트는 라의 '천문학적인 시간의 배'를 타고 즉시 지구로 내려와 호루스를 살려낸다.

 후에 성년이 된 호루스는 왕권을 놓고 세트에게 도전한다. 그 둘 사이의 오랜 다툼은 공중에서도 펼쳐진다. 호루스는 '나르(Nar)'에서 세트를 공격했다고 하는데, 나르는 고대 근동어로 '불을 뿜는 기둥'이라는 뜻이다. 이집트 전 왕조 시대 유물에 묘사된 것을 보면, 나르는 긴 원통형의 물체로 깔때기 모양의 꼬리와 광선이 뿜어져 나오는 격벽(隔壁) 모양의 머리를 가진 일종의 비행 물체처럼 보인다. 【그림8】 나르의 앞쪽

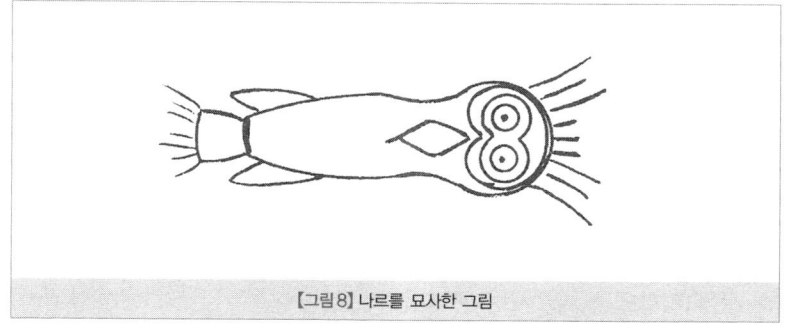

【그림8】 나르를 묘사한 그림

파라오들의 사후세계 여행

에는 두 개의 헤드라이트 혹은 '눈'이 달려 있는데, 이집트 전설에 따르면 그것은 붉고 푸른빛을 내뿜었다고 한다.

여러 날 동안 두 신들의 싸움이 계속되다가, 나르를 탄 호루스가 세트에게 특별히 만들어진 '작살'을 쏘아 세트는 고환을 잃게 된다. 이 일로 인해 세트는 더욱 화가 나게 된다. 시나이 반도 위에서 벌어진 마지막 전투에서는 세트가 쏜 광선에 맞은 호루스가 한쪽 '눈'을 잃게 된다. 이에 위대한 신들이 휴전을 선언하고 회의를 연다. 격론 끝에 지구의 왕이 라와 오시리스로 이어지는 혈통의 합법적인 계승자로서 호루스를 인정하게 되어 이집트를 호루스에게 넘겨줄 것을 선언한다. 그 이후 호루스는 라의 상징이었던 매와 함께 묘사되고, 세트는 아시아의 신으로서 유목민들의 짐을 나르는 시나이 당나귀와 함께 묘사된다. 【그림7의 10과 11 참조】

| 신의 혈통을 이어받은 이집트 왕족들 |

상 이집트와 하 이집트 모두의 왕권을 계승하게 된 호루스에서부터 이집트의 왕권에는 신성함이 부여된다. 왜냐하면 그 이후로 모든 파라오들은 호루스의 후계자이며 오시리스의 왕좌를 이어받은 것으로 여겨졌기 때문이다.

명확히 알려지지 않은 이유로 인해 호루스의 지배 후에는 이집트에 혼돈과 쇠퇴의 시간이 이어지는데, 그 기간도 분명치 않다. 그러다가 기원전 3200년경에 이집트에 '왕족'이 도착하고 메네스(Menes)라는 이름을 가진 사람이 통일 이집트의 왕위에 오른다. 이때 신들은 이집트에 문명과 함께 우리들이 지금 종교라고 부르는 것을 선물한다. 메네스에 의해 시작된 왕조는 페르시아가 이집트를 점령한 기원전 525년까지 26대의 왕조로 이어졌고, 그 이후에도 그리스와 로마 시대까지 계속됐으며, 이때 그 유명한 클레오파트라도 이집트를 통치했다.

최초의 파라오였던 메네스는 통일 왕국을 건설하고 헬리오폴리스 바로 남쪽 나일 강의 중간에 해당하는 곳에 왕국의 수도를 만든다. 메네스는 프타의 치적을 모방해 나일 강 위에 인공적인 토대를 세워 그 위에 멤피스(Memphis)라는 도시를 짓고, 거기에 프타에게 바치는 신전을 건설한다. 그 이후 멤피스는 1,000년 이상 이집트의 정치와 종교의 중심지가 된다.

기원전 2200년경에 학자들이 아직도 그 원인을 잘 모르고 있는 거대한 변혁이 이집트에서 일어난다. 일부 학자들은 아시아에서 침입자들이 들어와 이집트 사람들을 노예로 삼고 이집트의 신앙을 훼손했다고 보고 있다. 때문에 이집트에 남아 있던 독립적인 요소들은 남쪽보다 외부의 접근이 어려웠던 상 이집트에 유지되고 있었다. 따라서 약 150년 후에 국가의 질서가 회복되었을 때, 왕권과 정치적 종교적 권력은 상 이집트의 나일 강 유역에 있는 오래되었지만 그때까지는 별로 알려지지 않았던 도시인 테베(Thebes)로 옮겨지게 된다.

테베의 신은 아멘(Amen, 숨겨진 자)으로, 이는 알렉산더가 자신의 진정한 아버지라고 생각하고 찾아 나섰던 아몬(Ammon) 신의 다른 이름이었다. 그는 최고신으로서 아멘-라(Amen-Ra, 숨겨진 라)라는 이름으로 숭배된다. 아멘-라가 보이지 않는 혹은 숨겨진 라였는지, 아니면 전혀 다른 신이었는지는 분명치 않다.

그리스 사람들은 테베를 디오스폴리스(Diospolis, 제우스의 도시)라고 불렀는데, 그 이유는 그리스 사람들이 아몬 신을 자신들의 최고신인 제우스와 동일시했기 때문이다. 아마 이런 사실이 알렉산더가 자신을 아몬 신과 연결시켰던 이유 중 하나였던 것으로 보인다. 또 테베는 알렉산더가 시와(Siwa)의 오아시스에서 아몬 신으로부터 계시를 받은 후 처음 찾아갔던 도시이기도 하다.

테베와 그 주변의, 현재 카르나크(Karnak), 룩소르(Luxor), 다이르알바리(Dayr al-Baḥrī)로 알려진 장소에서 알렉산더는 아몬 신에게 바쳐진 엄청난 신전들과 기념비들을 발견한다. 그것들은 대부분 제12왕조 시대의 파라오들에 의해 지어진 것들로서, 그중에는 알렉산더보다 무려 1,500년 전에 생명의 물을 찾아 나섰던 '세손추시스'도 포함돼 있었던 것으로 보인다. 또 그 신전들 중에서도 가장 거대한 것은 역시 아몬 신의 딸이었던 하트셉수트 여왕이 지은 것으로 알려져 있다.

알렉산더나 하트셉수트 여왕의 경우처럼 파라오가 신의 혈통을 이어받았다는 이야기는 당시로서는 전혀 특이한 것이 아니었다. 이집트의 파라오들은 오시리스의 왕위를 이어받았다는 사실뿐만 아니라 이런 저런 신들의 자식이거나 형제라는 이유로 자신들이 신성하다고 강조하곤 했다. 물론 학자들은 이런 주장을 단지 상징적인 것으로만 해석해 왔다. 그러나 제5왕조의 세 명의 왕과 같은 몇몇 이집트 파라오들은 자신들이 생물학적으로 라의 혈육이라고 주장했다. 즉, 라가 자신의 신전에 있던 고위 성직자의 아내들을 임신시켜 생겨난 자식들이라는 것이다.

다른 왕들은 보다 복잡한 방법으로 라와 연결되었다고 주장한다. 즉, 라가 왕위에 있는 파라오로 현화(現化)해서 여왕과 성교한다는 것이다. 따라서 왕위를 이어받을 계승자는 라의 직계 자손이라는 것이다. 그러나 신의 혈통을 이었다는 이런 특정한 주장이 거짓이라 해도 모든 파라오들은 신학적으로 볼 때 호루스의 화신(化身)이며, 그에 따라 오시리스의 아들로 여겨졌다. 결국 모든 파라오들은 오시리스가 경험한 것과 똑같은 방식으로 죽음 뒤에 환생해 영생을 얻을 권리가 있었다.

알렉산더가 그토록 합류하고 싶어했던 것이 바로 영원히 사는 그런 신들, 그리고 신과 같은 파라오들의 대열이었던 것이다.

| 다시 살아나는 자, 이집트 파라오 |

라와 다른 신들이 영원히 살 수 있는 이유는 그들이 자신 스스로를 끊임없이 젊어지게 만들기 때문이다. 그래서 파라오들은 흔히 '탄생을 반복하는 자'나 '탄생의 반복자'와 같은 이름을 갖고 있다. 신들은 자신들의 처소에서 신성한 음식과 음료를 먹기 때문에 계속 젊음을 유지한다. 따라서 파라오들도 영생을 얻으려면 신들과 같은 것을 먹어야 하므로 신의 처소에 합류해야 한다.

한 고대의 주문(呪文)을 보면 죽은 왕에게 신성한 음식을 나누어 줄 것을 신들에게 부탁하고 있다. '우리들의 왕을 당신에게 데려가 그가 당신이 먹는 것을 먹고, 당신이 마시는 것을 마시고, 당신이 사는 곳에서 살 수 있도록 해주십시오.' 또 페피(Pepi) 1세의 피라미드에서 출토된 기록에는 보다 구체적으로 다음과 같이 적혀 있다.

> 페피 왕에게 당신의 자양물(滋養物)을 주십시오.
> 당신의 영원한 자양물과
> 영원한 음료수를.

지구를 떠난 파라오는 '불멸의 별'에 있는 라의 천상의 처소에서 영원한 자양물을 얻게 될 것으로 기대한다. 그곳에 있는 신비한 '공물의 장소' 혹은 '생명의 장소'에는 '생명의 나무'가 자라고 있다. 페피 1세의 피라미드에서 출토된 기록을 보면, 왕이 '깃털이 달린 새'처럼 생긴 문지기를 지나 호루스의 사자를 만나는 장면이 묘사돼 있다. 왕은 호루스의 사자들과 함께,

> 위대한 신들이 빛을 내고 있는
> 거대한 호수로 여행을 떠난다.
> 불멸의 별에 사는 그 위대한 신들이
> 페피에게 자신들이 먹는
> 생명의 나무를 주어
> 그를 영원히 살 수 있도록 한다.

이집트의 유물에 그려진 그림들을 보면, 죽은 왕이 (때때로 왕비와 함께) 천상의 낙원에서 대추야자처럼 생긴 열매가 달린 생명나무를 자라게 하는 생명의 물을 마시는 모습이 묘사돼 있다.【그림9】

파라오들이 향한 하늘의 목적지는 라가 태어난 곳이며 지구로부터 라가 돌아간 곳이기도 하다. 그곳에서 라는 '네 개의 물병을 가진 여신'이 정기적으로 그에게 부어 주는 불로장생약 때문에 계속해서 젊어진다(이집트인들은 라가 '계속 깨어났다'고 표현한다). 따라서 이집트의 파라오들도 여신이 라에게 부어 준 것과 같은 불로장생약을 자기에게도 부어 '자신의 심장을 다시 살아나게 만들어 주기를' 바랐던 것이다. 오시리스를 젊게 만든 '젊음의 물'도 바로 그것이었다. 또한 호루스는 죽은 페피 왕에게 '너를 젊음의 물로 새롭게 해', '두 번째 젊음의 시절을 주겠다'고 약속한다.

파라오들은 내세에 다시 살아난 뒤 젊어져서 낙원에서의 삶을 영위

【그림9】 생명의 물을 마시는 파라오와 그의 아내

한다. '그의 양식은 신들 사이에 있고, 그의 물은 라의 것과 같은 포도주다. 라가 먹을 때 라가 그에게 음식을 준다. 라가 마실 때 라가 그에게 음료를 준다.' 그리고 '그는 매일 편안하게 잠을 잔다. (…) 그리고 어제보다 오늘 훨씬 더 기분이 좋아진다'.

파라오들은 영생을 얻기 위해 먼저 죽어야만 한다는 역설에 크게 구애받지 않았던 것 같다. 이집트의 두 땅을 통치하는 최고의 지배자로서, 파라오들은 살아 있을 때 그야말로 지상 최고의 생활을 누렸다. 그러나 신들 사이에서 다시 태어날 수 있다는 것이야말로 그것보다 더 큰 기대였을 것이다. 또한 방부 처리가 되어 땅에 묻히는 육신은 속세의 것일 뿐이었다. 이집트인들은 우리가 '혼(soul)'이라고 부르는 것과 같은 '바(Ba)'를 모든 사람이 갖고 있다고 생각했으며, 그것은 죽은 다음에는 새처럼 하늘을 솟아오른다고 믿었다. 그리고 또 인간은 '카(Ka)'라는 것도 갖고 있다고 믿었는데, 카는 정수(精髓), 개성, 영(靈), '또 다른 존재'와 같은 다양한 의미로 해석되는 단어로 파라오들은 카를 통해 내세의 몸을 입게 된다고 한다. 머서(Samuel Mercer)는 피라미드 텍스트에 대한 분석을 통해 카는 인간의 신성한 특징을 뜻한다고 주장한다. 즉, 카라는 개념은 인간 안에 있는 신성한 요소를 말하는 것으로, 그것을 통해 파라오들은 내세에 신과 함께 다시 살 수 있게 된다는 것이다.

그러나 내세가 가능하다 해도 쉽게 얻을 수 있는 것은 아니었다. 죽은 왕은 길고 험한 길을 여행해야 했고, 여행을 떠나기 전에는 대단히 복잡한 제의적 준비를 해야만 했다. 파라오를 신과 같이 만드는 일은 죽은 파라오의 손발을 묶어 방부제로 처리해 미라로 만드는 것을 포함한 정화의 과정에서부터 시작된다. 이것은 죽은 왕이 오시리스를 닮도록 하려는 노력이었음이 분명하다. 방부제로 처리된 파라오는 피라미드 모양의 지붕이 있는 건물로 장례 행렬을 따라 옮겨지게 되는데, 그 건물의 앞에는 타원형 모양의 기둥이 세워져 있다. 【그림10】

피라미드 모양의 지붕이 있는 장례식장 안에서 파라오가 여행의 끝

【그림10】 이집트 벽화에 나타난 파라오의 장례 행렬

에 신들에게 받아들여지기를 기원하는 사제들의 제의가 행해졌다. 이집트의 장례 기록에서 '입을 여는 의식'이라고 표현된 이 의식은 한 사람의 쉠(Shem) 사제가 주관하였으며, 그는 늘 표범 가죽으로 만든 옷을 입고 있는 것으로 묘사되었다. 【그림11】 학자들은 이 제의가 이름 그대로, 사제가 구부러진 구리나 쇠로 만들어진 기구로 미라나 죽은 왕을 상징하는 조각상의 입을 여는 것이라고 보고 있다. 물론 이것은 죽은 자의 입을 열어 하늘에 이르는 입구를 열려는 상징적인 행사였음이 분명하다. 그 후에 미라는 다시 여러 겹으로 단단하게 묶인 다음 그 위에 왕의 황금 데스마스크(deathmask, 死面)가 올려진다.

왕의 입이나 왕을 닮은 조각상의 입을 건드리는 것은 상징적인 것일 수밖에 없다. 실제로 사제는 죽은 왕이 아니라 신에게 파라오가 영생을

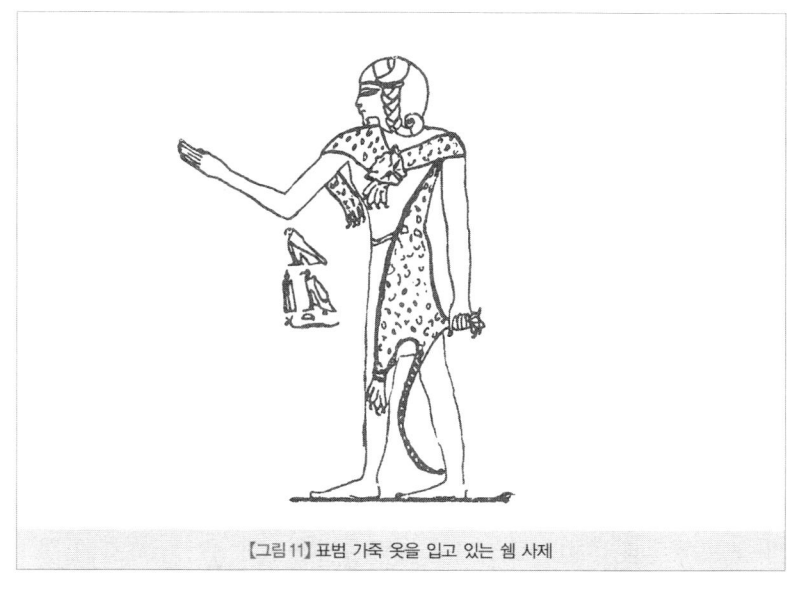

【그림11】 표범 가죽 옷을 입고 있는 쉠 사제

얻도록 '입을 열어 달라고' 빈다. '입을 열기' 위해서 세트와의 전투에서 잃은 호루스의 '눈'에게 '빛나는 자들 사이로 갈 수 있는 길이 열려 왕이 그들 사이에 설 수 있도록' 특별한 부탁을 한다.

이집트 기록과 실제로 남아 있는 유적들을 보면 파라오의 지상의 무덤에는 동쪽으로 난 가짜 문, 즉 문처럼 보이지만 실제로는 벽인 문이 나 있다. 수족이 묶인 채로 정화 의식을 거친 '입을 연' 파라오는 스스로 몸을 일으켜 지구에서의 먼지를 털어 내고 그 가짜 문을 통해 나가는 것으로 생각되었다. 부활의 과정을 단계별로 다루고 있는 피라미드 텍스트에 따르면 파라오는 가짜 문을 혼자서 지나갈 수는 없었다. 왜냐하면 피라미드 텍스트는 '너는 인간을 붙잡은 벽 앞에 서 있어라. 그 일을 담당하는 주관자가 네게 다가올 때까지'라고 말하고 있기 때문이다. 여기서 주관자란 파라오가 벽을 통과할 수 있도록 도와주는 신성한 사자(使者)인데, 피라미드 텍스트는 '그가 너의 팔을 잡아 하늘로, 네 아버지에게로 데려갈 것이다'라고 적고 있다.

그렇게 신성한 사자의 도움을 받은 파라오는 봉인된 무덤에서 나와 가짜 문을 통과한다. 이어서 사제가 찬가를 부르기 시작한다.

왕이 하늘로 오르기 시작하셨다.
왕이 하늘로 오르기 시작하셨다.
바람을 타고, 바람을 타고.
왕을 방해하는 것은 없다.
왕을 방해하는 자는 아무도 없다.
신들의 아들인 왕은 혼자다.
그의 빵은 라와 같이 높은 곳에서 나오며

그의 공물은 하늘에서 나올 것이다.

왕은 '다시 살아나는 자'이다.

그러나 현세를 떠난 왕은 하늘에 올라 신들 사이에서 먹고 마시기 전에 어렵고 위험한 여행을 해야만 한다. 그의 목적지는 네테르-케르트(Neter-Khert), 즉 '산의 신들이 있는 땅'이라고 불리는 곳이다. 그곳은 상형문자로 신(Neter)이라는 뜻의 그림 ┐이 배 위에 놓여 있는 모습 으로 표현된다. 그리고 실제로 그곳에 가기 위해서 파라오는 길고 꼬불꼬불한 갈대 호수를 지나야만 했다. 호수의 습지는 신성한 뱃사공의 도움을 받아야 건널 수 있는데, 그 뱃사공은 파라오를 배로 건네주기 전에 먼저 파라오에게 그의 근본에 대한 질문을 던진다. 도대체 왜 이 호수를 건널 자격이 있다고 생각하는가? 당신은 어떤 신이나 여신의 아들인가?

그 호수를 건너 사막과 산맥을 지나고 다시 다양한 감시하는 신들을 지나면 두아트(Duat)라는 곳이 나오는데, 그곳은 '별로 솟아오르는 처소'이다. 두아트라는 이름과 그 위치에 대해 학자들은 오랫동안 논란을 거듭해 왔다. 일부 학자들은 그곳이 영혼들이 사는 저승(Netherworld)이며, 오시리스가 그랬듯이 왕들이 반드시 가야 했던 곳이라고 보고 있다. 또 다른 학자들은 그곳이 일종의 지하세계(Underworld)였다고 생각하는데, 그곳에 있다는 보이지 않는 신들로 가득 찬 지하 동굴과 땅굴, 펄펄 끓는 물이 담긴 웅덩이, 기괴한 불빛, 새들이 지키고 있는 방들, 스스로 열리는 문과 같은 묘사는 지하세계를 연상시키기도 한다. 그곳은 12개의 영역으로 나뉘어 있고, 그것을 모두 통과하는 데 12시간이 걸린다고 한다.

협곡을 지난 후에 다다를 수 있다는 설명에서 알 수 있듯이 두아트는 지상에 있는 것일 수도 있고, 다른 여러 가지 묘사로 보아 지하에 있는 것일 수도 있다. 그럼에도 불구하고 그것을 나타내는 상형문자는 천체 혹은 하늘과의 연관을 나타내는 별이나 매를 형용하는 모양이거나 단순히 원 안에 들어 있는 별 모양 이어서 더욱 더 혼란스럽다.

불분명한 점들이 있기는 하지만 피라미드 텍스트가 파라오의 삶과 죽음, 부활과 내세로의 이동 등을 다루면서 분명히 말하고 있는 것은, 신처럼 날 수 없는 것이 인간의 가장 큰 문제라는 점이다. 어떤 기록은 이 문제점과 그 해결책을 두 문장으로 요약하고 있다. '인간은 묻히고 신은 날아오른다. 여기 이 왕을 하늘로 날게 만들어 그의 형제인 신들과 함께 하게 하소서.' 테티(Teti) 왕의 피라미드에 새겨진 기록은 다음과 같은 말로 파라오의 희망과 신들에 대한 호소를 표현하고 있다.

인간은 죽습니다.
인간은 이름이 없습니다.
테티 왕의 팔을 잡아
테티 왕을 하늘로 데려가
그가 지구의 인간들 사이에서 죽지 않게 해주십시오.

따라서 파라오는 '숨겨진 장소'에 도착해 그 지하의 미로들을 지나 생명나무의 상징을 지닌 신과 '하늘의 사자'인 신을 만나야만 했다. 그 신들이 왕에게 비밀의 문을 열어 줄 것이며 그를 호루스의 눈으로 안내할 것이다. 호루스의 눈은 하늘에 이르는 일종의 통로로 '힘이 충전되면' 붉고 푸른빛을 낸다고 한다. 호루스의 눈에 '들어서면' 왕은 매-신(falcon-god)이 되어 불멸의 별에서 영원한 내세를 살기 위해 하늘로 솟아오른다. 불멸의 별에서는 라가 직접 왕을 맞는다.

> 하늘의 문이 너를 위해 열려 있다.
> 시원한 곳의 문이 너를 위해 열려 있다.
> 너는 너를 기다리며 서 있는 라를 볼 것이다.
> 그는 너의 손을 잡고
> 너를 하늘의 이중 사원으로 데려갈 것이다.
> 그는 너를 오시리스의 옥좌에 오르게 할 것이다.
> 거기서 너는
> 불멸의 별에서 영원히 사는 자들과 함께 (…)
> 신과 같이 치장될 것이다.

오늘날 파라오의 부활에 대해 알려진 것들은 대부분 피라미드 텍스트에 근거한 것이다. 피라미드 텍스트는 기원전 2350년경부터 기원전 2180년까지 이집트를 다스리던 다섯 명의 파라오들인 우나스(Unas), 테티(Teti), 페피 1세(Pepi I), 메렌라(Merenra), 페피 2세(Pepi II)의 피라미드 벽과 통로 그리고 석실 등에서 발견된 고대 이집트의 상형문자 기록들을 말한다. 피라미드 텍스트들은 세테(Kurt Sethe)의 유명한 『고대 이집트의 피라미드 텍스트 *Die altaegyptischen Pyramidentexte*』와 머서(A. B. Mercer)의 『피라미드 텍스트 *Pyramid Texts*』라는 두 권에 책에 의해 정리되고 분류되었으며 아직까지 이 두 권의 책이 가장 믿을 만한 번역본이다.

수천 개의 시구들로 된 피라미드 텍스트는 얼핏 보기에는 신에게 축복을 빌거나 왕을 찬양하는 반복적이고 아무 연관성도 없는 주문처럼 보인다. 이런 내용에서 의미를 찾고자 연구했던 학자들은 고대 이집트에는 상충되는 신앙이 있었다는 이론을 만들어 내기도 했다. 즉, 라를 숭배하는 '태양 신앙'과 오시리스를 숭배하는 '하늘 신앙' 사이에 경쟁과 통합이 반복되었으며, 그것이 수백 년 동안 집적된 결과가 피라미드 텍스트에 반영되어 있다고 보았다.

피라미드 텍스트의 수많은 시구들을 바람이 불고 천둥이 칠 때 두려움에 떨면서 그런 현상을 '신'이라고 부르던 사람들의 상상이 만들어 낸 허구나 원시적인 신화 정도로 생각하는 학자들에게, 피라미드 텍스트는 혼란스럽고 이상한 것일 수밖에 없었다. 그러나 그런 학자들조차도 피라미드 텍스트의 모든 시구들이 보다 잘 정리되고 일관성이 있으며 이해가 가능한 고대의 다른 기록들에 근거한 것이라는 사실은 인정하고 있다.

실제로 피라미드 텍스트보다 나중에 기록된 이집트 석관이나 파피루스(papyrus)의 시구들을 보면, 그것들이 흔히 '사자의 서(Books of the Dead)'라는 집합적 명칭으로 알려진 기록들을 그대로 베낀 것임을 알 수 있다. 「사자의 서」에는 '두 개의 길에 대한 서(The Book of the Two ways)' '문들에 대한 서(The Book of the Gates)' '두아트에 있는 것(That Which Is in the Duat)'과 같은 제목을 가진 기록들이 포함돼 있다. 학자들은 또 이런 기록들은 그보다 더 오래된 두 가지 종류의 기록에 근거하여 집필했다고 보고 있다. 그중 하나는 라의 하늘 여행을 다룬 고대 기록들이며, 다른 하나는 부활한 오시리스의 대열에 합류한 사람들이 하늘의 처소에서 누리는 음식과 음료 그리고 성생활 등 내세의 축복을 강조한 기록들이다. 두 번째 종류의 기록들은 부적에서까지 발견되는데, 이 부적의 목적은 '밤낮으로 여성과 관계하고' '여자들이 원하도록' 하려는 것이었다.

그러나 학자들은 이런 기록들이 제공하고 있는 이상한 내용들에 대해서는 거의 해석하지 못하고 있다. 예를 들면 '호루스의 눈'은 호루스의 실제 눈을 말하는 것이 아니라, 파라오가 그 안으로 들어갈 수 있으며 '힘이 충전되면' 붉고 푸른빛을 내는 것으로 설명되고 있다. 또한 혼자서 가는 배, 저절로 열리고 닫히는 문, 빛을 내는 얼굴을 가진 보이지 않는 신과 같은 이상한 내용들이 등장한다. 또 영혼들만이 산다는 지하세계에는 그곳과 전혀 어울리지 않는 '다리〔橋〕'가 나오고 '구리로 만든 줄'도 등장한다. 그리고 이런 것들보다 더 이상한 내용은 파라오의 여행이 그를 '지하세계'로 이끈다고 말하면서 어떻게 '왕이 하늘로 가는 길'로 갔다고 주장할 수 있느냐 하는 점이다.

이집트 기록들은 시종일관 파라오가 신의 길을 그대로 따라간다고 말한다. 파라오는 신이 전에 했던 방법을 그대로 따라 호수를 건너고, 라가 그랬던 것처럼 배를 이용하고, 오시리스가 그랬던 것처럼 '신과 같이 치장하고' 하늘로 오른다는 식이다. 자연스레 몇 가지 의문이 생긴다. 이런 이집트 기록들이 원시적 공상(신화)이 아니고 실제로 있었던 여정을 기록한 것이라면, 죽은 파라오들은 도대체 어느 곳에서 신들이 했던 것을 그대로 따라 했다는 것일까? 혹시 그런 기록들은 파라오의 여행이 아니라 신의 여행을 기록했던 그 이전의 기록들을 모방해서 신의 이름을 파라오의 이름으로만 바꾸어 놓은 것은 아닐까?

초창기 이집트학의 대표자였던 마스페로(Gaston Maspero)는 그의 대표작 『이집트 고고학 L'Archeologie Egyptienne』을 비롯한 다른 저서들에서, 문법적 구조와 다른 증거들을 통해 볼 때 피라미드 텍스트는 상형문자가 발명되기 이전의 시대에 기록된 것이라고 주장했다. 브레스티드(J. H. Breasted)는 그의 저서 『고대 이집트의 종교와 사상의 발전 Development of Religion and Thought in Ancient Egypt』에서 '우리가 그것을 가지고 있건 그렇지 않건 간에 그런 고대의 자료가 존재했었음이 분명하다'고 주장한다. 브레스티드는 피라미드 텍스트를 비롯한 다른 유사한 기록들에서 이집트 초기 문명의 사건들에 대한 정보를 얻을 수

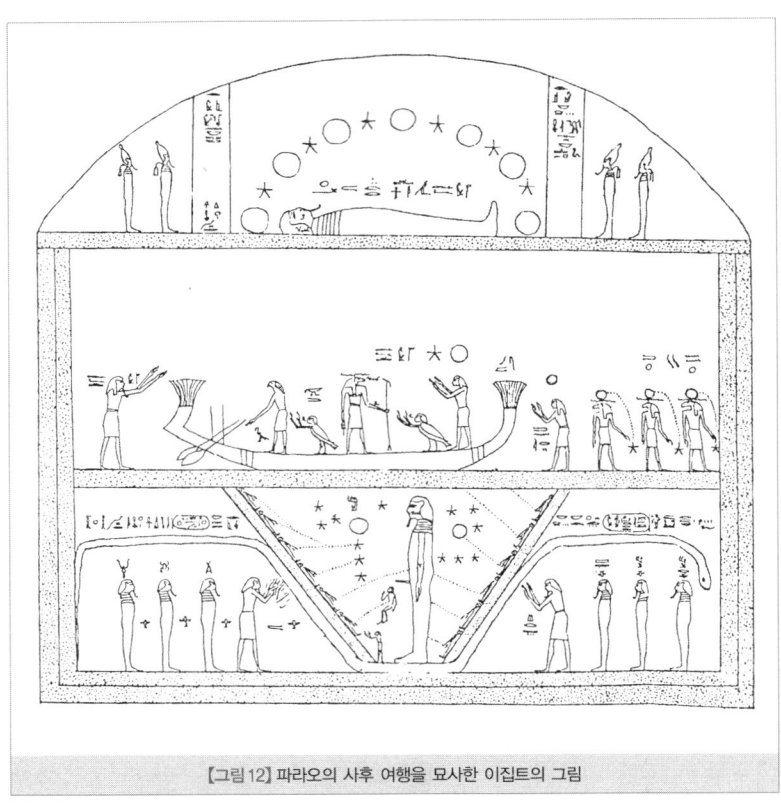

【그림12】 파라오의 사후 여행을 묘사한 이집트의 그림

있으며, 따라서 그것은 단순한 허구가 아니라고 말한다. 그는 '상상력의 산물이라고 보기에는 그것이 반영하고 있는 오래전에 사라진 세계에 대한 묘사가 너무나 풍부하다'고 적고 있다.

피라미드 텍스트와 후대의 그림들은 신과 신을 모방한 파라오들이 땅 위에서 시작해 지하로 갔다가 하늘로 올라가는 입구가 있는 곳에 이르는 여행을 묘사하고 있다. 【그림12】 따라서 이 여행에서는 지하의 장소가 하늘과 연결되고 있는 것이다.

자신들의 무덤에서 내세로 여행한 파라오들이 실제로 이렇게 하늘로 간 것일까? 고대 이집트인들은 사후 여행을 한 것은 미라가 된 육체가 아니라 죽은 왕의 카(Ka, 靈)라고 주장한다. 그리고 그 카가 지상의 실존하는 장소들을 실제로 여행했다고 믿었다.

그렇다면 피라미드 텍스트는 실제로 있었던 일을 묘사한 것은 아니었을까? 파라오들의 영생을 향한 여행은 그것이 비록 신들의 여행을 모방한 것이었다고 해도 고대에 실제로 행해졌던 것은 아니었을까?

이제 그런 발자취, 즉 파라오 이전에 신들이 했던 여행을 따라가 보기로 하자.

4

하늘에 이르는 계단

| **파라오의 사후 여행** |

고대 이집트로 돌아가 우리가 파라오의 장엄한 장례 신전에 있다고 상상해 보자. 이집트 「사자의 서」에 따르면, 파라오를 미라로 만들어 여행 준비를 마친 쉠(Shem) 사제는 신들에게 파라오를 위해 문을 열고 길을 내줄 것을 청한다. 신성한 사자(使者)가 지상 무덤의 가짜 문의 다른 편에 도착하면 그가 돌로 된 벽으로 파라오를 통과시키는데, 이때부터 파라오의 사후 여행이 시작된다.

무덤의 동쪽에 있는 가짜 문을 통과한 파라오는 동쪽 방향으로 갈 것을 명령받는다. 혹시라도 파라오가 방향을 잘못 잡는 것을 막기 위해, 파라오는 서쪽으로 가는 것에 대해 분명한 경고까지 받게 된다. '그쪽(서쪽)으로 가는 자는 결코 돌아오지 못할 것이다!' 파라오의 목적지는

'산신(山神)들이 있는 땅'에 자리잡고 있는 두아트(Duat)였다. 파라오는 거기서 '두 명의 위대한 집 (…) 즉, 불의 집'에 들어가게 되는데, 그곳에서 '계산된 세월의 밤' 동안에 신성한 존재가 되어 '하늘의 동쪽으로' 올라가게 된다.

파라오가 여행 중 만나게 되는 첫 번째 난관은 갈대의 호수다. 그곳은 여러 개의 작은 호수들이 이어져 있는 습지대. 파라오를 안내하는 신은 호수의 물을 둘로 갈라 자신이 파라오의 여행을 축복한다는 것을 상징적으로 보여 준다. 【그림13】 실제로 파라오를 도와 호수를 건너게 하는 이는 신성한 뱃사공인데, 그는 크눔(Khnum, 신성한 기술자)이 만든 배로 신들을 실어 나르는 일을 한다. 그러나 그 뱃사공은 호수의 반대편에 머물고 있기 때문에 파라오는 그에게 자신이 배를 타고 호수를 건널 자격이 있다는 사실을 설득시켜야만 한다.

뱃사공은 파라오에게 그의 근본에 대해 묻는다. 파라오가 신이나 여신의 아들인가? 파라오가 '두 명의 위대한 신의 장부'에 기록돼 있는

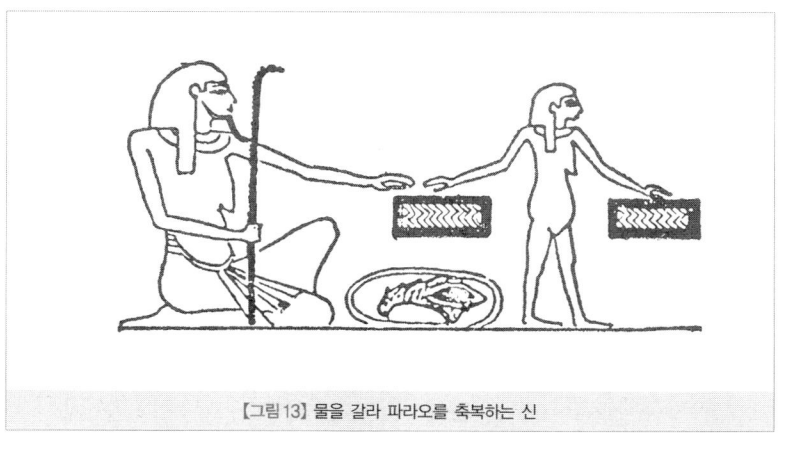

【그림13】 물을 갈라 파라오를 축복하는 신

가? 파라오는 뱃사공에게 자신이 '신성한 씨'라고 설명하고 자신이 정당한 권리를 갖고 있음을 주장한다. 이런 주장이 그대로 받아들여질 때도 있지만 그렇지 않은 경우라면, 파라오는 라(Ra)나 토트(Thoth) 신에게 호수를 건널 수 있게 해달라고 부탁해야 한다. 그럴 때는 배와 노가 알 수 없는 힘에 의해 저절로 움직였다고 하며, 파라오가 잡은 배의 키도 스스로 방향을 잡았다고 한다. 즉, 배는 혼자 움직였던 것이다. 어떤 방법을 쓰던 간에 파라오는 결국 호수를 건너 '하늘에 가깝게 해주는 두 명'을 향해 가게 된다.

> 그는 라(Ra)가 그랬던 것처럼
> 굽은 물가에서 배를 탄다.
> 왕은 한부 배(Hanbu-boat)를 젓는다.
> 그는 키 자루를 잡고
> 갈대의 호수에 이어진 땅에 있는
> '하늘에 가깝게 해주는 두 명'의 평야를 향해 간다.

갈대의 호수는 호루스(Horus)가 다스리는 영토의 동쪽 끝에 위치하고 있다. 그곳을 넘어서면 호루스의 적수 세트(Seth)의 영토인 '아시아의 땅'이 나온다. 언제든 분쟁이 일어날 수 있는 민감한 지역이기 때문에 파라오가 호수의 동쪽 기슭에서 네 명의 '옆머리를 한 횡단 경비'들을 만나게 되는 것도 놀랄 일은 아니다. 그 경비들의 가장 큰 특징은 특이한 머리 모양이었다. '석탄처럼 검은' 그들의 머리는 '이마와 관자놀이 그리고 머리 뒤쪽으로는 곱슬곱슬하게 비틀려 있었고, 머리의 가운데로는 땋아서 묶은' 모습이었다.

경비를 만난 파라오는 외교적이기는 하지만 강한 어조로 자신의 신성한 근본을 강조하면서, 자신이 '아버지 라'의 부름을 받았다고 주장한다. 어떤 파라오는 그들에게 위협을 가한 것으로도 묘사되고 있다. '나의 횡단을 방해하면, 연못에서 연꽃을 뽑아내듯이 머리털을 뽑아 버리겠다.' 또 어떤 파라오는 신들의 도움을 받았다고 한다. 어쨌든 파라오들은 경비를 지나 여행을 계속하게 된다.

경비를 지나면 파라오는 호루스의 땅을 벗어나게 된다. 파라오가 '라의 도움을 받고' 있기는 하지만 그가 도착하고자 하는 동쪽의 땅은 '세트의 영토' 안에 있다. 그의 목적지는 산이 많은 '동쪽의 산악지대'다. 【그림14】 그는 '세트를 경외하며 서 있는 두 개의 산' 사이로 난 협곡을 지나가야 한다. 그러나 그 전에 파라오는 호루스와 세트의 영토 사이에 존재하는 불모의 땅을 지나야만 했다. 파라오는 거기서 다시 한번 경비들에게 질문을 받는다. 그들은 '너는 어디로 가느냐?'고 묻는다.

이 질문에 파라오를 돕는 신들이 답을 한다. '왕은 생명과 기쁨을 얻

【그림14】 파라오의 목적지인 동쪽의 산악지대

하늘에 이르는 계단

기 위해, 아버지를 보기 위해, 라를 보기 위해 하늘로 간다.' 경비들이 생각하는 동안 파라오도 경비들을 설득한다. '경계를 열라. (…) 울타리를 내려라. (…) 신들이 그랬던 것처럼 내가 통과할 수 있도록 하라.'

호루스의 영토인 이집트에서 온 파라오와 그의 후원자들은 여기서부터 좀 더 신중한 태도를 보인다. 파라오는 과거의 호루스와 세트의 분쟁에 대해서 중립적인 입장을 취하는 것처럼 행동한다. 파라오는 '그의 이름에 땅이 떠는 호루스의 아들'이자 동시에 '그의 이름에 하늘이 떠는 세트에 의해 잉태된 아들'로 묘사된다. 그러면서 파라오는 라와의 친밀함을 강조하고 자신이 '라에게 봉사하기 위해' 여행을 한다고 주장함으로써, 호루스나 세트보다 높은 신인 라로부터 일종의 통행 허가증을 받았다는 것도 분명히 한다. 따라서 호루스와 세트가 파라오의 여행을 돕는 것은 그들에게도 분명 이익이 되며, 라도 자신에게 봉사하러 오는 자를 그들이 도운 것을 기쁘게 생각할 것이라고 우회적으로 설득하고 있는 것이다.

세트의 땅을 지키는 경비들은 결국 파라오가 산 사이의 협곡을 지나가는 것을 허락한다. 파라오의 후원자들은 이 순간의 중요성을 다음과 같이 강조한다.

> 너는 이제 높은 곳으로 가는 길에 접어들었다.
> 세트의 땅에 있는,
> 세트의 땅에 있는.
> 너는 이제 높은 곳에 들어서게 될 것이다.
> 그 위에 동쪽 하늘의 높은 나무가 있는.
> 그 위에 신들이 앉아 있는.

파라오는 마침내 두아트에 도착한 것이다.

| **두아트, 신들의 비행장** |

두아트는 신들의 원으로 완전히 둘러싸인 곳으로 묘사된다. 【그림 15】 그리고 두아트의 가장 높은 곳에는 하늘의 여신인 누트(Nut)로 상징되는 하늘로 열린 곳이 있으며, 그 열린 곳을 통해 하늘의 원반(Celestial Disk)으로 상징되는 '불멸의 별'에 닿을 수 있다. 다른 기록에서는 두아트를 산으로 둘러싸인 보다 길쭉한 달걀 모양의 계곡으로 묘사하고 있다. 그리고 여러 개의 지류가 있는 강이 두아트를 가로지르고 있었는데 배가 다니기에는 적당하지 않아서, 라도 그 강에서는 배를 예인하거나 스스로의 힘으로 움직이는 '땅의 배', 혹은 썰매를 타고 다녔다고 한다.

두아트는 12개의 영역으로 나뉘어 있었는데, 지상에서 시작해서 지하로 이어지는 그 영역들에는 각각의 이름이 있어서 들판, 평야, 벽으로 둘러싸인 원, 동굴 등으로 불린다. 파라오가 그 마법에 걸린 무시무시한

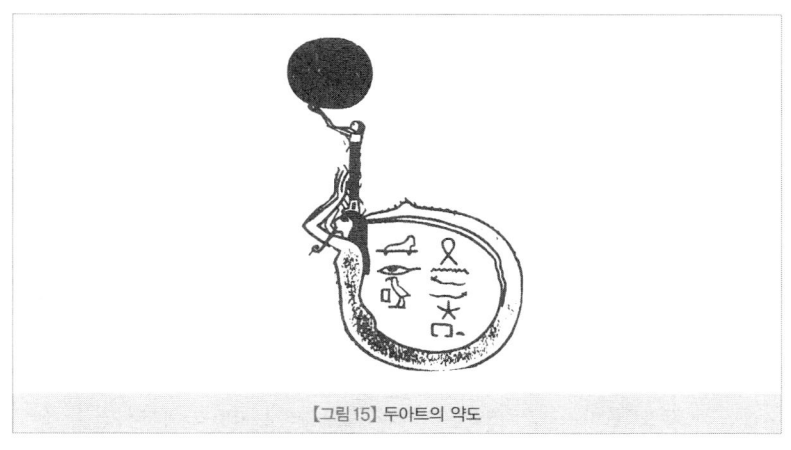

【그림 15】 두아트의 약도

하늘에 이르는 계단

영역들을 모두 지나는 데는 12시간이 걸린다. 파라오는 자신을 돕는 신들의 보호를 받으면서 라가 빌려준 배(혹은 썰매)를 타고 12개의 영역들을 지난다.

두아트를 둘러싸고 있는 산맥에는 모두 7개의 협곡 혹은 통로가 있는데, 그중 2개는 이집트의 동쪽에 있는 산에 있었다. 그 2개의 협곡은 이집트의 상형문자로는 [상형문자] 과 같이 표현돼 '두아트의 서쪽에 위치한 산에' 있는 것으로 묘사됐으며, '숨겨진 장소'의 '수평선' 혹은 '뿔'이라고 불렸다. 라가 두아트로 갈 때 통과했던 협곡의 길이는 220아트루(atru, 약 43킬로미터)였으며 원래는 물이 흐르던 길이었다. 그러나 협곡에 물이 완전히 말라 있었기 때문에 라가 타고 있던 배는 예인되어야만 했었다. 협곡은 경비들이 지키고 있었으며, '튼튼한 문이 달린' 요새들도 있었다.

그러나 이집트의 기록에 따르면, 파라오들은 라가 갔던 협곡과는 다른 약 24킬로미터쯤 되는 보다 짧은 협곡 길을 택했던 것으로 보인다. 현재 남아 있는 그림들을 보면 파라오는 라의 배(혹은 썰매)에 올라 두 개의 산 정상 사이로 난 협곡을 지나는 것으로 묘사돼 있으며, 각각의 산에는 12명의 신들이 자리잡고 있다. 그리고 파라오가 지나던 협곡의 근처에는 '끓는 물의 호수'가 있었는데, 그 호수의 물은 끓고 있음에도 불구하고 만지면 차가웠다고 한다. 또한 협곡의 지하에서는 불길이 타오르고 있었다. 협곡에서는 역청이나 소다석의 악취가 나서 새들도 가까이 오지 않았다. 그러나 협곡에서 그리 멀지 않은 곳에는 작은 나무들로 둘러싸인 오아시스가 있었던 것으로 묘사되고 있다.

일단 이 기묘한 협곡을 지나면 한 무리의 신들이 파라오를 맞으면서 '안심하고 오라'고 말한다. 이제 파라오는 두아트의 두 번째 영역에 도착한 것이다.

그곳을 지나는 강의 이름을 따서 우르네스(Ur-nes)라고 불린 두아트의 두 번째 영역에 대해, 어떤 학자들은 그것이 그리스의 하늘의 화신인 우라노스(Uranus)와 같은 뜻을 지닌 것으로 보고 있다. 그곳에는 머리를 길게 늘어뜨리고 자신들이 기르는 당나귀를 잡아먹으며 신들로부터 물과 음식을 제공받는 사람들이 살고 있었다. 또 그 지역의 기후는 무척 건조해서 인근의 모든 강물이 말라 버린 상태였다. 심지어 라의 배도 이곳에서는 '땅의 배'로 변하고 말았다고 한다. 그곳은 달의 신이자 호루스의 아내로 알려진 하토르 여신의 영역이었다.

신들의 도움으로 두 번째 영역을 지난 파라오는 세 번째 시간에 네트-아사르(Net-Asar, 오시리스의 강)에 도착한다. 두 번째 영역과 비슷한 크기의 그곳에는 '용사들'이 살고 있었으며, 동서남북의 사방위를 담당하는 네 명의 신이 함께하고 있었다.

그런데 상형문자 기록과 함께 새겨진 그림을 자세히 보면 오시리스의 강은 농업지대에서 시작해 많은 산들을 지나 굽이쳐 흐르다가 지류로 갈라지는 것으로 되어 있으며, 그 지류 중 하나에 '하늘에 이르는 계단'이 위치하고 그것을 전설 속의 불사조들이 지켜보고 있다. 마치 하늘에 이르는 계단을 싣고 있는 것처럼 보이는 라의 '천상의 배'는 산 혹은 위로 솟아오르는 불기둥 같은 것의 꼭대기에 놓여 있다. 【그림 16】

파라오는 여기서 '네테르-케르트(Neter-Khert, 산의 신들이 있는 땅)'로 방해받지 않고 들어갈 수 있도록 도와 달라고 '신비한 수호자'에게 호소한다. 이제 왕은 두아트의 가장 안쪽에 가까이 다가간다. 그곳은 아멘타(Amen-Ta), 즉 '숨겨진 장소'였다. 바로 그곳에서 오시리스가 영원한 내세로 올라갔다. 그리고 그곳에는 '하늘에 가깝게 해주는 두 명'

[그림16] 오시리스의 강과 천상의 배에 실린 하늘에 이르는 계단

이 두 그루의 나무처럼 '하늘을 등지고' 서 있다. 왕은 오시리스에게 다음과 같이 기도한다(「사자의 서」에서 여기 해당되는 부분은 '자신의 이름을 네테르-케르트에서 인정받는 장'이라는 제목이 붙어 있다).

> 위대한 두 명의 집에서
> 제 이름을 주십시오.
> 불의 집에서
> 제 이름이 인정되도록 해주십시오.
> 계산된 세월의 밤에
> 달을 세는 밤에
> 제가 신성한 존재가 되고
> 제가 하늘의 동쪽에 앉도록 해주십시오.
> 신이 저를 앞으로 가게 해주십시오.
> 그의 이름은 영원합니다.

이제 파라오는 '빛의 산'을 볼 수 있는 곳까지 와 있다. 그는 '하늘에 이르는 계단'에 도착한 것이다. 이집트의 기록에서 그 장소는 '높은 곳에 이를 수 있는 계단'으로 묘사돼 있다. 그것은 '왕을 위해 지어진 하늘로 가는 계단으로, 왕이 밟고 하늘로 올라 갈 수 있는 것'이다. 하늘로 가는 계단을 나타내는 그림문자는 ⌐ 처럼 한쪽에만 계단이 있는 것(이집트인들을 이런 모양을 금으로 만들어 부적으로 가지고 다니기도 했다)으로 그려지거나, ⌂ 처럼 양쪽에 모두 계단이 있는 계단식 피라미드로 그려졌다. 하늘로 가는 계단은 라의 가장 중요한 신전이 있는 도시인 안(An)에 사는 신들이 만든 것으로, 그것을 통해 신들이 '하늘과 합쳐

질 수 있도록' 만든 것이라고 한다.

파라오의 목적지는 자신을 실제로 하늘로 올라가게 해줄 '천상의 계단'이다. 그러나 '두 명의 위대한 집, 즉 불의 집' 안에 있는 그 천상의 계단에 도달하기 위해, 파라오는 먼저 황야의 신인 세케르(Seker)가 숨겨 놓은 땅인 아멘-타에 들어가야만 한다.

아멘-타는 원형의 요새로 묘사된다. 그곳은 지하에 있는 어둠의 땅인데, 먼저 산악지대로 들어가 거기서 비밀의 문으로 막혀 있는 나선형의 숨겨진 통로를 따라 내려가야만 도착할 수 있는 곳이었다. 파라오가 이제 가야 하는 두아트의 네 번째 영역이 아멘-타이다. 그러나 그곳으로 들어가는 산의 입구는 두 개의 벽이 세워진 협곡으로, 불길이 치솟는 가운데 신들이 지키고 있었다.

라가 숨겨진 장소로 가는 이 입구에 도착했을 때, '라는 그곳에 있는 신들이 계획하고 있는 것에 대해 절차에 따라 말했다'. 그렇다면 파라오도 라처럼 절차에 따라 대답하면 그곳에 들어가는 것을 허락받을 수 있었을까? 이집트의 기록은 '세케르의 땅에 있는 숨겨진 갱도의 계획에 대해 알고 있는 자'만이 지하세계의 길을 통해 여행할 수 있고 신들의 음식을 먹을 수 있다고 적고 있다.

파라오는 다시 한번 자신이 그곳을 통과할 자격이 있음을 주장한다. '나는 오시리스의 선조들의 아들인 황소다'라고 말한다. 그리고 파라오를 보호하는 신들이 다음과 같은 말을 함으로써 파라오가 안으로 들어갈 수 있도록 도와준다.

두아트의 문에서
너에게 출입이 허락된다.

빛의 산에 있는 접힌 문들이
너에게 열린다.
자물쇠가 너를 위해 스스로 열리고
너는 두 개의 진실의 방을 걷는다.
그 안에 있는 신이 너를 반긴다.

이렇게 올바른 공식 혹은 암호를 말하면 사(Sa)라는 이름의 신이 명령을 내린다. 사의 명령이 떨어지면 불길이 그치고 경비가 물러나며 문이 저절로 열려, 파라오는 지하세계로 들어가게 된다.

두아트의 신들이 파라오에게 '지구의 입이 너에게 열렸다. 하늘의 동쪽 문이 너에게 열렸다'고 말한다. 즉, 파라오가 들어가는 것은 지구의 입이지만 실제로 그것은 파라오가 그토록 갈망하던 하늘로 가는 숨겨진 동쪽 문이라는 사실을 확인받는 것이다.

이 네 번째 영역을 여행하는 한 시간 동안 파라오는 여러 동굴과 지하도들을 지나게 되는데, 거기에서 다양한 역할을 하는 신들을 보거나 혹은 목소리를 듣는다. 거기에는 또 신들이 아무 소리도 나지 않는 돛단배를 타고 돌아다니는 수로도 있었다. 또한 지하세계의 길을 밝히기 위해 음산한 빛과 인광을 발하는 물, 횃불 등이 등장한다. 한편으로는 겁에 질리고 다른 한편으로는 어리둥절해 하면서 파라오는 계속해서 '하늘에 이르는 기둥'을 향해 나아간다.

파라오가 길을 가면서 보게 되는 신들은 거의 모두가 12명씩 무리 지어 있었는데, '산의 신들' '숨은 땅에 있는 산의 신들' '숨은 땅에서 생명의 시간을 보유하고 있는 자들'과 같은 이름을 갖고 있었다. 고대 이집트의 일부 기록에 그려진 그림에서는 이런 신들의 정체를 그들이 들고 있는 홀(笏)이나 특별한 모자, 혹은 동물과의 비유(매의 머리, 자칼의 머리, 사자의 머리 등)를 통해 드러내고 있다. 그중에는 지하세계를 지키는 경비나 숨은 땅에 있는 신들의 시종으로 묘사된 뱀의 그림도 찾아볼 수 있다.

피라미드 텍스트와 고대의 그림들을 보면, 파라오가 들어간 곳은 거대한 지하도가 있는 일종의 원형 지하 시설임을 알 수 있다. 단면도로 묘사된 '그림 17'을 보면, 약 60센티미터에서 90센티미터 정도 두께의 단단한 재질로 만들어진 매끄러운 천장과 바닥이 있는 약 12미터 높이의 경사진 지하도를 볼 수 있다. 그 지하도는 모두 세 개의 층으로 나뉘어 있는데, 여기서 파라오는 중간층 혹은 복도에 있는 것으로 묘사되어 있다. 위층과 아래층에는 신과 뱀 그리고 다양한 기능을 하는 구조물들이 들어 있다.

네 명의 신이 끄는 파라오의 배(혹은 썰매)는 중간 복도를 따라 여행을 시작한다. 뱃머리에 달린 등에서 나오는 불빛만이 길을 밝히고 있다. 그러나 파라오의 길은 곧 칸막이로 인해 막히기 때문에 왕은 배에서 내려 걸어야만 한다.

단면도에서 볼 수 있듯이 그 칸막이는 실제로는 약 15도 정도로 경사가 진 지하도의 세 개 층을 가로지르는 40도 정도의 급격한 경사를 이룬 일종의 지하 갱도이다. 그 갱도는 지상이나 혹은 산의 높은 지점에서 시작해 터널의 맨 밑바닥에서 끝나는 것처럼 보인다. 그것은 레-스타우(Re-Stau), 즉 '숨겨진 문의 길'이라고 불렸는데, 그림에서 볼 수 있듯이 지하도의 첫 번째와 두 번째 층을 지나는 갱도에는 마치 에어로크(airlock, 기밀식 출입구)처럼 보이는 방이 있다. 실제로 이 방들은 '문에 손잡이가 없었음에도 불구하고' 세케르와 다른 '숨은 신'들이 지나갈 수 있었다고 한다. 파라오도 배에서 내린 후에 그 갱도를 지나가기 위해 이름이 밝혀지지 않은 신들의 도움을 받게 되는데, 신들은 목소리만으로 에어로크를 열었다고 한다. 그렇게 갱도를 지난 파라오는 다른 편에서 호루스와 토트의 사신들로부터 환영을 받는다.【그림17】

경사면을 내려가면서 파라오는 '얼굴이 없는', 즉 얼굴을 볼 수 없는 신들을 만나게 된다. 파라오가 불쾌감을 느꼈는지 아니면 그저 궁금했는지는 알 수 없지만, 파라오는 그에게 다음과 같이 말한다.

나를 만날 때는
머리에 덮고 있는 것을 내려
얼굴을 보여 주십시오.

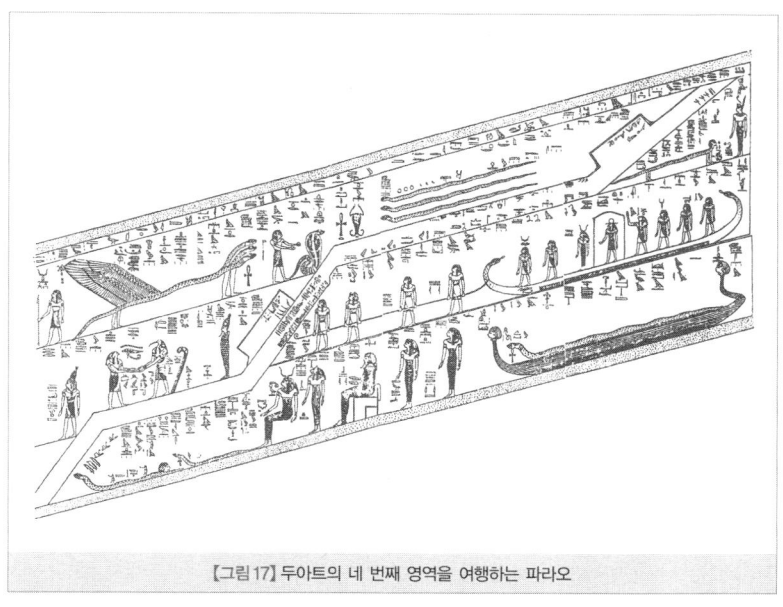

【그림17】 두아트의 네 번째 영역을 여행하는 파라오

왜냐하면
　　나도 당신과 함께 있으려고 온
　　위대한 신들 중 하나이기 때문입니다.

그러나 얼굴을 볼 수 없는 신들은 파라오의 청에 따르지 않는다. 얼굴을 볼 수 없는 신들을 만난 후 파라오는 문 하나를 더 지나 아래로 내려가 가장 아래에 있는 세 번째 층으로 가게 된다. 파라오는 '하늘의 원반'의 상징이 그려져 있는 조그만 방으로 들어가게 되는데, 거기서 '하늘의 사자(使者)'와 깃털로 된 슈(Shu, 하늘에 이르는 계단 위에 허공을 세운 자)의 장식을 달고 있는 어떤 여신의 영접을 받는다.【그림 18】「사자의 서」에 기록된 처방에 따라 파라오는 다음과 같이 말한다.

　　슈의 두 자식이여, 인사를 드립니다!
　　수평선의 땅의 자식들이여, 인사를 드립니다. (…)
　　제가 위로 올라가도 될까요?
　　제가 오시리스처럼 위로 여행해도 될까요?

파라오가 이미 거대한 문을 지나 보이지 않는 신들만이 이용할 수 있는 통로에 들어와 있었으므로, 그 질문에 대한 답은 긍정적인 것일 수밖에 없다.

다섯 번째 시간에 파라오는 지하세계의 가장 깊숙한 곳, 즉 세케르의 비밀의 길에 도착한다. '그림 19'의 단면도를 보면, 세케르는 스핑크스가 양옆을 지키고 있는 지하 깊은 곳의 타원형 방 안에서 두 개의 날개를 쥐고 서 있는 매의 머리를 한 형상으로 묘사되고 있는데, 파라오는 그 위를 지나는 갱도를 따라 움직이기 때문에 세케르를 볼 수 없다. 파라오는 세케르가 있는 방을 보지는 못하지만 '하늘의 높은 곳에서 천둥이 칠 때 들리는 소리와 같은 엄청난 소리'가 그곳에서 나는 것을 듣는다. 또 지하의 비밀스러운 방에서는 '마치 불과 같은 물'이 흘러나오고 있다. 방의 위쪽으로는 흙이 언덕처럼 쌓여 있어 방을 보호하고 있다. 흙 언덕 위에는 머리만 보이는 여신이 아래로 내려가는 통로를 바라보고 있다. 그리고 '앞으로 가다' 혹은 '존재하게 되다'를 의미하는 쇠똥구리의 형상이 맨 위쪽 통로에 있는 원뿔형의 방과 여신의 머리를 연결

[그림18] 하늘의 사자와 여신을 만나는 파라오

하늘에 이르는 계단

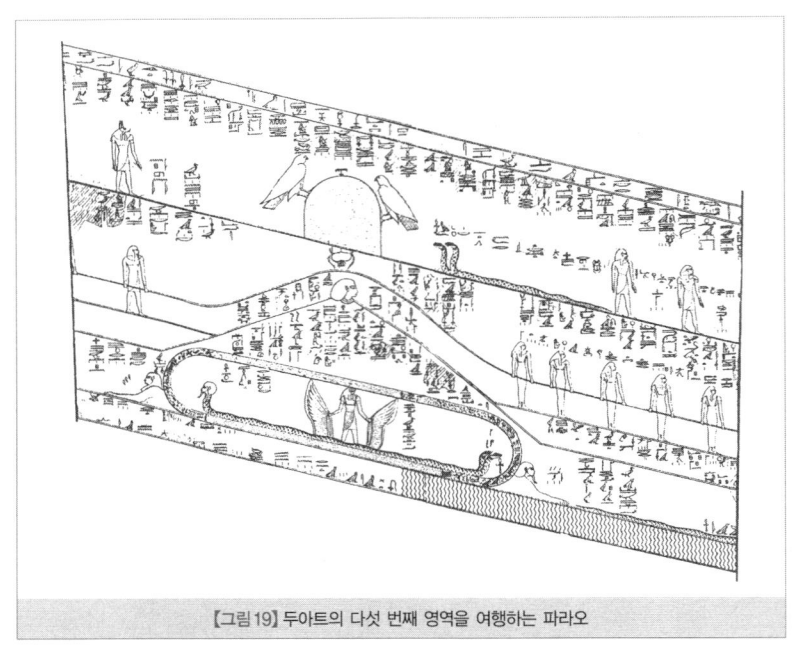

[그림 19] 두아트의 다섯 번째 영역을 여행하는 파라오

하고 있다. 원뿔형의 방 위에는 두 마리의 새가 앉아 있다.

남아 있는 기록과 그림에 나타난 상징들을 종합하여 해석해 보면, 비록 세케르가 보이지는 않지만 그의 존재는 어둠 속에서도 파라오에게 분명하게 드러났을 것으로 생각된다. 왜냐하면 '몸이 빛을 내는 위대한 신의 눈과 머리를 통해' 광채가 비쳤다고 되어 있기 때문이다. 여신과 쇠똥구리 그리고 원뿔형의 방 이 모두는 사방이 막힌 비밀의 방에 있는 숨은 신, 즉 세케르에게 밖에서 일어나는 일을 알려 주는 기능을 했던 것으로 보인다. 쇠똥구리 그림 옆에 보이는 상형문자에는 다음과 같이 적혀 있다.

'두아트의 길과 연결된 케페르(Kheper, 쇠똥구리)를 보라. (…) 케페

르가 여신의 머리 위에 설 때, 그는 세케르에게 매일 이야기한다.'

파라오가 세케르의 감춰진 방 위를 지나가는 과정은 그의 전체 여행에서 매우 중요한 것으로 여겨졌다. 이집트인들은, 사람이 죽으면 누구나 심판의 순간을 맞이하게 되며 그때 그의 행동이 판단되고 심장의 무게가 매겨져, 죽은 자의 영혼이 지옥의 불타는 물에 던져지는 벌을 받거나 아니면 낙원의 시원하고 생명을 주는 물로 축복받게 된다고 믿었다. 고대의 기록에 따르면, 세케르의 방 위를 파라오가 지나갈 때가 바로 그 심판의 순간이라고 한다.

두아트의 신을 대신해 머리만 보이는 신이 파라오에게 유리한 판결을 내린다. '두아트에 어서 오라. (…) 땅에 있는 길을 따라 그대의 배를 타고 오라.' 자신을 아멘트(Ament, 숨어 있는 여성 신)라고 부르는 그 여신은 '내가 너의 이름을 부르면 너는 하늘로 갈 수 있을 것이다. 마치 수평선에 있는 위대한 자처럼'이라고 말한다.

시험을 통과한 파라오는 죽음을 맞이하는 대신 다시 태어나게 된다. 파라오가 지나가는 길에는 저주받은 자들에게 벌을 주는 임무를 맡은 신들이 서 있지만, 파라오는 아무런 해도 입지 않고 지난다. 파라오는 다시 자신의 배(혹은 썰매)를 타는데, 한 무리의 신들이 그 썰매를 호위하고 있으며, 그중 하나는 생명의 나무를 나타내는 상징물을 들고 있다. 【그림20】 이제 왕은 영생을 얻을 자격을 얻은 것이다.

세케르의 영역을 지나 파라오는 오시리스 신과 연관이 있는 여섯 번째 영역에 들어선다. 「사자의 서」 가운데 '문들에 대한 서'의 어떤 판본에 따르면 오시리스가 죽은 자를 심판하는 곳이 바로 이 여섯 번째 영역이라고 한다. '길을 여는' 자칼 머리를 한 신들이 파라오에게 생명의 호수로 알려진 지하수를 마시게 한다. 파라오가 지나가는 것에 맞춰 자

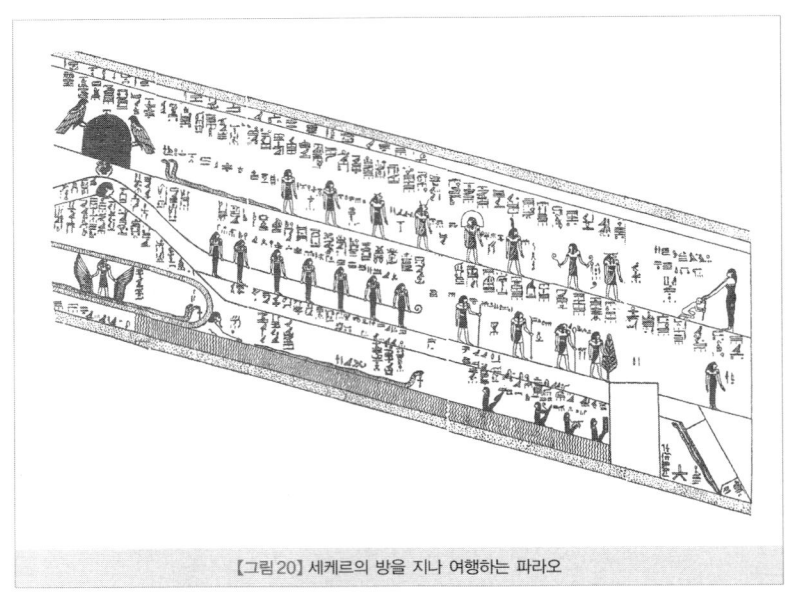

【그림 20】 세케르의 방을 지나 여행하는 파라오

동으로 열리는 문이 달린 칸막이 방에 거처하는 많은 신들이 '벌처럼 웅얼거린다'. 파라오가 전진함에 따라 나타나는 신들의 상징물을 보면 그들이 무척 기술적인 기능을 갖고 있음을 알 수 있다. 그중에는 '두아트에서 밧줄을 잡고 있는' 12명의 신이 있고, 또 '줄자를 갖고 있는' 12명의 신도 있다.

여섯 번째 영역에는 가깝게 붙어 있는 조그만 방들이 많다. 휘어진 길은 '숨겨진 장소의 비밀스러운 길'이라고 불린다. 파라오의 배는 입을 여는 의식을 행하는 쳄 사제들과 마찬가지로 표범 가죽을 입은 신들이 끌고 있다.

파라오가 산의 입구에 가까워졌다는 뜻일까? 「사자의 서」의 해당 부분에는 실제로 '공기를 마시고, 힘을 얻는 장'이라는 제목이 붙어 있다.

파라오의 배는 이제 '신비로운 힘을 얻어 (…) 물이 흐르지도 않고 배를 끌 필요가 없는 곳까지 가게 된다'.

파라오가 경비병이 있는 문을 지나면 일곱 번째 영역으로 들어서게 되는데, 그곳의 풍경과 신들을 보면 지하세계의 모습은 사라지고 하늘과 연관된 모습들이 나타난다. 파라오는 거기서 매의 머리를 한 신인 헤루-헤르-크헨트(Heru-Her-Khent)를 만나게 된다. 그 신을 나타내는 상형문자에는 계단 그림이 포함돼 있으며, 머리에는 '하늘의 원반'을 나타내는 상징물을 쓰고 있다. 그의 임무는 '별의 신들을 제자리로 보내고, 성좌의 여신들을 자신들의 자리에 보내는 것'이다. 일곱 번째 영역에는 별의 상징물과 함께 묘사된 12명의 남성 신과 12명의 여성 신도 있다. 그들에게는 '별의 신들'에게 드리는 찬송이 바쳐진다.

육체는 신성하고, 마술적인 능력을 지녔으며
당신의 성좌에서 하나가 되는
라(Ra)를 위해 일어서는 (…)
당신의 별들이 그의 두 손을 인도해
그가 편안하게 숨겨진 장소로 여행할 수 있도록 하소서.

일곱 번째 영역에는 라가 안(An)의 도시인 헬리오폴리스(Heliopolis)에 위치한 자신의 신전에 보관해 놓은 의문의 물체인 벤-벤(Ben-ben)과 연관된 두 무리의 신들도 있다. 그들은 '비밀을 알고 있는 자'들이며, 헤트-벤벤(Het-benben, 벤벤의 신전)에서 벤벤을 지키고 있다. 그들 중 8명은 밖에서 벤벤을 지키면서 동시에 '숨겨진 물체의 안에 들어가기도' 한다. 또 일렬로 늘어서 있는 9개의 물체가 보이는데, 상형문자로 '따르는 자'라는 뜻을 지닌 쉠(Shem)을 상징하고 있다.

그 다음에 파라오가 도착하는 여덟 번째 영역은 안과 연관된 두아트의 영역이다. 그리고 아홉 번째 시간에 파라오는 12명의 '라의 배를 젓는 신성한 뱃사공'들이 쉬는 곳을 보게 된다. 그들은 라의 '영겁의 배'를 저었던 자들이다. 열 번째 시간에 파라오는 어떤 문을 지나 활기가 가득 찬 곳에 들어서게 된다. 그곳에 있는 신들의 임무는 라의 배를 위해 불과 불길을 제공하는 것이다. 그중 한 신은 '배의 신들의 대장'이라고 불리며, 다른 두 신은 '별의 길을 명령하는 자'들이다. 모든 신들이 하나나 둘, 혹은 세 개의 별 상징물과 함께 묘사돼 있는데, 그것은 하늘에서의 지위를 나타내는 것으로 보인다.

열 번째 영역에서 열한 번째 영역으로 넘어가게 되면 하늘과의 연관성은 더욱 분명해진다. 이 영역의 신들은 하늘의 원반과 별을 묘사하는 상징물들을 지니고 있다. 그중에 '라의 처소로부터 온' 8명의 여신이 별의 상징물을 갖고 있다. 파라오는 '별의 여왕'과 '별의 군주'를 보며, 두아트로부터 '라의 물체를 높은 하늘에 있는 숨겨진 장소까지 나가게 하는' 일을 하는 신들도 만나게 된다.

또한 이 영역에는 파라오가 '하늘을 나는' 천상의 여행을 할 수 있도록 준비시키는 신들도 있다. 여기서 파라오는 신들의 도움을 받아 '뱀'의 안으로 들어가 '옷을 벗어 버리고' '다시 태어난 라의 형상으로' 나온다. 이 부분의 기록 중 일부는 여전히 이해하기 어렵지만, 그 과정이 어떤 것인지는 명백하게 알 수 있다. 즉 파라오는 원래 입고 있던 옷차림으로 어딘가로 들어가 나올 때는 매와 같은 모습, 즉 '신과 같은 모습'으로 나온다는 것이다. 파라오는 '왕의 옷을 벗어 버리고' 등에 '마르크-옷(Mark-garment)'을 입는다. 파라오는 '그의 성스러운 슈흐-가

【그림21】 특이한 깃이 달린 옷을 입은 신들

운(Shuh-vestment)을 벗고', '라의 목에 걸렸던 깃과 같은' '성스러운 호루스의 깃'을 걸친다. 그렇게 옷을 바꿔 입은 후에 '파라오는 다른 신들과 마찬가지로 신으로 여겨지게 된다'. 그러고 나서 파라오는 자기 옆에 있는 신에게 말한다. "당신이 하늘로 갈 수 있다면, 나도 하늘로 갈 것이다."

고대 기록에서 이 부분을 묘사한 그림을 보면 특이한 깃이 달린 착 달라붙는 옷을 입은 신들을 볼 수 있다. 【그림21】

그 신들은 머리 위에 하늘의 원반을 나타내는 상징물을 가진 신에 의해 인도되고 있는데, 그 신은 네 개의 발이 달린 뱀 위에 서서 팔을 넓게 벌리고 있다. 그 신과 뱀은 앉아 있는 오시리스를 태우고 하늘을 나는 것처럼 보이는 다른 뱀을 마주보고 있다. 【그림22】

제대로 옷을 차려입은 파라오는 반원 모양으로 생긴 벽의 한가운데 나 있는 구멍으로 안내된다. 파라오는 그 구멍을 통과한다. 이제 파라오

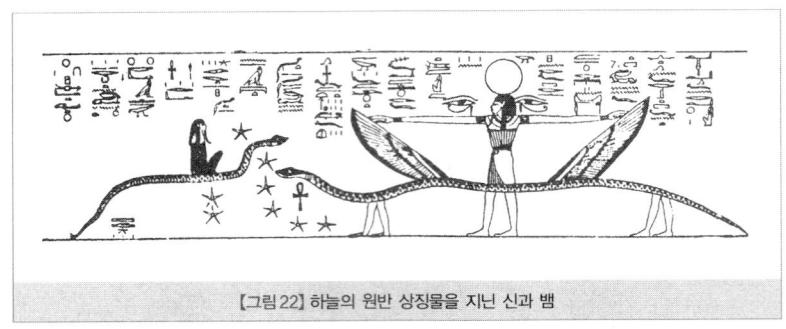

【그림 22】 하늘의 원반 상징물을 지닌 신과 뱀

는 길이가 약 1,300큐빗(약 600미터)쯤 되는 '끝의 새벽'이라는 터널을 지나 어떤 방에 도착하게 되는데, 그곳에는 하늘의 원반을 묘사하는 상징물들이 곳곳에 붙어 있다. 거기서 파라오는 '라의 길에 빛을 비추는' 여신들과, '주시자인 세트(Seth)'를 상징하는 마법적 힘을 가진 홀(笏)을 보게 된다.

신들은 두려워하는 파라오에게 다음과 같이 설명한다.

이 굴은 오시리스의 넓은 방이다.
여기로 바람이 들어와,
시원한 북풍이 들어와,
오시리스처럼 너를 들어 올릴 것이다.

| 하늘에 이르는 계단에 오른 파라오 |

이제 파라오는 지하세계의 마지막 시간을 보내게 되는 열두 번째 영역에 들어서게 된다. 그곳은 '짙은 어둠의 가장 끝'에 있다. 파라오가 도착한 곳은 '라가 승천한 산'이라고 불리는 곳이다. 파라오는 자신의

눈앞에 장엄한 라의 천상의 배가 있음을 보고 놀라움을 감추지 못한다.

파라오는 '하늘로 올라가는 것'이라고 불리는 물체에 다가선다. 어떤 기록에 따르면 '파라오가 그것을 타고 하늘로 올라갈 수 있도록' 라가 직접 파라오를 위해 하늘로 올라가는 것을 준비해 주었다고도 하고, 또 다른 기록들에 따르면 라가 아닌 다른 신들이 그것을 만들고 준비했다고도 한다. 그것은 하늘로 '세트를 옮겨 준 바로 그것'이라고 한다. 오시리스조차도 그것 없이는 하늘로 갈 수 없었기 때문에, 파라오도 오시리스처럼 영원한 생명을 얻기 위해서는 그것의 도움이 필요했다.

'올라가는 것' 혹은 '신성한 계단'은 평범한 계단이 아님이 분명했다. 그것은 구리로 된 케이블로 '마치 하늘의 황소처럼 묶여 있었다'. 그것의 기둥들은 '일종의 가죽'으로 단단히 묶여 있었으며, 사다리의 가로장들은 '셰샤(Shesha, 뜻은 분명치 않음)'로 되어 있었고, '묶는 자에 의해 거대한 받침'이 놓여 있었다.

「사자의 서」에 나타난 그림을 보면 그런 신성한 계단은 ☥ 과 같은 앙크(Ankh, 생명)의 상징과 함께 나타나며, 마치 탑처럼 보이는 계단 위에 그려진 생명의 상징이 하늘의 원반을 향해 손을 벌리고 있는 것처럼 보인다. 【그림23의 a, b】 탑은 상형문자에서 형식화된 형태인 ▯ 로 나타나고 '데드(Ded)'라고 읽는데, '영원함'을 의미한다. 그것은 오시리스와 밀접하게 연관된 상징이다. 실제로 아비도스(Abydos)에 있는 오시리스의 주 신전 앞에는 두 개의 탑이 ▯▯ 모양으로 세워져 있는데, 그것은 오시리스를 하늘로 올려 보낸 세케르의 땅에 있는 비슷한 두 물체를 기념하기 위한 것이었다고 한다.

피라미드 텍스트에는 '올라가는 것' 혹은 '신성한 계단'과 연관된 파라오 페피(Pepi)를 위한 기도가 등장한다.

【그림 23a】 신성한 계단을 형상화한 모습 　　　【그림 23b】 신성한 계단과 천상의 원반

올라가는 성스러운 것이여;

세트의 올라가는 것이여.

똑바로 서 있는 신들의 올라가는 것이여;

똑바로 서 있는 세트의 올라가는 것이여;

똑바로 서 있는 호루스의 올라가는 것이여.

그것을 통해 오시리스가 하늘로 올라간 (…)

올라가는 것의 주인이신 (…)

누구에게 신의 사다리를 주실 것입니까?

누구에게 세트의 사다리를 주실 것입니까?

페피가 그것을 타고 하늘로 올라가

라의 시종으로 봉사할 수 있도록 해주시겠습니까?

페피에게 세트의 사다리가 주어지도록

그래서 페피가 그것을 타고 하늘로 올라가도록.

하늘로 올라가는 계단은 네 명의 매-인간(falcon-men)에 의해 작동된다. 그들은 '호루스의 자식들'인 매-신(falcon-god)들로서 '라의 배를 움직이는 자'들이다. 다른 곳에서는 그들을 '하늘의 자식들'인 '네 명의 청년'이라고도 부르고 있다. 그들은 '하늘의 동쪽에서 왔으며 (…) 파라오가 그것을 타고 수평선을 향해, 즉 라를 향해 갈 수 있도록 두 개의 배를 준비하는' 자들이다. 그들은 또한 파라오를 위해 계단을 '함께 묶는 (즉 준비하고 조립하는)' 자들이기도 하다. '그들은 위로 올라가는 것을 가져와 준비하고, 그것을 타고 파라오가 하늘로 오를 수 있도록 세운다.'

파라오도 기도를 드린다.

내 '이름'이 불리기를
위대한 두 명의 집에서;
내 '이름'이 불리기를
불의 집에서
계산된 날의 밤에.

어떤 그림에는 파라오가 이런 과정을 통해 '데드(Ded, 영원함)'를 얻게 되는 장면이 나타나 있다. 이시스(Isis)와 네프티스(Nephtys)의 축복을 받으며, 파라오는 매-신들에 의해 수직 안전판이 붙은 로켓처럼 생긴 '데드'로 인도된다. 【그림24】

'영원함'과 '이름' 그리고 신성한 계단을 허락해 달라는 파라오의 기도가 마침내 받아들여진 것이다. 이제 파라오는 하늘로 향한 실제 여행을 시작하게 된다.

【그림24】 로켓 모양의 데드로 인도되는 파라오

파라오 자신을 위해서는 하나의 신성한 계단만이 필요했지만, 실제로는 두 개의 계단이 세워진다. 각각 '라의 눈'과 '호루스의 눈'이라고 이름 붙여진 두 개의 계단이 '토트(Thoth)의 날개'와 '세트의 날개' 위에 세워진다. 어리둥절한 파라오에게 신들은 이 두 번째 계단이 '아텐(Aten)의 아들'을 위한 것이라고 설명한다. 아텐은 날개 달린 천구(니비루)로부터 내려온 신인데, 파라오가 '옷을 갈아입은 방'에서 대화를 나눴던 신일 가능성이 높다.

세트의 날개 위에
호루스의 눈이 세워졌다.
줄이 묶여지고
배가 조립됐다.
아텐의 아들도
자신의 배가 있다.

아텐의 아들과 함께 하는 파라오도
자신의 배가 있다.

'신처럼 옷을 입은' 파라오는 '그의 줄을 잡고 있는' 두 명의 여신의 도움을 받아 호루스의 눈으로 들어간다. 호루스나 라의 '눈'이라는 단어는 올라가는 것 혹은 계단이라는 단어로 점차 바뀌다가 이제는 '배'라는 단어로 바뀐다. 파라오가 들어가는 '눈' 혹은 '배'는 무려 770큐빗(약 350미터)이나 된다. 배를 책임지고 있는 신이 뱃머리에 앉아 있는데, 그 신은 '이 파라오를 너의 배의 선실에 태우라'는 명령을 받는다.

피라미드 텍스트는 그 다음에 새가 쉬기 위해 마련된 장소를 뜻하는 용어를 써서, '파라오가 횃대에 올라가면' 방에 있는 신의 얼굴을 보게 되는데, 이는 '신의 얼굴이 드러나 있기 때문'이라고 설명한다. 파라오는 두 명의 신들 사이에 자리를 잡고 앉는다. 파라오가 앉는 자리는 '생명을 주는 진실'이라고 불린다. 파라오의 머리(혹은 헬멧)에서 나온 두 개의 '뿔'은 '호루스의 머리에서 나온 뿔'과 만난다. 이제 파라오는 하늘로 떠날 준비가 된 것이다.

페피 1세의 내세로의 여행을 다루고 있는 기록은 이 순간을 다음과 같이 묘사하고 있다.

페피는 호루스의 옷을 입고
토트의 옷을 입었다.
이시스가 그의 앞에 있고
네프티스가 그의 뒤에 있다.
'길을 여는 자'인

아프-우아트(Ap-uat)가 그를 위해
길을 열어 놓았다.
하늘을 안고 있는 슈(Shu)가
그를 올려 세운다.
안(An)의 신들이 그를 계단 위로 올리고
하늘의 궁창 앞에 세운다.
하늘의 여신인 누트(Nut)가
손을 벌려 그를 맞는다.

이제 극적인 순간이 다가온다. 이제 남은 문은 단지 두 개뿐이다. 파라오는 이제 라와 오시리스가 그랬던 것처럼 영광스럽게 두아트를 빠져나올 것이며, 그의 배는 하늘의 물 위를 떠다니게 될 것이다. 파라오는 조용히 기도를 올린다.

높은 분이여 (…)
당신의 하늘의 문이여.
저를 위해 이 문이 열렸고
제가 당신에게로 왔습니다.

'두 개의 데드(Ded) 기둥'이 조용히 우뚝 서 있다. 그러다가 갑자기 '하늘의 두 문이 열린다'. 피라미드 텍스트는 이 순간의 감격을 다음과 같이 표현하고 있다.

하늘의 문이 열렸다!

> 지구의 문이 열렸다!
> 하늘의 창이 열렸다!
> 하늘에 이르는 계단이 열렸다;
> 빛의 계단들이 드러나고 (…)
> 하늘의 두 문이 열렸다.
> 케브후(Khebhu)의 두 문이
> 새벽에 동쪽을 지키는 호루스를 위해 열렸다.

새벽 혹은 지는 달을 상징하는 원숭이 신들이 '호루스의 눈으로부터 광채가 나오기를 바라는 주문'을 외기 시작한다. 앞서 빛의 산에 있는 두 정상의 특징으로 묘사된 '광채'는 점점 강해진다.

> 하늘의 신이
> 파라오를 위해 광채를 더 강하게 한다.
> 파라오가 하늘로 올라갈 수 있도록
> 라의 눈이 그랬던 것처럼.
> 파라오는 호루스의 눈 안에 있다.
> 거기에서 신의 명령이 들린다.

'호루스의 눈'의 색이 처음에는 푸른색이었다가 붉은색으로 변한다. 감탄이 터져 나오고, 여러 가지 일들이 일어난다.

> 호루스의 붉은 눈이 분노로 이글거린다.
> 누구도 그것을 감당해 낼 수 없다.

그의 사자(使者)들은 서두르고

그의 전령들이 바쁘게 움직인다.

그들은 동쪽에서 팔을 세우고 있는 분에게

 '이 사람을 통과시켜 달라' 고 말한다.

하늘의 신에게

 '조용히 (…) 입에 손을 얹고 (…)

수평선의 입구에 서서

하늘의 두 문을 열어 달라' 고 말한다.

이제 주변은 점점 더 시끄러워지고 땅이 진동하기 시작한다.

하늘이 말하고 땅이 흔들린다;

땅이 전율에 떤다;

두 무리의 신들이 큰 소리를 지른다;

땅이 갈라지기 시작한다.

파라오가 하늘로 오를 때

파라오가 하늘의 문으로 들어갈 때 (…)

땅이 웃고, 하늘이 미소 짓는다.

파라오가 하늘로 오를 때

하늘이 파라오를 위해 기쁨의 소리를 낸다.

땅은 파라오를 위해 떤다.

솟구치는 태풍이 파라오를 움직여

세트처럼 들어올린다.

하늘의 감시자들이

파라오를 위해 하늘의 문을 연다.

이제 '두 개의 산이 갈라지고', 밤의 별들이 사라지는 새벽하늘을 향해 장대한 이륙이 일어난다.

하늘에 구름이 가득 차 있고,

별은 빛을 잃었다.

뱃머리가 흔들리기 시작하고

지구의 뼈들이 요동친다.

이런 소요와 진동 속에서, '뱃속이 마술로 가득 찬' '하늘의 황소'가 '불의 섬'에서 솟아오른다. 마침내 소란스러움이 그치고, 파라오는 공중에 떠 있다.

그들은 파라오가 매처럼

마치 신처럼 솟아오르는 것을 본다.

아버지들과 함께 살기 위해

어머니들과 함께 먹기 위해 (…)

그의 배가 마술로 가득 차 있는

하늘의 황소인 파라오가

불의 섬에서 (…)

이 순간의 감각은 다음 글에서 분명하게 느낄 수 있다.

페피 왕이여!

당신이 이제 떠났습니다.

당신은 영광스러운 사람이며

신처럼 위대하고

오시리스처럼 앉아 있습니다.

당신의 영혼은 당신 안에 있고;

당신의 머리인

미수트(Misut) 왕관은 당신의 손에 있습니다. (…)

당신은 하늘의 여신인

당신의 어머니에게로 올라갔습니다.

그녀가 당신의 손을 잡고

라가 있는 장소인

수평선으로 가는 길을 보여 줍니다.

하늘의 두 문이 당신을 위해 열렸고,

천상의 두 문이 당신을 위해 열렸습니다. (…)

페피 왕이여 당신은 신처럼 입고 일어섰습니다. (…)

람세스 4세(Ramses IX)의 무덤 벽화를 보면 하늘의 두 문이 어떻게 열렸는지를 알 수 있다. 양쪽에 여러 명의 신들이 서서 도르래와 줄을 이용해 문을 연다. 그리고 열린 문을 통해 매처럼 생긴 거대한 사람이 보인다.【그림 25】

피라미드 텍스트는 파라오가 하늘로 올라가는 장엄한 일이 끝난 후에 왕의 신하들에게 다음과 같이 말한다.

【그림25】 람세스 4세의 무덤 벽화에 묘사된 하늘의 두 문이 열리는 모습

너희들의 왕인 페피가 하늘로 날아갔다.

인간들아,

파라오는 더 이상 땅에 있지 않고

하늘에 있다. (…)

페피 왕은 마치 구름처럼

마치 새처럼 하늘로 날아갔다.

페피 왕은 마치 매처럼 하늘에 입을 맞추었으며

수평선의 신이 있는 하늘에 닿았다.

피라미드 텍스트는 계속해서 다음과 같이 파라오의 하늘 여행을 묘사하고 있다.

파라오는 라처럼 하늘을 가로지른다.

> 파라오는 토트처럼 하늘을 여행한다.
> 파라오는 호루스의 영역을 지나고,
> 세트의 영역을 지나 여행한다. (…)
> 파라오는 하늘을 두 번 완전히 돌고,
> 파라오는 두 개의 땅을 돌았다.
> 파라오는 매를 뛰어넘는 매,
> 즉 위대한 매가 되었다.

고대의 기록에는 파라오가 '하룻저녁에 하늘을 아홉 번 가로지르는 순트(Sunt)처럼' 하늘을 가로질렀다는 표현도 있다. 그러나 순트가 무엇인지는 분명하게 밝혀지지 않고 있다.

파라오는 '하늘을 여행하는 두 명의 동반자' 사이에 앉아 하늘의 가장 끝쪽인 동쪽 수평선으로 날아오른다. 그의 목적지는 아텐(Aten, 날개 달린 원반 혹은 불멸의 별)이다. 이제 기도문은 파라오를 아텐까지 무사히 보내는 것에 집중된다. '아텐이여, 파라오를 당신에 이르게 하소서. 당신의 가슴에 그를 품으소서.' 그곳은 라의 처소이기 때문에 기도문은 아들이 아버지에게로 돌아간다는 사실을 강조한다.

> 아텐의 라여,
> 당신의 아들이 당신에게로 갑니다.
> 페피가 당신에게로 갑니다.
> 그가 당신에게 오르도록 해주십시오.
> 당신의 가슴에 그를 품어 주십시오.

이제 하늘이 소란스러워지고, 하늘의 신들이 '새로운 것이 보인다'고 말한다. 파라오는 '구름 위에서 하늘로 향한다'.

하늘로의 여행은 8일 동안 계속된다. '여덟 번째 날의 시간이 되면, 라가 파라오를 부른다.' 아텐의 입구 혹은 라의 처소를 지키는 신들은 순순히 파라오를 통과시켜 줄 것인데, 이는 라가 불멸의 별에서 파라오를 기다리고 있기 때문이다.

그날이 오면 (…)
파라오는
하늘의 아래쪽에 있는 별에 서게 될 것이다.
그는 신처럼 여겨질 것이며
왕자처럼 존중받게 될 것이다.
파라오는
하늘의 왕권 위에 서 있는
네 명의 신들을 불러 말을 한다.
그들은 파라오의 이름을 라에게 말하며
파라오의 이름을 수평선의 호루스라고 부른다.
'그가 당신에게 왔습니다.
파라오가 당신에게 왔습니다!'

파라오는 '호수 같은 하늘'을 지나 '하늘의 해변'에 닿는다. 그가 다가가자 불멸의 별에 있는 신들이 그를 환영한다. '파라오가 도착하고 (…) 라가 하늘에 이르는 계단에 그의 손을 얹는다.' '지리를 아는 자'가 파라오에게 와서 말한다. '두 개의 궁전의 입구에서, 라가 파라오를 기

다리고 있다.'

> 당신은 거기서 라를 보게 될 것이다.
> 라는 당신을 환영하며 당신에게 손을 얹을 것이다.
> 라가 당신을 천상의 두 개의 궁전으로 데려갈 것이다.
> 라가 당신을 오시리스의 옥좌에 앉힐 것이다.

그리고 '라가 왕을 하늘로, 하늘의 동쪽으로 데려간다'. 이제 왕은 하늘에서 빛나는 불멸의 별에 이른 것이다.

파라오가 해야 할 일이 하나 더 남아 있다. '위대한 푸른 매'라고 불리는 '두아트의 호루스'들과 함께 파라오는 공물(供物)의 궁전 한가운데 있는 생명의 나무를 찾아간다. '페피 왕은 라가 탄생한 곳인 생명의 땅으로 간다. 거기서 그는 케베헤트(Kebehet)를 만나는데, 그녀는 위대한 신이 부활할 때 그를 되살린 4개의 물병을 들고 있다. 그녀는 그 물병으로 페피 왕의 가슴도 충전시켜 생명을 얻게 한다.'

이제 파라오의 목적이 달성됐다. 피라미드 텍스트는 이를 다음과 같이 전한다.

> 페피 왕이여!
> 이제 모든 생명이 당신에게 주어졌습니다.
> 라가 당신에게 '영생이 너의 것'이라고 말합니다.
>
> 이제 당신은 죽지 않을 것입니다.
> 영원히. 영원히.

파라오는 하늘에 이르는 계단을 올라갔으며, 불멸의 별에 도착했다. 이제 '그의 생명은 영원할 것이며, 그의 한계는 없을 것이다'.

5

지구로 온 신들

| **지구를 떠난 인간** |

오늘날에는 우주 비행을 당연한 것으로 여긴다. 우주 정착촌을 세우 겠다는 계획도 새로운 것이 아니다. 재사용이 가능한 우주왕복선 개발 조차 더 이상 놀라운 일이 아니며 단지 비용을 얼마나 줄일 수 있는가 만이 관심사다. 이처럼 우리가 우주 여행이나 다른 행성과의 접촉을 당연한 것으로 받아들이게 된 이유는, 인쇄물이나 텔레비전을 통해 우주 비행사가 우주로 날아가고 무인 우주선이 다른 행성들에 착륙하는 것을 우리의 눈으로 직접 보았기 때문이다. 그리고 평범한 한 인간이자 닐 암스트롱(Neil Armstrong)이라는 이름을 가진 아폴로 11호 우주선의 지 휘관이 무전으로 지구가 아닌 다른 천체, 곧 달에 인간이 처음으로 착륙 했다는 사실을 보고하는 것을 우리의 귀로 분명히 들었기 때문이다. 암

스트롱은 달에 착륙한 후 이렇게 보고했다.

휴스턴!
여기는 평온의 기지.
독수리가 착륙했다!

독수리(Eagle)라는 명칭은 달 착륙선의 암호명일 뿐만 아니라 아폴로 11호를 이르는 별칭이기도 했고, 이 우주선에 탑승했던 세 명의 우주비행사들을 나타내는 자랑스러운 별명이기도 했다. 【그림26】 그 독수리는 우주 속으로 솟아올라 달에 착륙했다. 미국 워싱턴에 있는 스미소니언 박물관에는 실제로 운행된 적이 있거나 예비 비행체로 사용된 적

【그림26】 아폴로 11호 비행사들을 나타내는 독수리 문양

이 있는 실물 우주선이 전시되어 있어 관람객들이 직접 만져 볼 수도 있다. 또한 이 박물관의 특별 코너에는 달에 착륙하는 과정이 당시 사용되었던 장비를 이용해 재현되어 있다. 여기서 방문객들은 달 표면으로부터 전해진 메시지를 지금도 들을 수 있다.

OK, 휴스턴.
독수리는 달 평원 해들리 지점에 있음!

이 메시지를 받자 휴스턴에 있는 유인 우주선 센터에서는 전 세계를 향해 다음과 같이 발표했다. "아폴로 15호가 달 평원 해들리 지점에 있다는 감격에 찬 데이브 스콧의 보고였습니다!"

| 5천 년 전에 지구를 떠난 파라오 |

수십 년 전까지만 해도 평범한 인간이 특별한 의상을 걸치고 긴 물체의 앞부분에 자신을 단단히 붙들어 맨 다음 지구의 표면을 떠나 하늘로 급상승하는 모습은 상상하기 힘든 일이었다. 1, 2세기 전에는 그런 생각 자체가 아예 불가능했었다. 왜냐하면 과거 인간의 경험과 지식에는 그런 생각을 불러일으킬 요소가 전무했기 때문이다.

그러나 바로 앞 장에서 보았듯이 5천 년 전의 이집트인들은 파라오에게 그런 일이 실제로 일어났다고 생각했다. 당시 파라오는 이집트 동쪽의 발사 장소로 여행했다. 파라오는 여러 개의 터널과 방으로 이루어진 지하 단지에 들어간 후 원자력 시설들과 방사능을 방출하는 방들을 안전하게 지나갔다. 파라오는 우주비행사의 옷과 장비를 갖추고, 오르는 자의 선실로 들어가 두 명의 신 사이에 앉는다. 그런 다음 두 개의 문이 열리면서 여명의 하늘이 드러나고, 제트 엔진이 점화되면서 오르는 자는 하늘의 계단으로 들어간다. 그 하늘의 계단을 통해 파라오는 '영겁의 세월의 행성'에 있는 신들의 처소에 이르게 된다.

도대체 이집트 사람들은 어떻게 이런 일이 가능하다고 믿었을까? 그런 일들을 텔레비전을 통해 보기라도 했단 말인가?

그들이 텔레비전을 통해 그런 일들을 보았을 가능성은 전혀 없다. 이집트인들이 그렇게 생각한 것은 직접 우주 공항에 가서 우주선이 오가는 것을 보았거나, 아니면 당시의 '스미소니언 박물관' 같은 곳을 방문해 전시된 비행체와 비행 시뮬레이션을 직접 보았기 때문일 것이다. 남아 있는 기록들을 보면 고대 이집트인들이 실제로 이런 일들을 경험했음을 알 수 있다. 그들은 우주선 발사 장소와 우주선, 그리고 우주비행사를 자신들의 눈으로 직접 보았다. 그러나 이집트인들이 본 우주비행사들은 다른 행성으로 가는 지구인이 아니라 다른 행성으로부터 지구로 온 외계의 우주비행사들이었다.

미술적 재능이 뛰어났던 고대 이집트인들은 살면서 보고 경험한 것들을 자신들의 무덤에 묘사해 두었다. 예컨대, 두아트의 지하 회랑과 방들에 대한 매우 세밀한 건축학적 그림들이 세티(Seti) 1세의 무덤에서 나왔다. 또한 잘 알려진 파라오인 투트-안크-아몬(Tut-Ankh-Amon)의 통치기에 누비아와 시나이 반도 지역의 총독이었던 후이(Huy)의 무덤에서는 더욱 놀라운 그림이 발견되었다. 자신이 총독으로 있던 지역의 사람과 장소, 물품을 묘사한 그림으로 장식된 그의 무덤에는 우주선의 모습을 그린 그림이 오늘날까지도 잘 보존되어 있다. 이 그림에는 우주선의 몸통은 지하 격납고에 들어 있고 사령실이 있는 우주선 상단부는 땅 위로 드러나 있다. 【그림27】 몸통은 마치 다단계 로켓처럼 몇 개의

【그림 27】후이의 무덤에서 발견된 우주선 그림

부분으로 나뉘어 있으며, 몸통의 가장 아래쪽 부분에는 두 사람이 호스와 조종간을 다루고 있다. 이 두 사람의 위쪽에는 원형으로 된 여러 개의 계기판이 보인다. 또 열 교환이나 혹은 다른 에너지와 관련된 기능을 하는 것으로 짐작되는 기다란 관 모양의 작은 방들도 볼 수 있다.

땅 위를 보면 반구 형태의 기단이 있는데, 그것은 마치 지구 대기권으로 재진입하면서 불에 그슬린 것처럼 묘사되어 있다. 서너 명이 들어갈 정도로 큰 사령실은 원뿔 모양이며, 사령실 바닥 전체에는 수직으로 난 '들여다보는 구멍들'이 있다. 야자나무와 기린을 배경으로 기도를 드리는 사람들의 모습도 보인다.

지하의 방은 표범 가죽으로 장식되어 있다. 이는 영생을 얻기 위해 여행하는 파라오의 여정 중 특별한 단계와 밀접하게 연관되어 있다. 표범 가죽은 쉠 사제가 파라오의 입을 여는 의식을 거행할 때 상징적으로 입던 것이다. 두아트의 '숨겨진 곳의 비밀스러운 길'을 파라오가 통과할 수 있도록 도와준 신들 또한 표범 가죽 옷을 상징적으로 입었다. 따라서 이 그림에 등장하는 표범 가죽은 지하 격납고의 우주선과 파라오의 사후 여행 사이의 유사성을 강조하기 위해 사용된 상징이다.

피라미드 텍스트에 분명히 나타나 있듯이 파라오는 영생을 얻기 위해 신들의 여행을 흉내 낸 여행을 떠나야 한다. 라와 세트, 오시리스와 호루스, 그 밖의 많은 신들이 이와 같은 방법으로 하늘로 올라갔다. 때문에 이집트인들은 파라오들이 여행을 떠날 때 신들이 처음 지구로 내려왔을 때 탔던 천상의 배와 똑같은 배를 타고 하늘로 갔다고 믿었다. 이집트에서 가장 오래된 종교 중심지인 안(An, 헬리오폴리스)에는 프타(Ptah) 신이 세운 특별한 건축물이 있었고, 이집트인들은 거기서 실제 우주선을 보면서 그것을 경배할 수 있었다.

'벤벤의 신전'인 헤트-벤벤에는 비밀스러운 숭배의 대상인 벤벤이 보관되어 있었다. 그곳을 지칭하는 상형문자를 보면 벤벤 신전이 거대한 발사대처럼 보인다는 사실을 알 수 있다. 그리고 그 발사대 위로 끝이 뾰족한 우주선이 하늘로 향해 있다. 【그림 28】

[그림 28] 벤벤 신전을 나타내는 상형문자

| 신들의 우주선 사령실, 벤벤 |

고대 이집트인들에 따르면, 벤벤은 하늘의 원반으로부터 지구로 도착한 물체다. 벤벤은 위대한 신 라가 지구로 올 때 타고 왔던 '천상의 방(Celestial Chamber)'이었다. 벤(Ben)이라는 단어는 문자 그대로는 '흘러나온 것'이라고 해석되지만, '빛나다'와 '하늘로 솟아오르다'라는 뜻도 갖고 있다.

파라오 피-안키(Pi-Ankhi)의 석판 비문에는 다음과 같은 내용이 담겨 있다.

> 피-안키 왕은 벤벤 안에 있는 라를 보기 위해 커다란 창문이 있는 쪽으로 향해 난 계단에 올랐다. 왕은 홀로 빗장을 풀고 두 개의 문을 열었다. 그리고 그는 장엄한 성소 헤트-벤벤에서 자신의 아버지 라를 보았다. 그는 라의 배인 마드(Maad)를 보았고 아텐(Aten)의 배인 세크테트(Sektet)를 보았다.

고대의 기록을 보면, 두 무리의 신들이 헤트-벤벤을 지키고 돌보았다. 먼저 '헤트-벤벤 외부에 머물면서' 그 신전의 가장 성스러운 곳까지 들어갈 수 있었던 신들이 있었다. 그들의 임무는 순례자들이 바친 제물을 받아 그것을 성전에 들이는 것이었다. 또 다른 무리는 주로 경비 임무를 맡았는데, 벤벤뿐만 아니라 '헤트-벤벤 안에 있는 라의 비밀스러운 물건들'을 지켰다. 오늘날 많은 관람객들이 스미소니언 박물관을 찾아 실제로 우주를 여행했던 실물 비행체를 보고 경탄하며 만져 보는 것처럼, 이집트인들도 헬리오폴리스를 찾아가 벤벤을 경배하며 기도했다. 아마 그 모습은 오늘날 메카를 순례하며 카바(Qa'aba, '천상의 방'을 복제한 것이라고 여겨지는 검은 돌)에 기도하는 신실한 무슬림들의 종교적 열정과 유사했을 것이다.

헤트-벤벤에는 샘, 혹은 우물이 하나 있었는데, 그곳의 물은 치료 효능이 있다고 알려졌으며 특히 정력과 생식 기능에 특효가 있는 것으로 여겨졌다. 벤이라는 단어와 그것의 상형문자 표기인 $\triangle$은 시간이 지나면서 실제로 생식력과 재생산이라는 의미를 갖게 되었다. 이런 이유로 벤이 히브리어에서 '남성 후손'이라는 뜻을 갖게 되었는지도 모른다. 정력과 생식 기능에 더하여 헤트-벤벤은 회춘의 효능도 갖고 있다고 알려졌다. 이로부터 '벤-새'의 전설이 생겼으며, 이집트를 방문했던 그리스인들은 그 새를 불사조(Phoenix)라고 불렀다. 전설에 따르자면 불사조는 붉은빛과 황금빛이 섞인 깃털을 가진 독수리로, 500년에 한 번씩 죽을 때가 되면 헬리오폴리스로 가서 자신이나 자신의 아버지가 불타고 남은 재에서 알 수 없는 방법으로 다시 날아올랐다고 한다.

헬리오폴리스와 치료 효능을 가진 그곳의 물은 초기 기독교 시대까지 숭배의 대상이었다. 요셉과 성모 마리아가 아기 예수를 데리고 이집트로 도망 왔을 때도 헬리오폴리스에 있는 성소의 우물 옆에서 쉬었다는 이야기가 전해지고 있다.

이집트 역사가들에 따르면 헬리오폴리스의 성소는 외적의 침입으로 여러 차례 파괴되었다고 한다. 오늘날 그곳에서는 성소의 흔적을 찾아볼 수 없으며 벤벤도 사라지고 없다. 그러나 이집트의 유물들에 묘사된 벤벤은 원뿔형의 방 모양을 하고 있으며 외벽에는 신의 모습이 새겨져 있다. 고고학자들이 발견한 벤벤의 축소 모형에서는 열려 있는 문을 통해 누군가를 환영하는 것처럼 보이는 신의 모습을 볼 수 있다.【그림29】천상의 방의 가장 정확한 모습은 앞서 보았던 후이의 무덤에 가장 잘 나타나 있다.【그림27】천상의 방은 발사 시에는 우주선의 맨 윗부분에 위치했다가 지구로 돌아올 때는 그 부분만이 돌아오게 되는, 우주인들이 타는 우주선 사령실의 모습과 아주 흡사하다.【그림30】현대의 우주선 사령실과 벤벤이 이렇게 서로 비슷한 것은 의심할 바 없이 그 목적과 기능이 유사하기 때문이다.

현재 벤벤 자체는 남아 있지 않다. 그렇다면 벤벤을 그린 그림이나 축소 모형 이외에 헬리오폴리스의 성소에 있던 벤벤에 대한 다른 구체적 증거물이 있을까? 앞에서 본 것처럼 이집트의 기록에 따르면 헬리오

【그림 29】 고고학자들이 발견한 벤벤의 축소 모형

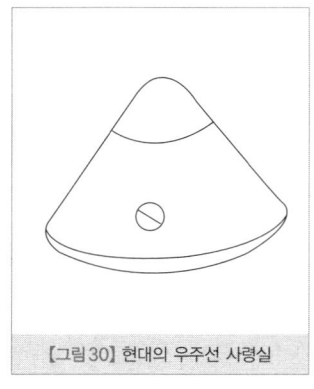

【그림 30】 현대의 우주선 사령실

폴리스의 성소에는 라의 비밀스런 물건들이 전시되거나 보관되어 있었다고 한다. 「사자의 서」를 보면 쉠을 나타내는 상형문자와 연관된 아홉 개의 물체가 헬리오폴리스의 성소와 나란히 그려져 있다. 그 아홉 개의 물체들은 성소에 전시된 우주선의 부품이거나 우주선과 연관된 것일 수도 있다.

어쩌면 고고학자들은 그곳에 전시되어 있던 작은 물체들 중 하나를 이미 찾아낸 것인지도 모른다. 그것은 복잡한 구조를 지닌 이상하게 생긴 원형의 물체이다.【그림 31a】 그 물체는 1936년에 발견된 이후 지금까지 줄곧 학자들을 당혹스럽게 만들었다. 무엇보다 그 물체가 발견된 장소가 중요한데, 그것은 '구리로 된 다른 특이한 물건들'과 함께 이집트 제1왕조 시대 아드집(Adjib) 왕의 아들인 사부(Sabu) 왕자의 무덤에서 나왔다. 그러므로 그 물체는 기원전 3100년경에 무덤에 매장되었던 것이 확실하다. 따라서 그 물체가 그보다 더 오래됐을 수는 있지만 그 이후의 것은 분명히 아니다.

에머리(Walter B. Emery)는 자신의 저서 『제1왕조 시대의 위대한 고분들 *Great Tombs of the First Dynasty*』에서, 대피라미드가 있는 기자의 바로 남쪽인 북 사카라(Sakkara) 지역에서의 발굴에 대해 보고하면서, 그 물체를 '편암으로 된 사발 모양의 그릇'이라고 표현했다. 그리고 '이 물체의 이상한 모양에 대해서는 아직까지 만족스러운 설명이 제시되지 않고 있다'고 덧붙였다. 그 물체는 단단한 편암 덩어리로부터 잘라 낸 것인데, 편암은 매우 부서지기 쉬운 돌로, 가늘고 불규칙한 층으로 쉽게 쪼개지는 특성을 갖고 있다. 만일 그것을 실제로 사용했었다면 쉽게 부서져 현재까지 그 모습이 남아 있지 않았을 것이다. 아마도 편암을 선택한 이유는 특이하면서도 정교한 모양을 나타낼 수 있다는 장점 때문이

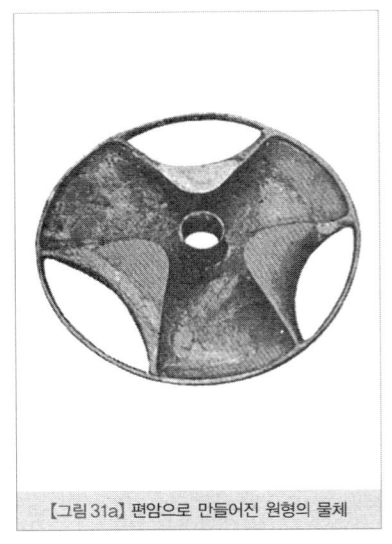
【그림 31a】 편암으로 만들어진 원형의 물체

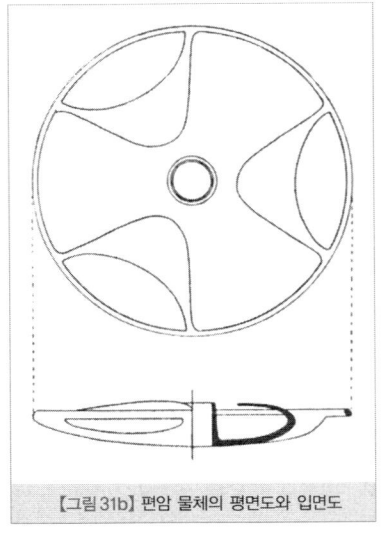
【그림 31b】 편암 물체의 평면도와 입면도

었을 것이다. 즉 편암 그릇은 실제로 사용하기보다는 물체의 형태를 보존하기 위한 것이었다. 그런 이유 때문에 알드레드(Cyril Aldred) 같은 학자는 그 물체가 '원래 금속으로 만들어진 어떤 형태를 모방했을 가능성이 있다'고 결론지었다.

그러나 기원전 3000년경에 그토록 정교하고 구조적으로 복잡한 물건에 사용될 만한 어떤 금속이 있었으며, 그것을 가공할 어떤 정밀한 기술이 있었을까? 또한 그러한 기술을 가진 야금술사가 과연 있었을까? 그리고 무엇보다 궁금한 것은 그 물건을 만든 목적이다.

그 물체의 독특한 디자인을 기술적으로 연구해 보아도 그것의 용도나 기원에 대해 알 수 있는 것은 거의 없다. 【그림 31b】 원형의 그 물체는 지름이 약 24인치이고 가장 두꺼운 부분도 4인치를 넘지 않는다. 그 물체는 축에 끼워져 회전하도록 만들어진 것이 분명하다. 특이하게 구부러진 세 부분은 그 물체가 회전 시에 액체 속에 잠겼을 수도 있다는 사실을 암시한다.

1936년 이후 그 물체의 수수께끼를 풀려는 노력은 더 이상 없었다. 그러나 1976년에 미국의 우주선 계획과 관련해 캘리포니아에서 개발된 혁신적인 모양의 플라이휠(flywheel, 속도 조절 바퀴)이 알려지면서, 그 물체의 기능에 대한 새로운 해석이 가능해졌다. 사용된 지 채 200년도 되지 않은 플라이휠은 기계나 엔진의 회전축에 부착되어 속도를 조절하는 장치인데, 금속활자 인쇄나 항공 산업 분야에서 힘을 모았다가 한꺼번에 방출하기 위해 사용되기도 한다.

일반적으로 플라이휠은 바퀴의 둘레에 에너지를 저장해야 하기 때문에 무거운 테두리를 갖고 있다. 그러나 1970년대 '록히드 미사일 앤드 스페이스 컴퍼니(the Lockheed Missile & Space Company)'의 엔지니어들은 기존의 플라이휠과 정반대의 디자인을 내놓았다. 그들은 가벼운 테두리를 가진 플라이휠이 전기로 움직이는 트롤리버스(trolleybus, 무궤도전차)의 에너지를 축적하거나 혹은 대형 화물 운송 열차의 에너지를 절약하는 데 가장 적합하다고 주장했다. 그들의 연구는 '에어리서치 매뉴팩처링 컴퍼니(Airesearch Manufacturing Company)'에 의해 계속되었는데, 그들이 개발한 플라이휠 모델은 결국 완성되지는 못했지만 윤활유로 채워진 하우징(축의 덮개) 안에 밀봉된 형태였다.【그림32】그것이 5,000년 전에 만들어진 물체와 비슷하다는 사실보다 더 놀라운 것은, 기원전 3100년에 이미 완성된 물체를 서기 1978년의 기술자들이 뒤늦게 개발하려고 노력했다는 점이다.

그렇다면 고대의 플라이휠이 본뜬 본래의 금속 물체는 어디에 있는 것일까? 또 헬리오폴리스의 성소에 전시되었던 다른 물체들은 어디에

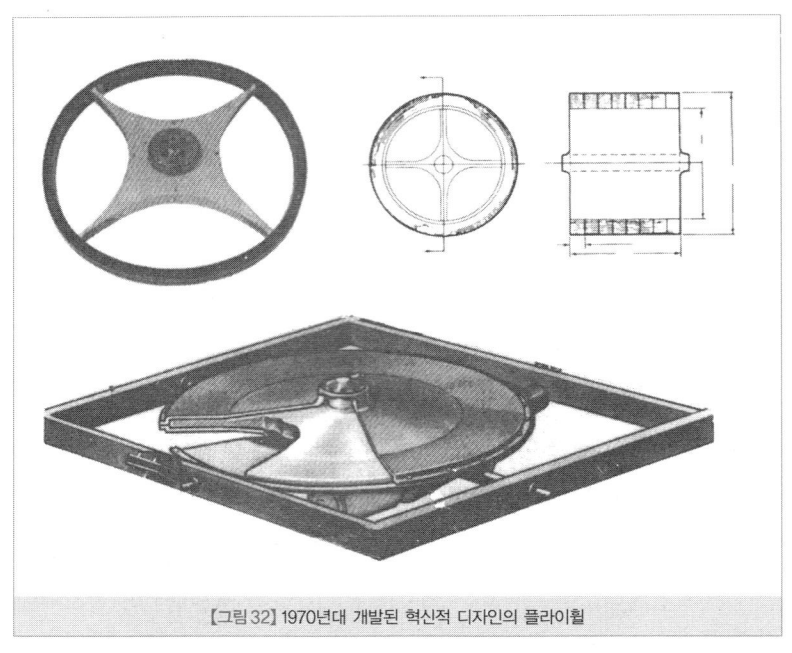

[그림 32] 1970년대 개발된 혁신적 디자인의 플라이휠

있을까? 그리고 가장 핵심적으로 벤벤은 어디에 있단 말인가? 고대 사람들이 명백하게 그 존재를 기록해 두었던 수많은 다른 물건들과 마찬가지로 그것들은 모두 사라졌다. 자연의 재앙이나 전쟁으로 파괴되었거나, 전리품으로 다른 곳으로 옮겨졌거나, 오래전에 사람들의 기억에서 사라진 장소로 안전하게 숨겨졌는지도 모른다. 아니면 신들이 그 물건들을 다시 하늘로 가져갔는지도 모른다. 혹은 그것이 무엇인지 밝혀지지 않은 채 어느 박물관 지하실에 방치되어 지금도 우리 곁에 남아 있는지도 모른다. 어쩌면 헬리오폴리스와 아라비아를 연결하는 불사조의 전설이 암시하는 것처럼 메카에 있는 카바의 봉해진 방 아래 숨겨져 있을 수도 있다.

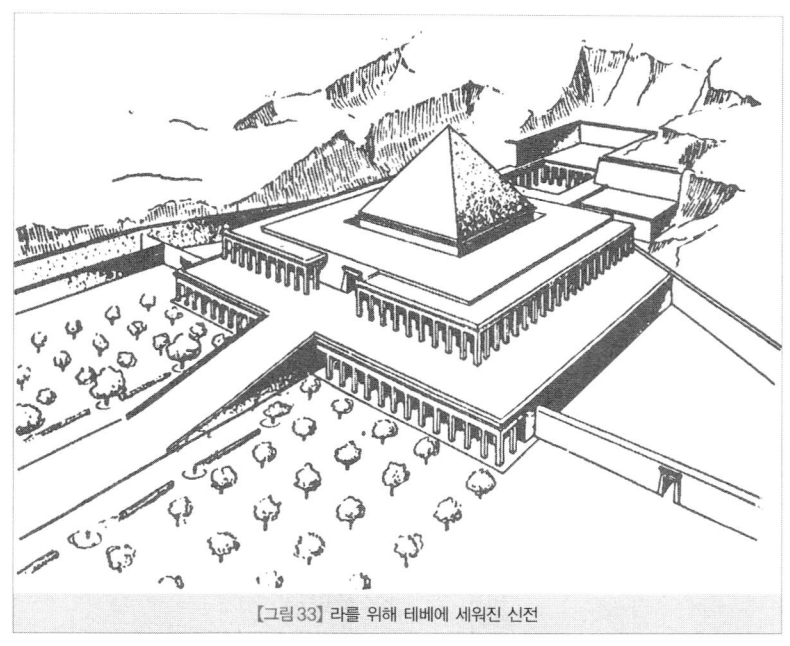

【그림33】 라를 위해 테베에 세워진 신전

그러나 우리는 성소의 성물들이 이집트의 소위 제1중간기에 파괴됐거나 사라졌거나 다른 곳으로 옮겨졌을 것으로 추측한다. 왜냐하면 그 시기에 이집트가 분열돼 완전한 무정부 상태로 변했기 때문이다. 그 무질서의 시기에 헬리오폴리스의 성소도 파괴되었다. 아마 라도 그때 헬리오폴리스에 있는 자신의 신전을 떠나 '숨은 신'인 아몬(Amon)이 되었을 것이다.

| 오벨리스크, 신의 우주선을 재현하다 |

제11왕조 시대에 상 이집트에서 질서가 회복되고 수도가 테베(Thebes)에 건설된 후, 최고의 신은 아몬(Amon) 혹은 아멘(Amen)으

로 불렸다. 그 시기의 파라오 멘투호텝(Mentuhotep, 또는 네브-헤페트-라Neb-Hepet-Ra)은 테베 근처에 거대한 신전을 지어 라에게 바쳤다. 신전의 꼭대기에는 라의 천상의 방을 기념하여 거대한 피라미디온(pyramidion, 피라미드의 바늘)을 만들었다. 【그림 33】

기원전 2000년경에 제12왕조가 시작되면서 이집트는 재통합되었고, 질서가 회복되면서 헬리오폴리스에 출입하는 것도 다시 가능해졌다. 이 왕조의 첫 번째 파라오인 아멘-엠-하트 1세(Amen-Em-Hat I)가 가장 먼저 한 일이 헬리오폴리스의 신전과 성소들을 재건하는 것이었다.

【그림 34】 이집트 신전의 앞에 세워진 오벨리스크

그러나 그가 원래 그곳에 있던 물건들을 복원했는지 아니면 돌로 된 모사품들로 대체했는지는 분명치 않다. 그의 아들이었던 파라오 센-우세르트(Sen-Usert, 그리스 역사가들은 그를 세소스트리스Sesostris 또는 세손추시스Sesonchusis라고 불렀다)는 신전 앞에 높이가 약 20미터에 달하는 거대한 두 개의 화강암 기둥을 세웠다. 기둥의 꼭대기에는 라의 천상의 방을 본뜬 피라미디온을 만들어 황금과 호박금(electrum, 양은)으로 장식했다. 그때 세워진 화강암 오벨리스크 중 하나는 지금까지도 4,000년 전에 세워진 그 자리에 서 있고, 다른 하나는 12세기에 파괴되었다.

그리스인들은 그런 모양의 화강암 기둥을 '뾰족한 절단기'라는 뜻으로 오벨리스크(Obelisk)라고 불렀다. 또한 이집트인들은 그것을 '신들의 빛'이라고 불렀다. 이집트 제18왕조와 제19왕조 때 더 많은 오벨리스크들이 항상 두 개씩 한 쌍으로 많은 신전의 앞에 세워졌다.【그림34】 그리고 그중 일부는 나중에 뉴욕과 런던, 파리와 로마로 실려 갔다. 파라오들은 오벨리스크를 세운 이유를 '(신들로부터) 영생의 선물을 얻고' '영원히 지속되는 생명을 얻기 위한' 것이라고 말한다. 왜냐하면 오벨리스크는 고대의 파라오들이 두아트와 성스러운 산에서 보았던 것, 즉 신들의 우주선을 돌로 재현한 것이었기 때문이다.【그림35】

【그림35】 신들의 우주선을 재현한 오벨리스크

죽은 사람을 영원히 기억하기 위해 그의 이름을 새겨 넣는 오늘날의 묘비석은 축소된 규모의 오벨리스크이다. 따라서 묘비석을 세우는 관습은 신과 신들의 우주선이 실제로 존재하던 시대에 뿌리를 두고 있는 것이다.

'천상의 존재'를 뜻하는 이집트 단어는 엔트르(NTR, 혹은 네테르 Neter)이다. 이 단어는 고대 근동 언어에서 '주시자'를 의미한다. 엔트르에 해당하는 상형문자는 ┐인데 다른 모든 상형문자들과 마찬가지로 실제로 존재했던 어떤 물체를 나타냈던 것임이 분명하다. 학자들에 따라 이 상형문자의 의미를 긴 손잡이가 달린 도끼라고도 하고 깃발이라고도 하는 등 의견이 분분하다. 그런데 머레이(Margaret A. Murray)는 보다 설득력 있는 견해를 제시했다. 그는 이집트 초기의 전 왕조 시대에

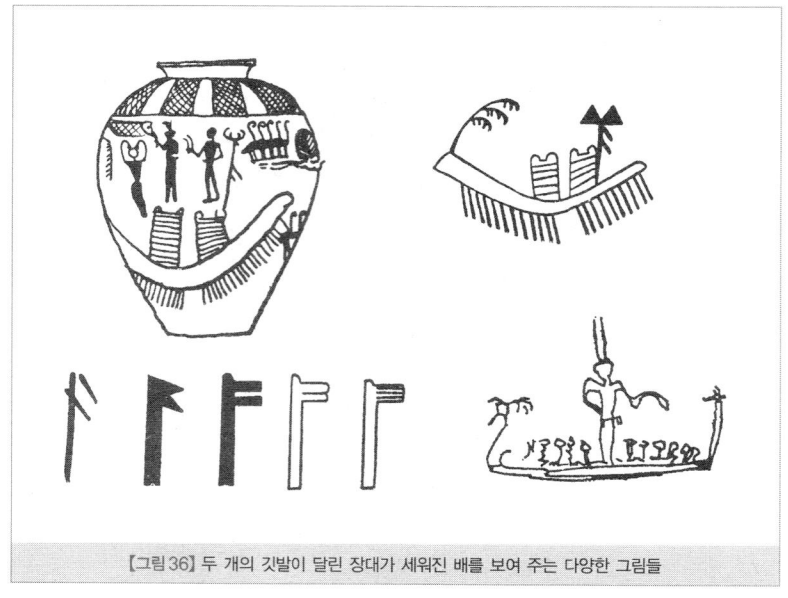

【그림36】두 개의 깃발이 달린 장대가 세워진 배를 보여 주는 다양한 그림들

148 틸문, 그리고 하늘에 이르는 계단

만들어진 도자기들이 두 개의 깃발이 달린 장대가 세워진 배의 그림으로 장식돼 있다는 것을 지적하면서, '두 개의 깃발이 달린 장대가 신을 나타내는 상형문자가 되었다'고 결론지었다. 【그림 36】

이집트 초기의 그림들에서 흥미로운 점은 거기 그려진 배들이 외국으로부터 도착하는 것으로 표현돼 있다는 것이다. 또 그림에 사람들이 묘사되었을 경우에는, 엔트르의 표시로 뿔이 달린 헬멧을 쓴 키가 큰 사람이 앉아서, 노를 젓는 사람들을 지휘하고 있는 것으로 표현되곤 한다.

【그림 36】

이처럼 이집트인들은 아주 초기부터 자신들의 신이 다른 곳으로부터 이집트로 왔다는 것을 그림을 통해 보여 주고 있다. 그것은 이집트의 건국이 어떻게 시작되었는지에 대한 이야기와도 일치한다. 즉 프타 신이 남쪽으로부터 이집트로 와서, 홍수로 물에 잠긴 이집트를 보고 제방을 쌓고 간척지를 만들어 땅에 사람이 살 수 있도록 마련해 주었다. 이집트에는 타 네테르(Ta Neter, 신들의 땅 혹은 장소)라고 불리는 곳이 있다. 그곳은 현재 바브-엘-만데브(Bab-el-Mandeb)라고 불리는 홍해의 남쪽 끝에 있는 좁은 해협이다. 그곳을 통해 신의 깃발을 단 배들이 뿔이 달린 신들을 싣고 이집트로 왔다.

이집트인들은 홍해를 우르(UR)의 바다라고 불렀다. 또한 타 우르(Ta Ur)라는 말은 동쪽의 낯선 땅을 뜻한다. 상형문자 기록에 등장하는 모든 지명들에 대한 사전을 펴낸 고티어(Henri Gauthier)는 타 우르를 나타내는 상형문자가 '항해와 관련된 요소를 나타내는 상징이며 (…) 그 상징은 배를 왼쪽으로 돌려 가라는 뜻을 갖고 있다'고 지적했다. 고대 세계의 지도를 보면 이집트를 떠나 바브-엘-만데브 해협을 통과해 왼쪽으로 가면 아라비아 반도를 따라서 페르시아 만으로 가게 된다는 것

을 알 수 있다. [그림2 참조]

또 다른 단서도 있다. 타 우르는 문자 그대로는 우르의 땅이라는 뜻을 갖고 있는데, 우르는 잘 알려진 곳이다. 그곳은 히브리의 족장인 아브라함(Abraham, 구약의 아브람)이 태어난 곳이다. 아브라함은 구약에 등장하는 대홍수 때의 영웅이었던 노아의 장남인 셈의 후에 테라(Terah, 구약의 데라)의 아들로, 칼데아(Chaldea, 구약의 갈대아)에서 태어났다. '데라는, 아들 아브람과, 하란에게서 난 손자 롯과, 아들 아브람의 아내인 며느리 사래를 데리고 가나안 땅으로 오려고 갈대아의 우르를 떠나서, 하란에 이르렀다(「창세기」 11 : 31).'

19세기 초에 고고학자들과 언어학자들이 이집트의 역사와 기록으로 남은 자료들을 연구하기 시작했을 때, 우르는 구약 이외에는 다른 어떤 기록에도 언급되지 않은 곳이었다. 그러나 칼데아라는 지명은 알려져 있었는데, 그것은 그리스인들이 메소포타미아 지역의 고대 왕국인 바빌로니아를 부를 때 사용했던 명칭이었다.

기원전 5세기에 이집트와 바빌로니아를 방문했던 그리스의 역사가 헤로도토스(Herodotos)는 이집트인들과 칼데아인들의 풍습이 상당히 비슷하다는 것을 발견했다. 헤로도토스는 바빌로니아의 수도 바빌론에 있는 최고신 벨(Bel)의 신성한 신전과 거기에 있는 거대한 탑을 설명하면서 다음과 같이 적고 있다.

> 가장 상단의 탑 위에는 넓은 신전이 있는데, 그 안에는 화려하게 장식된 거대한 침상이 있었고 그 옆에는 금으로 된 탁자가 있었다. 그 방에는 어떤 인물상도 없었으며, 밤에는 칼데아 여인 한 명을 제외하고는 아무도 머무르지 않았다. 칼데아 사제들에 따르자면 그 여인은 위대한 신이 직접 선택한 사람이라

고 한다. (…) 사제들은 또 그 방에 신이 직접 내려와 침상에서 잠을 잔다고 말한다. 이 이야기는 이집트인들이 자신들의 도시인 테베에서 일어나고 있다고 말하는 이야기와 비슷한데, 거기서는 정해진 여자가 테베에 있는 주피터(Jupiter, 아몬)의 신전에서 밤을 보낸다.

구약, 잊혀진 도시들의 역사적 기록

19세기에 학자들이 이집트에 대해 관심을 갖게 되고, 이집트의 역사적 사실들을 그리스와 로마 역사가들의 저술들과 비교하면서, 다음과 같은 두 가지 사실이 더욱 명백해졌다. 하나는 이집트 문명과 그것의 위대함은 문화적 불모지에서 홀로 피어난 한 송이 꽃과 같은 것이 아니라, 고대에 여러 곳에서 일어난 전반적인 발전의 한 부분이라는 것이다. 또 하나는 구약이 말하는 다른 땅들과 왕국들, 요새와 무역로, 전쟁과 협정, 이주와 정착 등에 관한 이야기들이 모두 사실일 뿐만 아니라 매우 정확하다는 것이다.

구약에 간략하게 언급된 내용으로만 오랫동안 알려졌던 히타이트 사람들도, 이집트 기록을 통해 파라오들의 강력한 적수였던 것으로 드러났다. 소아시아에서 온 히타이트 군대와 이집트 군대 사이의 중요한 전투가 가나안의 북쪽에 있는 카데시(Kadesh)에서 벌어졌는데, 이전까지는 전혀 알려지지 않고 있다가 이집트의 기록과 고분 벽화를 통해 알려졌다. 그 전투와 관련해 이집트의 파라오가 평화를 유지하기 위해 히타이트 왕의 딸과 결혼하기도 했다는 숨겨진 이야기도 밝혀졌다.

또 19세기까지는 구약에서만 언급되었던 필리스틴인(Philistines, 구약의 블레셋 사람), '바다의 사람들', 페니키아인(Phoenicians), 후르리인(Hurrians), 아모리인(Amorites)과 같은 민족들이 이집트에서 고고학적 발굴이 진행됨에 따라 역사적 실체로 등장하기 시작했으며, 구약에 나오는 다른 땅들의 실체도 밝혀지기 시작했다. 그러나 가장 중요한 것은 아시리아와 바빌로니아의 고대 제국들이 실제 존재했던 것으로 드러난 것이다. 그렇다면 그 제국들의 장엄한 신전과 다른 유물들은 어디에 있는 것일까? 그리고 그들의 흔적이 남은 기록은 어디에 있는 것일까?

유프라테스와 티그리스 강 사이에 있는 거대한 평원인 '두 개의 강 사이의 땅'을 여행한 사람들이 본 것이라고는 아랍어와 히브리어로 텔스(tells)라고 부르는 언덕들뿐이었다. 이 지역에는 돌이 없었기 때문에 고대 메소포타미아에서는 아무리 커다란 건축물이라 해도 진흙 벽돌로 지을 수밖에 없었다. 전쟁과 기후적 요인, 그리고 긴 시간을 버티면서 그 건축물들은 흙무더기로 변하고 말았다. 그래서 그 지역에서는 거대한 건축물 대신 조그만 물건들이 발견되곤 했다. 그리고 그것들 가운데 쐐기 모양의 표시가 새겨진 구운 점토판들이 포함돼 있었다.

1686년에 캠퍼(Engelbert Kampfer)가 알렉산더 대왕과 싸웠던 페르시아 왕들의 오래된 수도인 페르세폴리스(Persepolis)를 방문했다. 캠퍼는 그곳의 유물들로부터 다리우스 왕의 왕실 인장에 새겨진 것과 같은 쐐기 모양, 즉 설형의 상징과 기호들을 복사했다. 【그림37】 그러나 캠퍼는 그것들이 단지 장식에 불과하다고 생각했다. 나중에 그것들이 글이라는 것이 밝혀졌지만, 아무도 그것이 어떤 언어이고 어떻게 해석해야 하는지 알 수 없었다.

그러던 중 이집트의 상형문자가 세 개의 언어로 된 기록이 발견되면서 해석되었듯이 설형문자도 그런 기록이 발견되면서 해석이 가능하게 되었다. 그것은 페르시아의 베히스툰(Behistun, 현재 비시툰 Bīsitūn)에

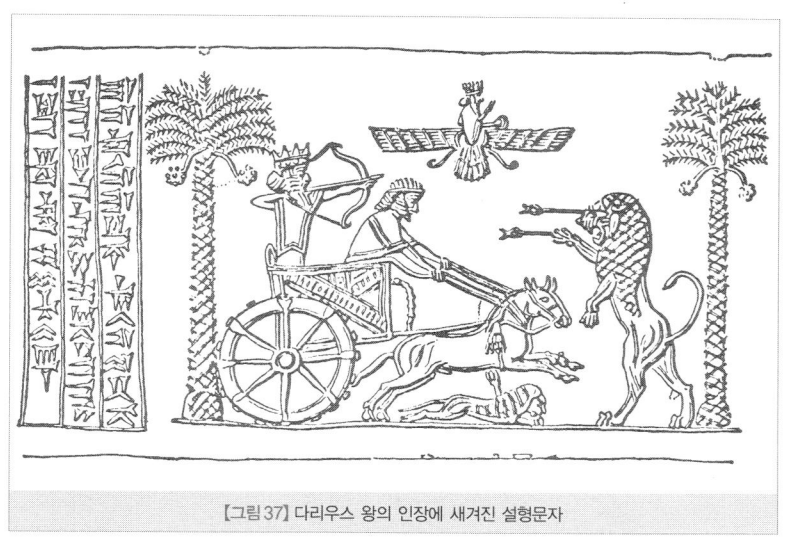

[그림37] 다리우스 왕의 인장에 새겨진 설형문자

있는 금지된 산의 바위에 새겨져 있었다. 1835년에 영국군 장교이던 롤린슨(H. Rawlinson)이 바위에 새겨진 기록을 복사했고 나중에 그것을 해석했다. 결국 그 바위에 새겨진 글은 세 가지 언어로 쓰인 것이며, 그 언어는 고대 페르시아어와 엘람어(Elamite) 그리고 아카드어(Akkadian)라는 것이 밝혀졌다. 아카드어는 모든 셈족 언어의 모어(母語)였는데, 학자들은 히브리어에 대한 지식을 통해 아시리아와 바빌로니아 사람들이 남긴 메소포타미아의 기록들을 읽고 이해할 수 있었다.

이런 발견들에 자극받은 영국의 고고학자 레어드(H. A. Layard)는 1840년 당시 오스만-터키 제국의 일부였던 이라크 동북 지역에 있는 카라반 요충지, 모술(Mosul)로 갔다. 그곳에서 그는 에인즈워스(W. F. Ainsworth)의 손님으로 머물렀는데, 에인즈워스의 저서 『아시리아, 바빌로니아, 칼데아에서의 연구 Researches in Assyria, Babylonia and

Chaldea』(1838)가 레어드의 상상력을 자극했다. 레어드는 구약과 그리스의 고대 저서들에 조예가 깊었으며, 알렉산더 군대의 한 장교가 그 지역에서 '피라미드와 어떤 고대 도시의 유적들'을 보았다고 보고한 것을 잊지 않고 있었다. 그런데 유적으로 남은 그 도시는 알렉산더의 시대에도 무척 오래된 것으로 여겨졌었다.

그 지방 사람들은 레어드에게 그 지역의 여러 텔스(언덕)를 보여 주면서 고대 도시들이 그 아래 묻혀 있다고 말하곤 했다. 레어드는 비르스 님루드(Birs Nimrud, 고대의 보르시파Borsippa)라는 곳에 도착해서는 감격에 겨워 다음과 같이 말했다. "나는 처음으로 맑은 저녁 하늘을 배경으로 솟아오르는 님루드의 거대한 원뿔형 언덕을 보았다." 레어드는 훗날 자신의 자서전에서 '그때 내가 받은 인상은 결코 잊을 수 없다'고 기록했다. 혹시 그곳이 알렉산더의 장교들이 본 피라미드가 있었던 곳은 아니었을까? 그곳은 분명히 구약에 나오는 니므롯(Nimrod)과 연관된 곳이다. 니므롯은 메소포타미아에서 거대한 왕국을 건설했던, '주께서 보시기에도 힘이 센 (…) 사냥꾼'이었다(「창세기」 10 : 9).

그가 다스린 나라의 처음 중심지는,
시날 지방 안에 있는 바빌론과 에렉과 악갓과 갈레이다.
그는 그 지방을 떠나 앗시리아로 가서,
니느웨와 르호보딜과 갈라를 세우고,
니느웨와 갈라 사이에는 레센을 세웠는데,
그것은 아주 큰 성이다.
_「창세기」 10 : 10~12

1845년에 레어드는 당시 바그다드의 영국 총영사로 있던 롤린슨의 도움을 받아 모술로 다시 돌아왔고, 님루드를 발굴하기 시작한다. 그러나 그가 거기서 무엇을 발견했건 간에 메소포타미아에 대한 최초의 고고학자라는 명예는 그의 것이 아니었다. 왜냐하면 그보다 2년 먼저 모술의 프랑스 영사였던 보타(Paul-Émile Botta)가 이미 모술 북쪽의 한 언덕을 발굴하기 시작했기 때문이다. 보타가 발굴을 시작한 곳을 그 지역 사람들은 호르사바드(Khorsabad)라고 불렀는데, 그곳에서 발견된 설형문자 기록에 따르면 그곳은 아시리아의 왕이었던 사르곤(Sargon)의 고대 수도인 두르-샤르루-킨(Dur-Sharru-Kin)으로 밝혀졌다. 그 거대한 도시와 그 안에 있는 궁전과 신전들 중에서 가장 두드러진 것은 일곱 개의 계단으로 만들어진 피라미드였으며, 그 지역에서는 그것을 지구라트(ziggurat)라고 불렀다. 【그림 38】

보타의 발견에 자극을 받은 레어드는 자신이 선택한 언덕을 발굴하기 시작했다. 그는 그곳이 구약에서 말하는 아시리아의 수도 니네베(니

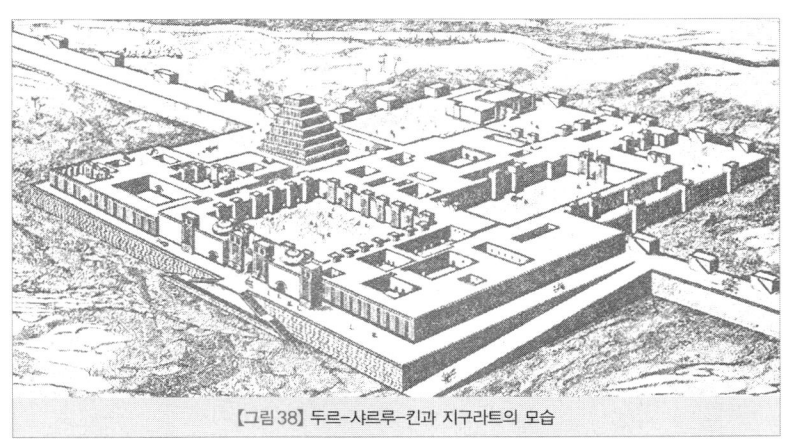

【그림 38】 두르-샤르루-킨과 지구라트의 모습

느웨)라고 믿었다. 그러나 그곳은 니네베가 아니라 아시리아의 군사 중심지였던 칼루(Kalhu, Calah 구약의 갈라)로 밝혀졌다. 그럼에도 불구하고 그곳에서 발굴된 유물들은 충분한 가치가 있는 것들이었다. 그 안에는 샬마네세르 2세(Shalmaneser II)가 세운 오벨리스크도 있었는데, 샬마네세르 2세는 그 오벨리스크에 자신에게 공물을 바치는 사람들 중에 '이스라엘의 왕이자 옴리의 아들인 예후'도 있었다고 기록해 놓았다. 【그림39】

【그림39】 칼루에서 발견된 샬마네세르 2세의 오벨리스크

이처럼 아시리아 유적지들의 발견으로 인해 구약이 역사적 사실을 말하고 있음이 확인되었다.

이 발굴로 고무된 레어드는 1849년에 티그리스 강의 동쪽 지역에 있는 모술 건너편의 한 언덕을 발굴하기 시작한다. 그 지역 사람들이 쿠윤지크(Kuyunjik)라고 부르던 그곳이 바로 니네베였다. 니네베는 아시리아의 왕 센나케리브(Sennacherib, 구약의 산헤립)가 세운 수도이다. 센나케리브는 자신의 군대를 동원해 예루살렘을 포위했다가 하나님의 천사들로부터 괴멸당했다는 바로 그 왕이다(「열왕기하」 18~19장). 센나케리브 왕 이후에도 니네베는 에사르하돈(Esarhaddon)과 아슈르바니팔(Ashurbanipal) 왕의 수도로 남아 있었다. 그곳의 유물들은 대영박물관으로 옮겨져 지금까지도 대영박물관의 아시리아 전시실에서 가장 인상적인 유물들로 전시되고 있다.

차츰 발굴의 속도가 빨라지고 다른 여러 나라의 고고학자들도 발굴에 참여하게 되었다. 결국 단 한 곳을 제외하고는 구약에 이름이 언급된 아시리아와 바빌로니아의 모든 도시들이 발견되었다. 세계의 유명한 박물관들에는 아시리아와 바빌로니아의 유물들이 쌓이기 시작했는데, 그 가운데 가장 중요한 발견은 단순한 점토판들이었다. 그중 일부는 손바닥에 올라갈 정도로 작았으며, 아시리아인들과 바빌로니아인들 그리고 서아시아의 여러 민족들은 거기에 상업적인 계약, 법정 판결문, 결혼과 유산의 기록, 지명, 수학 공식, 약의 처방, 법률 조항, 왕실의 역사 등 고도로 발달한 문명사회의 거의 모든 생활상들을 기록했다. 또 점토판에 기록된 서사시, 창조 설화, 격언, 철학적 단상, 그리고 연애시 같은 것들은 방대한 문학적 자산을 이루고 있다. 또한 거기에는 천문학적인 내용도 담겨 있어서, 별과 성좌의 목록과 행성에 대한 정보들도 있다.

그리고 열두 명의 위대한 신들이 다스리는 다양한 신들의 목록과 그들의 가족 관계, 특성, 임무와 기능 등에 대한 설명도 들어 있다. 열두 명의 위대한 신은 '하늘과 땅의 신들'인데, 1년 12달과 12성좌 그리고 태양계의 12행성과 연관되어 있다.

아시리아와 바빌론의 기록에도 언급되어 있듯이 그들의 언어는 아카드어에서 나온 것이었다. 그것과 다른 증거들을 통해 구약이 말하는 것처럼 아카드(Akkad)라는 왕국이 기원전 약 1900년경에 등장한 아시리아와 바빌론보다 먼저 존재했었다는 것이 확인되었다. 아카드 왕국은 기원전 2400년경에 '정의로운 지도자'라는 뜻의 샤르루-킨(Sharru-Kin, 사르곤 1세)에 의해 세워졌다. 발견된 그의 비문을 보면 그는 엔릴(Enlil) 신의 은총으로 자신의 제국이 페르시아 만에서 지중해에 이른다고 자랑하고 있다. 그는 자기 스스로를 '아카드의 왕이며 키시(Kish)의 왕'이라고 부르면서, '우루크(Uruk, 구약의 에렉)를 물리쳐 그 성벽을 허물었으며 (…) 우르의 사람들과 싸워 승리했다'고 주장했다.

많은 학자들이 사르곤 1세를 구약에 나오는 니므롯이라고 믿기 때문에, 다음과 같은 구약의 구절은 사르곤 1세와 아카드보다 훨씬 먼저 왕권이 존재했던 키시(Kish, 구약의 구스)라는 도시 국가에 해당된다고 볼 수 있다.

구스가 또 니므롯을 낳았다.
니므롯은 세상에 처음 나타난 장사이다. (…)
그가 다스린 나라의 처음 중심지는,
시날 지방 안에 있는
바빌론과 에렉과 악갓과 갈레이다.

_「창세기」 10 : 8, 10

아카드의 왕도는 바빌론 남동쪽에서 발견되었다. 키시도 아카드의 남동쪽에서 발견되었다. 고고학자들이 유프라테스 강과 티그리스 강 사이에 있는 평야의 남동쪽으로 내려가면 갈수록 더욱 오래된 고대의 도시들이 발견되었다. 현재 와르카(Warka)라고 불리는 곳에서는 사르곤 1세가 격퇴시켰다고 주장하는 구약의 에렉, 즉 우르크가 발견되었다. 우르크는 고고학자들을 기원전 3000년대에서 기원전 4000년대로 안내한 도시였다. 거기서 고고학자들은 가마에 구운 최초의 도자기와 최초로 물레를 사용한 흔적, 그런 종류로는 가장 오래된 석회암으로 된 포장도로, 최초의 지구라트, 최초의 문자 기록[그림 40], 그리고 젖은 점토판에 굴리면 자국이 남는 조각된 원통형 인장[그림 41]들을 발견했다.

그보다 더 남쪽에서 아브라함이 태어난 우르도 발견됐는데, 고대에는 페르시아 만의 해안선이 거기까지 닿아 있었다. 우르는 커다란 상업 중심지로 대규모의 지구라트가 있었으며, 많은 왕조의 중심지이기도 했다. 그렇다면 그런 도시들이 발견된 메소포타미아 남부 지역이 구약에서 말하는 바벨탑 사건이 일어난 시날 지방이었을까?

메소포타미아에서 발견된 것 중 최고의 유물은 니네베에 있는 아슈르바니팔 도서관인데, 그곳에는 주제별로 정리된 25,000개 이상의 서판이 보관돼 있었다. 높은 문화적 소양을 지니고 있던 아슈르바니팔 왕은 구할 수 있는 모든 기록들을 모았고, 거기에 더해 자신이 데리고 있던 서기들을 시켜 그것들을 복사하고 번역했다. 실제로 많은 서기들이 자신들이 적은 글이 '보다 오래된 기록의 필사본'임을 밝히고 있다. 예를 들어, 스물세 개의 서판을 묶어 놓은 한 질의 기록에는 다음과 같은

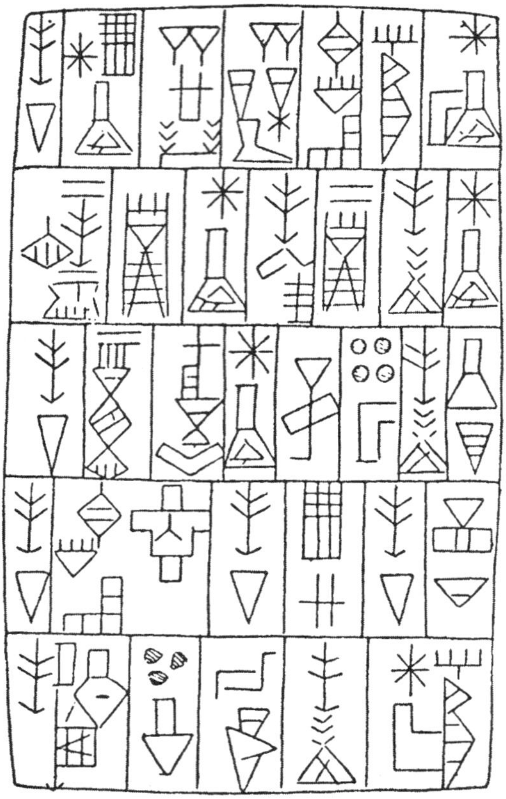

【그림 40】 최초의 문자 기록

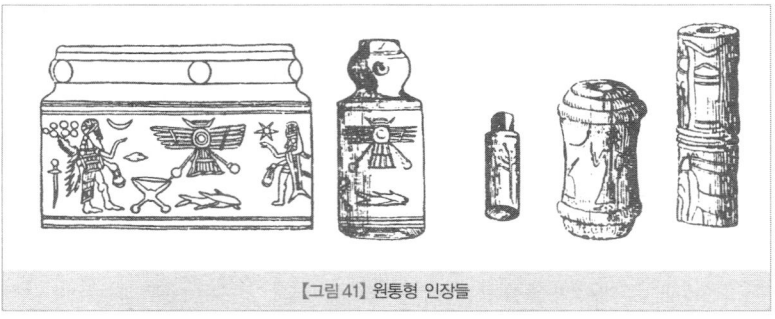
【그림 41】 원통형 인장들

추신이 붙어 있다. '스물세 번째 서판: 수메르의 언어는 변하지 않았다.' 또한 아슈르바니팔 왕은 한 비문에서 다음과 같이 말하고 있다.

글의 신께서 내게 자신의 기술에 대한 지식을 선물로 주셨다.
나는 글의 비밀을 전수받았다.
나는 복잡한 수메르 시대의 점토판을 읽을 수 있다.
또한 대홍수 이전 시대의 돌 비문에 새겨진 수수께끼 같은 글도 해독할 수 있다.

| 주시자의 땅, 슈메르 |

1853년에 롤린슨(H. Rawlinson)은 영국왕립아시아협회에서, 아카드어보다 앞서는 아직 알려지지 않은 언어가 있을 수 있다고 주장하면서, 그 근거로 아시리아와 바빌로니아의 기록들을 보면 어떤 알려지지 않은 언어로부터 단어를 차용해 사용하고 있다는 사실을 지적했다. 그런 현상은 특히 과학과 종교에 관련된 기록에서 두드러졌다. 1869년에 오페르트(Jules Oppert)는 프랑스고고학협회의 한 모임에서 그런 언어의 존재와 그것을 사용했던 사람들의 존재를 인정해야 한다고 주장했다. 그는 아카드인들이 자신들의 선조들을 슈메르인(Shumerians)이라고 불렀으며 슈메르라는 땅에 대해 말했다는 증거도 제시했다. 【그림 42】

그곳이야말로 구약에서 말하는 시날의 땅으로, 슈메르(Shumer)는 문자 그대로 풀이하자면 주시자(注視者)의 땅이라는 뜻이었다. 그리고 그곳은 이집트인들이 그곳으로부터 신들이 이집트로 건너왔다고 말하는 타 네테르(Ta Neter, 주시자의 땅)였다.

학자들은 고대 이집트의 장대한 문화가 발견된 후에야 그리스와 로마에서 서구 문명이 시작되지 않았다는 사실을 받아들였다. 그렇다면

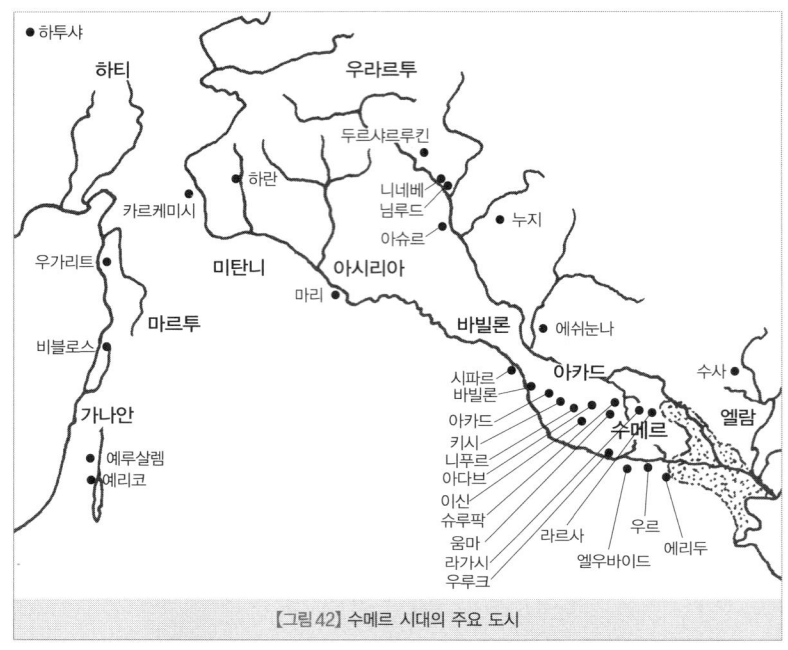

【그림 42】 수메르 시대의 주요 도시

이제 이집트인들도 인정했듯이 문명과 종교가 이집트가 아닌 메소포타미아 남부에서 시작되었다는 것을 인정해야 하지 않을까?

메소포타미아 지역에 대한 최초의 발굴이 이루어진 후 약 100년 사이에, 우리들이 알고 있는 현대 문명이 시작된 곳이 수메르(Sumer, 원래 Shumer라고 표기해야 하지만 어떤 이유에서인지 학자들은 Sumer라는 표현을 더 선호했다)라는 사실은 의심할 수 없게 되었다. 지금으로부터 약 6,000년 전, 즉 기원전 4000년을 지나자마자, 그곳에서 모든 발달된 문명에 필요한 필수적인 요소들이 앞선 문명이나 특별한 이유도 없이 갑자기 발전했다.

현재의 우리 문화와 문명의 요소들 중에서 수메르에 뿌리를 두지 않은 것은 거의 찾기 어렵다. 수메르에는 도시, 고층 건물, 길, 시장, 곡물 창고, 부두, 학교, 신전, 야금술, 의학, 외과 수술, 방직 기술, 고급 식료품, 농업, 관개시설이 있었다. 그들은 가마를 발명했고, 벽돌을 사용했다. 그리고 역사상 최초의 바퀴와 수레를 만들었다. 그 밖에도 배와 항해술, 국제 무역, 법률, 법정, 배심원, 작문, 음악, 악기, 춤, 가축, 동물원, 전쟁, 기술공, 창녀도 있었다. 게다가 무엇보다 하늘과 '하늘로부터 지구로 온' 신들에 대한 지식을 갖고 있었다.

한 가지 분명한 사실은, 아카드인이나 수메르인은 하늘에서 지구로 온 그 방문자들을 결코 신이라고 부르지 않았다는 점이다. 신성한 존재나 신이라는 개념은 이후 다른 종교를 통해 우리들의 언어와 사고 속으로 들어온 것에 불과하다. 여기서 신이라는 용어를 사용하는 이유는 단지 우리가 지금 일반적으로 그렇게 사용하고 있기 때문이다.

아카드인들은 그들을 '일루(Ilu, 높은 자)'라고 불렀으며, 그것으로부터 구약에 쓰이는 히브리어 엘(El)이 나왔다. 가나안 사람들과 페니키아 사람들은 그들을 바알(Ba'al, 주님)이라고 불렀다. 그러나 그런 모든 종교들에 앞서 수메르인들은 그들을 딘기르(DIN.GIR, 우주선의 정의로운 자들)라고 불렀다. 후에 설형의 쐐기문자로 형식화되는 수메르인들의 초기 그림문자를 보면 딘과 기르는 각각 ▭▷ 과 ✦ 으로 묘사되고 있다. 그것들을 자세히 보면 피라미드 모양의 사령실처럼 생긴 기르(GIR)가 다단계 로켓처럼 보이는 딘(DIN)의 앞부분에 정확히 결합된다는 사실을 알 수 있다. 또 그렇게 결합된 그림문자를 세워 보면, 그것은 이집트의 총독이었던 후이의 무덤에 그려진 우주선의 모습과 놀랍도록 흡사하다는 것도 알 수 있다. 【그림 43】

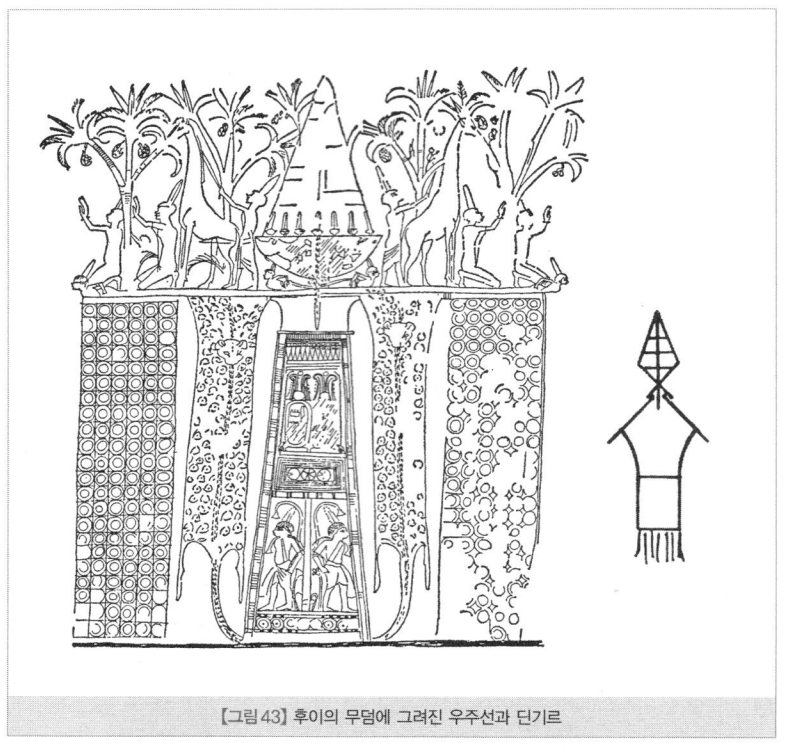

【그림 43】 후이의 무덤에 그려진 우주선과 딘기르

| 태양계의 비밀을 알고 있던 수메르인 |

수메르인들의 우주에 대한 이야기와 서사시, 그리고 하늘로부터 지구로 온 신들의 자서전적인 기록들과 그들의 역할과 관계에 대한 기록들, 또 수메르 도시들의 목록과 왕들의 연대기 및 다른 수많은 기록과 비문과 그림 등을 종합적으로 연구해, 우리는 역사 이전의 시대에 어떤 일들이 있었는지, 그리고 그런 일들이 도대체 어떻게 시작되었는지에 대한 일관성 있는 이야기를 찾아낼 수 있다.

그 이야기는 우리들의 태양계가 아직 한창 젊었을 때인 태곳적부터 시작된다. 그때 거대한 한 행성이 태양계 밖에서 태양계로 진입한다. 수메르인들은 그 침입자를 니비루(NIBIRU, 가로지르는 행성)라고 불렀다. 그것은 바빌로니아에서는 마르둑(Marduk)이라고 불렸으며 구약에서는 마르독이라고 불렸던 행성이다(「예레미야」 50 : 2). 다른 행성들을 지나던 마르둑은 궤도가 바뀌면서 태양계의 옛 행성 중 하나인 티아마트(Tiamat)와 충돌을 피할 수 없게 되었다. 결국 마르둑과 티아마트가 가까워졌을 때 마르둑의 위성들이 티아마트를 반으로 쪼개 버렸다. 쪼개진 티아마트의 아래쪽 부분은 작은 조각들로 부서져 혜성이 되거나 목성과 화성 사이의 소행성대(수메르인들은 그것을 '천상의 팔찌'라고 불렀다)를 이루게 되었다. 티아마트의 부서진 윗부분은 위성 하나를 달고 새로운 궤도로 던져져 지구와 달이 되었다.

마르둑 자체는 아무런 손상도 입지 않고 태양을 도는 거대한 타원형 궤도에 잡히어 3,600년에 한 번씩 목성과 화성 사이의 '천상의 전투'가 있었던 곳으로 돌아온다.【그림 44】그 결과 태양계에는 12개의 구성원이 생기게 됐다. 태양과 달(수메르인들은 달도 하나의 천체로 간주했다), 우리가 알고 있는 9개의 행성, 그리고 12번째 행성인 마르둑.

마르둑은 태양계에 들어오면서 생명의 씨도 가져왔다. 티아마트와 충돌했을 때 그곳에 있던 생명의 씨 일부가 티아마트의 남은 부분, 즉 지구로 옮겨졌다. 그리고 그 생명의 씨가 지구에서 진화하면서 그것은 마르둑에서의 진화를 모방하게 되었다. 그 결과 지구에서 인간이 막 진화를 시작했을 때, 마르둑에서는 지성을 가진 생명체가 고도로 발달한 문명과 기술을 이미 이룩하고 있었다.

수메르인들은 태양계의 12번째 천체로부터 '하늘과 지구의 신들'인 우주비행사들이 지구로 왔다고 말한다. 이런 수메르인들의 믿음으로부

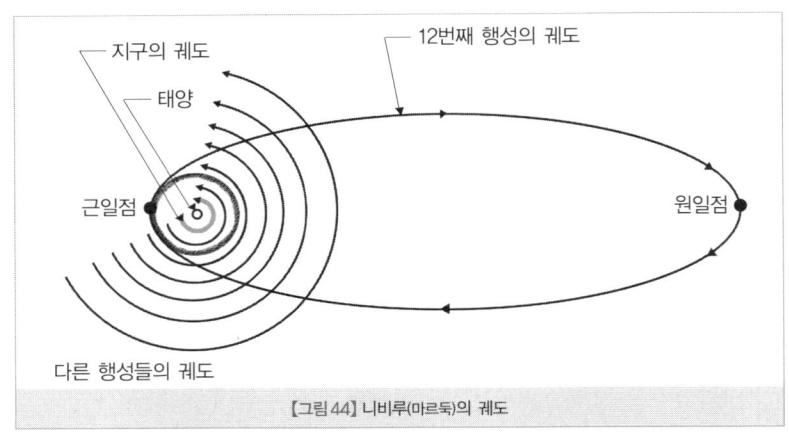

[그림 44] 니비루(마르둑)의 궤도

터 고대의 다른 모든 민족들이 그들의 종교와 신에 대한 개념을 얻었다. 수메르인들에 따르면 하늘에서 내려온 그 신들이 인간을 창조했고, 믿기지 않을 정도로 정교한 천문학을 비롯한 모든 지식과 모든 과학, 즉 문명을 인간에게 주었다고 한다.

수메르인들은 태양이 태양계의 중심이라는 사실을 알고 있었으며, 오늘날 우리가 알고 있는 태양계의 모든 행성들, 더 나아가 육안으로는 보이지 않기 때문에 천문학이 발전하기 전에는 알려지지 않았던 천왕성과 해왕성 그리고 명왕성까지도 알고 있었다. 그리고 그들은 행성의 목록이나 행성에 대한 기록을 비롯해 심지어는 다양한 그림들을 통해서 태양계에 또 하나의 행성, 즉 마르둑이 있었다고 주장했다. 4,500년 전에 만들어진 한 인장을 보면, 마르둑은 지구에 가장 가까이 올 때 화성과 목성 사이를 지나간다고 한다. [그림 45]

수메르인들이 마르둑에서 온 우주비행사들로부터 배웠다고 기록한 천체에 대한 정밀한 지식은 태양계에만 한정된 것이 아니었다. 우주는

【그림 45】 마르둑의 존재와 궤도를 보여 주는 4,500년 전의 원통형 인장

끝이 없고 별들로 가득 차 있는 곳이다. 별을 확인하고, 별자리로 묶고, 이름을 부여하고, 하늘에서의 위치를 정하는 일은 흔히 생각하듯 수메르보다 수 세기 늦게 그리스에서 시작된 것이 아니라, 수메르에서 처음 시작됐다. 우리들이 현재 알고 있는 북반구 하늘의 모든 별자리와 남반구 하늘에 있는 대부분의 별자리들은 우리가 지금도 사용하는 순서와 이름 그대로 수메르의 천문학 서판들에 기록되어 있다.

별자리에서 가장 중요한 것은 행성들이 태양을 돌 때 궤도상에 등장하는 별자리들이다. 수메르인들은 그것을 울헤(UL.HE, 빛나는 무리)라고 불렀으며, 그리스인들은 그것을 조디아코스 키클로스(Zodiakos Kyklos, 동물의 원)라고 불렀고, 현재는 황도 12궁이라고 부른다. 별들은 12개의 집단으로 배치돼 황도 12궁의 12개의 집을 이룬다. 수메르인들은 그 12개의 별자리들을 황소자리(Taurus), 쌍둥이자리(Gemini), 게자리(Cancer), 사자자리(Leo) 등으로 정확하게 명명했을 뿐 아니라, 그들이 그려 놓은 12궁 별자리 그림도 지금까지 거의 변하지 않았다. 【그림

지구로 온 신들 **167**

46) 수메르보다 훨씬 뒤에 이집트에서 그려진 12궁도도 수메르의 것과 거의 동일하다. 【그림 47】

　천체축과 천체극, 황도, 춘분점 및 추분점과 같은 개념을 포함해 오늘날에 우리가 사용하고 있는 구면(球面) 천문학의 개념들은 수메르 시대에 이미 완벽하게 정립되었으며, 심지어는 세차운동과 놀랍도록 유사한 개념도 있었다. 오늘날 우리들은 지구에서 관찰자가 춘분날과 같은 어떤 특정한 날에 12궁 별자리와 비교한 태양의 정확한 위치를 파악하려고 하면, 마치 지구가 정상보다 늦게 움직이는 것처럼 보인다는 것을 알고 있다. 이것은 지구축이 태양을 도는 궤도면에 비해 약간 기울어져 있기 때문에 생기는 지체 현상으로, 세차운동이라고 불린다. 그것은 12궁의 별자리 360도를 놓고 보면 72년에 1도씩 움직이는데, 한 인간의

【그림 46】 수메르인들이 정한 황도 12궁과 그 상징의 예

【그림 47】 이집트인들이 정한 황도 12궁도

생애를 놓고 볼 때 매우 느린 과정이라고 할 수 있다.

황도대는 지구가 태양을 도는 궤도를 둘러싸고 있으며 12개의 '집' 혹은 '궁'으로 나누어져 있다. 따라서 각 궁은 전체 360도의 12분의 1, 즉 30도씩을 차지한다. 결국 지구가 황도대의 어떤 궁을 세차운동을 통해 지나는 데는 72×30년, 즉 2,160년이 걸린다. 예를 들면, 만약 지구의 어떤 천문학자가 춘분날 태양이 물고기자리에서 떠오르는 것을 보았다면 2,160년 후에 그의 후손은 춘분날 태양이 물병자리에서 떠오르는 것을 보게 된다는 뜻이다.

고대에 어떤 사람이나 어떤 민족이 이런 현상을 관측하거나 기록하거나 이해했을 것으로 상상하기 어려울 것이다. 그러나 수메르인들이 그 현상을 알고 있었다는 반박할 수 없는 증거들이 있다. 황소자리의 시대(기원전 4400년경)에 자신들만의 시간 계산법인 달력을 만들었던 수메르인들은 그 이전에 있었던 세차운동을 알고 그것들을 자신들의 천문학 목록에 기록했기 때문이다. 수메르인들은 쌍둥이자리(기원전 6500년경), 게자리(기원전 8700년경), 사자자리(기원전 10900년경)로의 세차운동을 기록했다. 그리고 말할 필요도 없이 기원전 2200년경의 춘분날에는 황소자리의 다음 자리인 양자리(Aries, 수메르어로 쿠말KU.MAL)를 배경으로 태양이 떠올랐다는 것도 기록되어 있다.

이집트와 아시리아에 대한 연구를 천문학과 접목시켰던 초기 학자들 중 일부는, 수메르인들이 남긴 기록이나 그림을 통해 그들이 12궁을 거대한 천체 달력으로 활용했고, 그것으로 지구상의 사건들에 천문학적 의미를 부여했다는 사실을 깨닫게 되었다. 최근에는 그런 사실이 선사시대 연구와 역사 연구에 보조 자료로 사용되고 있는데, 산티야나(G. de Santillana)와 데첸트(H. von Dechend)의 『햄릿의 맷돌 *Helmet's Mill*』

이 대표적인 예이다. 예를 들어, 헬리오폴리스 남쪽에 있는 사자를 닮은 스핑크스나 카르나크(Karnak)의 신전들을 지키는 양을 닮은 스핑크스들은 그것들이 상징하는 사건이 일어난 때나, 그것들이 상징하는 왕이나, 신이 다스리던 때에 해당하는 12궁의 특정한 시기를 보여 주고 있다.

이런 천문학 지식과 그것에 기초한 모든 종교, 믿음, 사건들의 중심에는 우리 태양계에 행성이 하나 더 있다는 확신이 있었다. 그 행성은 태양계에서 가장 큰 공전 궤도를 지니고 있는 최고의 행성, 즉 '천상의 주인(Celestial Lord)'으로, 이집트인들은 그것을 불멸의 별 또는 '영겁의 행성(Planet of Millions of Years)'이라 부르며 신들이 하늘에서 머무르는 곳으로 여겼다. 모든 고대의 민족들이 가장 광대하고 장엄한 궤도를 지닌 그 행성에 경의를 표했다. 이집트와 메소포타미아 그리고 다른 많은 지역에서 그 행성을 의미하는 독특한 상징물은 모두 날개 달린 천체였다.【그림48】

하지만 학자들은 이집트의 그림에 등장하는 천상의 원반이 라의 천상의 처소를 나타내는 것을 보고, 라를 '태양신'이라고 생각했고 날개 달린 천체는 '태양'이라고 주장해 왔다. 그러나 이제 날개 달린 천체나 원반은 태양을 상징하는 것이 아니라 12번째 행성을 상징한다는 것이 분명해졌다. 실제로 이집트의 그림들은 12번째 행성을 나타내는 천상의 원반과 태양을 분명하게 구별했다. '그림 49'를 보면 누트 여신과 함께 두 개의 천체가 하늘에 있다. 명백히 하나가 아닌 두 개의 천체가 묘사돼 있는 것이다. 그런데 12번째 행성은 천상의 구나 원반, 즉 행성으로 묘사돼 있는데 비해, 태양은 자애로운 광선을 발하는 모습으로 그려져 있다. 이 그림에서는 태양빛이 시나이 반도의 '광산의 여신'인 하트-

[그림 48] 12번째 행성을 나타내는 날개 달린 천체의 다양한 모습들

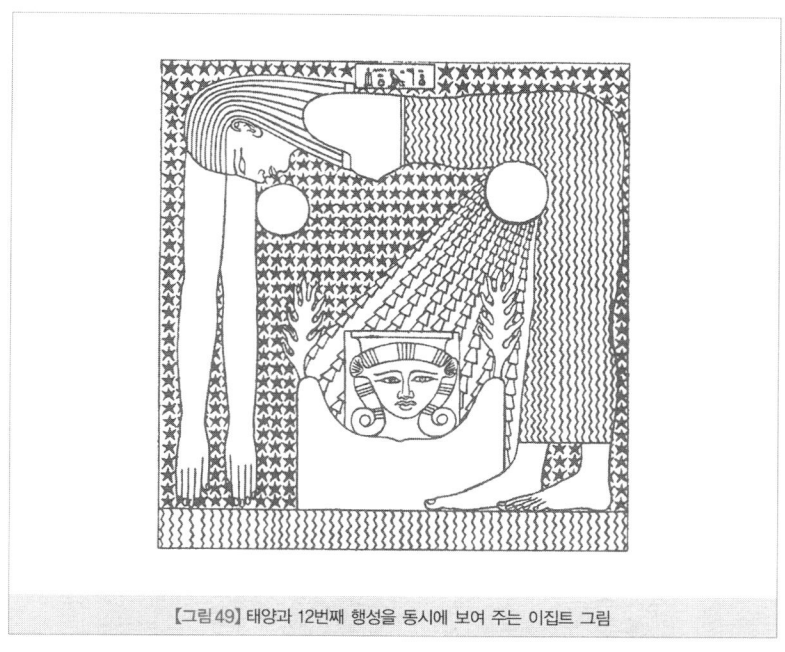

【그림 49】 태양과 12번째 행성을 동시에 보여 주는 이집트 그림

호르(Hat-Hor)에게 비추고 있다.

그렇다면 이집트인들도 수메르인들처럼 수천 년 전에 태양이 태양계의 중심이라는 사실과 태양계에 12개의 행성이 있다는 사실을 이미 알고 있었던 것일까? 미라의 관 위에 그려진 천체 지도를 보면 이집트인들도 그런 사실들을 알고 있었음이 분명하다.

1857년에 테베의 한 무덤에서 브룩쉬(H. K. Brugsch)가 발견한 매우 잘 보존된 미라의 관을 보면, 가운데 널빤지에 여신 누트(하늘의 신)가 그려져 있고 그 주위를 12개의 황도 별자리들이 둘러싸고 있다. 【그림 50】 관 양옆의 아래쪽에는 낮과 밤의 12시간이 그림으로 표현돼 있다. 그리고 태양계의 행성들, 즉 '천체의 신들'이 '천상의 배'를 타고 정해진 궤도를 따라 움직이는 모습이 그려져 있다. 수메르인들은 행성의 궤도를 행성들의 '운명'이라고 불렀다.

태양계의 한가운데에는 둥그런 태양이 빛을 발하고 있다. 그리고 누

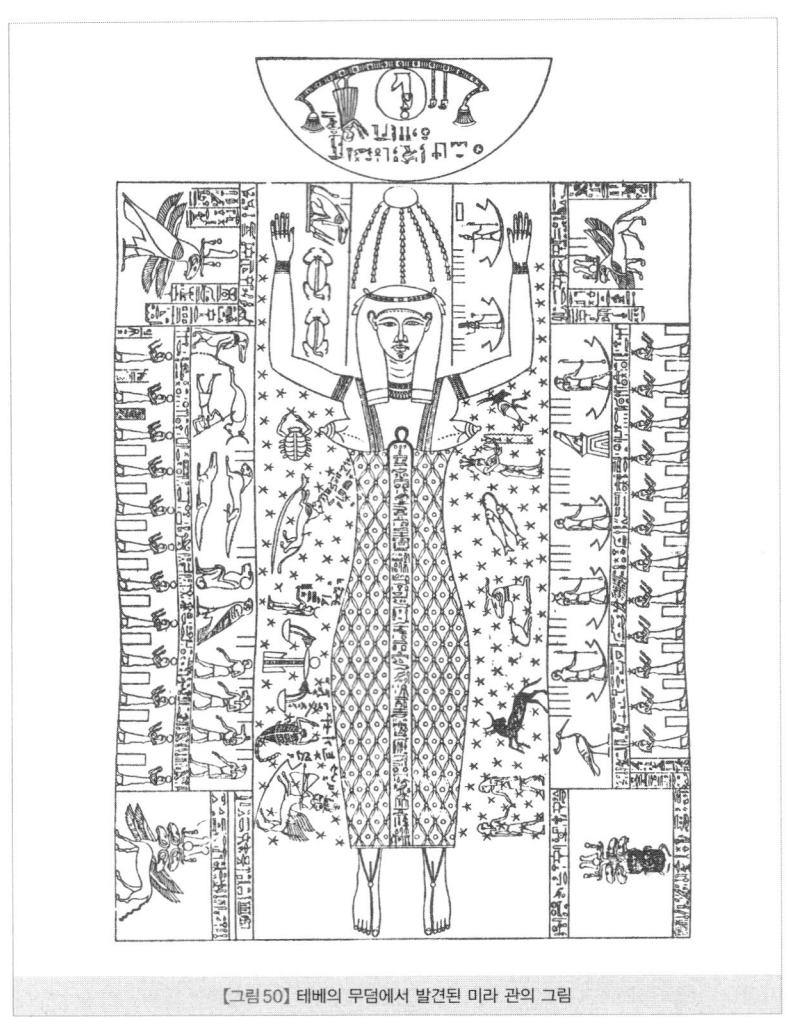

[그림 50] 테베의 무덤에서 발견된 미라 관의 그림

트 신이 들어 올린 왼손의 옆에 수성과 금성이 있다. 금성은 여성으로 명확히 그려져 있는데, 금성은 고대의 모든 민족들이 여성으로 생각한 유일한 행성이었다. 관의 왼쪽 부분에는 호루스의 상징을 지닌 지구와 달, 화성과 목성이 천상의 신들로서 천상의 배를 타고 자신들의 정해진 궤도를 따라 움직이고 있는 것으로 묘사되어 있다.

목성 밖에 있는 4개의 행성들은 관의 오른편에 있다. 이집트인들이 궤도를 모르던, 그래서 천상의 배가 없는 행성인 토성, 천왕성, 해왕성, 명왕성이 보인다. 미라를 만든 시기는 창을 든 사람이 창으로 황소를 겨냥하고 있는 모습에서 황소자리 때임을 알 수 있다.

이집트인들은 이렇게 근대의 천문학이 뒤늦게 발견한 외곽 행성까지 모두 포함해 태양계의 행성들을 정확히 배치했다. 브룩쉬도 이 그림을 발견했을 때는 당대의 다른 사람들과 마찬가지로 명왕성의 존재를 알지 못했다.

고대의 행성에 관한 지식을 연구한 학자들은 고대 사람들이 태양을 포함해 다섯 개의 행성이 지구 주위를 도는 것으로 믿었다고 가정했다. 그런 학자들은 자연히 그 이상의 행성들을 나타내는 그림이나 목록을 보고선 당시의 어떤 착각 때문이라고 주장했다. 그러나 그것은 착각이 아니라 아주 정확한 것이었다. 태양이 태양계의 중심에 있고, 지구는 태양을 도는 행성이며, 지구와 달 그리고 다른 여덟 개의 행성 이외에 더 큰 행성이 하나 더 있다고 고대인들은 믿었다. 그 행성은 거대한 천체 궤도를 가진 하늘의 주인으로서 누트 신의 머리 위에, 다른 모든 행성들 위에 그려져 있다.

수메르의 기록에 따르면 45만 년 전에 그 행성에서 우주비행사들이 지구로 왔다.

6

대홍수 이전의 날들

| 대홍수 이전의 문명 |

대홍수 이전 시대의 돌 비문에 새겨진
수수께끼 같은 글도 해독할 수 있다.

아시리아의 왕 아슈르바니팔의 한 비문에는 위와 같은 자화자찬의 글귀가 쓰여 있다. 실제로 고대 메소포타미아의 다양한 기록들을 살펴보면 지구를 휩쓸었던 대홍수를 언급한 내용들이 곳곳에서 보인다. 그런 자료들을 대할 때마다 학자들은 구약에 자세히 언급된 대홍수 이야기가 신화나 비유가 아닌 실제 일어난 사건의 기록이기 때문에, 히브리 민족 외의 다른 민족들도 알고 있었던 사건이라고 생각하게 되었다.

게다가 위에 인용한 아슈르바니팔 왕의 비문에 기록된 이 문장은 엄청난 과학적 중요성을 지닌다. 아슈르바니팔은 인류 역사상 대홍수가 있었다는 사실을 확인시켜 줄 뿐만 아니라, 글의 신이 자신을 가르쳤고 그 가르침에는 대홍수 이전의 비문, 즉 '대홍수 이전 시대의 돌 비문에 새겨진 수수께끼 같은 글'을 해독하는 것도 포함되어 있다고 말하고 있다. 이것은 대홍수 이전에도 바위에 글을 새기는 사람들, 서기, 문자와 말이 있었다는 뜻이 되기 때문이다. 즉 대홍수 이전의 아득한 시대에도 문명이 있었다는 말이다!

근대 서구 문명의 뿌리가 기원전 1000년대의 그리스와 유대나, 기원전 2000년대의 아시리아와 바빌로니아, 혹은 기원전 3000년대의 이집트에 있는 것이 아니라, 기원전 4000년대의 수메르에 있다는 것은 무척 충격적인 사실이었다. 그러나 이제 과학적 근거로 볼 때 우리들 문명의 기원은 그것보다 더 거슬러 올라가 수메르인들이 '오래전의 날들'이라고 불렀던 시대, 곧 '대홍수 이전의' 수수께끼 같은 시대로 소급되어야 할 것이다.

그러나 이런 충격적인 사실들 또한 구약의 내용이 실제로 무엇을 말하는지에 대해 세심하게 읽은 사람들에게는 특별히 새로운 것이라고 할 수 없다. 구약에서는 지구와 소행성대(구약의 라키아Raki'a, 「창세기」의 하늘)가 창조된 이후 지구의 모습이 만들어졌고 생명체가 발전했다고 말한다. 그리고 최초의 인간인 '아담'이 창조되어 에덴에 있는 동산에 '두어졌다'. 그러나 감히 하나님의 위세에 도전한 영리한 '뱀'의 간계로 아담과 그의 짝 이브(하와)는 그들이 가질 자격이 없었던 어떤 지식을 얻게 된다. 그러자 하나님은 이름이 밝혀지지 않은 자신의 동료들에게 '보아라, 이 사람이 우리 가운데 하나처럼, 선과 악을 알게 되었다. 이제 그가 손을 내밀어서, 생명나무의 열매까지 따서 먹고, 끝없이 살게 하여서는 안 된다'고 말한다(「창세기」 3 : 22).

> 그를 쫓아내신 다음에,
> 에덴동산의 동쪽에 그룹들을 세우시고,
> 빙빙 도는 불칼을 두셔서,
> 생명나무에 이르는 길을 지키게 하셨다.
> _「창세기」 3 : 24

그렇게 아담은 하나님이 에덴에 만든 아름다운 낙원에서 추방되었다. 그때부터 아담은 '들에서 자라는 푸성귀'를 먹으며 '얼굴에 땀을 흘려야' 곡식을 얻을 수 있게 되었다. 그 후 '아담은 자기 아내 하와와 동침하니, 아내가 임신하여, 가인을 낳았다. (…) 하와는 또 가인의 아우 아벨을 낳았다. 아벨은 양을 치는 목자가 되고, 가인은 밭을 가는 농부가 되었다'(「창세기」 4 : 1~2).

그 이후 구약에서는 대홍수 이전의 문명이 두 갈래로 진행된다. 먼저 가인으로부터 출발하는 계보가 있는데, 그는 아벨을 살해한 후 (동성애가 살해 원인일 수 있다는 암시도 있다) 에덴 동쪽의 먼 곳, 즉 '떠돌아다니는 땅'으로 추방되었다. 거기서 가인의 아내는 '기초'라는 뜻을 가진 에녹을 낳는다. 에녹이 태어났을 때 가인이 성을 쌓고 있었으며, 그 성의 이름을 자기 아들의 이름을 따서 에녹이라고 불렀다고 한다. 동일한 이름을 사람에게 붙이고 그와 연관된 도시에도 붙이는 것은 고대 근동 역사 전체에 나타나는 일반적인 관습이었다.

이후 가인의 계보는 이랏(Irad)과 므후야엘(Mechuyah-el), 므드사엘

(Metusha-el), 그리고 라멕(Lamech)으로 이어졌다. 라멕의 장남 야발(Jabal)은 히브리어로는 수금 연주자를 뜻하는 유발(Yuval)이었다. 그래서「창세기」에는 '야발은 수금을 타고 퉁소를 부는 모든 사람의 조상이 되었다'고 나와 있다.(그러나 실제로 구약을 확인해 보면 야발은 라멕의 장남으로 장막을 치고 살면서 집짐승을 치는 사람들의 조상이 되었고, 수금을 타고 퉁소를 부는 사람들의 조상이 된 것은 라멕의 둘째 아들 유발로 되어 있다. 시친은 라멕의 두 아들인 야발과 유발을 동일한 사람으로 보고 있는 것 같다.「창세기」 4 : 19~21 참고-옮긴이) 가인의 또 다른 아들 두발가인(Tubal-Cain)은 '구리나 쇠를 가지고, 온갖 기구를 만드는 사람'이었다(「창세기」 4 : 22). 그러나 우리는 에덴 동쪽의 '떠돌아다니는 땅'에 살던 그렇게 재주 많은 사람들이 어떻게 되었는지 알지 못한다. 왜냐하면 구약은 가인의 계보를 저주받은 계보라고 여겨 그 이후의 계보와 사람들의 생애에 대해 다루지 않고 있기 때문이다.

두 번째 계보는「창세기」 5장에 아담의 셋째 아들 셋(Seth)으로부터 시작된다. 셋이 태어났을 때 아담은 130살이었는데, 그 후로도 800년을 더 살아 모두 930년을 살았다고 한다. 셋은 105살에 에노스(Enosh)를 낳았고 912살 때까지 살았다. 에노스는 90살에 게난(Cainan)을 낳았고 905살에 죽었다. 게난도 910살까지 장수를 누렸고 그의 아들 마할랄렐(Mahalal-el)은 895살에 죽었다. 또 마할랄렐의 아들 야렛(Jared)은 962살까지 살았다.

대홍수 이전에 살았던 이들 족장들의 생애에 대해 구약의「창세기」는 최소한의 정보만 제공한다. 즉 아버지가 누구인지, 언제 남자 상속자를 낳았는지, 그리고 여러 아들과 딸들을 낳은 후 언제 죽었는지 정도가 전부이다. 그러나 야렛 다음의 족장은 아주 특별한 대접을 받는다.

> 야렛은 백예순두 살에 에녹을 낳았다. (…)
> 에녹은 예순다섯 살에 므두셀라를 낳았다.
> 에녹은 므두셀라를 낳은 뒤에,
> 삼백 년 동안 하나님과 동행하면서 아들딸을 낳았다.
> 에녹은 모두 삼백육십오 년을 살았다.
> _「창세기」 5 : 18~23

그러고 나서 왜 에녹에 대해서만 그렇게 관심을 보이고 자세히 생애를 기록했는지에 대한 놀라운 설명이 등장한다. 즉, 에녹이 죽지 않았다는 것이다.

> 에녹은 하나님과 동행하다가 사라졌다.
> 하나님이 그를 데려가신 것이다.
> _「창세기」 5 : 24

므두셀라는 족장들 중 가장 오래 산 인물로 969살까지 살았고, 180살 때 라멕(Lamech)을 낳았다. 777년을 산 라멕은 대홍수의 영웅 노아(Noah)를 낳았다. 이 부분에서 구약은 간략하나마 역사적인 사실에 대한 부연 설명을 한다. 라멕이 아들의 이름을 노아(휴식)라고 지은 것은 그 당시 인간들이 큰 고통을 받고 있었고 땅은 황무지로 변해 소산물이 없었기 때문이라는 것이다. 노아라는 이름을 아들에게 지어 주면서 라멕은 다음과 같이 자신의 희망을 표현했다. '주께서 저주하신 땅 때문에, 우리가 수고하고 고통을 겪어야 하는데, 이 아들이 우리를 위로할 것이다(「창세기」 5 : 29).'

구약은 학자들이 말하는 이른바 '전설적 수준의' 수명을 누리는 복을 받은 대홍수 이전의 10명의 족장들을 언급한 후, 드디어 대홍수라는 중대한 사건에 이른다.

「창세기」에는 대홍수가 하나님이 '내가 창조한 것이지만, 사람을 이 땅 위에서 쓸어버리겠다'고 생각해서 일어난 것으로 묘사되고 있다. 구약의 기록자들은 이런 엄청난 결정에 대해 무언가 설명을 해야 할 필요성을 느꼈다. 그래서 나온 이유가 인간의 성적 타락이었다. 특히 '사람의 딸들'과 '하나님의 아들들' 간의 성적인 관계가 문제됐다.

여러 신들을 믿는 것이 유행하던 시기에 유일신 사상을 고수하고자 「창세기」의 편집자들이 많은 노력을 기울였음에도 불구하고, 구약에는 신을 복수형으로 언급하는 무의식적 실수가 상당히 많이 남아 있다. 하나님이 특별히 야훼(Yahweh)라고 불리지 않았던 때에 사용되던 '신(deity)'이라는 단어는 단수형 엘(El)이 아닌 복수형 엘로힘(Elohim)으로 등장한다. 아담을 만들어 내자는 이야기가 나오는 부분에서, 구약은 복수형의 엘로힘이라는 단어를 사용한다. "하나님(Elohim)이 말씀하시되, '우리가 우리의 형상을 따라서, 우리의 모양대로 사람을 만들자' 그리고 그가 (…)(「창세기」1 : 26)." 또한 선악과 사건이 일어났을 때 하나님은 이름이 밝혀지지 않은 자신의 동료들에게 말을 건네기도 한다.

대홍수의 배경을 설명하는 「창세기」 6장의 수수께끼 같은 구절들로부터, 과거에 다수의 신들이 있었을 뿐만 아니라 그 신들에게 다수의 아들들이 있었다는 사실이 분명해졌다. 그 신들의 아들들은 사람의 딸들과 성관계를 가져 반은 신이고 반은 인간인 아이들을 낳아 하나님을 화나게 만들었다.

> 사람들이 땅 위에 늘어나기 시작하더니,
> 그들에게서 딸들이 태어났다.
> 하나님의 아들들이 사람의 딸들의 아름다움을 보고,
> 저마다 자기들의 마음에 드는 여자를 아내로 삼았다.
> _「창세기」 6 : 1~2

그리고 구약은 계속해서 다음과 같이 적고 있다.

> 그 무렵 땅 위에는 네피림(Nefilim)이라고 하는 사람들이 있었고,
> 하나님의 아들들이 사람의 딸들에게로 와서 자식들을 낳으니,
> 그들은 옛날에 있던 용사들로서 쉠의 사람들*이었다.
> (한글 번역에서는 '용사들로서 유명한 사람들')
> _「창세기」 6 : 4

네필림(Nefilim, 구약의 네피림)은 흔히 '거인'으로 해석되는데, 문자그대로 해석하자면 지구에 '던져진 자들'이라는 뜻이다. 그들이 바로 '하나님의 아들들'이며 '쉠의 사람들'로서 우주선을 타고 온 사람들이었던 것이다.

| 수메르를 찾은 아눈나키 |

이제 다시 수메르로 돌아가 그들이 딘기르(DIN.GIR)라고 불렀던 '우주선의 정의로운 자들'에 대해 살펴보자. 그렇게 하기 위해서는 45만 년 전에 있었던 일에 대한 수메르의 기록을 먼저 살펴보아야 한다.

수메르의 기록에 따르면 약 45만 년 전에 마르둑으로부터 우주비행

사들이 금을 찾아 지구로 왔다고 한다. 보석으로서의 금을 찾으러 온 것이 아니라 그들의 행성에서 생존이 달린 긴급한 이유 때문에 금을 찾으러 온 것이었다. 처음 지구에 도착한 무리는 50명이었다. 그들은 아눈나키(Anunnaki), 즉 '지구로 온 천상의 사람들'이었다. 그들은 아라비아 해에 착륙해 페르시아 만의 입구로 들어가 거기서 최초의 지구 정거장인 에리두(E.RI.DU, 먼 곳에 세운 고향)를 건설했다. 그들의 지휘관은 뛰어난 과학자 겸 기술자였는데, 항해를 좋아했고 낚시하는 취미를 갖고 있었다. 그의 이름은 '그의 집이 물인 자'라는 뜻을 지닌 에아(E.A)였다. 그래서 그는 12궁 별자리 중 물병자리의 전형으로 묘사되기도 했다. 그러나 지구에 착륙한 후에 그는 엔키(EN.KI), 즉 '지구의 주인'이라는 칭호를 얻게 된다. 다른 모든 수메르 신들과 마찬가지로 그는 뿔이 달린 머리 장식으로 특징지어 졌다.【그림51】

그가 지구에 온 본래 목적은 바닷물에서 금을 만들어 내는 것이었다.

【그림51】 물과 연결돼 표현되는 에아(엔키)의 모습

하지만 그 계획은 만족스럽게 진행되지 못했다. 유일한 대안은 아프리카 동남부에 있는 광산들에서 광석을 캐내, 배를 이용해 메소포타미아 지방으로 옮긴 후 제련하는 것이었다. 그리고 그렇게 제련된 금괴는 우주왕복선에 실려 지구 궤도를 돌고 있는 우주선으로 보내졌다. 지구 궤도를 도는 우주선은 모선을 기다렸다가 금궤를 넘겨줬고, 모선은 그것을 자신들의 고향으로 가져갔다.

이를 위해 더 많은 아눈나키들이 지구로 왔는데, 그 수가 600명에 달했다. 또 300명의 아눈나키들은 우주왕복선과 궤도를 도는 우주선에서 일했다. 우주선 기지는 메소포타미아의 시파르(Sippar, 새의 마을)에 세워졌는데, 그곳은 근동 지역에서 가장 눈에 잘 띄는 아라라트 산(구약의 아라랏 산)의 봉우리들과 일직선상에 있었다. 그 밖에도 다른 기능을 가진 기지들이 세워지면서, 금속을 녹이고 제련하는 바드 티비라(Bad-Tibira), 의료 중심지인 슈루팍(Shuruppak)과 같은 곳들이 화살 모양의 착륙 회랑을 이루며 건설됐다. 그 도시들의 한가운데는 니브루키

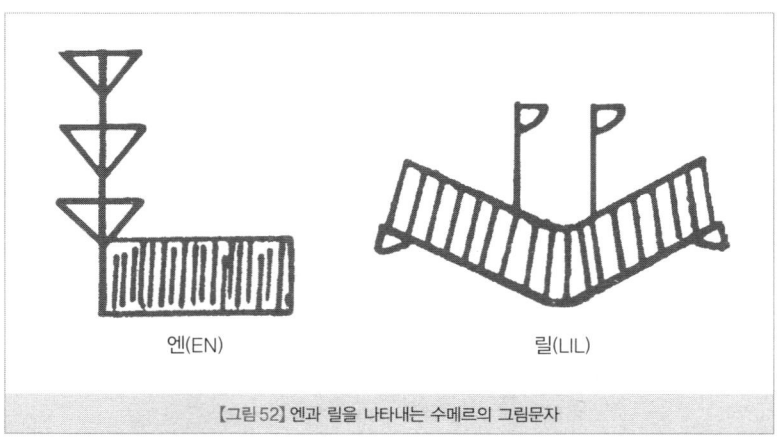

엔(EN)　　　　　　　　　릴(LIL)

【그림 52】엔과 릴을 나타내는 수메르의 그림문자

(NIBRUKI, 지구 위의 교차 지역), 아카드어로는 니푸르(Nippur)라고 불리는 도시가 모든 일들을 총괄하는 통제 센터로 세워졌다.

이렇게 확대된 지구에서의 임무를 맡은 것은 엔릴(EN.LIL, 명령하는 주인)이었다. 초기 수메르 그림문자를 보면 엔릴의 이름과 그가 일했던 통제 센터를 높은 안테나와 넓은 레이더 스크린이 있는 복합적인 구조물과 같은 모양으로 표현하고 있다. 【그림 52】

| **인류 진화의 비밀** |

엔키와 엔릴은 모두 당시 12번째 행성을 다스리던 안(An, 아카드어로는 아누Anu)의 아들이었다. 안이라는 이름은 '하늘에 있는 바로 그 사람'이며 ※ 와 같은 별 모양의 그림으로 표현됐다. 엔키가 장남이기는 했지만, 엔릴은 안이 자신의 배다른 여자형제와 낳은 자식이었기 때문에 안의 왕좌를 물려받을 상속자의 자격을 갖고 있었다. 이런 상황에서 엔릴이 지구로 왔고, 지구의 왕자로 불리던 엔키로부터 지휘권을 넘겨받았다. 거기에 더해 엔키와 엔릴의 배다른 여자형제인 닌후르쌍(NIN.HUR.SAG, 산 정상의 귀부인)이 의술의 총책임관으로 지구에 오면서 문제가 더욱 복잡해졌다. 왜냐하면 왕위 계승의 원칙에 따르자면, 만약 그녀가 엔키나 엔릴의 아이를 낳을 경우 그 아이가 왕위를 계승할 수 있었기 때문에, 두 형제 사이에는 그녀를 차지하기 위한 경쟁까지 생겨났던 것이다. 엔릴에게 지휘권을 빼앗긴 엔키의 분노는 형제간의 경쟁이 치열해지면서 더 심해지게 됐고, 결국 그들 자손들에게까지 이어져 그 이후에 일어나는 많은 사건들의 원인이 되었다.

아눈나키들이 광석을 캐고 금을 제련하면서 지구에서의 세월은 한없이 흘러갔다. 아눈나키들에게 지구에서의 3,600년은 자신들의 수명 주기로 볼 때 고작 1년에 불과했지만, 너무 많은 세월이 지나게 되자 그들은 불평불만을 늘어놓기 시작했다. 어둡고 먼지 나는 뜨거운 광산의 깊숙한 곳에 처박혀 광석을 파내는 일이 과연 우주인인 자신들의 임무인가? 당시 엔키는 엔릴과의 갈등을 피하기 위해 메소포타미아에서 멀리 떨어진 아프리카의 동남 지역에서 많은 시간을 보내고 있었다. 이때 광산에서 노동을 하던 아눈나키들이 엔키에게 자신들의 불만을 토로했다. 물론 엔키도 그들만큼이나 불만에 가득 차 있었다.

그러던 어느 날 엔릴이 순시 차 아프리카의 광산을 찾자 어떤 신호가 떨어졌다. 반란이었다. 아눈나키들은 연장을 불에 던지고 광산을 떠났다. 그리고 엔릴의 처소로 행진해 가서 그 주위를 포위하고 '더는 못한다!'고 외친다.

엔릴은 안에게 연락하여 자신의 지휘권을 포기하고 고향으로 돌아가겠다고 한다. 그러자 안이 지구로 와 군법회의가 열었다. 엔릴은 반란을 선동한 자를 죽여 달라고 요구한다. 그러나 아눈나키들은 하나같이 누가 반란을 선동했는지 밝히기를 거부했다. 증인들의 말을 들은 안은 광산 일이 정말 힘들다는 결론을 얻었다. 그렇다면 결국 그렇게 해서 금을 캐는 일이 중단되었던 것일까?

이때 엔키가 해결책을 내놓았다. 동남 아프리카에는 '아눈나키의 표'를 이식할 수만 있다면 훈련을 거쳐 광산 일을 시킬 수 있는 존재들이 돌아다닌다는 것이다. 엔키가 말한 것은 지구에서 진화하고 있던 원인(猿人)들이었는데, 그들의 진화 상태는 12번째 행성의 거주자들이 달성한 수준에 비하면 한참 뒤진 것이었다. 많은 논의 끝에 그 계획을 추진하라는 결정이 내려졌고, 엔키에게 '원시적인 일꾼' '룰루(Lulu)'를 만들어 '룰루가 아눈나키의 멍에를 지도록 하라'는 명령이 떨어졌다.

의료를 책임지고 있던 닌후르쌍이 엔키를 지원하기로 했다. 룰루를 성공적으로 탄생시키기까지는 많은 시행착오가 있었다. 엔키와 닌후르쌍은 원인 여성의 난자를 추출한 후 거기에 젊은 우주비행사의 정자를 수정했다. 그런 다음 수정된 난자를 원인 여성의 자궁이 아닌 여성 우주비행사의 자궁에 이식했다. 마침내 '완벽한 모델'이 만들어졌다. 닌후르쌍은 기쁨에 겨워 '내가 창조해 냈다. 내 손이 이것을 만들었다!'고 외친다. 그녀는 자신이 만든 지구 최초의 시험관 아기인 첫 번째 호모 사피엔스를 들어 올려 사람들에게 보여 준다. 【그림 53】

그러나 다른 잡종들과 마찬가지로 새로 만들어진 지구인은 생식 능력이 없었다. 보다 많은 원시 노동자들을 확보하기 위해, 더 많은 원인 여자들의 난자가 추출되고 수정된 후에 '출산의 여신들'의 자궁에 착상됐다. 한 번에 14개씩의 수정란을 착상시켰으며 남자와 여자가 반반씩 되도록 조정했다. 아프리카의 광산 일을 지구인들이 대신하게 되면서,

【그림 53】 자신이 만든 룰루를 들어 올린 닌후르쌍

메소포타미아 지역에서 고생하던 아눈나키들도 원시 일꾼들을 요구했다. 엔키의 반대를 무릅쓰고 엔릴은 몇 명의 지구인들을 붙잡아 강제로 메소포타미아에 있는 '정의로운 자들의 처소'인 에딘(E.DIN)이라는 곳으로 데려갔다. 이 사건을 구약에서는 다음과 같이 기록하고 있다. '주 하나님이 사람을 데려다가 에덴동산에 두시고, 그곳을 맡아서 돌보게 하셨다(「창세기」 2 : 15).'

지구에 온 우주비행사들에게 가장 큰 걸림돌은 수명의 문제였다. 그들의 생체 시계는 그들 행성이 태양을 한 바퀴 도는 데 걸리는 시간에 맞춰져 있었고, 그것이 그들 수명의 1년에 해당되었다. 그러나 그들의 행성이 태양을 1바퀴 도는 동안 지구는 태양을 3,600바퀴나 돌았다. 따라서 그들의 1년은 지구에서의 3,600년과 같았다. 너무나 빨리 도는 지구에서 아눈나키들은 자신들의 생명 주기를 유지하기 위해 12번째 행성에서 보낸 '생명의 음식'과 '생명의 물'을 먹었다. 두 마리의 뒤얽힌 뱀의 모습으로 상징되던 엔키는 에리두에 있던 실험실에서 생명과 생식 그리고 죽음의 비밀을 밝혀내려고 노력했다. 【그림54】 왜 지구에 온 우주비행사들이 낳은 아이들은 부모들보다 더 빨리 나이를 먹는가? 왜 잡종인 호모 사피엔스는 원인보다는 더 오래 살지만 지구에 온 방문자들에 비하면 짧은 기간밖에 살지 못할까? 환경 때문인가? 아니면 유전적인 특성 때문인가?

잡종 인간에게 자기 정자를 이용하여 유전자 조작 실험을 계속한 끝에, 엔키는 '완벽한 모델' 지구인을 새로 만들어 냈다. 엔키는 그 지구인을 아다파(Adapa)라 불렀는데, 아다파는 뛰어난 지능을 갖고 있는데다 무엇보다 중요한 생식 능력을 갖추고 있었다. 그러나 여전히 우주비행사들과 같은 긴 수명을 갖추지는 못했다.

【그림 54】 엔키의 상징인 뒤얽힌 두 마리의 뱀

엔키는 아다파에게 넓은 이해를 주었다.
엔키는 아다파에게 지혜를 주었다. (…)
엔키는 아다파에게 지식을 주었다.
그러나 그에게 영생은 주지 않았다.

구약의 「창세기」에 나오는 아담과 이브도 선악을 아는 지식의 재능, 곧 선악과뿐만 아니라 '상대를 아는 재능'도 받았다. 구약에 사용된 히브리어에서 '안다(knowing)'라는 단어는 자손을 갖기 위한 목적으로 성교를 하는 것을 뜻한다. 구약에 나오는 이런 이야기가 이미 아주 오래된 수메르 그림에도 나타나 있다. 【그림 55】

엔키가 한 일을 알고 엔릴은 격노했다. 인간은 신처럼 생식을 할 수 있도록 의도된 것이 아니기 때문이었다. 엔릴은 엔키에게 사람에게 영생에 해당하는 수명을 주기 위해 또 무슨 짓을 할 것이냐고 물었다. 이

[그림 55] 구약의 선악과와 뱀의 이야기를 묘사한 수메르의 그림

런 소식을 듣고 고향 행성에 있던 안의 마음 역시 복잡해졌다. '자기 보좌에서 일어나 그는 명령했다. 아다파를 여기로 데려오라!'

자신이 만든 완벽한 인간이 하늘의 거처에서 죽음을 맞이할 것을 염려한 엔키는 아다파에게 독이 들어 있을지도 모르는 그곳의 음식과 물을 먹지 말라고 충고했다. '엔키는 자신이 만든 인간에게 이렇게 충고했다.'

아다파여,

너는 이제 왕이신 안에게로 가게 된다.

하늘로 오르는 길을 가게 될 것이다.

네가 하늘에 올라

안의 문에 이르게 되면,

탐무즈(Tammuz, 생명의 사자)와 기지다(Gizzida, 진실의 양육자)가

안의 문 앞에 서 있을 것이다. (…)

그들이 안에게 말하면
안의 얼굴이 보이게 될 것이다.
네가 안의 앞에 서게 돼
그들이 죽음의 빵을 권하면
절대로 먹지 마라.
그들이 죽음의 물을 권하면
절대로 마시지 마라.

'그런 다음 엔키는 아다파를 하늘로 가는 길로 보냈다. 아다파는 하늘로 갔다.' 하지만 엔키의 우려와는 달리 아다파를 본 안은 그의 지능과 엔키로부터 아다파가 배워 알고 있는 '하늘과 땅에 대한 계획'의 깊이에 감동을 받았다. 안은 그의 참모들에게 '엔키가 아다파를 위해 쉠을 만들어 주고 그리하여 아다파가 우주선을 타고 지구에서 마르둑(12번째 행성)으로 여행하도록 했는데', 그런 아다파를 어떻게 할 것인지에 대해 자문을 구한다.

결국 아다파를 마르둑에 영원히 가두어야 한다는 결정이 내려졌다. 이에 아다파를 마르둑에서 살게 하도록 생명의 빵과 생명의 물이 제공됐다. 그러나 엔키로부터 미리 경고를 받은 아다파는 그것들을 먹지도 않고 마시지도 않았다. 그들이 주는 빵과 물이 죽음의 빵과 물이 아니라는 사실을 알았을 때는, 이미 영생을 얻을 기회를 잃은 후였다.

아다파는 다시 지구로 돌아왔다. 지구로 돌아오면서 아다파는 '하늘의 수평선에서부터 하늘의 정상'에 이르는 우주의 '경이로움'을 보았다. 아다파는 에리두의 대제사장으로 봉해졌다. 또 안은 아다파에게 앞으로는 치료의 여신이 인류의 질병을 돌보게 될 것이라는 약속도 해주었다. 그러나 죽을 수밖에 없는 인간들의 영원한 희망인 불멸의 삶은 더 이상 아다파의 것이 아니었다.

그 후로 인간은 번창했다. 그리고 이제 인간은 더 이상 광산이나 들판에서 일만 하는 노예가 아니었다. 인간은 우리가 '신전'이라 부르는 신들의 집들을 지었고, 신을 위해 요리하고 춤추고 음악을 연주하는 법 등을 배웠으며, 다양한 일들을 했다. 그러나 얼마 지나지 않아 젊은 여자 아눈나키가 부족했던 젊은 청년 아눈나키들이 인간의 딸들과 성관계를 갖기 시작했다. 젊은 아눈나키들은 모두 동일한 첫 생명의 씨앗에서 진화했고 인간 역시 아눈나키들의 '정수'를 받아 만들어졌기 때문에, 남자 우주비행사들과 여성 지구인들은 생물학적으로 생식이 가능했다. 따라서 '그들 사이에 자식이 태어났다'.

엔릴은 이런 상황을 걱정하기 시작했다. 아눈나키들이 원래 지구로 온 목적은 점점 퇴색되었으며 그들의 임무 수행 의식과 일에 대한 헌신은 사라져 갔다. 아눈나키들의 주된 관심사는 편안한 삶처럼 보였고, 거기에 더해 잡종까지 만들어지고 있었다.

그런데 아눈나키들의 타락한 관습과 윤리관에 종지부를 찍을 수 있는 기회를 '자연'이 엔릴에게 제공했다. 지구가 새로운 빙하 시대로 접어들면서 온화한 기후가 변하기 시작했기 때문이다. 날씨는 추워져 갔고 동시에 점점 더 건조해졌다. 비가 내리는 횟수가 줄어들었으며 강물도 말라붙었다. 농작물은 흉작이었고 기근이 확산되었다. 인류는 엄청난 고통을 겪기 시작했다. 딸들이 어미 몰래 식량을 숨겼고 어미가 자식을 잡아먹었다. 그런데도 엔릴의 명령으로 신들은 인간을 돕지 않았다. 엔릴은 인간이 굶어 죽게, 멸망하게 내버려 두라고 명령했다.

'아래쪽의 거대한 땅', 즉 남극 대륙에서도 빙하 시대가 변화를 가져

왔다. 해가 지날수록 남극 대륙을 덮고 있는 빙하의 두께가 더 두꺼워졌다. 갈수록 늘어나는 빙하의 무게에 눌려 빙하의 아래쪽에서는 마찰과 열이 증가했다. 이러다 보니 거대한 빙하가 미끄러운 진흙 위에 떠 있는 형국이 되었다. 지구 궤도를 돌던 우주왕복선으로부터 경고의 메시지가 들어왔다. 남극 대륙의 빙하가 불안정하다는 것이었다. 만약 남극의 빙하가 미끄러져 남극 대륙에서 대양으로 떨어져 나오면 엄청난 파도가 지구를 삼켜 버릴 것이었다.

그것은 무시할 수 없는 위험이었다. 그때 하늘에서는 12번째 행성이 궤도를 돌아 목성과 화성 사이의 교차 지점으로 돌아오고 있었다. 이전에 12번째 행성이 지구 가까이 왔을 때도, 그 행성의 인력 때문에 지구에서 지진과 같은 재해가 일어났었고 지구의 공전이나 자전에도 문제를 일으켰었다. 그런데 이번에는 12번째 행성의 인력이 지구에 미치면 남극 대륙의 빙하가 떨어져 나와 바다로 들어가게 되고, 전 지구를 삼키는 대홍수가 일어날 것이라는 계산이 나왔다. 우주비행사들도 지구에 그냥 있으면 그 재앙을 면할 수 없었다.

모든 아눈나키들을 우주선 기지 근처로 모아 파도가 닥치기 전에 우주선에 태워 하늘로 띄울 준비를 진행하는 동안, 다가올 재앙을 인간에게는 비밀로 하라는 엄명이 내려졌다. 우주선 기지가 폭도들의 공격을 받을 것을 염려하여 모든 신들은 비밀을 엄수할 것을 맹세했다. 인류에 대해 엔릴은 다음과 같이 말했다. "그들이 망하도록 내버려 두라. 인간의 씨가 지구에서 사라지도록 내버려 두라."

대홍수에서 살아남은 인간들

닌후르쌍의 통치하에 있던 도시 슈루팍(Shuruppak)에서는 인간과 신들의 관계가 아주 밀접했다. 그곳에서는 역사상 처음으로 인간이 왕의 지위에 올라 있었기 때문이다. 인간의 고통이 심해지자 그곳의 왕이었던 지우수드라(ZI.U.SUD.RA)가 엔키에게 도움을 청했다. 엔키와 그의 동료 항해자들은 지우수드라와 그의 백성들에게 가끔씩 물고기를 가져다주었다. 그러나 이제 문제는 단순한 기근이 아니라 인류의 운명이었다. 엔키와 닌후르쌍의 손으로 만든 작품인 인간이 엔릴이 바라는 것처럼 모두 '흙으로 돌아갈' 것인가? 아니면 인류의 씨가 보존될 수 있을 것인가?

엔키는 비밀을 지키겠다고 한 맹세를 염두에 두고 지우수드라를 통해 인류를 구원할 방법을 찾았다. 지우수드라가 인류의 구원을 기도하고 간청하기 위해 신전을 찾아오자 엔키는 갈대 장막 뒤에서 속삭였다. 마치 벽에다 대고 말하는 것처럼 가장하여 지우수드라에게 다음과 같은 긴급한 지시를 내렸다.

집을 허물어 배를 지어라!
모든 것을 포기하고 네 목숨을 구하라!
모든 것을 다 버리고 영혼을 지켜라!
모든 생명체의 씨를 배에 실어라.
네가 지을 배의 크기는
주어진 치수에 따라야 한다.

그 배는 엄청난 양의 물을 견디며 물에 잠길 수 있는 배, 즉 일종의

'잠수함'이어야 했다. 수메르 기록에 그 배의 치수는 물론이고 다양한 갑판과 구역들을 자세히 언급해 놓았기 때문에 그 배를 그려볼 수 있는데, 실제로 하우프트(Paul Haupt)가 그 배의 청사진을 그렸다.【그림 56】 엔키는 또 지우수드라에게 항해사를 주어, 배가 근동에서 가장 높은 산인 '구원의 산', 즉 아라라트 산 쪽으로 방향을 잡도록 했다. 대홍수가 지난 후 물이 빠질 때 아라라트 산의 봉우리가 맨 먼저 드러날 것이었기 때문이다.

예상대로 대홍수가 났다. 남쪽으로부터 '점차 빠르게' '산들을 삼키고, 마치 전쟁에서처럼 사람들을 집어 삼키며' 홍수가 왔다. 아눈나키들과 그들의 지도자들은 우주선을 타고 지구 궤도를 돌면서 하늘 위에서 이 재앙을 지켜봤다. 그러면서 그들은 그동안 자신들이 지구와 그곳의 인간들에게 얼마나 깊은 애정을 갖고 있었는지를 깨달았다. 그들은 춥고 배고픈 가운데 우주왕복선 안에 모였다. '닌후르쌍이 울었다. (…)

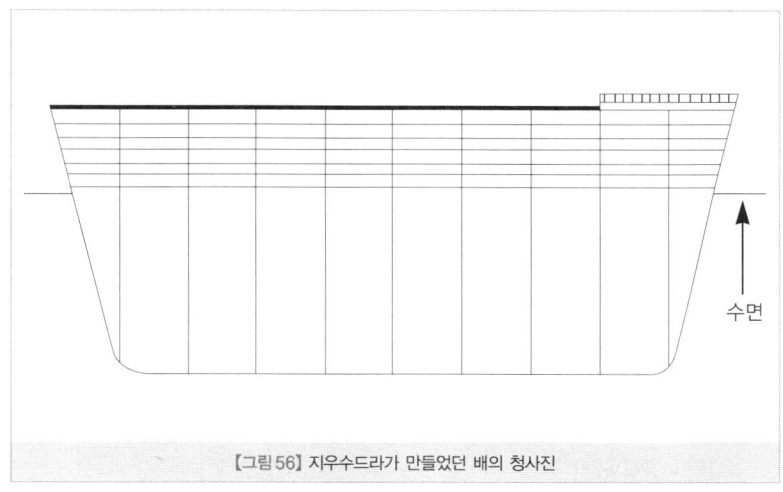

【그림 56】 지우수드라가 만들었던 배의 청사진

다른 신들도 닌후르쌍과 함께 지구를 위해 울었다. (…) 아눈나키들도 모두 자리에 앉아 침울해하며 울었다.'

물이 빠지고 아라라트 산에 착륙한 아눈나키들은 인류의 씨앗이 살아 있음을 발견하고 기뻐했다. 그러나 엔릴이 뒤늦게 도착하여 '한 영혼이 홍수를 피한' 것을 알고 격노한다. 하지만 아눈나키들과 엔키의 탄원으로, 지구를 재정비하려면 인간의 역할이 필수적이라는 사실을 엔릴도 인정하게 된다.

그리하여 지우수드라의 아들들과 그들의 가족이 티그리스 강과 유프라테스 강 사이의 평원에 닿아 있는 산악지대로 보내져 정착하게 된다. 그들은 거기서 평원에 물이 빠져 인간이 살 수 있을 때까지 기다렸다. 아눈나키는 지우수드라에게 다음과 같은 특권을 부여했다.

신의 생명과 같은 생명을
아눈나키들이 그에게 주었다.
마치 신처럼 영원히 숨 쉬는 것을
그에게 허락했다.

그 일은 지우수드라의 '지구의 숨'을 '하늘의 숨'과 교환함으로써 가능해졌다. 그런 다음 아눈나키들은 '인류의 씨앗을 보존한 자'인 지우수드라와 그의 아내를 데려다 '멀리 떨어진 곳에 거주하게' 했다.

교차하는 땅
틸문(Tilmun)의 땅,
우투(Utu)가 솟아오르는 곳에

아눈나키들은 지우수드라를 살도록 했다.

| 대홍수 이전 시대의 구약과 수메르 이야기 |

하늘과 땅의 신, 인간의 창조 그리고 대홍수에 대한 수메르의 이야기들은 고대 근동의 다른 민족들의 지식과 믿음과 '신화'의 근원지라는 사실이 이제는 분명해졌다. 우리는 앞서 이집트인들의 신앙이 수메르인들의 신앙과 얼마나 비슷한지, 또 이집트인들이 어떻게 자신들의 가장 성스러운 도시를 안의 이름을 따서 불렀는지, 그리고 이집트의 벤벤이 얼마나 수메르인들의 기르와 닮았는지에 대해 이미 살펴보았다.

현재는 구약 「창세기」의 인간 창조 이야기와 대홍수에 이르는 사건들에 대한 이야기들은 수메르의 이야기들을 히브리 식으로 요약해서 해석한 것이라는 사실이 대체로 인정되고 있다. 구약에 등장하는 대홍수 시기의 영웅 '노아'는 수메르인 지우수드라에 해당하는 인물이었다. 지우수드라는 아카드어로는 우트나피시팀(Utnapishtim)이라고 불렸다. 그러나 수메르인들이 대홍수의 영웅이 불멸의 존재가 되었다고 주장하는 반면, 구약은 노아가 영원히 살았다고 주장하지 않는다. 또 에녹이 죽지 않고 승천한 이야기를 구약에서는 간단하게 다루고 있다. 이것은 아다파에 관한 수메르의 구체적인 이야기나 하늘로 올라간 다른 자들을 다룬 수메르의 여러 기록들과는 상당히 다르다. 그러나 구약이 아무리 그런 사람들의 이야기를 짧게 처리해도, 구약에 등장하는 영웅들을 다룬 이야기들과 그들이 천국에 머물거나 천국으로 돌아갔다는 민담과 전설들이 널리 퍼지는 것을 막을 수는 없었다.

「아담과 이브의 서 *The Book of Adam and Eve*」라는 거의 2,000년 전의 기록에서 유래한 수많은 이야기들 속에 남아 있는 고대의 전설에 따르면, 아담은 930세가 되던 때 병이 들었다고 한다. 자기 아버지가 '병들어 고통 중에' 있는 것을 본 아들 셋은 자원하여 천국으로 들어가는 가장 가까운 문으로 가 신에게, '제 말이 들리신다면, 제게 천사를 보내 그 생명나무의 과실을 건네 달라'고 간청했다고 한다.

그러나 아담은 죽을 수밖에 없는 것을 자신의 운명으로 받아들이고 괴로운 고통만이라도 줄여 주기를 바랐다. 그래서 그는 아내 이브에게 셋을 데리고 '천국 근처'로 가서 생명의 과실을 청하지 말고 생명의 나무에서 흐르는 '생명의 기름' 한 방울만을 청해 가져오라고 부탁한다. 그리고는 '그 기름을 나에게 바르면 혹 이 고통에서 벗어날지 모른다'고 했다.

아담의 요청대로 이브와 셋은 천국의 문에 이르러 주님께 간청했다. 마침내 천사 미가엘(Michael)이 나타났지만 그들의 청을 들어줄 수 없다고 말한다. 천사는 '아담의 수명은 다했다'고 하면서 아담의 죽음은 되돌릴 수도 없고 미루어질 수도 없다고 한다. 아담은 그로부터 6일 후에 죽었다.

알렉산더 대왕을 연구한 역사가들까지도, 알렉산더의 기적적인 모험을 천국에 살았던 첫 번째 인간이자 천국의 존재와 그곳의 생명을 주는 힘을 증명했던 인간인 아담과 직접 연결하는 이야기들을 만들어 냈다. 알렉산더의 경우 아담과의 직접적인 연결 고리는 빛을 내뿜는 특별한 돌이었다. 그 돌은 아담이 에덴동산에서 가져온 것으로, 대대로 전해지다가 어떤 영생을 얻은 파라오의 손을 통해 알렉산더에게 전해졌다는 것이다.

아담과 연결된 이야기들은 유대의 전설에도 남아 있다. 한 유대의 전설에 따르면, 모세가 홍해의 바닷물을 가른 행위를 비롯한 많은 기적을 이룬 지팡이도 에덴동산에서 아담이 가지고 나온 것이라고 한다. 아담은 그 지팡이를 에녹에게 주었고 에녹은 그것을 자신의 고손자인 대홍수의 영웅 노아에게 주었다. 그 후 이 지팡이는 노아의 아들 셈의 계보로 대대로 이어지다가 히브리족 최초의 족장인 아브라함에게 전해졌다고 한다. 아브라함의 증손자였던 요셉이 그 지팡이를 가지고 이집트로 갔고, 그는 파라오의 궁정에서 최고위직에 올랐다. 그리고 그 지팡이는 이집트 왕들의 보물로 전해지다가 시나이 반도로 탈출하기 전까지 이집트의 왕자로 자랐던 모세의 손에 전해졌다는 것이다. 어떤 이야기에 따르면 그 지팡이는 커다란 돌을 다듬어 만든 것이라고 하고, 다른 이야기에 따르면 에덴동산에서 자라는 생명나무의 나뭇가지로 만들었다고도 한다.

인류 최초의 시대로 거슬러 올라가는 이런 복잡한 이야기들 중에는 모세와 에녹을 연결시키는 것도 있다. '모세의 승천'이라고 불리는 유대 전설에 따르면, 시나이 산에서 하나님이 모세를 불러 이스라엘 민족을 이집트에서 이끌어 내라는 임무를 맡겼을 때, 모세는 자신이 말주변이 없다는 것과 다른 여러 가지 이유를 들어 그것을 받아들이지 않으려 했다고 한다. 모세의 그런 유약함을 없애기로 작정한 하나님은 자신의 보좌와 '천국의 천사들'과 천국의 신비한 것들을 보여 주기로 결심한다. 그리하여 '하나님은 궁정의 천사인 메타트론(Metatron)에게 모세를 하늘로 데려오도록' 명령했다. 겁에 질린 모세가 메타트론에게 '당신은 누구십니까?'라고 물었다. 하나님의 천사 혹은 문자 그대로의 뜻으로는 사자가 대답했다. '나는 야렛의 아들로 네 조상인 에녹이다.' 모세는 천사가 된 에녹과 동행하여 일곱 하늘들을 지나 올라갔고 천국과 지옥을 보았다. 그 후 시나이 산으로 돌아온 모세는 자신의 임무를 받아들였다.

에녹과 관련된 다른 일들이나 대홍수의 영웅이었던 노아에 대한 에녹의 관심을 잘 보여 주는 것으로 「희년의 책 The Book of Jubilees」이라는 기록도 있었다. 그 책은 초기에는 「모세의 계시록 Apocalypse of Moses」으로도 알려졌었는데, 그 책의 내용이 모세가 시나이 산에서 천사가 불러 주는 대로 과거의 역사를 기록한 것으로 여겨졌기 때문이다. 그러나 학자들은 그 책이 모세가 죽은 뒤인 기원전 2세기경에 쓰인 것이라고 보고 있다.

그 책은 구약의 「창세기」를 거의 그대로 따르고 있다. 다만 「창세기」보다 더 구체적이어서 대홍수 이전 족장들의 아내와 딸들의 이름도 기록하고 있다. 또 선사 시대에 인류가 겪은 여러 사건들도 기록하고 있다. 구약에서는 에녹의 아버지가 야렛(내려온 자)이었다고 적고 있지만 왜 야렛이라는 이름을 갖게 되었는지는 설명하지 않고 있다. 「희년의 책」은 구약에 빠져 있는 그 정보를 알려 준다. 야렛의 부모가 아들에게 그 이름을 준 이유는 다음과 같다.

> 왜냐하면 그의 시대에 하나님의 천사들이 땅에 내려왔기 때문이다. '주시자'라는 이름을 가진 그들이 사람의 자식들을 가르치고 지구에서 재판과 의로움을 행하는 임무를 맡았다.

대상이 되는 시기를 50년 주기의 희년(禧年)으로 나누어 다루는 「희년의 책」은 다음과 같이 적고 있다. '열한 번째 희년에 야렛은 아내를 취했다. 그녀의 이름은 바라카(Baraka, '번개처럼 빛나는'이라는 뜻)였다. 바라카는 야렛의 아버지의 형제였던 라수잘(Rasujal)의 딸이었다. (…) 바라카는 아들을 낳았는데 야렛은 그 아들의 이름을 에녹이라 지었다. 에녹은 지구에서 태어난 인간 중 최초로 글쓰기와 지식과 지혜를 배운 사람이었다. 에녹은 사람들이 달〔月〕에 따라 계절을 알 수 있도록 하늘의 상징들을 달의 순서에 따라 적은 책을 남겼다.'

열두 번째 희년에 에녹은 단엘(Dan-el)의 딸인 에드니(Edni, 나의 에덴)를 아내로 맞았다. 에드니는 아들을 낳았는데 그의 이름은 므두셀라(Methuselah)였다. 그 후 에녹은 '하나님의 천사들과 여섯 번의 희년 동안 동행했으며, 천사들은 에녹에게 하늘과 땅에 있는 모든 것을 보여 주었다. (…) 그리고 에녹은 그것을 모두 기록했다'.

그러나 그때 심각한 문제가 일어나고 있었다. 구약의「창세기」는 대홍수가 일어나기 전의 상황을 다음과 같이 말하고 있다. '하나님의 아들들이 사람의 딸들에게로 와서 자식들을 낳으니 (…) 주께서는 (…) 땅 위에 사람 지으셨음을 후회하시며 마음 아파 하셨다.' 그래서 하나님은 '내가 창조한 것이지만, 사람을 이 땅 위에서 쓸어버리겠다'고 말했다는 것이다.

「희년의 책」에 따르면 이렇게 하나님의 태도가 바뀐 데는 에녹이 어느 정도 영향을 끼쳤다고 한다. 왜냐하면 '에녹이 사람의 딸들과 죄를 범한 주시자들 모두에 대해 좋지 않은 증언을 했기' 때문이다. 그래서 죄를 지은 하나님의 천사(주시자)들로부터 해를 입는 것을 막기 위해, '에녹은 인간의 자식들 중에서 뽑혀, 에덴동산으로 옮겨졌다'는 것이다. 에녹이 숨겨진 에덴동산은 지구에 있는 하나님의 장소 네 곳 가운데 한 곳이었으며, 에녹은 거기서 자신의 책을 집필했다고 한다.

그 일이 있은 후에 대홍수 때의 유일한 의인으로 선택돼 살아남게 되는 노아가 태어난다. 그러나 '신들의 아들들'이 죽음을 피할 수 없는 인간의 여자들과 성관계에 탐닉하던 험난한 시대에 일어난 노아의 탄생은 그의 가족에게 위기를 가져왔다. 「에녹서」에 따르면 므두셀라는 '자기 아들 라멕에게 아내를 얻어 줬고, 그녀가 임신하여 라멕의 아들을 낳았다'. 그러나 이 아이, 즉 노아가 태어났을 때 여러 가지 범상치 않은 일들이 있었다.

> 노아의 몸은 눈처럼 희고, 피어나는 장미꽃처럼 붉었다.
> 그의 머리카락과 몸의 털들은 양의 털처럼 희었고
> 그의 두 눈은 아름다웠다.
> 그가 눈을 뜨자 마치 태양처럼 집안을 환하게 비췄고 온 집안이 환해졌다.
> 그 후 노아는 산파의 손을 빌어 일어나 입을 열어 의로우신 주님과 대화했다.

이 광경에 충격을 받은 라멕은 자기 아버지 므두셀라에게 달려가 말했다.

> 제가 이상한 아이를 낳았습니다.
> 사람과 다르며 하늘의 신들의 아들과 닮았습니다.
> 그의 본성도 달라 우리와 같지 않으며 (…)
> 이 아이는 나에게서 나온 것이 아니라 천사들에게서 생긴 것 같습니다.

달리 말해 라멕은 자기 아내가 자신의 아이를 임신한 것이 아니라 천사들 중 한 명에 의해 수태되었다고 생각한 것이다. 마침 그의 할아버지 에녹이 신의 아들들 사이에 머무르고 있었기 때문에, 라멕은 에녹으로부터 사건의 자초지종을 알아보겠다는 생각을 하게 된다. 그래서 라멕은 므두셀라에게 말했다. "아버지, 아버지께 간청합니다. 당신의 아버지 에녹에게로 가서서 어떻게 된 일인지 알아봐 주십시오. 할아버지는 천사들과 함께 계시지 않습니까?"

므두셀라는 라멕의 요청대로 천상의 처소로 가서 에녹을 불러 이상한 사내아이가 태어났다고 알렸다. 그러나 몇 가지를 물어본 후 에녹은 노아가 정말로 라멕의 아들이라고 확인해 준다. 그러면서 노아의 비상한 용모는 앞으로 일어날 일의 징조라고 말한다. "일 년 동안 대홍수와 엄청난 파괴가 있을 것이다." 그러나 노아(휴식, 유예라는 뜻)라 불리는 그 아이와 그 가족만이 구원될 것이라고 예언한다. 에녹은 자기 아들에게 그런 미래의 일들을 '하늘의 서판에서 읽었다'고 말한다.

구약 이전의 기록들에서도 대홍수 이전에 인간의 여자들과 성관계를 가진 '신들의 아들들'을 나타내는 용어는 '주시자(지켜보는 자)'였다. 이집트인들은 그것과 똑같은 뜻을 지닌 '네테르(Neter)'라는 용어로 자신들의 신을 불렀으며, 또한 신들이 착륙한 땅의 이름이었던 '슈메르(Shumer)'도 바로 '주시자'를 뜻하는 말이었다.

대홍수 이전의 극적인 사건들을 분명하게 밝혀 주는 다양한 고대의 책들은 여러 가지 판본을 통해 전해지고 있는데, 그것들은 모두 이제는 사라져 버린 히브리 원본들의 직·간접적인 번역본들에 불과하다. 그런데 그런 번역 판본들의 진실성이 이른바 '사해본 두루마리(Dead Sea Scrolls)'의 발견으로 인해 확인됐다. 왜냐하면 사해본 두루마리의 일부 조각들은 의심의 여지없이 '족장들의 기억'을 담고 있는 사라진 히브리어 원본의 일부임이 분명했기 때문이다.

그중 특별히 관심을 끄는 것은 노아의 범상치 않은 탄생을 다루고 있는 두루마리 조각인데, 거기서 고대의 다른 기록에서는 물론이고 현대의 학자들까지도 '주시자' 혹은 '거인'이라고 번역한 단어의 원래 히브리어를 알 수 있게 되었다. 현대 학자들에 따르면 사해본 두루마리 해당 부분은 다음과 같이 해석된다.

> 보라. 내 심중에 생각하기를 이 임신은 주시자들 중 한 명,
> 곧 거룩한 자들 중의 한 명으로 인함이다.
> 그리고 (이 아이는 실제로) 거인들에게 속한 것이다.
> 이 아이로 인해 내 안의 마음이 변했다.
> 그리하여 나 라멕은
> (나의) 아내 바스-에노시(Bath-Enosh)에게 서둘러 가서 말했다.
> 가장 높은 자, 곧 최고의 주님이요, 모든 세계의 왕이요,
> 하늘의 아들들의 통치자인 분에게 [당신이 맹세하여] 나에게 진실을 말하라.

그러나 히브리어 원본에는 '주시자'라는 단어 대신에 「창세기」 6장에서 사용된 네필림이라는 용어가 사용되고 있다. 【그림57】

따라서 고대의 모든 기록들과 고대의 이야기들이 서로를 뒷받침하고

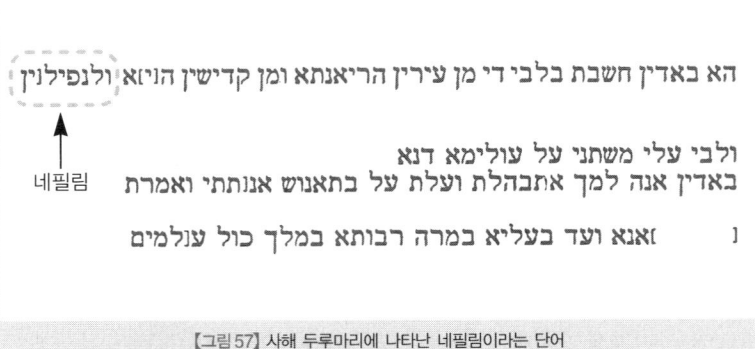

【그림57】 사해 두루마리에 나타난 네필림이라는 단어

있는 셈이다. 대홍수 이전의 시대는 '네필림, 곧 우주선의 사람들이자 용사들이라 불렸던 자들의 시대였다'.

지구를 다스린 네필림들

수메르 왕들의 연대기에 따르면, 지구에 신들이 처음 착륙한 이후 120샤르(shar, 1샤르는 3,600년)만에 '대홍수가 휩쓸었다'. 다시 말해 네필림이 지구에 최초로 착륙한 시점이 지금으로부터 약 445,000년 전이므로 약 13,000년 전에 대홍수가 일어났다는 말이다. 그때는 정확히 마지막 빙하기가 갑자기 끝나고 인류가 농업을 시작한 때와 일치한다. 또 그때로부터 3,600년 후에는 학자들이 말하는 신석기 시대, 즉 토기의 시대가 시작됐다. 그리고 신석기 시대가 3,600년 동안 지속된 후에 갑자기 '두 강 사이의 평원'에서, 곧 수메르 지역에서 인류 최초의 문명이 꽃피었다.

「창세기」는 '전 지구가 하나의 언어를 사용했고 동일했다'고 말한다. 그러나 인간들이 시날(수메르) 땅에 정착하여 불에 구운 벽돌로 거처를 마련하기 시작한 후에, 인간들은 '도시를 세우고, 그 안에 탑을 쌓고서, 탑 꼭대기가 하늘에 닿게' 하려는 계획을 세운다.

구약의 바벨탑 이야기의 원래 출처가 되는 수메르 기록은 아직까지 발견되지 않고 있다. 그러나 여러 가지 수메르 이야기들 속에서 바벨탑 사건에 대한 암시를 찾아볼 수 있다. 분명한 것은 엔키의 집안에서 네필림의 우주 시설들에 대한 통제력을 장악하기 위해 인간을 동원하려고 노력했다는 사실이다. 엔키와 엔릴 사이에 지속된 불화가 다시 한번 터져 나온 셈인데, 그 불화는 이미 그 자손들에게까지 확대된 상태였다. 구약에 따르면, 바벨탑 사건으로 인해 하나님과 그의 이름이 밝혀지지 않은 동료들은 인간을 각 지역으로 흩어 버리고 그 언어를 '뒤섞기'로 결정했다고 한다. 바꿔 말하면 인간에게 다양하게 분리된 문명을 주었다는 말이다.

대홍수가 지나간 후에 신들이 어떤 생각을 했는지는 여러 수메르 기록들에 언급되어 있다. 「에타나의 서사시 *the Epic of Etana*」라 불리는 기록에서는 다음과 같이 말하고 있다.

> 운명을 선포하는 위대한 아눈나키들이 참모들과 앉아 지구에 대해 의견을 교환하고 있었다. 그들은 네 개의 지역을 만들고 정착촌을 세운 자들이었으며, 인간에게는 너무 높은, 땅을 굽어보는 자들이었다.

지상에 네 개의 지역을 세우기로 한 결정은 신과 인간 사이의 매개자, 즉 성직자 겸 왕을 세우는 결정과 함께 이루어졌다. '왕권이 다시 하늘에서 지상으로 내려왔다.'

결국 헛수고가 되기는 했지만, 엔릴 가문과 엔키 가문 사이의 불화를 종식시키거나 최소한 누그러뜨리려는 노력의 일환으로 각 지역의 관할권을 제비뽑기를 통해 신들이 나누기로 했다. 그 결과 아시아와 유럽은 엔릴과 그의 후손들에게 주어졌고 아프리카는 엔키에게 주어졌다.

인류 최초의 문명이 탄생한 지역은 메소포타미아와 그 주변의 땅이었다. 이곳에서 농업과 정착 생활이 처음 시작되었으며, 후에 엘람이나 페르시아 혹은 아시리아로 알려지게 되는 메소포타미아의 산악지대는 엔릴의 아들이자 '최고의 전사'인 닌우르타(NIN.UR.TA)에게 할당되었다. 일부 수메르 기록들은 대홍수 이후의 어려운 시기에 산의 협곡에 댐을 만들고 인간들의 생존을 위해 노력한 닌우르타의 영웅적 행동들을 다루고 있다.

티그리스 강과 유프라테스 강 사이의 평원을 덮었던 진흙이 충분히 말라붙어 인간의 정착이 가능해졌을 때, 수메르와 거기서 서쪽으로 지중해까지의 땅은 엔릴의 아들 난나르(NAN.NAR, 아카드어로는 신Sin)에게 맡겨졌다. 자비로운 신이었던 난나르는 수메르의 재건을 감독했는데, 대홍수 이전에 있었던 도시들을 원래의 자리에 다시 세우고 새로운 도시들도 세웠다. 그가 새로 세운 도시들 중에는 아브라함의 고향이며 난나르가 가장 좋아했던 우르(Ur)도 있었다. 난나르를 묘사한 그림에는 초승달 상징이 등장하는데, 초승달은 하늘에 있는 그의 '짝'이었다.【그림58】엔릴의 막내아들 이시쿠르(ISH.KUR, 아카드어로는 아다드 Adad)에게는 서북쪽의 땅과 소아시아, 그리고 훗날 그곳으로부터 문명이 그리스에 전파되는 역할을 했던 지중해의 여러 섬들이 주어졌다. 그리스에서 제우스 신이 그랬던 것처럼, 아다드는 황소를 타고 세 갈래의 번개를 들고 있는 모습으로 묘사되었다.

엔키도 자신에게 할당된 두 번째 지역인 아프리카를 자기 아들들에게 나누어 주었다. 네르갈(NER.GAL)이라는 이름을 가진 엔키의 아들이 아프리카의 가장 남쪽을 통치했다. 기빌(GI.BIL)이라는 이름의 아들은 아버지로부터 광산과 야금술에 관련된 기술을 배워 아프리카의 금광들을 관리했다. 엔키가 가장 사랑했던 셋째 아들은 12번째 행성의 이름을 따 마르둑이라 불렸는데, 엔키로부터 모든 과학과 천문학적 지식을 배웠다. 기원전 2000년경에는 엔키의 셋째 아들인 마르둑이 지구 전체의 지배권을 강탈해, 자신을 바빌론과 '지구의 네 지역'의 최고신으로 선포했다. 그리고 앞에서 살펴보았듯이 이집트식 이름으로 '라'인 엔키의 또 다른 아들이 아프리카 지역의 핵심 문명인 나일 강 유역의 문

[그림 58] 하늘과 지구의 신들

명을 관장했다.

가장 뒤늦게 발견된 세 번째 지역은 인도 대륙에 있었다. 이 지역에서는 수메르 문명보다 약 1,000년 뒤에 인더스 유역 문명이라 불리는 거대한 문명이 일어났다. 그 문명의 중심지는 하라파(Harappa)라고 불리는 지역에서 발견된 왕궁이었다. 그곳 사람들은 남자 신이 아닌 여신에게 경의를 표했다. 그 여신을 묘사한 점토상을 보면, 목걸이를 두르고 있으며 몸을 휘감은 줄이 가슴을 받치고 있는 모습을 하고 있다.

인더스 문명이 남긴 기록들이 여전히 해석되지 않고 있기 때문에, 아무도 하라파 사람들이 자신들의 여신을 무엇이라 불렀는지, 또 정확히 그 여신이 어떤 존재인지 모른다. 그러나 우리가 보기에 그녀는 수메르인들이 이르니니(IR.NI.NI, 강하고 달콤한 향기가 나는 여인)라고 불렀던 신(SIN)의 딸, 즉 아카드인들이 이시타르라고 불렀던 여신임이 분명하다. 수메르의 기록을 보면 이르니니는 아라타(Aratta)라고 불리는 멀리 떨어진 땅을 지배했다고 하며, 그곳은 하라파가 그랬듯이 곡물이 풍부한 곡창지대였다고 한다. 그녀는 파일럿의 복장을 하고 하늘을 날아 그곳으로 가곤 했다고 한다.

위대한 아눈나키들은 지구의 네 번째 지역을 우주선 기지를 위해 남겨 두었다. 그곳은 인간을 위한 땅이 아니라 오직 아눈나키들만을 위한 곳이었다. 대홍수는 아눈나키들이 지구에 도착했을 때부터 만들어 놓았던 시파르의 우주선 기지나 니푸르의 통제 센터들을 모두 파괴했다. 그리고 원래 그런 것들이 건설되었던 메소포타미아 저지대 평원 지역은 여전히 진흙 속에 묻혀 있었기 때문에, 수천 년 동안은 그곳에 중요한 시설들을 재건할 수 없었다. 따라서 우주선 기지와 그 부속 시설들을 설치할 수 있는 조금 높으면서도 안정되고, 격리된 곳이면서도 접근이 가능한 곳을 찾아야만 했다. 그곳은 허락받은 자들만이 접근할 수 있는 통제 구역, 즉 '성스러운 곳'이 될 것이었다. 그곳은 수메르어로 틸문 (TIL.MUN), 문자 그대로 풀이하자면 '미사일의 땅'이라고 불렸다.

대홍수 이후의 우주선 기지를 책임지는 임무는 이르니니(이시타르) 여신의 쌍둥이 남자형제인 신(Sin)의 아들에게 맡겨졌다. 그의 이름은 우투(UTU, 빛나는 자)였고, 아카드어로는 샤마시(Shamash)라고 불렸다. 우투는 대홍수 때 우주선 기지가 설치되었던 시파르로부터의 철수 임무를 능숙하게 수행하기도 했다. 그는 지구에 기지를 둔 우주인들, 즉 '독수리들'의 우두머리이기도 했으며, 공식 행사에는 자랑스럽게 독수리 복장을 하고 나타났다. [그림 59]

전해지는 이야기들에 따르자면 대홍수 이전에는 소수의 선택된 인간들만이 우주선 기지에서 하늘로 올라갔다. 영원히 살 기회를 놓쳤던 아다파가 그중 하나였다. 또 샤마시와 아다드의 도움으로 하늘의 처소로 가서 성직자의 비밀을 전수받고 다시 지구로 돌아왔다는 엔메두란키 (Enmeduranki)라는 인간도 있었다. 그리고 대홍수의 영웅인 지우수드라('그의 사는 날이 연장되다'라는 뜻)가 있는데, 신들이 그와 그의 아내를 함께 데려가 틸문에서 살게 했다고 한다.

수메르 기록에 따르면 대홍수 이후에는 키시의 초기 지배자였던 에타나(Etana)가 쉠을 타고 신들의 처소로 올라가 회춘과 생명의 나무를 보았다고 한다. 그러나 그는 너무나 겁에 질려 여행을 마치지 못했다. 그리고 파라오 토트메스 3세(Thothmes III)는 자신의 비문에, 라가 자신을 하늘로 데려가 여행시킨 후에 다시 지구로 돌려보냈다고 다음과 같이 기록했다.

[그림 59] 독수리 복장을 한 우투

그는 나에게 하늘의 문들을 열었다.
그는 나를 위해 수평선의 문들을 열어 펼쳤다.
나는 신성한 매처럼 하늘로 날아올랐다. (…)
나는 천국에 있는 라의 신비로운 길들을 보았다. (…)
나는 신들을 완전히 이해하고 완전하게 되었다.

훗날 인간들의 기억 속에서 쉠은 오벨리스크가 되었고, '독수리'들의 인사를 받는 우주선은 신성한 생명의 나무로 변해 버렸다.【그림60】그러나 신들이 실제로 존재했던 수메르에서는 최초의 파라오들이 직접

【그림 60】 우주인들이 경의를 표하는 우주선(위) 생명의 나무로 변해 버린 우주선(아래)

다스렸던 이집트에서와 마찬가지로, '미사일의 땅' 틸문이 실제 존재하는 장소였다. 그리고 그곳은 인간이 영생을 얻을 수 있는 곳이었다.

또한 그곳 수메르에는 신들의 초대를 받지는 않았지만 자기 운명을 스스로 뒤집으려고 했던 한 인간의 이야기가 남아 있다.

7

죽기를 거부한 왕, 길가메시

| 길가메시 서사시 |

수메르인들은 인류 역사상 최초로 영생을 찾아 떠난 한 왕에 대해 기록하고 있다. 그 왕은 자신의 신성한 대부(代父)에게 '살아 있는 자의 땅'에 들어가게 해달라고 간청했다. 그 특별한 왕에 대해 고대의 서기들은 한 편의 서사시를 남겼다.

> 그는 비밀스러운 일들을 보았고
> 인간에게 숨겨진 일들도 알고 있다.
> 심지어 그는 대홍수 이전의 일들도 알고 있다.
> 그는 지루하고 어려운 긴 여행을 했다.
> 그는 돌아와 그의 여정을 석주에 기록했다.

그 오래된 수메르의 이야기는 채 200줄도 남아 있지 않다. 그러나 우리들은 근동 지역에서 수메르의 뒤를 이은 아시리아, 바빌로니아, 히타이트, 후르리 사람들의 번역을 통해 그 이야기를 알고 있다. 그들은 수도 없이 그 이야기를 반복했다. 학자들은 수메르의 뒤를 이은 사람들이 그 이야기를 적어 놓은 점토판들을 통해(어떤 것은 손상되지 않고 남아 있으나 일부는 훼손되었고 대개는 알아볼 수 없을 정도로 부서져 있다) 하나의 완성된 이야기를 재구성해 냈다.

우리들이 알고 있는 이야기의 내용은 대부분 아카드어로 적힌 열두 개의 점토판에서 읽어 낸 것이다. 그 점토판들은 니네베에 있는 아슈르바니팔의 도서관에서 발견되었다. 스미스(George Smith)라는 사람이 처음으로 그 점토판들에 대해 보고했는데, 그는 대영박물관에서 메소포타미아로부터 들어온 수많은 점토판의 파편들을 정리하고, 짜 맞추고, 분류하는 일을 담당하고 있었다. 어느 날 스미스는 대홍수 이야기와 연관이 있어 보이는 점토판 파편을 보게 된다. 그의 눈은 정확했다. 아시리아에서 온 그 설형문자 기록은 대홍수의 영웅을 찾아가, 그 영웅으로부터 직접 대홍수의 이야기를 들었던 어떤 왕에 대한 기록이었던 것이다.

대영박물관의 운영진은 이 발견에 상당히 고무되어, 스미스를 대홍수 이야기가 담긴 점토판이 발견된 유적지로 보내 나머지 조각들을 찾도록 한다. 운도 따랐는지, 스미스는 점토판의 순서를 추측하고 이야기를 재구성할 수 있을 정도로 많은 양의 파편들을 찾아낼 수 있었다. 1876년에 그는 자신의 연구 결과를 『칼데아의 대홍수 이야기 *The Chaldean Account of the Flood*』라는 제목의 책으로 출간했다. 그는 점토판의 언어와 문체로 볼 때 그것이 '기원전 2000년경에 바빌론에서 쓰인 것'이라고 결론지었다.

처음에 스미스는 노아를 찾아갔던 왕의 이름을 이즈두부르(Izdubur)라고 읽었다. 그리고 그 왕이 구약에 등장하는 영웅이자 왕인 니므롯(Nimrod)이라고 주장했다. 한동안 학자들도 그 이야기가 최초의 강력한 왕이었던 니므롯에 대한 것이라고 믿었고, 12개의 점토판으로 된 그 기록을 '니므롯 서사시(Nimrod Epos)'라고 불렀다. 그러나 더 많은 발견과 연구가 이루어지면서, 그것이 수메르에서 기원한 것이며 이야기의 주인공인 영웅의 이름이 길가메시(GIL.GA.MESH)라는 것이 밝혀졌다. 수메르 왕들 연대기를 비롯한 다른 역사 기록들을 통해, 길가메시는 기원전 2900년경 우루크(Uruk, 구약의 에렉)의 지도자였던 것으로 확인됐다. 그래서 그 고대의 문학작품을 이제는 '길가메시 서사시(The Epic of Gilgamesh)'라고 부르게 됐는데, 그 이야기를 통해 우리는 5,000년 전의 역사 속으로 들어갈 수 있다.

| 길가메시의 여행 |

「길가메시 서사시」의 진정한 내용을 알기 위해서는 우루크의 역사를 이해해야 한다. 구약과 마찬가지로 수메르의 역사 기록들도, 대홍수가 지나간 후에 최초의 왕권이 키시(Kish, 구약의 기시)에서 시작되었다고 말한다. 그 이후 왕권은 수메르에서 멀리 떨어져 있던 자신의 영토보다 수메르에 더 관심이 있던 이르니니(이시타르)의 야망 때문에 키시에서 우루크로 넘어가게 된다.

우루크는 원래 신성한 구역이 있던 장소였을 뿐이다. 그 신성한 구역 안에는 '에안나(안의 집)'라는 거대한 지구라트가 있었고, 그 맨 위에 '하늘의 주님'인 안을 위한 처소(신전)가 자리잡고 있었다. 한번은 안이 지구를 방문했다가 이르니니를 마음에 두게 되었다. 그래서 안은 이르니니에게 인안나(IN.AN.NA, 안의 사랑하는 자)라는 호칭을 부여했다. 당시에 퍼졌던 소문에 따르면, 이르니니는 안으로부터 정신적 사랑 이상의 사랑을 받았다고 한다. 그러다 보니 이르니니는 원래는 비어 있어야 할 에안나에 들어가게 되었다.

하지만 사람이 없는 도시가 무슨 소용이 있으며, 다스릴 백성이 없는 권력이 무슨 소용이 있는가? 우루크에서 남쪽으로 그리 멀지 않은 페르시아 만의 해변에 위치한 에리두에는 엔키가 반쯤 고립된 상태로 지내고 있었다. 거기서 엔키는 인간에게 지식과 문명을 나누어 주면서 인간들의 일에 계속 관심을 갖고 있었다. 인안나는 향수를 뿌리고 한껏 멋을 부린 채 자신의 종조부(從祖父)인 엔키를 찾아갔다. 인안나의 매력과 술에 정신을 잃은 엔키는 그녀의 소원을 들어주기로 약속했는데, 그녀가 원했던 것은 우루크를 수메르 문명의 중심지로 삼고 키시 대신 우루크에 왕권을 두는 것이었다.

12명의 위대한 신들 대열에 들어가는 것이 목적이었던 인안나(이시타르)는 자신의 원대한 계획을 실행에 옮기기 위해 남자형제인 우투(샤마시)에게 도움을 청한다. 대홍수 이전의 시대에는 네필림과 사람의 딸들 간의 통혼이 신들의 진노를 샀지만, 대홍수 이후에는 이런 관행이 더 이상 눈살을 찌푸릴 일이 아니었다. 사정이 이렇다 보니, 당시 안을 모시던 신전의 대제사장 자리에 샤마시가 인간의 여인으로부터 얻은 아들이 취임해 있었다. 이시타르와 샤마시는 신전의 대제사장을 우루크의 왕으로 임명하고, 성직자-왕들이 통치하는 세계 최초의 왕조를 열었다. 수메르 왕의 연대기에 따르면, 샤마시의 아들은 324년 동안 통치했다. 그 다음에 '우루크를 건설한' 샤마시의 손자가 420년 동안 우루

【그림 61】 샤마시의 후손 길가메시

크를 다스렸다. 그리고 그 왕조의 다섯 번째 왕인 길가메시가 왕좌에 올랐을 때, 우루크는 수메르의 중심지로 번성하고 있었고 이웃 지역을 지배하며 아주 먼 곳과도 교역하고 있었다.【그림61】

위대한 신 샤마시의 후손이었던 길가메시는 어머니가 여신 닌순(NIN.SUN)이었기 때문에, '그의 3분의 2는 신이고 3분의 1은 인간이었다'.【그림62】 그래서 길가메시는 자기 이름 앞에 '신성한'이라는 말을 붙일 수 있는 특권을 누렸다.

자긍심과 자신감에 넘쳤던 길가메시는 처음에는 자비롭고 성실한 왕으로, 도시의 성벽을 쌓거나 신전을 꾸미는 등 과거의 왕들이 해왔던 일들을 열심히 수행했다. 하지만 신과 인간의 역사에 대해 더 많이 알게 되면서, 그는 점점 사색적이고 불안한 사람이 되어 갔다. 즐거운 일을

【그림 62】 길가메시의 어머니였던 여신 닌순

하면서도 그는 늘 죽음을 생각하게 되었다. 자신이 갖고 있는 신적인 요소를 통해 신의 피를 받았던 자기 선조들처럼 오래 살 수 있을 것인지, 아니면 인간적인 부분의 지배를 받아 보통 인간의 생애밖에는 살 수 없을 것인지가 그를 불안하게 한 것이다. 길가메시는 그런 고민을 샤마시에게 털어놓았다.

내 도시에서 사람은 죽습니다. 그것이 내 가슴을 짓누릅니다.

인간은 죽습니다. 내 가슴은 무겁습니다. (…)
가장 큰 인간도 하늘에 닿을 수 없습니다.
가장 넓은 인간도 땅을 다 덮을 수 없습니다.

길가메시는 '나 역시 무덤 속으로 가게 됩니까? 나도 그런 운명입니까?'라고 샤마시에게 묻는다. 샤마시는 직접적인 답을 피하면서 (어쩌면 그도 답을 몰랐을 것이다) 운명이 어떤 것이건 간에 그것을 받아들이고 최선을 다해 삶을 즐기라고 길가메시에게 충고한다.

신들이 인간을 창조했을 때
인간에게는 죽음을 주었고,
자신들은 생명을 가졌다.

샤마시는 사정이 그러하니 기쁘게 살라고 말한다.

너의 배를 부르게 하라, 길가메시여.
밤낮으로 즐겨라.
매일 기쁨의 향연을 열어라.
밤낮 춤추고 놀아라.
빛나는 옷들을 입고
머리를 씻고 목욕을 하라.
네 손을 잡고 있는 어린 것들에 신경을 써라.
너의 아내가 그대 품에서 기뻐하도록 하라.
그것이 인간의 운명이니라.

그러나 길가메시는 그런 운명을 받아들이기를 거부했다. 그는 3분의 1만 인간이고 3분의 2는 신이 아니던가? 왜 신적인 부분보다 더 작은 인간적인 부분이 자신의 운명을 결정해야 하는가? 낮에는 배회하고 밤에는 불안에 떨던 길가메시는 젊음을 유지하기 위해 갓 결혼한 부부의 침실로 들어가 신랑보다 먼저 신부와 성관계를 가졌다. 그러던 어느 날 밤, 그는 하늘이 내린 징조라고 여길 만한 사건을 겪게 된다. 그는 자기 어머니 닌순에게로 달려가 자신이 본 것을 말하고 어머니에게 그것을 해석해 달라고 부탁한다.

어머니여,
지난밤 저는 무척 기분이 좋아서
다른 귀족들과 거닐고 있었습니다.
별들이 하늘에 모여 있었습니다.
안의 물건이 제게로 떨어졌습니다.

즉, '아누(안)의 물건'이 하늘에서 내려와 길가메시 근처에 떨어진 것이다. 길가메시는 계속해서 말한다.

들어 올리려고 했지만 너무 무거웠습니다.
움직여 보려고 했지만 움직여지지 않았습니다.

땅속 깊이 박혔던 것이 분명한 그 물건을 길가메시가 흔들어 대자 '사람들이 서로 밀치며 그 물건 있는 곳으로 달려왔고, 귀족들도 그 주위에 몰려들었다'. 많은 사람들이 하늘에서 떨어진 그 물건을 보았음에 틀림없는데, '우루크에 사는 사람이 다 그 주위로 몰려들었다'. 하늘에서 떨어진 그 물건을 땅에서 들어올리기 위해 '영웅들, 즉 힘센 남자들'이 길가메시를 도왔다. '영웅들이 그 물건의 아랫부분을 잡았고 나는 윗부분을 잡고 끌어올렸다.'

기록에는 그 물건에 대해 자세히 설명돼 있지 않지만, 사람들이 위대한 '아누의 물건'이라고 부를 수 있을 정도로 가공된 것으로 단순한 운석은 아니었음이 분명하다. 더 이상의 설명이 필요 없었던 이유는 아마도 고대의 독자들이 '아누의 물건'이라는 표현만으로도 그것이 무엇인지 알 수 있었거나, 수메르의 한 원통형 인장에 그려진 것처럼 그 모양이 이미 친숙하기 때문이었을 것이다. 【그림63】

「길가메시 서사시」에는 영웅들이 붙잡았던 그 물건의 아랫부분에 대한 설명이 있는데, '다리'라고 번역될 수 있는 단어를 사용하고 있다. 또 길가메시가 그날 밤의 사건들을 더욱 자세하게 설명하면서 드러나는 것처럼, 거기에는 다른 돌출된 부분들이 있었고 심지어는 그 안으로 들어갈 수도 있었다.

【그림63】 하늘에서 떨어진 아누(안)의 물건을 묘사한 그림

나는 그것의 윗부분을 강하게 눌렀습니다.

그러나 그 물건의 뚜껑을 움직일 수도 없었고

계단을 올릴 수도 없었습니다. (…)

강력한 불로 나는 윗부분을 깨뜨려 버리고

그 속 깊이 들어갔습니다.

'앞으로 끌어당기는 것'을 이용해 움직일 수 있었습니다.

그렇게 그것을 들어 당신에게로 가져왔습니다.

길가메시는 그 물건이 자기 앞에 떨어진 것이 신들이 자신의 운명에 대해 어떤 예언을 한 것이라고 생각했다. 그러나 그의 어머니 닌순은 길가메시에게 실망스러운 답을 준다. 그녀는 별처럼 하늘에서 떨어진 물건은 '너를 구원할 힘센 동료'의 도착을 예언하는 것이라고 말하며, '그가 너에게로 올 것인데 (…) 그는 이 땅에서 가장 힘이 센 자이며 (…) 그는 너를 절대 버리지 않을 것이다. 이것이 네가 본 징조의 뜻이다'라고 덧붙인다.

그녀는 자신이 무슨 소리를 하는지 잘 알고 있었다. 당시 우루크 사람들은 불안해하는 길가메시의 관심을 돌릴 수 있는 방법을 알려달라고 신들에게 간청했다. 이에 신들은 그 청에 대한 답으로 야생의 인간 하나를 우루크로 보내 길가메시와 대결하도록 일을 꾸몄다. 그의 이름은 엔키두(ENKI.DU, 엔키의 피조물)였으며 야생에서 동물들과 함께 마치 짐승처럼 생활하던 원시적인 인간이었다. '그는 야생의 젖을 먹고 살았다.' 엔키두는 덥수룩한 수염과 머리카락으로 뒤덮인 얼굴과 옷도 입지 않은 채 자신의 동물 친구들과 함께 있는 모습으로 종종 묘사되곤 했다. 【그림 64】

【그림 64】엔키두와 동물 친구들

엔키두를 길들이기 위해 우루크의 귀족들은 그에게 매춘부를 붙여 주었다. 그러자 그 전까지는 오직 동물 친구들만 알았던 엔키두가 매춘부와 성관계를 반복하면서 다시 인간적인 요소들을 되찾기 시작했다. 그제야 매춘부는 엔키두를 도시 밖의 야영지로 데려갔고, 거기서 엔키두는 우루크의 언어와 삶의 방식 그리고 길가메시의 습관에 대해 배웠다. 귀족들은 그에게 '길가메시를 꼼짝 못하게 하고, 길가메시와 대등하게 싸우라'고 주문했다.

두 사람의 첫 만남은 길가메시가 궁궐을 빠져나와 같이 잠자리를 할 상대를 찾으려고 거리를 배회하던 어느 날 밤에 이루어졌다. 길가메시를 만난 엔키두가 그를 가로막았다. '둘은 황소처럼 서로를 잡아끌었다.' 둘이 격투를 하자 벽이 흔들리고 문기둥이 무너져 내렸다. 마침내 '길가메시가 무릎을 꿇었다'. 싸움은 끝났고, 길가메시는 낯선 자에게 졌다. '길가메시는 화가 가라앉자 돌아섰다.' 바로 그때 엔키두가 그에게 다가가 말을 했고, 길가메시는 자기 어머니의 말이 생각났다. 바로

앞에 서 있는 자가 어머니가 말했던 '힘센 친구'였던 것이다. '그들은 서로 입을 맞추고 친구가 되었다.'

두 사람이 떼어 놓을 수 없는 친구가 되자, 길가메시는 엔키두에게 죽어야만 하는 자신의 운명에 대한 두려움을 털어놓았다. 이 말을 듣고 엔키두는 '눈에 눈물이 가득 고였고, 가슴이 아파 비통한 한숨을 쉬었다'. 그리고는 길가메시에게 운명을 바꿀 수 있는 방법이 한 가지 있다고 말한다. 그것은 신들의 처소로 비밀리에 들어가는 것이었다. 거기서 만약 샤마시와 아다드가 길가메시를 돕는다면, 다른 신들도 그에게 신의 지위를 부여할 수도 있다는 것이었다.

엔키두가 말한 '신들의 처소'는 '삼목나무 산'에 있었다. 엔키두는 야생 짐승들과 돌아다니다가 우연히 그 땅을 찾았다고 하면서, 그러나 그곳은 후와와(Huwawa)라는 무시무시한 괴물이 지키고 있다고 했다.

내 친구여, 내가 들짐승들과 배회할 때
산속에서 그곳을 봤네.
아주 오랫동안 깊은 숲 속으로
나는 들어갔네.
후와와(Huwawa)가 (거기 있었네)
그의 함성은 홍수와 같고,
그의 입은 불이며,
그의 숨은 죽음이네. (…)
삼목나무 숲의 감시자, 불같은 전사는
힘이 세고 지치지도 않네. (…)
삼목나무 숲을 지키기 위해

인간들에게 공포를 심어 줄 자로 엔릴이 그를 두었다네.

후와와의 주 임무가 인간들을 그 삼목나무 숲으로 들어오지 못하게 하는 것이라는 사실이 그곳에 가고 싶다는 길가메시의 욕망을 더욱 부채질했다. 신들의 세계에 합류하여 인간의 죽을 운명을 피할 수 있는 곳이 바로 그곳임이 분명했기 때문이었다.

내 친구여, 누가 하늘로 올라갈 수 있는가?
오직 신들만이
샤마시의 지하 장소로 가 하늘로 가네.
인간의 사는 날들은 정해져 있으니
무엇을 하든 다 허망한 바람과 같네.
그대가 아무리 영웅적 힘을 자랑할지라도
죽음을 두려워하네.
그러니
나로 하여금 그대에 앞서 가게 하게.
그대의 입으로 내게 말하게.
"두려워 말고 앞으로 가라고!"

그것이 길가메시의 계획이었다. 즉, 신들처럼 '하늘로 올라가기' 위해 삼목나무 산에 있는 '샤마시의 지하 장소'로 간다는 것이었다. 길가메시가 일찍이 지적했듯이 가장 큰 사람도 '하늘에 닿을 수는 없다'. 그런데 이제 하늘로 가는 곳이 어딘지 알게 된 것이었다. 길가메시는 무릎을 꿇고 샤마시에게 기도했다. "저를 보내 주소서! 오, 샤마시여! 두 손을 올려 기도하나니 (…) 명령을 해 착륙 장소로 저를 보내 주소서. (…) 저를 보호해 주소서!"

길가메시의 기도에 대한 샤먀시의 답이 담긴 점토판은 불행하게도 훼손되었다. 그러나 '길가메시가 자신의 미래에 대한 예언을 살피고는 (…) 눈물을 흘렸다'는 것은 분명하다. 길가메시는 모든 위험을 감수한다면 영생을 찾아 나서도 된다는 허락을 받게 된다. 길가메시는 홀로 신의 도움 없이 후와와와 싸우기로 결심한다. 길가메시는 '내가 실패해도' 사람들은 자신을 기억할 것이라고 말한다. "그들은 말할 것이다. 길가메시는 사나운 후와와에 맞서 싸우다 쓰러졌다." 그러나 그가 성공한다면, '영생을 얻을 수 있는' 쉼을 얻게 될 것이다.

길가메시가 후와와와 싸우기 위해 특수한 무기를 주문하자, 우루크의 원로들이 길가메시를 말렸다. 그들은 '그대는 아직 젊다'고 말하면서, 아직도 살아갈 햇수가 많이 남아 있는데 성공을 보장할 수 없는 일을 벌여 왜 죽음의 위험을 감수하느냐고 물었다. '그대가 성취하고자 하는 것을 그대도 모르고 있다'는 것이 그들의 주장이었다. 삼목나무 숲과 그곳을 지키는 자에 대해 얻을 수 있는 모든 정보를 고려한 후에, 우루크의 원로들은 길가메시에게 다음과 같은 주의를 준다.

들리는 바로, 후와와는 신비스럽게 만들어졌다고 하네.
누가 그의 무기에 맞서겠는가?
공격 기계인 후와와와 싸우는 일은
불공평한 싸움이라네.

그러나 길가메시는 '자기 친구에게 미소를 지으며 고개를 돌렸다'.

후와와가 '공격 기계'이고 '신비스럽게 만들어진' 일종의 기계 괴물이라는 말은, 오히려 길가메시로 하여금 샤마시와 아다드의 명령을 통해 그것을 통제할 수 있다는 믿음을 갖게 했던 것이다. 아직 샤마시로부터 지원해 주겠다는 확실한 약속을 받지 못한 길가메시는 자기 어머니에게 도움을 청했다. '서로 손을 꼭 잡은 길가메시와 엔키두는 위대한 여왕 닌순이 있는 대궁전으로 갔다. 궁전에 들어서자 길가메시가 앞으로 나갔다.' 길가메시는 말했다. "오, 닌순이여! (…) 저는 감히 후와와가 있는 곳으로 먼 여행을 떠나기로 했습니다. 불확실한 싸움을 앞두고 있습니다. 가 보지 못했던 길로 가게 될 것입니다. 오, 나의 어머니여! 저를 위해 샤마시에게 기도해 주소서!"

아들의 청에 따라 '닌순은 자기 방에 들어가 몸에 잘 어울리는 의상을 걸치고, 가슴에 잘 어울리는 장식을 하고 (…) 머리에 왕관을 썼다'. 그런 다음 두 손을 들고 샤마시에게 기도했다. 길가메시의 여행을 책임져 달라고 기도를 올렸다. 닌순은 "당신은 왜 내게 불안한 마음을 가진 길가메시를 아들로 주었습니까? 이제 당신 때문에 내 아들은 후와와가 있는 곳으로 먼 여행을 떠나려고 합니다"라고 말한다. 그리고 샤마시에게 길가메시를 보호해 달라고 청한다.

> 그가 삼목나무 숲에 이를 때까지,
> 그가 사나운 후와와를 죽일 때까지,
> 그가 갔다가 돌아오는 날까지.

마침내 길가메시가 '착륙 장소'로 가려고 한다는 소식이 퍼지자 사람들이 '길가메시에게 가까이 가서' 그의 성공을 기원한다. 우루크의 원로들은 보다 실질적인 조언을 한다. "엔키두가 먼저 가도록 하시오. 그가 길을 압니다. (…) 숲에 들어가서는 후와와가 지키는 길들을 엔키두가 돌파하게 하시오. (…) 앞서 가는 자가 친구의 목숨을 구하는 법이오!" 원로들은 또 샤마시의 축복도 빌었다. "샤마시가 그대의 소원을 들어주기를. 그대가 입으로 말하는 것을 샤마시가 그대에게 보게 해주기를. 샤마시가 그대의 길을 막는 방해물을 없애고, 닫힌 길을 열어 그대가 걸어가게 하고, 막힌 산을 열어 그대의 발걸음을 허락하길 원하네!"

닌순도 이별의 말을 건넸다. 또 엔키두에게 길가메시를 보호해 달라고 부탁했다. '비록 그대는 내 자궁에서 난 자식은 아닐지라도 여기서 나는 그대를 아들로 삼는다'고 하면서, 닌순은 엔키두에게 왕을 형제처럼 지키라고 말한다. 그런 다음 닌순은 자신의 상징물을 엔키두의 목에 걸어 주었다.

그리고 두 사람은 위험천만한 모험에 나서게 된다.

착륙장에 도착한 길가메시

「길가메시 서사시」의 네 번째 점토판은 삼목나무 숲으로 떠난 두 사람의 여행을 다루고 있다. 그러나 불행하게도 그 점토판은 너무 심하게 조각나 있어서, 히타이트어로 기록된 같은 내용의 파편들을 발견했음에도 불구하고 일관된 이야기를 만들어 내기 어렵다.

하지만 두 사람이 서쪽에 있는 목적지를 향해 상당히 먼 거리를 여행했음은 분명하다. 때때로 엔키두는 여행을 그만두자고 길가메시를 설득한다. 엔키두는 후와와가 300킬로미터 밖에서 움직이는 암소의 소리까지 들을 수 있다고 말하며 후와와를 무서워했다. 후와와가 가지고 있는 '그물'은 아주 멀리 떨어진 곳에서도 목표물을 잡을 수 있고, 그의 소리는 '이륙이 행해지는 곳'에서부터 멀리는 니푸르(Nippur)까지도 들릴 정도로 크기 때문에 숲의 입구에 접근하는 자에게 '두려움이 엄습한다'고 말하면서, 돌아가자고 간청한다. 그러나 둘은 계속 앞으로 나갔다.

> 푸른 산에 두 사람이 도착했다.
> 두 사람은 말이 없었다.
> 잠자코 서 있었다.
> 조용히 서서 숲을 응시했다.
> 삼목나무의 큰 키를 바라보았다.
> 숲의 입구를 쳐다보았다.
> 후와와가 움직이지 않고 막고 있는 곳에 길이 있었다.
> 불이 붙은 작은 길이 곧게 뻗어 있었다.
> 두 사람은 삼목나무 산을 보았다.
> 신들의 처소이자,
> 이시타르가 오가는 곳을.

두려움에 사로잡혀 있던 그들은 긴 여행에 지쳐 잠이 들었다. 한밤중에 길가메시가 깨어났다. "자네가 나를 깨웠나?" 길가메시가 엔키두에게 물었지만 엔키두는 아니라고 대답했다. 두 사람이 다시 막 잠이 들 때쯤, 길가메시가 다시 엔키두를 깨웠다. 길가메시는 비몽사몽간에 놀라운 광경을 보았다고 말했다.

> 친구여,

꿈에서 말이지.

높은 구릉이 뒤집어졌다네.

나를 덮더니 내 발이 거기에 갇혔지.

너무나 눈부신 빛이 비췄네.

한 남자가 나타났지.

이 땅 위에서는 가장 깨끗한 사람이었네.

그의 우아함은 (…)

땅에 갇힌 나를 꺼내 주고

그는 내게 마실 물을 주었네.

내 가슴은 진정되었다네.

무너진 땅속에서 길가메시를 끌어낸 '땅 위에서 가장 깨끗한' 그 사람은 누구였을까? 거기 등장했던 '너무나 눈부신 빛'은 무엇이었을까? 엔키두도 답을 알지 못했다. 지친 엔키두는 다시 잠이 들었다. 그러나 밤의 고요는 또 다시 깨진다.

부스럭거리던 길가메시는 잠에서 깼다.

일어나서 친구에게 물었다.

"친구여, 자네가 나를 불렀나?

내가 왜 깨어 있지?

내가 왜 놀랐지?

혹시 어떤 신이 지나가지 않았나?

왜 내 몸에 아무런 감각이 없지?"

엔키두가 길가메시를 깨우지 않았다고 하자, 길가메시는 '어떤 신이 지나가지 않았는지' 계속 궁금해 한다. 어리둥절해 하면서 둘은 다시 잠자리에 들었으나 또 다시 잠을 깨고 만다. 그리고 길가메시는 자신이 본 것을 다음과 같이 설명한다.

내가 본 것은 정말 놀라운 것이라네.
하늘이 떨고 땅이 울었다네.
태양이 사라지고 어둠이 왔지.
번개가 번쩍이고 불꽃이 솟구쳤네.
구름이 솟아오르더니 죽음의 비가 내렸네.
그러더니 광채와 불꽃이 사라졌네.
그리고 땅에 떨어진 것들은 모두 재로 변하더군.

길가메시가 '하늘 방(Sky Chamber)'의 이륙을 목격했다는 것을 스스로 깨달았음이 분명하다. 엔진이 점화되고 큰 소리를 내자 땅이 흔들렸고, 그 주위로 연기와 먼지 구름이 자욱하게 일어나 새벽하늘을 어둡게 만들었다. 또 두꺼운 구름 사이로 환하게 빛나는 엔진 불꽃의 광채를 보았던 것이다. 그리고 우주선이 솟아오르면서 섬광이 점차 사라졌다. 그야말로 '정말 놀라운 광경'이 아닌가! 그 광경은 길가메시를 앞으로 더 나가도록 용기를 주었다. 왜냐하면 그것은 자신이 '착륙장'에 왔다는 것을 확인시켜 주는 것이었기 때문이다.

아침이 되자 두 사람은 '살상 무기 나무들'을 피하려 조심하면서, 숲으로 들어가려고 했다. 엔키두가 문을 발견하고 그 사실을 길가메시에게 알렸다. 그러나 엔키두가 문을 열려고 하자 어떤 보이지 않는 힘에 밀려 뒤로 자빠진다. 이후 엔키두는 12일 동안이나 몸이 마비된 채 누워 있게 된다.

다시 몸을 가누고 말할 수 있게 된 엔키두는 길가메시에게 간청한다. "숲 한가운데로는 가지 말자." 그러나 길가메시는 좋은 소식이 있다고 말한다. 엔키두가 충격에서 회복되는 동안, 자신이 굴 하나를 발견했다는 것이다. 그 굴에서 들리는 소리로 볼 때 그것은 '명령을 내리는 방'과 연결되어 있는 것이 확실하다고 했다. 길가메시는 엔키두를 부추긴다. "이봐, 머뭇거리지 말게. 함께 내려가 보세!"

수메르 기록을 보면 길가메시의 말이 옳았음을 알 수 있다.

숲으로 계속 들어가
길가메시는
아눈나키들의 비밀 거처를 열었다.

굴 입구는 나무와 우거진 잡목으로 숨겨져 있었고, 흙과 돌로 막혀 있었다. '길가메시가 나무들을 자르는 동안 엔키두는 흙과 돌을 파냈다.' 그러나 굴 입구를 막고 있던 것들을 어지간히 치웠을 때 무서운 일이 일어났다. '후와와가 소리를 듣고 화가 난 것이다.' 후와와가 침입자를 찾아 나타났다. 그의 모습은 '강인했으며, 그의 이빨은 용의 이빨과 같았고, 그의 얼굴은 사자 얼굴 같았고, 그가 다가오는 모습은 마치 홍수가 들이닥치는 모습 같았다'. 그에게서 가장 무서운 것은 '빛을 뿜는 광선'이었다. 그의 이마에서 나오는 '그 광선은 나무와 잡목을 다 삼켜 버렸다'. 그 광선 앞에서는 '아무도 도망칠 수 없었다'. 수메르의 한 원통형 인장을 보면 어떤 신과 길가메시 그리고 엔키두와 함께 로봇처럼

【그림65】 길가메시와 엔키두, 그리고 로봇처럼 보이는 후와와

보이는 것이 그려져 있는데, 그것이「길가메시 서사시」에 등장하는 '살상 광선을 가진 괴물'임에 틀림없다. 【그림65】

점토판의 기록을 보면 후와와는 '일곱 개의 옷'으로 무장할 수 있다고 하는데, 후와와가 길가메시에게 왔을 때는 마침 '단지 한 개의 옷만을 입고, 나머지 여섯 개는 입지 않은 상태였다'. 이것을 좋은 기회로 여긴 길가메시와 엔키두는 후와와를 습격하려고 한다. 그런데 후와와가 자신을 공격하는 두 사람을 돌아보자 그의 이마에서는 '살상 광선'이 발사되었다.

바로 그 순간 하늘로부터 구원의 손길이 내려왔다. 두 사람이 곤경에 처한 것을 보고, '신성한 샤마시가 하늘로부터 두 사람에게 말했다'. 샤마시는 그들에게 도망치지 말라고 충고하면서, 오히려 '후와와에게 가까이 가라'고 말한다. 그런 다음 샤마시는 회오리바람을 일으켜 '후와와의 눈을 때리고', 후와와의 광선을 무력화시켰다. 샤마시가 의도한 대로 '광선이 사라졌고, 빛이 어두워졌다'. 곧바로 후와와는 움직이지 못하게 되었다. '후와와는 앞으로 움직일 수도, 뒤로 움직일 수도 없게 됐다.' 그러자 두 사람은 다시 후와와를 공격했다. '엔키두는 숲을 지키는 자인 후와와를 때려 눕혔다. 그 소리에 10킬로미터 내의 삼목나무들이 떨 정도였다.' 후와와가 넘어지는 소리는 그 정도로 컸다. 그런 다음 엔키두가 '후와와를 죽였다'.

이 승리로 두 사람은 의기양양했지만, 지칠 대로 지쳐서 잠시 동안 냇가에서 쉬게 된다. 길가메시는 몸을 씻기 위해 옷을 벗었다. '길가메시는 흙이 묻은 옷을 벗고 깨끗한 옷을 입었다. 술이 달린 옷으로 몸을 감싸고 띠를 맸다.' 이제 전혀 서두를 필요가 없었다. 더 이상 '아눈나키들의 비밀 처소'로 가는 길이 막혀 있지 않았기 때문이다.

그러나 길가메시는 한 여자의 욕망이 그의 승리를 곧 허사로 돌려버릴 것이라는 사실을 전혀 모르고 있었다.

| 신들의 미움을 산 길가메시 |

「길가메시 서사시」의 앞쪽에서도 언급되었듯이 아눈나키들의 비밀의 처소는 '이시타르가 오가는 곳'이어서, 그녀가 '착륙 장소'로 오갈 때마다 지나게 되는 곳이었다. 그녀도 샤마시와 마찬가지로, 히타이트의 인장에 묘사된 것과 같은 그녀의 '날개 달린' 하늘 방 안에서 길가메시 일행과 후와와가 싸우는 것을 지켜보았음이 분명했다. 【그림66】 이때 길가메시가 옷을 벗고 목욕하는 모습을 보고 '이시타르는 길가메시의 아름다움에 눈이 번쩍 떠졌다'.

이시타르는 길가메시에게 다가가 자기 마음속의 생각을 아무런 가식 없이 말한다.

【그림 66】 날개 달린 천상의 방 안에 있는 이시타르

길가메시여, 내게 와 내 연인이 되라!
내가 그대의 사랑의 과실을 맛보도록 하라.
그대는 나의 남자가 되고,
나는 그대의 여자가 되리라!

길가메시에게 황금 마차와 거대한 왕궁과 다른 왕들을 다스릴 권한을 약속한 이시타르는 자신이 길가메시를 완전히 유혹했다고 확신했다. 그러나 길가메시는 이시타르에게 자신이 보답으로 줄 것이 아무것도 없다고 말한다. 그리고 그녀의 소위 '사랑'에 대해서, 그것이 얼마나 갈 것인지를 되묻는다. 또 조만간 그녀가 '자기 발에 맞지 않는 신발'을 벗어 버리듯 자기를 버릴 것이라고 말한다. 이시타르가 문란하게 관계했던 다른 남자들의 이름을 열거하면서, 길가메시는 이시타르의 청을 거절한다. 그런 모욕적인 거절에 격분한 이시타르는 안에게 '하늘의 황소'로 길가메시를 공격하도록 청한다.

하늘의 괴물에게 공격을 받은 길가메시와 엔키두는 자신들의 목적을 뒤로 한 채 목숨을 구하기 위해 도망친다. 샤마시는 그들이 우루크로 도망치는 것을 도우면서, '한 달 반 정도 걸리는 거리를 사흘 만에 갈 수 있도록' 해준다. 그러나 유프라테스 강가의 우루크 외곽에서 하늘의 황소가 길가메시와 엔키두를 거의 따라잡는다. 길가메시는 간신히 우루크에 도착해 전사들을 모은다. 그때 우루크의 성벽 밖에서는 엔키두 혼자 하늘 괴물에 맞서고 있었다. 하늘의 황소가 '콧김을 내뿜을' 때마다 땅에는 하나에 200명이 들어갈 정도의 커다란 구멍이 생겼다. 엔키두가 그중 하나의 구멍에 떨어지자, 하늘의 황소가 방향을 바꿨다. 그때 엔키두가 재빨리 구멍에서 올라와 괴물을 죽였다.

하늘의 황소가 정확히 무엇이었는지는 분명치 않다. 하늘의 황소를 뜻하는 수메르어인 구드안나(GUD.AN.NA)는 '안의 공격 무기' 혹은 안의 '크루즈미사일'이라는 뜻도 된다. 이 이야기에 매료된 고대의 화가들은 흔히 벌거벗은 이시타르(때로는 아다드로 표현되기도 했다)가 지켜보는 가운데, 길가메시나 엔키두가 황소와 싸우는 장면을 자주 그리곤 했다. 【그림67a】 그러나 「길가메시 서사시」의 내용으로 볼 때 안이 사용한 그 무기는 금속으로 만들어진 기계였음이 분명하다. 또 그것은 두 개의 찌르는 부분(뿔)을 갖고 있었는데, 그 뿔들은 '약 10킬로그램의 청금석으로 주조한 것으로, 손가락 두 개 정도의 두께로 코팅이 되어 있었다'. 고대의 그림들 중에는 하늘에서 내려오는 그런 기계처럼 보이는 '황소'를 묘사해 놓은 것들이 있다. 【그림67b】

하늘의 황소를 물리친 후 길가메시는 '장인들과 무기 기술자를 모두 불러' 그 기계 괴물을 관찰하고 분해하도록 했다. 그런 다음 승리에 젖

【그림 67a】 황소와 싸우는 길가메시를 바라보는 이시타르

【그림 67b】 기계처럼 보이는 황소의 모습

은 길가메시와 엔키두는 샤마시에게 경의를 표하러 간다.

그러나 '이시타르는 그녀의 처소에서 비탄에 젖어 울부짖었다'.

우루크의 궁궐에서는 길가메시와 엔키두가 밤새도록 향연을 벌이고 난 후 편히 쉬고 있었다. 그러나 신들의 처소에서는 최고의 12신들이 이시타르의 불만에 대해 논의하고 있었다. 안이 엔릴에게 말했다. "하늘의 황소를 저들이 죽였고 후와와를 저들이 죽였기 때문에, 저들 두 명은 반드시 죽어야 한다." 그러나 엔릴이 반대한다. "엔키두는 죽어야 합

죽기를 거부한 왕, 길가메시 237

니다. 그러나 길가메시를 죽여서는 안 됩니다." 그때 샤마시가 끼어들었다. "이 일은 길가메시의 일을 엔키두가 돕다가 일어난 일입니다. 그런데 왜 무고한 엔키두가 죽어야 합니까?"

신들이 토론을 계속하는 동안 엔키두는 의식불명 상태에 빠졌다. 길가메시는 괴롭고 걱정스러워 엔키두가 꼼짝도 않고 누워 있는 '침상 앞을 왔다 갔다 했다'. 쓰린 눈물이 길가메시의 볼을 타고 흘러내렸다. 자기 친구에 대한 걱정도 깊었지만, 자기 자신에 대한 불안도 깊었기 때문이었다. 자신도 엔키두처럼 어느 날 그렇게 드러누워 죽어 가게 되지 않을까? 지금까지의 모든 노력이 다 허사로 돌아가고 그저 한 인간으로 죽게 되는 것인가?

한편 하늘에서는 신들이 회의 끝에 타협안을 찾았다. 엔키두에 대한 사형 선고는 광산 깊은 곳에서의 중노동으로 바뀌었고, 거기서 엔키두가 여생을 보내는 것으로 결론지어졌다. 엔키두는 그에게 내려진 형을 집행하기 위해 '새와 같이 날개가 달린 옷을 입은' 두 명의 사자가 자기 앞에 나타날 것이라는 말을 듣게 된다. 두 명의 사자 중 한 명은 '얼굴이 검고, 새-인간 같은 얼굴을 한 젊은이'인데, 그가 엔키두를 광산의 땅으로 데려갈 것이었다.

그는 독수리 같은 옷을 입었을 것이다.

그가 네 팔을 잡고 너를 안내할 것이다.

"나를 따르라."(그가 이렇게 말할 것이다.)

그가 너를 안내할 것이다.

암흑의 집으로,

땅속 거처로 널 데려갈 것이다.

그곳에 들어간 자는 아무도 나오지 못했다.
그곳에는 돌아오는 길이 없다.
그 집에 거주하는 자들에게는 빛이 없다.
그곳에 있는 자들의 입에는 흙만 가득하고
진흙이 그들의 음식이다.

고대의 한 원통형 인장에 묘사된 그림을 보면, 날개 달린 사자에게 이끌려 가는 엔키두가 그려져 있다. 【그림 68】

자기 친구 엔키두에게 내려진 판결에 대해 들은 길가메시는 이를 피하기 위해 꾀를 낸다. 길가메시는 광산의 땅에서 멀지 않은 곳에 '살아 있는 자의 땅'이 있다는 것을 알고 있었는데, 그곳은 신들이 영원한 젊음을 허락받은 인간들을 데려가는 곳이었다.

그곳은 '신들에 의해 정화하는 물로 축복받은, 선택된 선조들의 처소'였다. 그곳에서 신들의 음식과 물을 마시면서 사는 사람들은,

옛날 옛적에 이 땅을 통치했던 왕자들이었다.

【그림 68】 날개 달린 사자에게 이끌려 가는 엔키두

안과 엔릴처럼, 그들도 향료로 양념된 고기를 대접받으며,
가죽부대에서 시원한 물이 그들에게 쏟아졌다.

그곳이야말로 대홍수 때의 영웅이었던 지우수드라(우트나피시팀)가 간 곳이자, 에타나가 '하늘로 올라간' 바로 그곳이 아니었던가?

그리하여 '길가메시 왕은 살아 있는 자의 땅에 마음을 두게 된다'. 길가메시는 몸이 회복된 엔키두에게 자신이 그의 여정의 일부를 함께 할 것이라고 말하면서, 다음과 같이 설명한다.

오, 엔키두,
강한 자도 시들고 그 운명의 끝을 만나는 법이지.
(그러므로) 나는 그 땅으로 들어가려네.
나의 쉠(Shem)을 세우겠네.
쉠이 하늘로 세워진 곳에서
나도 나의 쉠을 세우겠네.

하지만 광산의 땅에서 살아 있는 자의 땅으로 가는 문제는 인간이 결정할 사안이 아니었다. 우루크의 원로들과 길가메시의 어머니 닌순은 대단히 강한 어조로, 먼저 우투(샤마시)의 허락을 얻으라고 충고한다.

그 땅에 그대가 들어가고자 한다면
우투에게 알리시오, 영웅 우투, 우투에게 알리시오!
그 땅은 우투가 맡은 땅입니다.
삼목나무가 나란히 늘어선 그 땅은

영웅 우투가 맡은 땅입니다.
우투에게 알리시오!

그렇게 미리 충고를 들은 길가메시는 희생 제물을 우투에게 바치면서, 우투의 허락과 보호를 간청한다.

오, 우투시여!
그 땅에 내가 들어가고자 하나이다.
나의 동맹자가 되어 주십시오.
차가운 삼목나무가 나란히 들어선 그 땅에
들어가고자 합니다. 나의 동맹자가 되어 주십시오.
쉠이 세워졌던 그 땅에
저의 쉠도 세우게 해주십시오!

우투(샤마시)도 처음에는 길가메시가 과연 그 땅에 들어갈 자격이 있는지를 의심한다. 그러나 거듭된 간청과 기도에 못 이겨, 우투는 길가메시가 황량하고 건조한 땅을 여행해야 할 것이라고 경고한다. "교차로의 먼지에서 자야 할 것이고, 사막이 너의 침대가 될 것이다. (…) 가시덤불이 네 발의 피부를 벗겨 낼 것이고 (…) 갈증으로 볼이 탈 것이다." 여전히 길가메시의 마음을 돌리지 못하자 우투는 길가메시에게 말한다. '쉠들이 세워진 곳'은 일곱 개의 산으로 둘러싸여 있고, 그 산의 협곡마다 '태우는 불'이나 '되돌릴 수 없는 번개'를 내뿜는 '강한 자들'이 지키고 있다. 그러나 결국 우투는 길가메시를 설득하지 못한다. '우투는 길가메시의 눈물을 제물로 받았다. 자비로운 자였던 우투는 길가메시에

게 자비를 베풀었다.'

그러나 '길가메시 왕은 경솔하게 행동했다'. 그는 힘든 육로를 택하는 대신에, 여행의 대부분을 편안한 바닷길로 채울 생각이었다. 목적지에 도착한 후 엔키두는 광산의 땅으로 가고, 길가메시 자신은 살아 있는 자의 땅으로 간다는 계획이었다. 길가메시는 50명의 젊고 결혼하지 않은 남자들을 뽑아 자신과 엔키두와 동행하며 배를 젓도록 명령했다. 그들의 첫 임무는 특수한 나무를 잘라 우루크로 가져와서, 그 나무들로 '이집트의 배'라는 뜻의 마간(MA.GAN)을 만드는 것이었다. 우루크의 대장장이들은 강한 무기들을 만들었다. 그리고 모든 것이 준비되자 길가메시 일행은 항해를 시작했다.

모든 정황으로 볼 때, 이들은 분명히 페르시아 만을 따라 내려가 아라비아 반도를 완전히 돈 다음에, 이집트 쪽을 향해 홍해를 거슬러 올라갈 계획을 세웠던 것으로 보인다. 그러나 그들의 계획은 곧바로 엔릴의 분노를 샀다. 엔키두는 이미 한 젊은 '사자'가 자신의 팔을 잡고 광산의 땅으로 데려가게 될 것이라는 이야기를 듣지 않았던가? 그런데 엔키두는 어떻게 그런 이야기를 듣고도, 기쁨에 겨운 길가메시와 50명의 무장한 남자와 함께 왕의 배를 타고 항해를 하고 있단 말인가?

아마도 길가메시 일행을 무척 걱정스러운 마음으로 전송했을 우투는 해질 무렵에 '머리를 든 채 가 버렸다'. 이윽고 멀리 있는 해안선을 따라 뻗은 산맥이 '어두워졌고, 그림자가 그들을 덮었다'. 그때 누군가 '산 옆에 서 있는 것'을 보았다. 그는 후와와처럼 '아무도 피할 수 없는' 광선을 쏠 수 있는 존재였다. '그는 거대한 흙집 위에 커다란 황소처럼 서 있었는데', 그것은 일종의 감시탑처럼 보였다. 엔키두는 갑자기 두려움에 휩싸인다. 그 무시무시한 감시자가 배와 선원들을 위협할 것이 분명했다. 엔키두는 길가메시에게 우루크로 돌아가자고 빌었다. 그러나 길가메시는 그의 말을 듣지 않았다. 길가메시는 오히려 배를 해안선 쪽으로 향하게 하고 그 감시자와 싸우려고 했다. '그 자가 사람이든 신이든' 싸우겠다는 것이 길가메시의 생각이었다.

재앙이 닥친 것은 바로 그때였다. '세 가닥의 천'으로 된 돛이 찢어졌던 것이다. 마치 어떤 보이지 않는 손이 그런 것처럼 배가 뒤집혔고, 배 안에 있는 모든 것들이 물에 빠졌다. 어쨌든 길가메시와 엔키두는 헤엄을 쳐서 해안가에 이르렀다. 그리고 다시 물속에 들어가 보니 물에 잠긴 배의 선원들은 모두가 원래 자리에 있었고, 죽었음에도 불구하고 마치 살아 있는 것처럼 보였다.

배가 가라앉은 후, 바다에 가라앉은 후
마간 배가 가라앉은 그날 저녁에,
마간으로 향하던 그 배가 가라앉은 후,
그 배 안에는
자궁에서 태어난 자들(인간들)이
마치 살아 있는 것처럼 앉아 있었다.

낯선 해안에서 길가메시와 엔키두는 어디로 가야 할지를 다투면서 그날 밤을 보냈다. 길가메시는 여전히 '그 땅'으로 가겠다고 고집했고, 엔키두는 '우루크'로 돌아갈 길을 찾아보자고 했다. 하지만 엔키두가 갑자기 기운을 잃고 만다. 뜨거운 동료애를 발휘해 길가메시는 엔키두에게 용기를 잃지 말라고 격려한다. 길가메시는 엔키두를 '약하고 어린 내 친구여'라고 사랑스럽게 부른 후에, '내가 그대를 그 땅으로 데려가겠다'고 약속한다. 그러나 인간에게 주어진 '차별을 모르는 죽음'을 막을 수는 없었다.

길가메시는 7일 밤낮 동안 '벌레가 엔키두의 코에서 나올 때까지' 엔키두를 애도했다. 그러고 나서 길가메시는 정처 없이 방황했다. '그의 친구 엔키두를 위해 길가메시는 광야를 헤매면서 비통하게 울었다. (…) 그의 가슴은 슬픔으로 가득 찼다. 죽음을 두려워하면서 그는 광야를 헤맸다.' 길가메시는 다시 한번 자신의 운명에 사로잡혀서, 즉 '죽음을 두려워하면서' 방황했던 것이다. '나도 죽을 때 엔키두처럼 되지는 않을까?'

그러나 자기 운명을 피하고자 하는 결심이 다시 그를 사로잡았다. 길가메시는 샤마시에게 '제가 머리를 땅속에 눕히고 영원히 잠을 자야만 합니까?'라고 묻는다. 또한 샤마시에게 '자신의 눈으로 태양을 보게 하고, 자기를 빛으로 충만하게 해달라'고 간청한다. 길가메시는 해가 뜨고 지는 것을 보면서 길을 찾으며, '우바르-투투(Ubar-Tutu)의 아들 우트나피시팀에게로, 야생의 암소에게로 가는 길을 걸어갔다'. 그는 아무도가 보지 않은 길을 걸었고, 어떤 인간과도 마주치지 않았으며, 사냥을 해서 끼니를 해결했다. 고대의 서기들은 '그가 어떤 산에 올랐는지 어떤 강을 건넜는지, 아무도 알 수 없다'고 슬프게 적고 있다.

| 살아 있는 자의 땅, 틸문 |

니네베와 히타이트의 여러 지역에서 발견된 「길가메시 서사시」의 판본들에 따르면, 길가메시는 그런 고생 끝에 마침내 사람들이 사는 정착지 근처에 이르게 된다. 길가메시는 샤마시의 아버지인 신(Sin)에게 바쳐진 지역에 가까이 가고 있었던 것이다. '그가 밤에 산속의 협곡에 이

르자 사자(獅子)가 나타났고, 길가메시는 두려움에 떨었다.'

> 그는 신(Sin)을 향해 머리를 들고 기도했다.
> "신들이 회춘하는 장소로
> 제가 가고 있습니다. (…)
> 저를 지켜 주십시오!"

길가메시는 '밤에 자리에 누웠다가, 꿈을 꾸고 깨어났다'. 그는 그 꿈을 자신이 '영생을 누릴 것'을 예언하는 신(Sin)의 암시라고 해석했다. 한껏 고무된 길가메시는 '화살처럼 빠르게 사자들 무리 속으로 내려갔다'. 길가메시가 거기서 사자들과 싸우는 장면은, 메소포타미아에서뿐만 아니라 이집트를 비롯한 거의 모든 고대 세계에서 그림으로 기념되었다. 【그림 69】

날이 밝은 후 길가메시는 산길을 따라갔다. 길가메시는 산 아래 쪽으로 멀리 '바람에 물결치는' 마치 거대한 호수처럼 보이는 커다란 물을 보았다. 그리고 그 호수에 접한 평원에는 벽으로 둘러싸인 '꽉 막힌' 도시가 있었다. 거기에는 '신(Sin)에게 바쳐진 신전이 있었다'.

그 도시 밖에 있는 '낮은 바다와 가까운 곳'에서 길가메시는 여관을 발견한다. 길가메시가 그 여관으로 다가가자 '술의 여인이라 불리는 시두리(Siduri)'가 보였다. 그녀는 '황금빛 죽 한 사발과 맥주 한 잔'을 들고 있었다. 그러나 그녀는 길가메시를 보고 그의 외모에 두려움을 느낀다. '그의 피부는 진흙투성이였고 (…) 그의 배는 쪼그라들었으며 (…) 그의 얼굴은 멀리서 온 나그네 같았다.' '술의 여인은 그를 보자 문을 닫아걸고 대문에 빗장을 질렀다.' 충분히 이해할 수 있는 행동이었다.

【그림 69】 길가메시가 사자와 싸우는 것을 묘사한 다양한 그림들

 길가메시는 자기가 그동안 겪은 일들과 자신의 여행에 대해 이야기하면서 신분을 밝히고, 나쁜 의도가 없다는 것을 아주 힘겹게 설득할 수 있었다.
 시두리의 도움으로 먹고 마시며 휴식을 취한 길가메시는 다시 '살아 있는 자의 땅'을 찾아 길을 떠나려고 안달을 한다. 길가메시는 시두리에게 살아 있는 자의 땅으로 가는 최상의 길이 무엇인지 물었다. 커다란 물을 돌아 황량한 산맥지대를 통과할 것인가, 아니면 커다란 물을 가로

지르는 지름길을 택할 것인가?

> 술의 여인이여, 어느 길인가. (…)
> 그 길의 표식은 무엇인가?
> 내게 알려 다오, 그 표식을 내게 알려 다오!
> 마땅히 저 바다를 가로질러 가야 하는가?
> 아니면 저 황야를 지나가야 하는가?

그러나 선택은 그렇게 간단치 않았다. 그가 본 커다란 물은 '죽음의 바다'였기 때문이다.

> 술의 여인이 길가메시에게 말했다.
> "길가메시여, 저 바다는 건너갈 수 없는 바다입니다.
> 아주 오래전부터
> 아무도 저 바다 건너편에서 오지 않았습니다.
> 씩씩한 샤마시는 저 바다를 건넜죠.
> 그러나 샤마시 외에 누가 건널 수 있겠습니까?
> 저 바다를 건너는 일은 무척 어렵고,
> 그 길은 황량합니다.
> 저 바다가 담고 있는
> 죽음의 물엔 생명이 없습니다.
> 그런데 길가메시여, 어떻게 그대가 저 바다를 건넌단 말인가요?"

길가메시가 아무 말이 없자 시두리가 다시 말한다. 어쩌면 그 죽음의 물로 가득 찬 바다를 건너는 방법이 있을지도 모른다는 것이었다.

> 길가메시여,
> 우트나피시팀의 사공인 우르샤나비(Urshanabi)가 있습니다.
> 그에게는 물에 뜨는 것들이 있습니다.
> 숲에서 그것들을 가져와 함께 묶지요.
> 가서 그 사람을 만나세요.
> 당신에게 자격이 있다면, 그가 당신과 함께 바다를 건널 거예요.
> 그렇지 않다면 당신을 돌려보낼 겁니다.

시두리의 말을 좇아 길가메시는 사공 우르샤나비를 찾아간다. 길가메시가 어떤 사람인지, 어떻게 왔는지, 어디로 가려고 하는지 등 여러 가지 질문을 한 후에, 우르샤나비는 길가메시가 자신의 배를 탈 자격이 있다고 판단한다. 긴 막대기를 사용하여 두 사람은 배를 앞으로 전진시켰다. 두 사람은 사흘 만에 '45일짜리 여행 거리', 즉 땅으로 갔다면 45일이 걸렸을 거리를 '뒤로 했다'.

마침내 길가메시는 '살아 있는 자의 땅' 틸문(Tilmun)에 도착한다.

길가메시는 이제 어디로 가야 할지 궁금해졌다. 우르샤나비는 산으로 가야 한다고 말하면서 '그 산의 이름은 마슈(Mashu)'라고 알려 준다. 우르샤나비가 길가메시에게 알려 준 구체적인 내용은 보가츠코이(Boghazkoy)를 비롯한 히타이트의 여러 지역에서 발견된 점토판 조각들에 기록된 「길가메시 서사시」의 히타이트 판본들에서 확인할 수 있다. 히타이트 판본들에 따르자면, 길가메시는 우르샤나비로부터 '멀리 떨어진 거대한 바다'에 이르는 '정상적인 길'을 찾아 따라가라는 말을 듣는다. 길가메시는 두 개의 돌기둥을 찾아야 했는데, 우르샤나비는 그 돌기둥들 혹은 '표식'들이 '자신을 언제나 목적지로 이끌어 주었다'고 장담한다. 그리고 돌기둥에 도착하면 방향을 바꿔, 이틀라(Itla)라는 마을로 가야 한다는 것이었다. 이틀라는 히타이트 사람들이 울루-야(Ullu-Yah, 산 정상의 사람)라고 불렀던 신의 성스러운 땅이었다. 길가메시는 앞으로 더 나아가기 전에 그 신의 축복을 받아야만 했다.

우르샤나비가 알려준 대로 길가메시는 이틀라에 도착했다. 멀리 거대한 바다가 선명하게 보였다. 길가메시는 잠깐 쉬면서 먹고 마시고 몸을 정갈하게 씻어, 다시 왕에 걸맞은 모습이 되었다. 거기서 샤마시가 다시 한번 길가메시를 돕는데, 샤마시는 길가메시에게 울루야에게 제물을 바치라고 충고한다. 샤마시는 길가메시를 위대한 신, 즉 울루야에게 데려간 뒤 길가메시의 제물을 받아 주고 '그에게 생명을 허락해 달라'고 청한다. 【그림70】 그러나 그때 히타이트인들에게는 잘 알려져 있는 또 다른 신 쿠마르비(Kumarbi)가 강력하게 반대한다. 그는 길가메시에

【그림70】 울루야에게 영생을 청하는 길가메시와 그를 돕는 샤마시

게는 영생을 줄 수 없다고 말한다.

자신이 쉼을 받지 못할 것을 깨달은 길가메시는 차선책에 만족하기로 한다. 영생이 허락되지 못한다면 최소한 자기 선조인 우트나피시팀을 만날 수는 있지 않을까? 신들이 결정을 미루자, 길가메시는 (아마도 샤마시의 묵인하에) 마을을 떠나 마슈 산을 향해 간다. 길가메시는 마슈 산으로 가는 도중에 매일 한 번씩 멈춰 울루야에게 제물을 바쳤다. 길가메시는 6일 후에 마슈 산에 도착했는데, 그곳은 쉠들이 있는 곳이 분명했다.

그 산의 이름은 마슈였다.
마슈 산에 길가메시가 도착했다.
거기서 매일 쉠들이 떠나고 들어오는 모습을
길가메시는 지켜보았다.

마슈 산은 그 기능상 멀리 있는 하늘은 물론이고 멀리 있는 땅과도 연결돼 있어야만 했다.

하늘 높이,
천상의 띠와 연결되어 있으며,
아래로는
낮은 세계까지 연결되어 있었다.

마슈 산 안으로 들어가는 방법이 있기는 하지만 그 입구, 즉 '문'은 경비가 철저했다.

로켓-인간들이 그 문을 지킨다.

그들의 힘은 굉장하며, 그들의 눈빛은 사망이다.

그들의 무시무시한 광선이 산을 둘러보고 있다.

샤마시가 올라가고 내려올 때

그들은 샤마시를 보호한다.

날개 달린 존재, 즉 황소 인간이 기둥 위에 놓인 빛을 쏘는 둥근 장치를 작동하고 있는 모습을 보여 주는 고대의 그림들이 발견된 적이 있다. 그것은 '무시무시한 광선이 산을 둘러보고 있는' 모습을 고대의 사람들이 나름대로 표현한 것일 수 있다.【그림71】

'길가메시가 그 무서운 광선을 보고 자신의 얼굴을 숨겼다. 그러나

【그림71】 무시무시한 광선이 산을 둘러보는 장면을 보여 주는 그림들

다시 냉정을 되찾고 길가메시는 로켓-인간들에게 접근했다.' 로켓-인간은 자신의 무서운 광선이 길가메시에게 잠시 동안밖에 효력을 발휘하지 못한 것을 보고, 자기 동료에게 '저기 오는 자는, 그 몸이 신의 몸인가 보다!'라고 외친다. 그들이 쏘는 광선은 인간을 기절시키거나 죽일 수 있었지만 신들에게는 아무런 해도 끼치지 못하는 것이었기 때문이다. 길가메시를 가까이 오게 한 로켓-인간들은 길가메시에게 그가 누구이며 왜 통제된 지역에 들어왔는지를 밝히라고 추궁한다. 길가메시는 자신이 일부 신의 혈통을 이어받았다고 설명하면서, '생명을 찾아' 왔다고 말한다. 그리고 자기 선조인 우트나피시팀을 만나고 싶다고 말한다.

> 나의 선조 우트나피시팀 때문에
> 내가 여기 왔노라.
> 우트나피시팀은 신들과 함께 하고 있다.
> 나는 그에게 삶과 죽음에 대해 묻고 싶다.

그러나 두 명의 경비는 '죽어야 할 인간이 그런 일을 성취한 적은 없다'고 말한다. 길가메시는 그 말에 기죽지 않고 샤마시를 거론하며 자신도 3분의 2는 신이라고 설명했다. 그러고 나서 어떤 일이 벌어졌는지는 점토판이 훼손돼 분명하게 알 수 없다. 그러나 로켓-인간이 결국 길가메시에게 안으로 들어갈 수 있도록 허락이 떨어졌다고 알려준 것은 분명하다. "산의 문이 그대에게 열렸다!"

'하늘로 가는 문'은 근동 지역의 원통형 인장들에 자주 등장하는 소재였는데, 날개가 달린 사다리 모양의 문으로서 생명의 나무에 이르게

[그림72] 날개 달린 사다리로 묘사된 하늘로 가는 문과 그것을 지키는 뱀의 모습

하는 것으로 묘사되곤 했다. 또 흔히 그 입구를 뱀이 지키고 있는 것으로도 그려졌다. [그림72]

길가메시는 '샤마시가 밟고 간 길'을 따라 안으로 들어갔다. 길가메시는 12베루(beru, 이중 시간 혹은 두 시간) 동안 계속 갔는데, 그동안 내내 '그는 앞도 볼 수 없었고, 뒤도 볼 수 없었다'. '그에게 빛은 아무 데도 없었다'고 강조한 것으로 보아, 길가메시는 어쩌면 눈가리개를 했었

는지도 모른다. 여덟 번째 베루의 시간에 길가메시는 두려움에 비명을 질렀고, 아홉 번째 베루의 시간에는 '북풍이 얼굴에 닿는 것을 느꼈다'. '열한 번째 베루의 시간에는 날이 밝았다.' 마지막 열두 번째 베루의 시간에 길가메시는 '밝음 속에 들어섰다'.

다시 볼 수 있게 된 길가메시가 처음으로 본 것은 정말 놀라운 광경이었다. 그곳은 '신들만을 위한 장소'였다. 그 안에는 모두 보석으로 된 정원이 '자라고' 있었다. 그곳의 장엄함은 부분적으로 훼손되기는 했지만 다음과 같은 고대의 기록에 잘 나타나 있다.

그 열매는 홍옥수를 담고 있고,

그 포도나무는 너무나 아름다워 차마 눈으로 볼 수 없네.

나뭇잎들은 청금석이네.

포도는 몹시도 탐스러워 눈부시고

(…) 돌들은 (…) 만들어진 (…)

그것의 (…) 흰 돌들

물속에는 깨끗한 갈대들이 (…) 사수-돌(sasu-stones).

생명의 나무와 같이, (…)의 나무와 같이 (…)

안-구그(An-Gug) 돌들로 만들어진 (…)

이런 식으로 그곳에 대한 묘사가 계속된다. 놀라고 흥분한 길가메시는 정원을 걸어 다녔다. 그는 분명히 '에덴동산'을 재현해 놓은 곳에 와 있는 것이었다!

| **젊음의 식물을 찾은 길가메시** |

 아홉 번째 점토판은 심하게 훼손되어 해석이 불가능하기 때문에, 그 다음에 어떤 일이 일어났는지는 알 수 없다. 그러나 인공적으로 만들어진 그 정원 혹은 다른 곳에서 길가메시는 결국 우트나피시팀을 만난다. 길가메시가 '옛날 옛적의' 사람인 우트나피시팀을 보고 맨 처음 보인 반응은 자신과 우트나피시팀이 참 많이 닮았다는 점이었다.

길가메시가 그에게,
'멀리 있는 자'인 우트나피시팀에게 말했다.
"우트나피시팀 당신을 뵈니
나와 전혀 다르지 않군요.
마치 내가 당신인 것처럼."

그런 다음 길가메시는 곧바로 자신이 알고 싶은 것을 묻는다.

제게 말해 주세요.
당신이 생명을 찾아 나섰을 때
도대체 어떻게 신들의 모임에 합류하게 되었습니까?

 이 질문에 대한 답으로 우트나피시팀은 길가메시에게 '길가메시여, 내가 너에게 숨겨진 사실, 즉 신들의 비밀 한 가지를 알려 주겠다'고 말한다. 그 비밀이란 바로 대홍수에 대한 이야기였다. 즉 우트나피시팀이 슈루팍의 통치자였고 신들이 대홍수로 인류를 쓸어버리기로 결심했을 때, 어떻게 엔키가 비밀리에 우트나피시팀에게 잠수가 가능한 특수한 배를 만들어 우트나피시팀의 가족과 '모든 살아 있는 것들의 씨'를 싣게 했는지에 대한 이야기였다. 엔키가 보낸 항해사는 배를 아라라트 산으로 몰았다. 물이 빠지기 시작하자 우트나피시팀은 배에서 나와 신들에게 제물을 바쳤다. 지구가 홍수에 잠겨 있는 동안 우주선을 타고 지구 주위를 돌던 신들과 여신들은 아라라트 산에 착륙하여 제물로 바쳐진 구운 고기를 먹었다. 그러나 나중에 엔릴이 착륙했고, 그는 모든 신이 맹세를 했음에도 불구하고 엔키가 인류를 구원했다는 사실에 엄청나게 화를 냈다.

하지만 분노가 잦아들자 엔릴도 인간이 살아남은 것이 쓸모가 있다는 사실을 깨닫게 된다. 바로 그때 엔릴이 우트나피시팀에게 영원한 생명을 허락했다.

그리고 엔릴이 배에 올랐다.
엔릴은 내 손을 잡아 배에 태웠다.
내 아내도 배에 태웠다.
아내는 내 옆에 무릎을 꿇고 앉았다.
아내와 나 사이에 서서
엔릴은 우리 이마에 손을 대고 축복했다.
"지금까지 우트나피시팀은 인간이었다.
지금부터 우트나피시팀과 그의 아내는
신처럼 우리 속으로 들어올 것이다.
멀리 있는, 모든 물줄기들의 입구에
인간 우트나피시팀이 살게 될 것이다."

그렇게 해서 우투나피시팀은 멀리 있는 신들의 처소로 옮겨졌고 신들 사이에서 살게 되었다는 것이 길가메시가 들은 이야기였다. 그렇다면, 어떻게 하면 길가메시도 그렇게 될 수 있을까? "하지만 누가 그대를 위해 신들을 모이게 하여 그대가 찾는 생명을 얻게 할 것인가?"

우트나피시팀의 이야기를 들은 길가메시는 자신에게 영생을 선포할 수 있는 것은 신들뿐이며, 그것도 신들이 회의를 거쳐야 한다는 것을 깨달았고, 또 자기 힘만으로는 영생을 얻을 수 없다는 것도 깨닫게 된다. 결국 길가메시는 실신하고 만다. 길가메시는 여섯 날과 일곱 밤 동안을 완전히 기절한 상태로 지낸다. 그것을 보고 우트나피시팀은 '영생을 찾겠다는 저 영웅을 보시게. 잠만 자면서 안개처럼 흩어지고 있지 않나'라고 자기 아내에게 말한다. 우트나피시팀과 그의 아내는 길가메시가 잠을 자는 내내, 그가 살아나서 '그가 왔던 길과 그가 들어왔던 문으로 안전하게 나가 자기 나라로 되돌아갈 수 있도록' 그를 돌봐 주었다.

마침내 길가메시를 다시 데려가도록 사공 우르샤나비가 불려 왔다. 그러나 길가메시가 막 떠나려고 하는 마지막 순간에, 우트나피시팀은 길가메시에게 또 다른 비밀 하나를 더 털어놓았다. 길가메시가 죽음을 피할 수는 없지만 생명을 연장할 수는 있다는 것이었다. 즉 신들이 영원한 젊음을 유지하기 위해 먹는 비밀의 식물을 얻으면 생명을 연장할 수 있다는 것이었다.

우트나피시팀은 길가메시에게 말했다.
"그대는 온갖 고생을 다하며 여기까지 왔다.
내가 그대에게 무엇을 주어서
그대의 나라로 돌아가게 할까?

길가메시여, 내가 비밀 한 가지를 밝히겠다.
신들의 비밀 한 가지를 그대에게 말하겠다.
식물 한 가지가 있는데,
그 뿌리는 가시투성이의 딸기나무 뿌리 같고
그 가시는 찔레나무의 넝쿨 같으며,
그 가시가 그대의 손을 찌를 것이다.
혹 그대 손에 그 식물이 들어가게 된다면
그대는 새 생명을 찾게 되리라."

그 다음에 나오는 내용을 통해, 우리는 그 식물이 물속에서 자란다는 것을 알 수 있다.

길가메시는 그 말을 듣자마자
배수관을 열었다.
그는 무거운 돌을 양발에 묶었다.
돌 무게 때문에 길가메시는 물속 깊이 가라앉았다.
그때 길가메시는 그 식물을 보았다.
가시가 손을 찔렀지만 길가메시는 식물을 잡았다.
발에서 무거운 돌을 떼어내고
재빨리 원래의 자리로 돌아왔다.

우르샤나비와 함께 돌아오면서 길가메시는 승리에 겨워 말한다.

우르샤나비여,

이 식물은 모든 식물들 중에서 가장 독특한 것이라네.

이것을 통해 사람이 기력을 완전히 되찾을 수 있다네.

이 식물을 성벽으로 둘러싸인 우루크로 가져갈 걸세.

거기서 이 식물을 잘라 먹을 걸세.

이것의 이름은,

'늙은 인간이 젊어지는 것'이라고 부를 걸세.

나는 이 식물을 먹고

내 청춘으로 돌아가리.

「길가메시 서사시」의 여러 장면들을 보여 주는 기원전 1700년 무렵의 수메르 원통형 인장이 있는데, 이것의 왼쪽에는 반쯤 나체 상태인 길가메시가 사자들과 싸우고 있는 모습이 새겨져 있고, 오른쪽에는 길가메시가 우르샤나비에게 젊음을 지속시키는 식물을 들어 보이는 모습이 새겨져 있다. 그리고 가운데 있는 신은 특이한 나선형의 연장, 혹은 무기를 들고 있는 것으로 묘사돼 있다. 【그림73】

【그림73】 사자와 싸우는 길가메시와 젊음을 지속시키는 식물을 들고 있는 길가메시

그러나 길가메시 이후 젊음의 식물을 찾아 나섰던 모든 사람들의 이야기가 그러하듯, 길가메시는 불운을 맞는다.

길가메시와 우르샤나비가 '밤에 잠자리에 들 준비를 할 때, 길가메시는 시원한 물이 있는 샘을 발견했다. 그는 물에서 목욕을 하려고 샘으로 내려갔다'. 그때 재앙이 닥쳤다. '뱀 한 마리가 그 식물의 향기를 맡았다. 뱀이 다가와 그 식물을 가져가 버렸다.'

> 그러자 길가메시는 주저앉아 울었다.
> 그의 눈물이 얼굴을 타고 흘렀다.
> 그는 사공 우르샤나비의 손을 잡았다.
> (그가 물었다.) "누구를 위해 나의 손이 고생했나?
> 누구를 위해 내 심장의 피를 흘렸나?
> 그 귀한 은혜를 나를 위해 얻지 못했네.
> 그 은혜를 내가 뱀에게 줘 버렸네."

또 다른 수메르 인장에는 「길가메시 서사시」의 비극적 결말이 묘사돼 있다. 날개 달린 문을 배경으로 우르샤나비가 배의 노를 젓고 있고, 길가메시는 뱀과 싸우고 있다. 그리고 영생을 찾지 못한 길가메시는 죽음의 사자로부터 쫓기고 있는 것으로 그려져 있다. 【그림74】

이것이 그 후로 수없이 많은 세월 동안 서기들이 베끼고 번역하고, 시인들이 낭송하고, 이야기꾼들이 전한, 영생을 찾아 나섰다가 실패한 최초의 이야기인 「길가메시 서사시」이다.

「길가메시 서사시」는 이렇게 시작된다.

【그림74】영생을 얻지 못하고 죽음의 사자에게 쫓기는 길가메시

그 굴을 보았던 바로 그 사람의 이야기를
내가 이 나라에 전하겠네.
여러 바다를 알았던 그 사람에 대해
이야기 전부를 말해 주겠네.
그는 (…)에도 갔었네. (…)
지혜로도 알 수 없는 (…) 모든 것들.
그는 비밀스러운 것들을 보았으며,
사람들에게 숨겨진 것들을 찾아냈네.
그는 대홍수 이전 시대의
소식들도 가져왔지.
먼 여행을 떠났고
지치고 고달팠지.
그는 돌아와서 돌기둥 위에
그의 모든 수고를 새겨 기록했지.

그리고 수메르 왕들의 연대기에 따르자면, 길가메시의 이야기는 다음과 같이 끝난다.

신전의 대제사장인 인간을 아버지로 둔 신성한 길가메시는 126년간 통치했다. 길가메시의 아들 우르-루갈(Ur-lugal)이 그가 죽은 후 왕이 되었다.

8

구름을 타고 다닌 사람들

| 틸문은 어디에 있는가 |

영생을 찾아 나섰던 길가메시의 여행은 그 이후 오랜 세월 동안 많은 유사한 이야기들의 원천이 되었다. 신의 핏줄을 이어받은 반신(半神)들이나 혹은 신과 같은 지위를 가졌다고 주장하는 많은 영웅들이 지상에 있는 천국이나 신들이 사는 천상의 처소를 찾아 나섰다. 의심의 여지없이, 「길가메시 서사시」의 구체적인 내용들은 그 이후의 여행자들이 살아 있는 자의 땅에 이르기 위한 고대의 '표식'을 찾는 여행안내서 역할을 했다.

그런데 여러 이야기에 등장하는 표식들, 즉 인간이나 신이 만든 것으로 보이는 동굴, 복도, 에어로크, 방사능 방, 새-인간(鳥人) 혹은 '독수리', 그리고 그 밖의 다른 중요한 수많은 세부 사항들이 단순히 우연이라고 보기에는 너무나 많고 또 비슷하다. 그러나 「길가메시 서사시」를 보면, 영생을 찾을 수 있는 곳의 정확한 위치에 대해 그 후 수천 년 동안 왜 혼란이 있었는지에 대해서 알 수 있다. 요컨대 앞 장의 분석을 보면, 길가메시는 한 번의 여행을 한 것이 아니라 두 번의 여행을 했었는데, 현대나 과거의 학자들이 그런 사실을 종종 무시하고 있기 때문이다.

「길가메시 서사시」는 신들의 처소이자 솀의 장소인 틸문의 땅에 대한 이야기에서 그 절정에 이른다. 그곳에서 길가메시는 영생을 얻은 자신의 선조를 만났고, 영원한 젊음을 유지하게 해주는 식물을 얻는다. 그곳이야말로 그 이후 수천 년 동안 인간이 신을 만났던 곳이며, 인간의 역사에 영향을 미쳤던 사건들이 일어난 곳이었다. 그리고 그곳이 바로 하늘에 이르는 계단인 두아트가 있었던 곳이라고 여겨진다.

그러나 그곳이 길가메시의 첫 번째 목적지는 아니었기 때문에, 우리는 길가메시가 여행했던 것과 동일한 길로 그의 발자취를 따라가 봐야 할 것이다. 영생을 찾아 나섰던 길가메시의 첫 번째 목적지는 틸문이 아니라, 거대한 삼목나무 숲 안에 있던 삼목나무 산의 '착륙장'이었다.

크레머(S. N. Kramer)를 비롯한 많은 학자들은 샤마시가 틸문에서뿐만 아니라 '삼목나무의 땅'에서도 '올라갈' 수 있었다는 수메르인들의 기록을 '신비스럽고 수수께끼' 같은 표현이라고 언급한 바 있다. 그 수수께끼에 대한 답은, 틸문에는 먼 하늘로 갈 수 있는 우주선 기지가 있었고, 신들이 그곳으로부터 지구의 '여러 하늘에 닿을 수 있게 하는 착륙 장소'는 별도로 있었다는 사실에서 찾을 수 있다. 이런 사실은 신들에게 두 가지 형태의 우주선이 있었다는 것에서도 확인할 수 있다. 하나는 틸문에서 발사되던 기르(GIR)라는 우주선이었고, 다른 하나는 수메르인들이 말하는 '천상의 방', 즉 무(MU)였다. 이집트인들이 벤벤이

【그림 75】 하늘을 나는 기르

라고 불렀던 수메르의 무는 기르의 가장 윗부분인 우주선의 사령실로, 지구 대기권에서는 따로 분리되어 자체적으로 비행이 가능했던, 네필림들의 높은 과학 기술의 산물이었다.

고대인들은 기르가 격납고에 있거나【그림 27 참조】하늘을 날고 있는 모습【그림 75】을 보았다. 그러나 고대인들이 더 빈번하게 묘사했던 것은 오늘날 흔히 '미확인 비행물체'라고 불리는 '천상의 방', 즉 무였다. 이스라엘의 족장이었던 야곱이 꿈에서 본 것도 이시타르의 천상의 방과 매우 비슷한 것이었으며【그림 66 참조】, 선지자 에스겔이 묘사한 날아다니는 바퀴도 아시리아인들이 구름 사이를 날아다니는 신이 타고 다녔다고 생각했던 둥근 천상의 방【그림 76a】과 흡사하다. 예리코(Jericho, 구약의 여리고)의 요단 강 건너편에 있는 한 유적지에서 발견된 그림을 보면, 그런 둥근 모양의 비행체들은 착륙할 때는 세 개의 발을 내렸던 것으로 보인다.【그림 76b】 아마도 선지자 엘리야가 타고 하늘로 올라갔다는 불에 휩싸인 회오리바람도 그런 둥근 모양의 비행체였을 수 있다.

구름을 타고 다닌 사람들

【그림 76a】 아시리아의 하늘을 나는 신

【그림 76b】 세 개의 다리를 가진 천상의 방

    수메르인들이 '독수리'로 묘사했던 것과 마찬가지로, 다른 모든 고대의 민족들도 하늘을 나는 자신들의 신을 날개가 달린 모습으로 그렸다. 또한 그런 날개 달린 존재는 유대교와 기독교에서도 날개가 달린 그룹이나 날개가 달린 하나님의 천사(문자 그대로의 뜻으로는 사자 혹은 심부름꾼)라는 개념에 남아 있다. 【그림 77】

    이를 다시 정리해 보면 틸문은 '우주선 기지'였고, 삼목나무 산은 '착륙 장소'였다. 그 착륙 장소는 '이시타르가 오고 가던 곳'이며, 신들의 공항 같은 곳이다. 이처럼 길가메시가 처음 찾아 나섰던 곳은 신들의 우주선 기지가 아닌 신들의 공항이었다.

    틸문이 어디에 있는지를 알아내는 것은 어려운 일이지만, 삼목나무 숲의 위치를 확인하는 것은 그다지 어렵지 않다. 키프로스 섬 일부에 삼목나무가 자라는 것만 빼면, 근동에서 삼목나무 숲이라고 부를 수 있는 곳은 레바논의 산악지대 단 한 곳뿐이다. 45미터 높이까지 자라는 그곳의 장엄한 삼목나무들은 구약에서도 자주 언급되는 찬탄의 대상이며, 아주 오래전부터 고대의 여러 민족들에게 매우 특별한 것으로 잘 알려

【그림77】 날개 달린 신을 보여 주는 고대의 다양한 그림들

져 있었다. 구약과 다른 근동 지역의 기록들을 통해 알 수 있듯이, 레바논의 삼목나무는 특히 '신들의 집'인 신전을 짓고 장식하는 데 많이 쓰였다. 「열왕기상」을 보면 솔로몬이 예루살렘 성전을 짓는 과정이 나오는데, 거기서도 삼목나무가 강조된다. 왜냐하면 솔로몬이 여호와 하나

님이 자신에게 '백향목(한글 성경에서는 삼목나무를 백향목으로 번역하고 있다-옮긴이) 집을 지어 주지 않은 것'을 불평한 것을 듣고 성전을 짓기 시작하기 때문이다.

구약의 하나님은 삼목나무에 대해 무척 잘 알고 있는 것으로 그려지고 있으며, 인간들의 지도자나 어떤 민족을 종종 삼목나무에 비유하고 있다. '앗시리아는 한때 레바논의 백향목이었다. 그 가지가 아름답고, 그 그늘도 숲의 그늘과 같았다. (…) 너는 물을 넉넉히 먹고 큰 나무가 되었다(「에스겔서」 31 : 3~4).' 그러나 하나님의 진노가 그 나무를 꺾었으며 그 가지를 부러뜨렸다. 인간의 힘만으로는 결코 삼목나무를 기를 수 없음을 강조한 표현으로 생각되는데, 실제로 구약에는 삼목나무를 기르려고 했다가 완전히 실패한 일도 기록돼 있다. 그것이 실제 있었던 일인지 아니면 단순한 비유인지는 분명치 않지만, 바빌론의 어떤 왕이 삼목나무를 기르려고 했던 일에 대해 구약은 다음과 같이 말하고 있다. '그는 레바논으로 가서 삼목나무의 맨 윗가지를 꺾어' 심은 후에 가장 좋은 씨앗을 얻었다. 그 씨앗을 '그는 비옥한 땅의 큰 물가에 심었다'. 그러나 정작 자란 것은 키 큰 삼목나무가 아니라 버드나무처럼 보이는 나무였고, '키가 작고 넓게 퍼지는 넝쿨 같은 것'이었다.

반면에 구약의 하나님은 어떻게 삼목나무를 기르는지 알고 있었다.

주 하나님이 말한다.
"내가 백향목 끝에 돋은 가지를
꺾어다가 심겠다. (…)
내가 직접 높이 우뚝 솟은 산 위에 심겠다. (…)
거기에서 가지가 뻗어 나오고, 열매를 맺으며,

아름다운 백향목이 될 것이다."

_「에스겔서」 17 : 22~23

   하나님이 이런 지식을 알고 있었던 이유는 삼목나무가 '신들의 과수원'에서 자랐기 때문임이 분명하다. 구약에서는 삼목나무에 견줄 수 있는 나무는 없으며, '하나님의 동산에 있는 에덴의 나무들이 모두 너(백향목)를 부러워하였다'고 기록하고 있다(「에스겔서」 31 : 9). 히브리어로 정원 혹은 과수원을 뜻하는 '간(Gan)'이라는 단어는 'gnn'이라는 어근에서 나왔는데, 그것은 '보호하다' '지키다'는 뜻을 지니고 있어서 보호된 지역 혹은 제한된 지역이라는 의미를 담고 있다. 「길가메시 서사시」에 등장하는 삼목나무 숲도 독자들에게 같은 뜻을 전달하고 있다. 그 숲은 '인간들에게 공포 그 자체'인 불같은 전사들이 지키는 '길게 뻗어 있는' 곳이며, 그 숲으로 들어가려는 침입자는 손만 대도 온몸을 마비시키는 문을 통과해야만 한다. 그 문 안에는 '아눈나키들의 비밀 처소'와 '샤마시가 있는 지하의 장소'인 '명령이 내려지는 밀실'로 이어지는 동굴이 있었다.

   길가메시는 샤마시의 허락과 도움을 받았었기 때문에 착륙 장소에 거의 도착할 뻔했었다. 그러나 길가메시가 이시타르의 청을 거절한 후 분노한 이시타르가 일을 완전히 망쳐 버렸다. 그렇지만 구약에 등장하는 다른 왕의 경우는 길가메시와 달랐다. 그 왕은 삼목나무 산에서 그리 멀리 떨어지지 않은 레바논 해안의 도시 국가인 티레(Tyre, 구약의 두로)의 왕이었는데, 그가 성스러운 산을 찾아갈 수 있도록 하나님이 인도해 주었다고 한다. 【그림78】

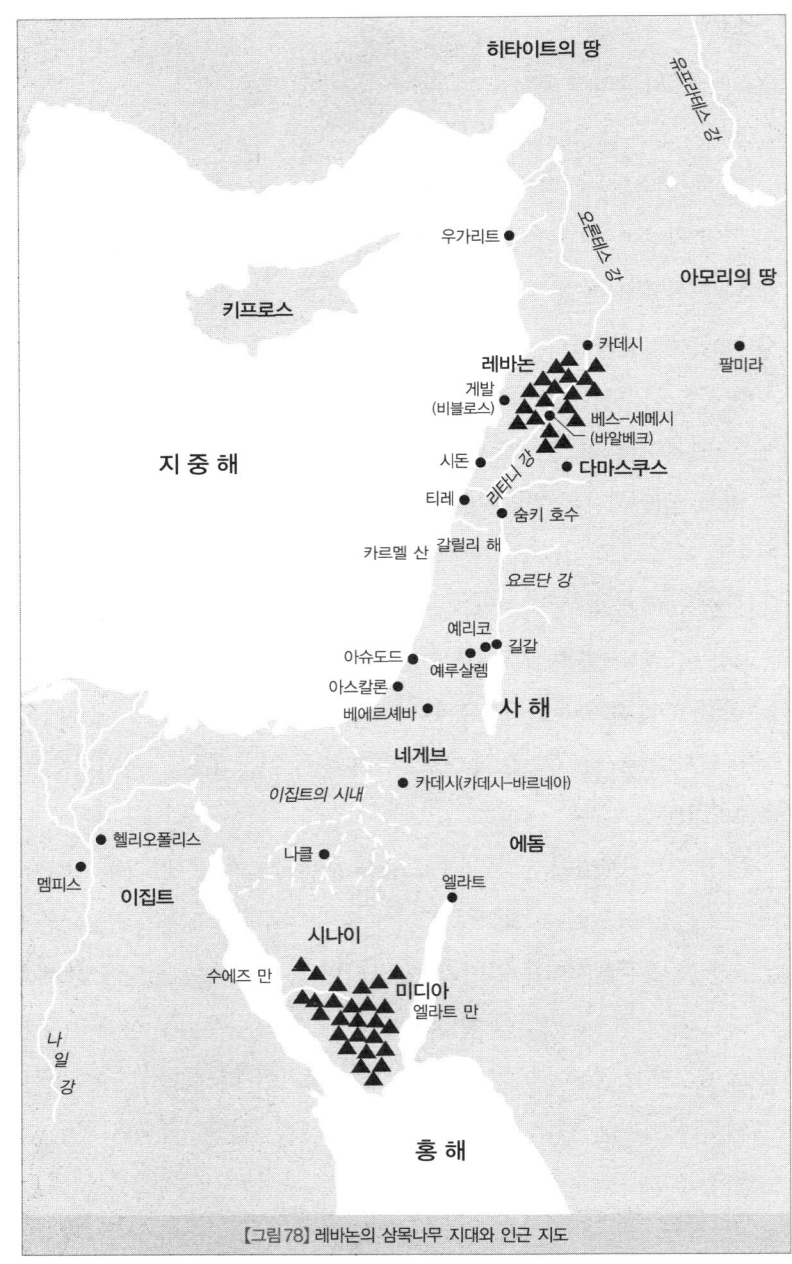

[그림 78] 레바논의 삼목나무 지대와 인근 지도

너는 옛날에

하나님의 동산 에덴에서 살았다.

너는 온갖 보석으로 네 몸을 치장하였다. (…)

나는 그룹을 보내어,

너를 지키게 하였다.

너는 하나님의 거룩한 산에 살면서,

불타는 돌들 사이를 드나들었다.

_「에스겔서」 28 : 13~14

  길가메시가 초대도 받지 못한 채 신들의 착륙 장소로 들어가려고 한 데 반해, 티레의 왕은 그곳의 출입을 허락받았을 뿐만 아니라 그룹 천사처럼 '불타는 돌'을 타고 날아다니기도 했다는 것을 알 수 있다. 그래서 티레의 왕은 자신을 '신'이라고 부르고, 자신이 '바다 한가운데 신의 자리에 앉아 있다'고까지 말하게 된다(「에스겔서」 28 : 2). 하지만 선지자 에스겔은 티레의 왕에게 그의 교만함 때문에 그가 잔인한 외국인들의 손에 죽게 될 것이라고 예언한다.

  앞서 보았듯이 구약 시대의 히브리 사람들과 그 북쪽의 이웃 민족들은 자신들보다 1,000년 전쯤에 길가메시가 들어가려고 했던 삼목나무 산에 있는 착륙 장소의 위치가 어디인지, 그리고 그곳이 어떤 곳인지에 대해 잘 알고 있었다. 무엇보다 오래전부터 전해져 내려오는 고대의 기록과 그림들이 그 장소의 기능과 존재에 대해 입증하고 있다.

  구약은 삼목나무를 기르려고 했던 왕의 이야기를 하면서, 그 왕이 삼목나무 가지에서 얻은 햇순을 '상인들의 땅으로 가지고 가서' '상인들의 성읍'에 두었다고 한다. 여기서 상인들의 땅과 상인들의 성읍을 찾기 위해 멀리까지 갈 필요는 없다. 레바논 해안을 따라 북쪽 아나톨리아에서 남쪽 팔레스타인 사이에는 몇몇 가나안 해안 도시들이 있었는데, 모두가 국제 무역을 통해 부와 권력이 늘어난 곳들이었다. 그중에서도 구약을 통해 가장 유명해진 곳이 티레(두로)와 시돈(Sidon, 현재 레바논의 사이다Saida)이었으며, 두 곳 모두 수천 년 동안 무역과 해운업의 중심지였다. 그 도시들의 명성은 페니키아의 통치자들이 지배하던 시절에 절정에 달했었다.

그 밖에도 아시리아 침략자들에 의해 파괴된 후 폐허가 되어 땅속에 묻혔던 또 다른 도시가 있었는데, 그곳은 히타이트 제국과 국경을 맞대고 있던 가나안 민족의 최북단 전초기지 역할을 했던 것으로 추측된다. 그 도시의 유적은 1928년에 라스 샴라(Ras Shamra)라고 불리는 산 근처에서 새 경작지를 일구던 한 농부에 의해 우연히 발견됐다. 이어진 광범위한 발굴 작업 결과, 우가리트(Ugarit)라는 고대의 도시가 알려지게 되었다. 그 지역에서 거대한 왕궁과 바알(Ba'al, 주님) 신에게 바쳐진 신전 그리고 수많은 예술품까지 엄청난 수의 유물이 출토되었다. 그러나 그중 진짜 보물은 수십 개의 점토판이었는데, 거기에는 구약의 히브리어와 흡사한 '서부 셈족어'로 쓰인 설형문자가 적혀 있었다. 【그림79】 그 점토판의 내용들이 비롤로드(Charles Virollaud)에 의해 소개되면서, 상대적으로 잘 알려지지 않았던 가나안 사람들의 삶과 풍습, 그리고 그들이 믿었던 신에 대해 보다 많은 내용이 세상에 알려지게 되었다.

가나안 신들 중 최고의 신은 엘(El)이었다. 엘이라는 단어는, 히브리어로는 구약에 쓰인 '신(deity)'을 일반적으로 부르는 말이었으며, 아카드어인 일루(Ilu)에서 파생된 것인데, 문자 그대로 해석하자면 '높은 자'라는 뜻이다. 그러나 신과 인간에 대한 가나안의 이야기들에 등장하

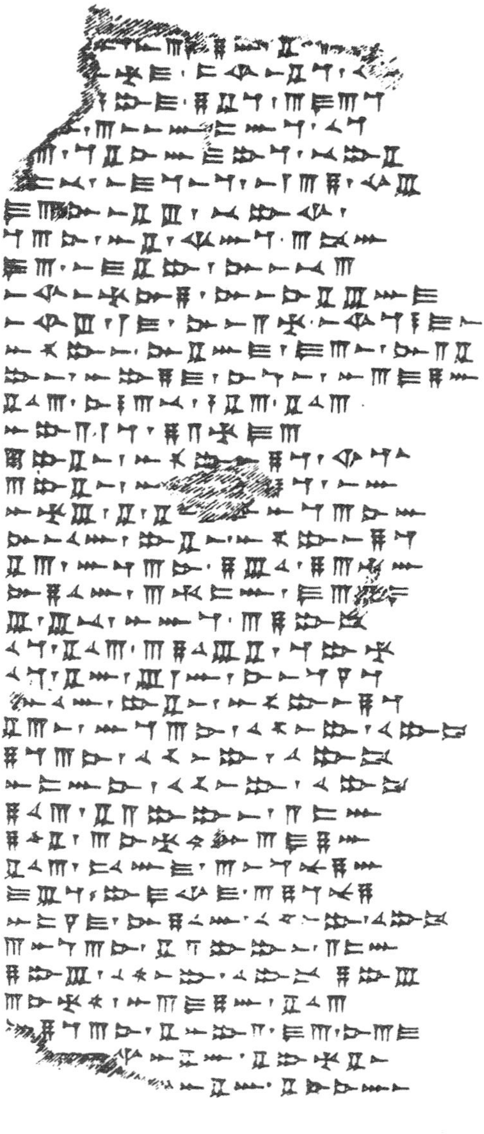

【그림79】 우가리트에서 발견된 점토판의 일부

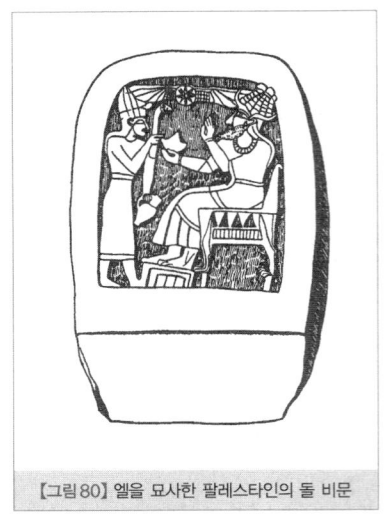
【그림 80】엘을 묘사한 팔레스타인의 돌 비문

는 엘은, 인간적인 문제와 신적인 문제 모두에 대해 최종적인 권한을 갖고 있었던, 실제로 존재하던 신의 고유한 이름이었다. 엘은 모든 신들의 아버지였을 뿐만 아니라 아브 아담(Ab Adam, 인간의 아버지)이기도 했다. 또 그의 별명은 온유한 자 혹은 자비로운 자였다. 팔레스타인 지역에서 발견된 돌 비문을 보면, 엘이 자기 왕좌에 앉아 그의 많은 아들들 중 한 명으로 추정되는 어떤 신으로부터 마실 것을 대접받는 모습이 그려져 있다.【그림 80】엘은 원뿔 모양의 뿔이 달린 모자를 쓰고 있는데, 그것은 고대 근동 지역 전역에서 그가 가장 신성한 존재임을 드러내는 표시였다. 또한 그림에는 신들의 행성을 상징하는 날개 달린 천체의 존재가 두드러지게 묘사돼 있다.

'아주 오래전'에는 엘이 하늘과 땅을 모두 관장하는 신이었다. 그러나 우가리트에서 발견된 점토판에서 언급된 사건들이 일어난 무렵에는, 반쯤 은퇴하여 일상적인 일에는 관여하지 않고 있었다. 그의 거처는 '두 개의 물 상류'에 있는 '산속'에 있었다. 거기서 엘은 자신의 왕좌에 앉아 사신들을 접견하고 신들의 회의를 주재했으며, 젊은 신들 사이에 계속되는 분쟁을 해결하려고 애썼다. 어떤 기록에 따르면 엘의 자식이 70명에 이르렀다고 하는데, 분쟁을 일으키는 젊은 신들 대부분이 엘의 자녀였다고 한다. 그의 자식들 중 30명은 엘의 정식 배우자인 아세라

(Asherah)로부터 얻었고, 나머지 자식들은 여러 정부로부터 얻었다. 【그림81】 그리고 정부들 중에는 인간 여성도 포함되어 있었다고 한다. 엘의 여성 편력은 여러 기록에 등장하는데, 시적으로 쓰인 어떤 기록에는 우연히 해변을 거닐다 보게 된 벌거벗은 엘의 성기에 매료돼 결국 엘의 아들을 낳게 되는 두 명의 여인에 대한 이야기가 담겨 있을 정도

【그림81】 엘의 정식 배우자인 아세라의 모습

다. 성기가 큰 엘의 이런 특징은 페니키아의 동전에 날개 달린 신으로 그려진 엘의 모습에서도 찾아볼 수 있다. 【그림82】

그러나 엘의 가장 중요한 자식은 세 명의 아들과 한 명의 딸이었다. 세 명의 아들은 얌(Yam, 대양 혹은 바다)과 바알(Ba'al, 주님) 그리고 모트(Mot, 쳐부수는 자 혹은 멸절시키는 자)였으며, 딸은 아나트(Anat, 대응하는 여인)였다. 그들의 이름과 그들 사이의 관계는 그리스의 신들인 포세이돈(바다의 신)과 제우스(신들의 주인) 그리고 하데스(지하세계의 신)와 명백히 일치한다. 바알은 제우스처럼 항상 번개를 뿜는 미사일로 무장하였고 황소를 자신의 상징으로 삼았다. 【그림82】 제우스가 티폰(Typhon)과 싸울 때 홀로 제우스 곁을 지켰던 이는 제우스의 딸이자 전쟁과 사랑의 여신이었던 아테나였고, 이집트의 이야기에서는 이시스(Isis)가 홀로 자기 오빠이자 남편인 오시리스(Osiris)의 곁에 있었다. 그와 마찬가지로, 바알이 자신의 동생들과 싸울 때는 그의 여동생이자 연

【그림 82】 페니키아 동전에 묘사된 엘(왼쪽)과 번개로 무장한 바알(오른쪽)

인이었던 아나트가 그를 도우러 왔다고 한다. 아테나와 마찬가지로 아나트는 한편으로는 자신의 나체의 아름다움을 한껏 뽐내는 '처녀'의 모습으로 묘사됐고, 다른 한편으로는 용감함을 상징하는 사자로 묘사되는 전쟁의 여신이기도 했다. 【그림 83】 구약에서는 아나트를 아스다롯(Ashtoreth)이라고 불렀다.

고대 이집트의 신앙 속에 등장하는 신들의 모습도 그리스 신화만큼이나 가나안의 신들과 유사성을 지니고 있다. 이시스는 가나안의 도시였던 비블로스(Byblos)에서 오시리스의 유해들을 발견해 오시리스를 부활시켰다. 마찬가지로 바알도 모트에 의해 공격당해 죽었지만 아나트에 의해 다시 생명을 얻었다. 오시리스의 적이었던 세트(Seth)는 이집트의 기록에서는 종종 '사폰의 세트(Seth of Saphon)'라고 불렸는데, 바알도 '자폰의 주님(Lord of Zaphon)'이라는 이름을 갖고 있었다. 가나안 시대와 일치하는 이집트 신왕조 시대의 기념물들은 종종 가나안의 신들을 이집트의 신들인 것처럼 묘사하면서, 그들의 이름을 민

【그림83】 엘의 딸이었던 여신 아나트

(Min), 레세프(Reshef), 카데시(Kadesh), 안타트(Anthat)라고 부르고 있다. 【그림84】 이처럼 우리는 고대 근동 지역 전체에서 서로 다른 명칭으로 불리기는 했지만, 같은 신들에 대한 같은 이야기가 전해지고 있었다는 것을 알 수 있다.

| 모든 신화와 성경의 원전, 수메르 이야기 |

학자들은 영생을 찾는 인간과 신들의 사랑, 죽음, 부활에 대한 모든 이야기들이 그보다 훨씬 이전에 있었던 수메르 이야기들을 반영하고 있는 것이라고 지적해 왔다. 또한 그런 이야기들에 등장하는 일화와 세부적인 내용들, 명칭들 그리고 교훈들은 구약에도 그대로 나타나는 경우가 많다. 이런 사실들을 종합해 보면, 그런 이야기들은 동일한 원전과 전통 그리고 동일한 지역에서 파생되었다는 것을 알 수 있다.

그런 예 가운데 하나로 단엘(Dan-El, 엘의 심판관)에 대한 이야기를 들 수 있는데, 히브리어로 다니엘(Daniel)로 불리던 그는 의로운 족장

[그림 84] 이집트 신왕조 시대의 기념물에 묘사된 가나안의 신들

이었지만 자신을 이을 상속자가 없었다. 단엘은 자신이 죽은 후에 자기 아들이 자신을 위해 카데시에 기념비를 세울 수 있도록, 신들에게 아들을 갖게 해달라고 간청한다. 이런 이야기를 통해 우리는 이 이야기의 배경이 남부 가나안의 네게브(Negev) 지역과 시나이 반도가 만나는 곳이라고 추측할 수 있는데, 이는 '성스러운 도시' 카데시가 그곳에 있었기

때문이다.

카데시는 구약에 등장하는 족장인 아브라함의 영역 안에 위치해 있었다. 그리고 실제로 가나안의 단엘 이야기는 늙은 아브라함과 사라 사이에 이삭이 태어나는 과정에 대한 구약의 이야기와 비슷한 부분이 많다. 「창세기」의 이야기와 비슷하게 가나안의 단엘도 자신의 대를 이을 아들을 낳지 못한 채 지내다가, 두 명의 신이 자기 집에 찾아오자 그들에게 청해 아들을 얻으려고 한다. '앞으로 나가 (…) 그는 두 신에게 먹을 것을 바쳤고, 그 두 명의 성스러운 자들에게 마실 것을 드렸다.' 그 두 명의 성스러운 손님들 중 한 명은 '치료의 보시자(普施者)'인 엘이었고, 다른 한 명은 바알이었다. 그들은 단엘과 일주일 동안을 지냈는데, 그 기간 내내 단엘은 두 신에게 애원했다. 마침내 바알이 '엘에게 단엘의 간청을 받아들일 것'을 청한다. 엘도 그 청을 받아들여 '그의 종(단엘)의 손을 잡고' 그에게 '생기(spirit)'를 허락했고, 이윽고 단엘의 생식 능력이 회복된다.

> 생명의 숨으로 단엘은 원기를 되찾았고 (…)
> 생명의 숨으로 단엘은 생기를 회복했다.

여전히 의심하는 단엘에게 엘은 아들이 태어날 것이라고 약속한다. 엘은 단엘에게 침대로 올라가 아내에게 입 맞추고 껴안으라고 하면서, '수태하여 임신함으로 그 여자가 단엘에게 남자 아이를 낳아 주리라'고 말한다. 그리고 구약의 이야기에서와 마찬가지로 족장 단엘의 아내는 정당한 상속자를 낳아 확고하게 대를 잇게 해준다. 그들은 아들의 이름을 아카트(Aqhat)라고 지었고, 신들은 그를 나아만(Na'aman, 유쾌한 자)이라는 별명으로 불렀다.

  이 아이가 자라 청년이 되었을 때, 신들의 기술자가 그를 위해 특별한 활을 선물로 주었다고 한다. 그러나 이 일로 인해 그 활을 갖고 싶어 했던 아나트의 질투를 불러일으킨다. 아나트는 그 활을 얻고자 아카트에게 그가 원하는 것이라면 금이든 은이든, 심지어는 영생이라도 주겠다고 약속한다.

  오, 젊은 아카트여, 생명을 청하라.
  생명을 청하면 내가 그대에게 생명을 주리라.
  불멸을 (청하라).
  그러면 불멸을 그대에게 주리라.
  바알과 함께 그대는 살아갈 햇수를 셀 것이다.
  엘의 아들들과 함께 그대는 살아갈 달들을 세리라.

  아나트는 아카트에게 신들만큼 오래 살게 해줄 뿐만 아니라 생명을 주는 신들의 의식에 참석할 수 있도록 해줄 것이라고도 약속한다.

  바알은 생명을 허락할 때
  잔치를 연다.
  생명을 받은 자를 위한 잔치를 그가 연다.
  바알이 생명을 받은 자에게 마실 것을 내리고,
  그를 위해 부드럽게 노래하고 찬미한다.

  그러나 아카트는 인간이 죽음의 운명을 피할 수 있다고 믿지 않았으며 활을 포기하고 싶지도 않았다.

> 아름다운 여인이여, 거짓을 말하지 마소서.
> 영웅에게는 당신의 거짓말이 가증스러울 뿐입니다.
> 어찌 인간이 이생 이후의 삶을 얻을 수 있겠습니까?
> 어찌 죽어야 할 인간이 영원을 얻을 수 있겠습니까?
> 모든 인간의 죽음을 나도 맞게 될 것입니다.
> 그렇습니다. 나도 분명히 죽을 것입니다.

게다가 아카트는 아나트가 원하는 활은 여자가 쓰라고 만들어진 것이 아니라 자신과 같은 전사들을 위해 만들어진 것이라고 말한다. 이에 모욕을 느낀 아나트는 '땅을 가로질러' 엘의 거처로 가서 아카트를 공격할 수 있도록 허락해 달라고 청한다. 엘은 수수께끼 같은 대답을 하면서 어느 정도까지의 보복만 허락한다.

아나트는 잔꾀를 부린다. 아나트는 '1천 개의 들을 지나, 광대한 들판을 지나' 아카트에게 돌아온다. 그리고 마치 아카트와 화해하고 사랑에 빠진 것처럼 웃고 떠든다. 아나트는 아카트를 '젊은 아카트'라고 부르면서 '너는 내 동생이고 나는 네 누이다'라고 말한다. 아나트는 아카트에게 '신들의 아버지, 곧 달의 주님'의 도시로 함께 가자고 설득한다. 거기서 아나트는 그의 활을 뺏기 위해 타판(Taphan)에게 '아카트를 살해' 한 후 '그를 다시 살려내라'고 명령한다. 즉 아나트가 아카트의 활을 빼앗을 정도의 시간만큼만 아카트에게 일시적인 죽음을 내리라고 말한 것이다. 타판은 아나트의 지시에 따라 '아카트의 머리를 두 번, 귀 위를 세 번 때렸다'. 그러자 아카트의 '영혼이 수증기처럼 사라졌다'. 하지만 아카트가 되살아나기 전에 (아나트가 정말 아카트의 부활을 의도했는지도 의심스럽기는 하지만) 독수리들이 그의 몸을 찢어 버렸다. 이 끔찍한 소식이 단엘에게 전해졌다. 그때 단엘은 '대문 앞에 있는 튼튼한 나무 아래 앉아 과부의 소송을 재판하고 고아들의 청원을 심판하고 있었다'. 단엘이 바알의 도움으로 흩어진 아카트의 몸을 찾아 나섰으나 소득이 없었다. 그러자 아카트의 여동생이 복수를 하겠다는 생각으로 변장을 하고 타판의 처소로 가서, 그를 술 취하게 한 후에 살해하려고 한다. 결국에는 아카트가 부활했다는 행복한 결말이 예상되지만, 안타깝게도 그 부분의 서판은 사라지고 없다.

중요한 사건의 중심지가 레바논의 산악지대에서 '달의 주님의 도시'로 옮겨가는 것은 「길가메시 서사시」에서도 발견되는 요소다. 고대 근동 전역에 걸쳐 달과 관련된 신은 '신(Sin)'이었는데, 원래 수메르에서는 난나르(Nannar)라고 불렸다. 우가리트에서는 그를 '모든 신들의 아버지'라고 불렀으며, 실제로도 '신'은 이시타르와 그녀의 남자형제들의 아버지였다. 앞에서 살펴본 것처럼, 삼목나무 산에 있는 착륙 장소를 지나서 자신이 목적하던 장소로 가려던 길가메시의 첫 번째 여행은 이시타르에 의해 좌절됐는데, 이시타르는 길가메시가 자신의 유혹을 거절하자 하늘의 황소를 이용해 길가메시를 죽이려고 했다. 또 길가메시가 틸문을 향해 가던 두 번째 여행에서는 성벽으로 둘러싸인 '신(Sin)에게 바쳐진' 도시에 도착한다.

길가메시가 위험하고 긴 여행 끝에 '신'의 지역에 도착한 반면, 아나트는 이시타르가 그랬던 것처럼 한 장소에서 다른 장소로 재빨리 이동할 수 있었다. 왜냐하면 그녀는 걷거나 나귀를 타고 여행한 것이 아니라 날아다녔기 때문이다. 메소포타미아의 기록에는 이시타르의 비행 여행과, '하늘을 가로지르고, 땅 위를 가로질러' 돌아다니는 그녀의 능력에 대한 이야기가 많이 등장한다. 아시리아의 종교 중심지 아슈르(Ashur)에 세워진 이시타르 신전에 있는 그녀의 모습을 보면, 고글을 쓰고 머리에 딱 맞는 헬멧과 길게 늘어뜨려진 '이어폰' 혹은 상자가 달린 옷을 입고 있는 것으로 묘사돼 있다. 【그림58의 8 참조】 유프라테스 강 유역의 마리(Mari) 유적지에서는 실물 크기의 여신상이 발견됐는데, 그 여신상은 '블랙박스'와 이어폰이 내장된 뿔이 달린 헬멧, 호스 등 우주 비행사의 특징을 가진 많은 물건들을 지니고 있다. 【그림85】 또한 '새처럼 하늘을 나는' 능력은 우가리트에서 발견된 점토판에 등장하는 모든 가나안 신들의 특성이기도 했다.

그러한 것들 중에 학자들이 '케레트 왕의 전설(The Legend of King Keret)'이라고 부르는 이야기를 보면, 어떤 여신이 누군가를 구하기 위

【그림85】 마리에서 발견된 우주 비행사를 닮은 여신상

해 하늘을 날아가는 내용이 기록되어 있다. 케레트는 왕의 고유한 이름이면서 동시에 그 왕이 다스렸던 도시의 이름이었을 것으로 추측된다. 그 이야기의 주제는 영생을 찾는 인간의 노력이라는 점에서 「길가메시 서사시」의 주제와 동일하다. 그러나 이야기 자체는 구약에 등장하는 욥의 이야기와 매우 흡사하게 시작되며, 욥 이야기와 유사한 다른 많은 요소들을 갖고 있다.

구약에 따르면 욥은 '우트즈(Utz, 충고의 땅, 구약의 우스)'의 땅, 즉 '동쪽의 아들들'의 지배하에 있는 영토에 살던 의인이자 '깨끗한' 사람이었다. 모든 것이 순조롭던 욥에게 어느 날 문제가 생기게 된다. '하루는 하나님의 아들들이 와서 주님 앞에 섰는데, 사탄도 그들과 함께 서 있었다.' 욥을 시험해 보라는 사탄의 설득으로 하나님은 욥의 자식들과 재산을 모두 잃게 하고, 그 다음에는 온갖 질병으로 욥을 괴롭혀도 좋다는 허락을 내린다. 욥이 애통해 하며 고통 중에 앉아 있을 때 욥의 세 친구가 그를 위로하러 온다. 구약의 「욥기」는 욥과 그의 친구들이 삶과 죽음의 문제 그리고 하늘과 땅의 풀리지 않는 의문들에 대해 나눈 대화를 기록한 것이다.

신세가 처량해진 것을 한탄하던 욥은 '광장에, 그리고 케렛(Keret)의 문들에 내 자리가 항상 있었다'고 말하며 자신이 존경받던 옛 시절을 그리워한다. 욥은 그 시절에는 자신이 '불사조처럼 오래 살고, 나를 만든 사람과 함께 죽을 것'으로 믿었다며 과거를 회상한다. 그러나 모든 것을 잃고 질병으로 고통을 받던 욥은 그 자리에서 죽음을 느낀다.

그때 남방에서 욥을 찾아온 친구가 '사람은 고통 속에서 태어나며 오직 레쉐프(Reshef, 역병의 신, 파괴의 신, 또는 악마를 뜻함)의 아들만이 높은 곳으로 날아오를 수 있다'고 욥에게 말하면서, 인간은 결국 죽을 수밖에 없는 운명인데 왜 그리 비통해 하느냐고 위로한다.

그러나 욥은 '하나님의 정수가 내 몸 안에 있다'고 하면서, '그 빛이 내 영혼을 먹이고 있기' 때문에 문제가 그렇게 간단치 않다는 수수께끼 같은 대답을 한다. 그렇다면 욥은 자신이 일부 신성한 피를 물려받았다고 말하고 있는 것일까? 그래서 길가메시처럼 영원한 젊음을 유지하는 불사조처럼 살고, 자기를 '만든 사람'이 죽을 때만 자기도 죽을 것이라고 기대했었다는 것일까? 그러나 어쨌든 이제 욥은 자신이 '영원히 살지 못하고, 자신의 살날이 수증기 같다'는 것을 깨닫게 된다.

케레트 왕에 대한 이야기 역시, 원래는 부유했던 사람이 질병과 전쟁을 연속적으로 겪으면서 갑자기 아내와 자식들을 잃어버린다는 내용이다. '그는 자기 자식들의 죽음을 보았고 (…) 자신의 영화가 완전히 끝난 것을 보았다.' 그리고 그는 전쟁이 '자신의 왕좌를 완전히 붕괴시켜' 왕조가 끝났다는 것을 깨닫게 된다. 그의 슬픔과 탄식은 매일 늘어만 갔고, '그의 침상은 눈물로 젖었다'. 그는 매일같이 신전의 '내실로 들어가 신들에게 울며 기도했다. 마침내 엘이 '케레트가 왜 우는지' 알아보기 위해 '그에게로 내려왔다'. 이야기의 바로 이 부분에서 케레트가 신성한 피를 타고 났음이 밝혀지는데, 케레트는 엘이 인간 여성을 취하여 낳은 자식이었다는 것이다.

엘은 '사랑하는 자기 아들'에게 새로운 상속자를 줄 테니 그만 슬퍼하고 다시 결혼하라고 충고한다. 케레트는 엘로부터 몸을 깨끗이 씻고 잘 단장한 후 우둠(Udum, 구약의 에돔으로 추측) 왕의 딸에게 청혼하라는 말을 듣는다. 케레트는 군대를 거느리고 선물을 싣고 우둠으로 가 엘이 지시한 대로 실행했다. 그러나 우둠의 왕은 그가 가져온 모든 금은보화를 거절했다. 우둠의 왕은 케레트가 '모든 인간들의 아버지의 육신',

즉 신의 혈통을 가졌다는 것을 알고는, 오직 한 가지 지참금만을 요구한다. 그것은 자기 딸이 케레트에게 낳아 줄 첫 번째 아들도 신의 혈통을 이어받아야 한다는 것이었다.

그것은 케레트가 결정할 문제가 아니었다. 또 결혼을 하도록 충고한 엘도 마침 주변에 없었다. 그래서 케레트는 아세라 여신의 신전으로 가서 그녀에게 도움을 청한다. 이야기의 다음 장면은 엘의 처소로 이어지는데, 아세라의 청을 젊은 신들이 지지하고 나선다.

> 그때 한 무리의 신들이 왔다.
> 위세 당당한 바알이 큰소리로 말했다.
> "오, 친절하고 온유한 엘이여,
> 순수한 혈통의 케레트를 축복하여 주소서.
> 당신의 사랑하는 청년을 기쁘게 하소서."

엘은 바알의 말에 동조해 '케레트를 축복'하면서, 일곱 아들과 여러 딸을 줄 것이라고 약속한다. 엘은 케레트의 장자가 영원을 허락받게 될 것이기 때문에 야시브(Yassib, 영원한)라는 이름을 갖게 될 것이라고 선언한다. 엘은 앞으로 태어날 케레트의 맏아들이 여신인 아세라와 아나트의 젖을 먹을 것이므로 그런 일이 가능하다고 말한다. 왕의 아들이 여신에 의해 양육됨으로써 장수하게 된다는 주제의 이야기는 모든 근동 지역 민족들의 그림에서도 확인할 수 있다. 【그림86】

신들은 자신들의 약속을 지켰다. 그러나 케레트는 부와 권력이 늘어나면서 자신의 맹세를 잊었다. 구약의 선지자였던 에스겔의 예언을 받았던 티레의 왕이 그랬던 것처럼 케레트의 마음도 점점 교만해져, 그는

【그림 86】 여신의 젖을 먹는 왕의 아들

자기 자식들에게 자신이 신의 핏줄을 받았다고 자랑하기 시작했다. 이에 분노한 아세라는 케레트에게 치명적인 질병을 주었다. 케레트에게 죽음이 임박해지자, 그의 아들들은 놀랄 수밖에 없었다. '엘의 아들이자, 친절한 자이며 거룩한 자의 자손에게' 어떻게 그런 일이 일어날 수 있는가? 케레트가 영생을 얻지 못한다면 그것은 자신들의 삶에도 분명히 영향을 미칠 일이었으므로, 케레트의 자식들은 자신들의 눈으로 보면서도 믿을 수 없는 일에 대해 케레트에게 묻는다.

아버지,
아버지의 영원한 생명 속에서 우리도 기쁨을 느꼈습니다.
아버지가 죽지 않는다는 사실에 즐거워했습니다.
그런데 아버지,

구름을 타고 다닌 사람들 287

보통 인간들처럼 아버지도 이제 돌아가시는 것인가요?

그 질문에 케레트는 침묵했지만 그것으로도 충분한 답이 되었다. 그러자 아들들은 신들에게 질문한다.

어떻게 이렇게 말할 수 있나요?
케레트가 엘의 아들이요,
친절한 자의 후손이요,
거룩한 자의 자손이라고.
그렇다면 신도 죽는 것인가요?
친절한 자의 후손도 살지 못하는 것인가요?

이에 당황한 엘은 다른 신들에게 묻는다. '신들 중에 누가 이 아픔을 없애고 이 질병을 내몰 수 있는가?' 엘이 일곱 번이나 그렇게 말했지만, '신들 중 아무도 엘의 말에 답하지 않았다'. 절망에 빠진 엘은 신들의 기술자와 그 기술자의 조수이자 모든 마술을 알고 있는 기술의 여신에게 호소한다. 엘의 호소에 답해 '질병을 없애는 여인'인 여신 사타콰트(Shataquat)가 하늘로 날아올랐다. '사타콰트는 100개의 마을 위를 지나고 수많은 작은 마을들을 지나 날았다.' 간신히 시간에 맞춰 도착한 그녀는 케레트를 살려 낸다. 그렇지만 이 이야기는 행복하게 끝나지 않는다. 왜냐하면 그의 맏아들이 케레트가 아들인 자신을 위해 영생을 포기했다고 주장하고 나섰기 때문이다.

자폰의 정상을 차지하려는 신들의 싸움

고대의 사건들을 이해하기 위해 보다 더 중요한 것은 신들에 대한 이야기를 직접 다루고 있는 몇 개의 서사시들이다. 그런 서사시들을 보면 하늘을 나는 신들의 능력은 당연한 것으로 여겨졌고, 그들의 안식처인 '자폰(Zaphon)의 정상'은 우주 비행사들의 휴식처로 묘사되고 있다. 그런 이야기들에서 가장 핵심적인 신으로 등장하는 것이 바알과 아나트였는데, 그 둘은 오누이이면서 동시에 연인 사이였다. 바알은 흔히 '구름을 타고 다니는 자'라고 불렸는데, 이는 구약에서도 자신들의 신을 부를 때 사용하던 명칭이었다. 아나트의 비행 능력은 신과 인간들 사이의 관계에 대한 이야기에서도 명백하게 나타나지만, 신들에 대한 이야기에서는 더욱 강조되곤 했다.

그런 이야기들 중 하나에서, 아나트는 바알이 '사마크(Samakh)의 낮은 물가'로 고기를 잡으러 갔다는 말을 듣게 된다.【그림87】이 지역은 이스라엘 북부에 있는 숨키 호수(Lake Sumkhi, 물고기들의 호수)로 지금도 그때와 같은 이름으로 불리고 있는데, 요단 강이 갈릴리 해로 흘러 들어가는 지점이며 여전히 물고기와 야생 동물의 보금자리로 유명하다. 소식을 들은 아나트는 바알을 찾아간다.

> 처녀 아나트가, 그녀가 날개를 올렸다.
> 그녀가 날개를 올리고 날아갔다.
> 들소들이 가득한
> 사마크의 초원 한가운데로 (…)

아나트를 본 바알은 그녀에게 땅으로 내려오라고 부탁한다. 그러나

[그림87] 사마크에서 고기를 잡고 사냥을 하는 바알

아나트는 숨바꼭질하듯 장난을 계속한다. 짜증이 난 바알은 아나트에게 '공중에서 나는 동안' 자기가 '그녀의 뿔에 기름을 부어 주기를', 즉 성교를 하기를 바라느냐고 묻는다. 그러나 여전히 아나트를 찾을 수 없자, 바알도 '하늘로 올라가' '자폰의 정상'에 있는 자신의 옥좌로 간다. 장난기 많은 아나트도 '자폰에서 즐기기 위해' 곧 나타난다.

그러나 두 신이 여유롭게 즐기는 일은 바알이 지구의 왕자라는 지위를 차지하고 북쪽 땅의 지배자로 인정되는 훗날에야 진정으로 가능한 일이었다. 왜냐하면 왕권 초기에 바알은 왕좌를 놓고 다른 경쟁자들과 생사를 건 싸움을 해야 했기 때문이다. 그런 싸움의 목적은 자레라 자폰(Zarerath Zaphon)의 자리를 얻기 위한 것이었는데, 그것은 일반적으로 '자폰의 높은 곳'으로 번역되지만 원래는 '북쪽에 있는 바위투성이의 정상'이라는 분명한 뜻을 지닌 말이다.

그 특정한 지역 혹은 요새의 지배권을 놓고 벌어진 피비린내 나는 싸움은, 신들의 수장인 엘이 나이가 들어 반쯤 은퇴한 상황이 되자 그 자리에 대한 계승권의 문제로 더욱 치열해졌다. 수메르 기록에 처음 등장하는 결혼 풍습에 따라, 엘은 자신의 이복누이인 아세라(지배자의 딸)를 공식적인 아내로 맞았다. 따라서 아세라가 낳은 첫 아들이 엘의 정당한 상속자가 되었다. 그러나 아세라의 아들은 엘의 다른 부인이 낳은 엘의 가장 최초의 아들로부터 도전을 받게 된다. (바알의 경우는 적어도 세 명의 아내가 있었던 것으로 알려져 있는데, 바알은 자신이 사랑하는 아나트와는 결혼할 수 없었다. 이런 사실로 미루어 볼 때 아나트는 바알과 이복남매가 아니라 친남매였음이 분명하다.)

계승권을 둘러싼 가나안의 이야기는 멀리 떨어진 산악지대에 있는 엘의 처소에서 시작되는데, 거기서 엘은 얌(Yam) 왕자에게 자신의 왕위를 이을 계승권을 준다. 그러자 '신들의 횃불'로 불리는 여신 세페시(Shepesh)가 바알에게 날아가 그 소식을 전한다. 세페시는 바알에게 '엘이 왕권을 뒤집고 있다'고 경고한다.

세페시는 바알에게, 엘에게로 가서 '신들의 회합(위원회)'을 통해 이 문제를 종결지으라고 충고한다. 바알의 여자형제들은 그에게 도전적으로 행동하라는 조언을 한다.

이제 길을 떠나,
랄라(Lala) 산 가운데 있는
신들의 회합으로 가시오.
엘의 발아래 엎드리지 말고,
신들의 회합에서 굴복하지 마시오.
당당하게 서서 할 말을 하시오.

바알의 이런 음모를 알아챈 얌은, 신들의 회합에 자신의 사자(使者)를 보내 반란자인 바알이 자신에게 항복해야 한다고 주장한다. 얌의 사자가 회합에 들어섰을 때 '신들은 자리에 앉아 음식을 먹고 있었고, 거룩한 자들은 저녁을 먹고 있었다. 그리고 바알은 엘의 옆에 있었다'. 사자들이 들어오자 장내는 조용해졌으며, 사자들은 얌의 요구를 전했다. 사자들은 자신들의 말이 진정임을 보여 주기 위해 '엘의 발아래 무릎을 꿇지 않았고', 언제라도 사용할 수 있도록 무기를 손에 들고 있었다. 그리고 그들의 '눈은 날카로운 검과 같았으며, 불꽃을 내뿜고 있었다'. 신들이 땅에 엎드려 몸을 숨겼다. 엘은 바알의 자리를 내줄 용의가 있었다. 그러나 바알은 자신의 무기를 집어 들고 사자들에게 달려들었다. 그때 바알의 어머니가 얌의 사자들이 면책특권을 가지고 있음을 상기시키면서 그를 진정시켰다.

결국 사자들은 아무 소득도 없이 얌에게 돌아갔으며, 얌과 바알은 전쟁터에서 만날 수밖에 없음이 분명해졌다. 그때 한 여신이 (아마 아나트였을 것으로 보이는데) 신들의 기술자와 모의해 바알에게 두 개의 무기를 주었다. 그 두 무기는 '추격하는 것'과 '마치 독수리처럼 덮치며 발사하는 것'이었다. 전쟁터에서 얌을 만난 바알은 얌을 압도하게 되고, 이어 얌을 '깨뜨리려고' 했다. 그런데 바로 그때 얌을 살려 두라는 아세라의 목소리가 들린다. 결국 얌은 목숨을 건지게 되지만, 자신이 관할하는 바다 세계로 사라져 숨어 버린다.

바알은 아세라에게 얌을 살려 준 대신 자신이 '자폰의 정상'을 차지하는 것을 도와 달라고 부탁한다. 그때 아세라는 바닷가에서 휴식을 취하고 있었는데, 별로 내키지 않는 기분으로 덥고 건조한 엘의 처소로 가게 된다. '목마르고 지친 상태에서' 엘의 처소에 도착한 아세라는 계승권 문제를 제기하면서, 감정이 아닌 지혜로 그 문제를 결정하라고 청한다. 아세라는 엘에게 '당신은 진정으로 위대하고 현명하다'고 아첨하면서, '당신의 잿빛 턱수염이 그대의 지혜를 말해 주며 (…) 영원한 생명이 그대의 몫입니다'라고 말한다. 상황을 여러 가지로 판단해 본 엘은 결국 바알을 자폰의 정상의 지배자로 삼고, 거기에 그의 집을 지어도 좋다고 허락한다.

그러나 바알은 그저 평범한 처소를 원치 않았다. 그리고 그가 원하는 계획에는 신들의 기술자인 코타르-하시스(Kothar-Hasis, 솜씨 좋고 잘 아는 자)의 도움이 필요했다. 현대의 학자들뿐만 아니라 1세기에 비블로스에 살았던 필론(Philon)도 초기 페니키아 역사가들의 기록을 인용하면서, 코타르-하시스를 제우스와 헤라의 처소를 지었던 그리스 대장장이의 신인 헤파에스토스(Hephaestus)와 비교했다. 또 다른 사람들은 코타르-하시스가 이집트에서 공예와 마술의 신으로 섬겨졌던 토트(Thoth)와 비슷한 점이 많다고 보고 있다. 실제로 우가리트의 기록에 따르면, 코타르-하시스를 데리러 갔던 사자들이 크레타와 이집트에서 그를 찾기 위해 돌아다녔다고 한다. 당시 그의 기술이 그런 지역에서 사용되고 있었던 것으로 짐작할 수 있는 내용이다.

코타르-하시스가 바알이 있는 곳에 도착하자, 바알은 그와 함께 건축 계획을 세우기 시작했다. 바알이 원했던 것은 두 부분으로 된 건축물이었는데, 하나는 에칼(E-Khal, 위대한 집)이었고, 다른 하나는 흔히 '집'으로 번역되지만 문자 그대로 해석하자면 '위로 돋워진 토대'라는 뜻의 벰탐(Behmtam)이었다. 특이한 방법으로 열고 닫히는 깔때기 모양의 창문을 어디에 달 것인가를 놓고 바알과 코타르-하시스 사이에 약간의 이견도 있었다. 코타르-하시스는 바알에게 '내 말을 무시하지

마시오, 바알'이라고 말하면서 자기주장을 관철시킨다. 그런데 건물이 완성되자, 바알은 자기 부인들과 아이들이 다칠 수도 있다고 염려한다. 바알의 두려움을 잠재우기 위해 코타르-하시스는 레바논의 나무들, 즉 '시리온(Sirion)에서 가져온 귀중한 삼목나무들'을 그 건물 내부에 쌓아 올린 후에 불을 지르라고 명령한다. 불은 일주일 내내 격렬하게 타올라 건물 내부의 금과 은이 녹아내렸지만, 건물 자체는 무너지지 않았을 뿐만 아니라 손상도 입지 않았다.

이제 지하 격납고와 위로 돋워진 토대가 준비된 것이다!

바알은 주저 없이 그 시설을 시험해 보기로 한다.

바알은 위로 돋워진 토대에 있는 깔때기를 열었다.
위대한 집 안의 창문을.
구름 속으로, 바알이 틈을 열었다.
바알이 신의 목소리를 냈다.
그의 목소리가 지구를 진동시켰다.
산들이 흔들리고 (…)
떨림이 (…)
동에서도 서에서도, 지구의 산들이 흔들렸다.

바알이 하늘을 향해 솟아오르자 신의 사자인 가판(Gapan)과 우가르(Ugar)가 함께 날아올랐다. '날개 달린 자 한 쌍'이 바알의 뒤에 '구름을 만들었다'. '마치 새 같은 두 사자'가 눈으로 덮인 자폰의 정상 위로 솟아올랐다. 새로운 시설이 들어서면서 자폰의 정상은 이제 '자폰의 요새'가 되었다. 그리고 눈 덮인 봉우리들의 모습을 본떠 '하얀 자'라고 불리던 레바논 산은 이제부터 시리온(Sirion), 즉 '무장한 산'이라는 별명을 갖게 되었다.

자폰의 요새에 대한 지배권을 획득한 후 바알은 바알 자폰(Ba'al Zaphon)이라는 명칭도 얻게 된다. 이는 북쪽 지역에 있는 '자폰의 주님'이라는 뜻이다. 그러나 자폰의 원래 의미는 특정한 위치를 뜻하는 것이 아니라, '숨겨진 장소' 혹은 '관측하는 장소'라는 뜻이다. 바알을 '자폰의 주님'이라고 부르는 것에는 의심할 것도 없이 이런 다양한 의미들이 내포돼 있다.

이렇게 다양한 권력과 특권을 장악하자 바알의 야심은 하늘을 찌르게 되었다. 바알은 '신들의 아들'들을 연회에 초대해, 그들에게 충성과 복종을 요구한다. 이러한 바알의 요구에 응하지 않은 자들은 억류되었다. '바알은 아세라의 아들을 억류했고, 라빔(Rabbim)을 등 뒤에서 때렸다. 또 도크얌(Dokyamm)을 곤봉으로 때렸다.' 일부 신의 아들들은 살해당했고, 나머지는 도망쳤다. 권력에 취한 바알은 도망친 신의 아들들을 조롱했다.

바알의 적들이 숲으로 도망치는구나.
그의 적들이 산기슭에 숨는구나.
기세등등한 바알이 외치네.
"바알의 적들아, 왜 떠느냐?
왜 도망치고 숨느냐?"
바알의 눈과 손이
삼목나무를 부러뜨리네.
그의 강한 오른손.

자신의 지배력을 강화하는 과정에서 바알은 연인 아나트의 도움을 받아, '뱀'과 같은 로단(Lothan)과 '일곱 개의 머리가 달린 용'인 샬야트(Shalyat), '어린 황소'인 아타크(Atak) 같은 남성 경쟁자들뿐만 아니라 '음란한 여자'인 하샤트(Hashat)와 같은 여신들과도 싸워, 그들을 모두 전멸시킨다. 또 구약을 보면 바알은 하나님인 야훼와도 대적했었음을 알 수 있다. 이스라엘의 왕이 가나안의 공주와 결혼하면서, 이스라엘 사람들 사이에 바알의 영향력이 커지게 된다. 그러자 선지자 엘리야가 카르멜(Carmel, 구약의 갈멜) 산에서 바알과 야훼 사이의 시합을 주선한다. 야훼가 압도적인 승리를 거두었고, 300명에 이르던 바알의 사제들은 곧바로 처형당했다고 한다. 구약은 이 과정에서 야훼가 자폰 산의 정상에 대한 지배권을 얻었다고 주장한다. 이런 주장은 「시편」 29편과 다른 곳들에서 거의 동일한 용어로 표현돼 있다.

> 하나님을 모시는 권능 있는 자들아,
> 영광과 권능을 주님께
> 돌려 드리고 또 돌려 드려라.
> 그 쉠*(한글 번역에서는 '이름')에 걸맞는 영광을
> 주께 돌려 드려라.
> 거룩한 옷을 입고 주님을 바라보며
> 그 앞에 엎드려라.
>
> 주님의 음성이 물 위로 울려 퍼진다.
> 영광의 하나님이 천둥소리로 말씀하신다.
> 주께서 큰 물 위에 나타나신다.

주의 목소리는 힘이 있고,
주의 목소리는 위엄이 넘친다.

주께서 목소리로 백향목을 쪼개고,
레바논의 백향목을 쪼개신다.
레바논을 송아지처럼 뛰놀게 하시고
시룐(Sirion, 시리온)을 들송아지처럼 날뛰게 하신다.

주의 목소리가
번갯불을 번쩍이게 하신다. (…)

주께서 영원토록 왕위를 굳히셨다.
_「시편」 29 : 1~10

히브리의 야훼도 가나안 기록이 말하는 바알처럼 '구름을 타고 다니는 자'였다. 선지자 이사야는 이집트를 향해 남쪽으로 날아가는 야훼를 보며, '주께서 빠른 구름을 타고 이집트로 가실 것이니, 이집트의 우상들이 그 앞에서 떨 것'이라고 말한다(「이사야서」 19 : 1). 또 이사야는 자신이 주님과 날개 달린 주님의 시종을 직접 보았다고도 주장한다.

웃시야(Uzziah) 왕이 죽던 해에,
나는 높이 들린 보좌에 앉아 계시는 주님을 뵈었는데,
보좌를 위로 올리는 것들*(Lifters, 한글 번역에서는 '그의 옷자락')이
성전에 가득 차 있었다.

그분 위로는

불을 지키는 배석자*(Fire-Attendants, '스랍')들이 있었는데,

그들은 저마다 날개를 여섯 가지고 있었다. (…)

문지방의 터가 흔들리고,

성전에는 연기가 가득 찼다.

_「이사야서」6 : 1~4

히브리인들은 우상에게 절하는 것이 금지되어 있었으며, 따라서 우상을 만들거나 새길 수도 없었다. 그러나 히브리인들이 바알에 대해 알았던 것처럼 분명히 야훼를 알고 있었을 가나안 사람들은 그들이 본 야훼의 모습을 남겨 놓았다. 기원전 4세기경의 가나안 지역에서 만들어진 동전을 보면, 야후(Yahu, 야훼)는 날개가 달린 바퀴처럼 생긴 옥좌에 앉아 있는 수염이 난 모습으로 묘사돼 있다. 【그림 88】

따라서 고대 근동 지역에서는 자폰에 대한 지배권은 날아다닐 수 있는 신들 사이에 최고의 위치를 뜻하는 것으로 받아들여졌음이 분명하다. 바알이 원했던 것도 바로 그것이었다. 그러나 자폰의 요새가 완성된 7년 후에, 바알은 남쪽의 땅들과 지하세계의 주인인 모트(Mot)의 도전을 받게 된다. 그 싸움은 자폰에 대한 지배권을 다투는 싸움이라기보다는, '지구 전체에 대한 지배권을 누가 갖느냐'와 관련된 다툼이었다.

【그림 88】 가나안 사람들이 본 야훼의 모습

모트는 바알이 의심스러운 행동을 하고 있다는 이야기를 우연히 듣게 된다. 바알이 불법적으로 은밀하게 '입술 하나는 지구에 놓고 다른 한쪽 입술은 하늘에 놓고 있다'는 것이다. 그리고 '자신이 하는 말이 모든 행성들에 미치게 하려고' 시도하고 있다는 것이다. 처음에 모트는 자폰의 정상에서 일어나는 일에 대해 조사할 권리를 요구했다. 그러나 바알은 그 청을 받아들이는 대신에 전쟁을 일으키지 않겠다는 뜻을 사자를 통해 보낸다. 바알은 '평화와 우의를 지구의 가운데에 쏟아 붓자'고 말한다. 그러나 모트가 뜻을 굽히지 않자, 바알은 모트가 자폰으로 오지 못하게 하는 유일한 방법은 자신이 모트의 처소로 가는 것이라고 결론짓는다. 그래서 바알은 자신이 모트에게 순종한다고 말하면서, '지구 깊은 곳에' 있는 모트의 '구멍(pit)'으로 떠난다.

그러나 바알의 속셈은 모트를 없애 버리겠다는 훨씬 더 사악한 것이었다. 그렇게 하기 위해 바알은 언제나 자신에게 충실한 아나트의 도움을 필요로 했다. 그래서 바알이 모트에게 가 있는 동안 바알의 사자들이 아나트의 처소로 갔다. 두 명의 사자는 아나트에게로 가서 다음의 수수께끼 같은 말을 그대로 전하라는 지시를 받는다.

그대에게 전할 비밀의 말이 있습니다.
그대에게 속삭일 메시지입니다.
그것은 말을 발사시키는 신기한 기계입니다.
속삭이는 돌입니다.
인간들은 그 뜻을 알지 못할 겁니다.
지구의 무수한 인간들은 이해하지 못할 겁니다.

한 가지 우리가 명심해야 할 것은, 고대 언어에서 '돌'이라는 표현은 땅에서 파거나 캐낸 모든 물질을 의미하며, 따라서 모든 광물과 금속을 포함한다는 사실이다. 아나트는 바알이 그녀에게 전한 말의 뜻을 쉽게 이해했다. 바알은 자폰의 정상에 메시지를 보내거나 해독할 수 있는 정교한 기계 장치를 설치하려고 했던 것이다! 그 '신기한 돌'에 대해서는 더 자세한 설명이 뒤따른다.

그것으로 하늘과 땅이 대화한다.
바다가 행성들과 통화한다.
그것은 장엄한 돌이다.
아직 하늘에 알려지지 않은 돌이다.
너와 내가 이것을 올리자.
높은 자폰 위, 내 동굴 안에.

그것이 바로 비밀의 내용이었다. 바알은 고향 행성의 정부, 즉 '하늘'이 알지 못하게 은밀한 통신 센터를 설치해서, 지구의 모든 지역은 물론 지구 위의 우주선과도 통신하려고 했던 것이다. 그것이야말로 '지구 전체를 지배하기 위한' 첫 걸음이었다. 이런 상황에서 바알과 모트가 직접적으로 부딪히게 되었던 것이다. 왜냐하면 공식적인 '지구의 눈(Eye of Earth)'이 위치한 곳은 바로 모트의 영토에 속해 있었기 때문이다.

바알이 보낸 메시지를 받고 그 의미를 이해한 아나트는 바알을 돕기로 한다. 불안해하는 사자에게 아나트는 시간에 맞춰 그곳에 가겠다고 약속한다. 아나트는 '너희들은 느리지만 나는 빠르다'고 사자들을 안심시킨다.

그 신이 있는 곳까지 내가 관통하리라.
신들의 아들들이 있는 텅 빈 곳까지.
지구의 눈 아래는 두 개의 구멍이 있고,
세 개의 넓은 굴이 있다.

그러나 모트의 수도에 도착한 아나트는 바알을 찾을 수 없었다. 아나트는 모트에게 바알의 행방을 물으면서 강하게 위협한다. 마침내 아나트는 바알과 모트가 몸싸움을 벌였는데 '바알이 졌다'는 사실을 알게 된다. 격분한 아나트는 '칼로 모트를 반으로 쪼개 버렸다'. 그런 다음 레파임(Rephaim, 치료자)의 아내인 세페시(Shepesh)의 도움을 받아, 바알의 생명 없는 몸을 자폰 산의 정상에 있는 동굴로 옮긴다.

아나트와 세페시 두 여신은 즉시 서둘러 '마술의 신'인 엘-케셈(El-Kessem), 즉 신들의 기술자를 부른다. 마치 토트가 뱀에 물린 호루스를 다시 살려 냈듯이 바알도 기적적으로 다시 살아난다. 그러나 바알의 몸이 지상에서 실제로 다시 살아난 것인지, 아니면 오시리스처럼 천상의 사후세계에서 다시 살아난 것인지는 확실치 않다.

| 신들의 통신 기지, 자폰의 요새 |

자폰의 정상에서 언제 신들이 이런 일들을 벌였는지는 아무도 확실하게 말할 수 없다. 그러나 한 가지 확실한 사실은, 인류가 역사를 기록하기 시작할 때부터 인간은 이미 그런 '착륙 장소'가 실제로 존재한다는 것과 그 장소의 여러 특징들에 대해 알고 있었다는 것이다.

무엇보다 먼저 우리는 삼목나무 산을 찾아 떠났던 길가메시의 여행을 알고 있다.「길가메시 서사시」에서는 삼목나무 산을 '신들의 처소'

혹은 '이시타르가 오가는 곳'이라고 불렀는데, 길가메시가 '숲으로 들어가려고 할 때' 그는 '명령이 내려지는 밀실'로 이어지는 터널 하나를 만나게 된다. 숲으로 더 들어간 길가메시는 '아눈나키들의 비밀스러운 처소'를 열었다. 이런 표현은 마치 길가메시가 바알이 비밀스럽게 설치해 둔 시설물에 침투하는 것을 묘사한 것처럼 느껴질 정도다!「길가메시 서사시」의 수많은 신비스러운 구절들이 이제 소름이 끼칠 정도로 의미 있게 다가오는 것이다.

그가 비밀스러운 것들을 보았네.
인간에게 숨겨진 것을 그는 알았네.

이 일은 기원전 2900년경에 일어난 일이었다.

카데시 근처에 살고 있던 늙고 후계자가 없던 단엘에 대한 이야기에서 신들의 일과 인간의 일이 다시 연결된다. 단엘에 대한 이야기가 언제 일어난 것인지는 정확히 알 수 없지만, 단엘의 이야기와 구약에 등장하는 자식이 없던 아브라함의 이야기가 유사한 것으로 보아(하나님과 하나님의 천사로 밝혀진 '사람들'의 갑작스러운 등장이나 카데시에서 멀지 않은 장소라는 점) 두 이야기는 모두 같은 이야기를 다르게 표현한 것이라고 볼 수 있다. 그렇다면 단엘에 대한 이야기는 기원전 2000년경의 일이었을 것이다.

기원전 1000년대에도 자폰, 즉 신들의 요새는 여전히 그 자리에 있었다. 기원전 800년대의 사람인 선지자 이사야는 유대를 침략한 아시리아의 센나케리브(Sennacherib, 구약의 산헤립)를 호되게 질책하는데, 그 이유는 센나케리브가 많은 수레를 이끌고 '그 산의 높은 곳으로, 즉 자폰의 정상으로' 올라가 하나님을 모욕했다는 것이다. 이사야는 그곳이 매우 오래된 장소라고 강조하면서, 센나케리브에게 하나님의 훈계를 전했다.

> 너는 듣지 못하였느냐?
> 오래전에 내가 그것을 만들었고,
> 아주 옛적에 내가 그것을 지었다.*
> _「이사야서」 37 : 26

이사야는 또 바빌론의 한 왕이 자폰의 정상에 올라 자신을 신격화하려고 한 것에 대해서도 엄하게 질책한다.

> 웬일이냐, 너, 아침의 아들, 새벽별아,
> 네가 하늘에서 떨어지다니!
> 민족들을 짓밟아 맥도 못 추게 하던 네가,
> 통나무처럼 찍혀서 땅바닥에 나뒹굴다니!
> 네가 평소에 늘 장담하더니
> "내가 가장 높은 하늘로 올라가겠다.
> 엘(El)의 행성들*(한글 번역에서는 '하나님의 별들')보다 더 높은 곳에
> 나의 보좌를 두고,
> 자폰의 정상에*('저 멀리 북쪽 끝에 있는 산 위에'),
> 신들이 모여 있는 그 산 위에
> 자리잡고 앉겠다.
> 돋워진 토대 위에서 위로 올라가*('내가 저 구름 위에 올라가서')

가장 높으신 분과 같아지겠다" 하더니,

그렇게 말하던 네가 아래 세계로*('스올로'),

땅 밑 구덩이에서도

맨 밑바닥으로 떨어졌구나.

_「이사야서」 14 : 12~15

여기서 우리는 자폰의 정상이 실제로 존재했었다는 것뿐만 아니라 그것에 대한 구체적인 묘사도 얻을 수 있다. 그곳에는 '돋워진 토대'가 있었으며, 거기서 하늘로 올라가 '높으신 분', 즉 신이 될 수 있었던 것이다.

구약의 여러 곳에서도 확인할 수 있듯이 이렇게 하늘로 올라가는 일은 움직이는 돌(일종의 기계 장치)을 통해 가능한 것이었다. 기원전 6세기경에 선지자 에스겔은 한 티레의 왕이 자폰의 정상에 오르는 것을 허락받고 '구르는 돌'에 실려 갔는데, 그런 이유로 '내가 신이다'라고 주장했다고 말하면서, 그 왕의 교만을 꾸짖고 있다.

지중해 연안에 있는 가나안(페니키아) 도시들 중 하나인 비블로스(Byblos, 구약의 그발)에서 발견된 고대의 동전에는 코타르-하시스가 자폰에 세웠던 '바알의 처소'를 묘사한 것으로 보이는 건축물의 모습이 새겨져 있다. 【그림89】 그 그림을 보면 '큰 집' 한 채가 있고 그 집 옆에는 거대한 벽으로 둘러싸인 위로 돋워진 부분이 보인다. 그 돋워진 토대 위에는 큰 무게를 지탱할 수 있도록 십자 대들보로 떠받혀진 단 위에 원뿔형 물체가 하나 솟아 있는데, 그 물체는 근동 지역의 다른 많은 그림들에 등장하는 '움직이는 돌', 즉 '하늘의 방'이라는 것을 알 수 있다.

이 동전에 새겨진 그림이야말로 고대로부터 우리들에게 전해진 증거

【그림 89】 비블로스에서 발견된 동전에 새겨진 '움직이는 돌'의 그림

이다. 수천 년 동안 고대 근동 지역의 사람들은 삼목나무 산 안에 '움직이는 돌'을 위한 거대한 토대가 있었고, 그 옆에는 '속삭이는 돌'이 들어 있는 '큰 집'이 있다는 것을 알고 있었다.

만약 고대의 여러 기록과 그림들에 대한 우리의 해석이 옳은 것이라면, 그 거대하고 그토록 잘 알려져 있던 장소가 이제는 완전히 사라진 것일까?

9

착륙 장소

| 최고신들의 경배 장소, 레바논 신전 |

로마 시대의 신전 유적지 중 최대 규모의 것은 로마가 아닌 레바논의 산에 있다. 거기에는 주피터 신에게 바쳐진 거대한 신전이 있었는데, 그 규모는 고대에 특정한 신에게 바쳐진 것 중에서 가장 컸다. 거의 4세기에 걸쳐 로마의 통치자들은, 로마로부터 멀리 떨어진 그 외진 지역을 성역화하고 기념비적 건축물을 세우기 위해 애썼다. 로마의 황제와 장군들은 신탁을 듣고 또 자신들의 운명을 알기 위해 그곳으로 갔다. 로마의 군대가 그 근처에서 야영했으며, 일부 호기심 많은 병사들은 자기 눈으로 직접 그 신전을 보기 위해 그곳을 찾아가기도 했다. 그곳은 고대 세계의 불가사의 중 하나였다.

1508년 1월에 바움가르텐(Martin Baumgarten)이 처음 그곳을 방문한 이후, 많은 용감한 유럽의 여행객들이 부상과 죽음의 위험을 무릅쓰고 그곳을 찾아 그 존재를 세상에 널리 알렸다. 여행가였던 우드(Robert Wood)는 화가인 도킨스(James Dawkins)와 함께 1751년에 그곳을 찾아, 그 유적지의 오래된 명성의 일부를 글과 그림으로 복원해 냈다. 그들은 '우리가 방문했던 이탈리아와 그리스 그리고 이집트와 다른 아시아 지역의 많은 도시들에 있는 유적과 이곳의 유적을 비교해 보면, 이곳이 우리가 본 것들 중 건축학적으로 가장 대담한 계획을 담고 있다고 생각하지 않을 수 없다'고 말했는데, 실제로 그곳의 건축물들은 어떤 측면에서는 이집트의 대피라미드보다도 더 대담한 것이었다. 우드와 도킨스가 본 것은 산봉우리와 신전 그리고 하늘이 하나가 된 일종의 파노라마 같은 모습이었다.【그림 90】

그 유적지는 서쪽으로는 레바논 산맥이 이어지고 동쪽으로 안티레바논(Anti-Lebanon) 산맥이 이어지는 넓게 펼쳐진 비옥한 계곡에 위치해 있다. 또한 그곳으로부터 리타니(Litani) 강과 오론테스(Orontes) 강이

【그림 90】 도킨스가 그린 레바논 산의 고대 로마 유적지

발원하여 지중해로 흘러간다. 그곳의 유적은 해발 1,220미터 높이에 인공적으로 조성된 평평한 토대 위에 세워진 웅장한 로마의 신전들이다. 성스러운 경내는 담으로 둘러싸여 있는데, 담은 평평한 토대의 윗부분의 흙을 지탱하는 역할과 그 경내를 외부로부터 차단하는 울타리의 역할을 동시에 하고 있다. 가장 긴 담의 한 면의 길이는 760미터나 되며 내부 공간의 전체 넓이는 무려 46만 제곱미터가 넘는다.

옆의 산들을 내려다볼 수 있고 북쪽과 남쪽에서 계곡으로 접근하는 위험 요소를 지켜 볼 수 있는 자리에 위치한 그 성스러운 영역의 서북쪽 측면은, '그림 91a'의 현대적 조감도에서 볼 수 있듯이 의도적으로 잘려 있다.

이 부분을 따로 보면 직사각형으로 보이는데, 이 부분을 통해 유적지의 막힘없는 북쪽 시야가 서쪽으로 더욱 확장된다. 바로 이 특별하게 만들어진 자리에 주피터에게 바쳐진 역사상 가장 거대한 신전이 서 있으며, 거기에는 지금까지 알려진 것 중 가장 높은 기둥(높이 20미터 정도)과 가장 둘레가 큰 기둥(직경 2.2미터 정도)이 세워져 있다. 그 기둥들은 정교하게 장식된 약 5미터 높이의 상부 구조물(처마도리)을 받치고 있는데, 그 상부 구조물 위에는 신전의 높이를 더욱 높아 보이게 하는 경사진 지붕이 있었다.

주피터에게 바쳐진 4개의 성전들 중 맨 서쪽에 있는 가장 오래된 건물만이 진정한 의미의 신전인데, 그것은 로마인들이 이 지역을 점령한 기원전 63년 직후부터 짓기 시작한 것으로 추측된다.

약간 기울어진 동-서 축을 따라가다가 가장 먼저 눈에 띄는 것은 거대한 출입구(A)이다. 이 출입구는 커다란 계단과 열두 개의 기둥으로 지탱되는 위로 올려진 주랑 현관으로 되어 있으며, 주랑 현관에는 12명의 올림포스 신들을 모신 12개의 벽감(壁龕)이 있다. 신전의 참배객들은 출입구를 지나 육각형으로 생긴 앞마당(B)으로 들어가게 되는데, 이런 디자인은 로마 건축 양식에서만 찾아볼 수 있는 것이다. 그 마당을 지나가면 커다란 제단이 있는 뜰(C)에 이르게 된다. 거기에는 정말로 엄청난 크기의 제단이 주변을 압도하고 있는데, 제단 토대의 넓이는 무려 21제곱미터이고 그 토대 위에 18미터 높이의 제단이 세워져 있다. 제단이 있는 뜰의 서쪽 끝에 제대로 된 신의 집(D)이 자리잡고 있다. 가로가 53미터 세로가 90미터에 이르는 거대한 신의 집은 뜰보다 약 4.8미터 정도 높이 세워진 단 위에 있으며 기단부의 토대보다는 13미터쯤 위에 서 있다. 이렇게 높은 기둥과 상부 구조 그리고 지붕이 하나가 되어 만들어진 높이를 통해, 이 유적지는 진정한 고대의 마천루로 자리잡았던 것이다. 【그림 91b 참조】

엄청나게 큰 출입구 계단에서부터 서쪽 벽까지 이르는 신전의 길이는 300미터가 넘는다. 이런 규모 때문에 그것의 바로 남쪽에 있는 적지 않은 규모의 신전(E)은 오히려 왜소하게 보이는데, 그것은 남성 신에게 봉헌된 성전으로, 어떤 학자들은 그것이 바코스(Bacchus) 신에게 바쳐진 것이라고 보고 있지만 머큐리(Mercury) 신에게 바쳐진 것일 가능성이 높다. 동남쪽을 보면 조그맣고 동그란 모양의 신전(F)이 보이는데, 그것은 비너스 신에게 바쳐진 것이었다. 1897년에 독일 황제 빌헬름 2세가 이곳을 방문한 직후 그의 명령에 따라 이 유적지를 탐사하고 그 역사를 연구했던 독일의 고고학자들은, 이 유적지의 배치도를 재구성하고 유적지의 신전들과 계단, 주랑 현관, 출입구, 기둥, 마당(뜰), 제단 등을 그림으로 재현해 내기도 했다. 【그림 92】

유명한 아테네의 아크로폴리스와 레바논의 유적지를 비교해 보면,

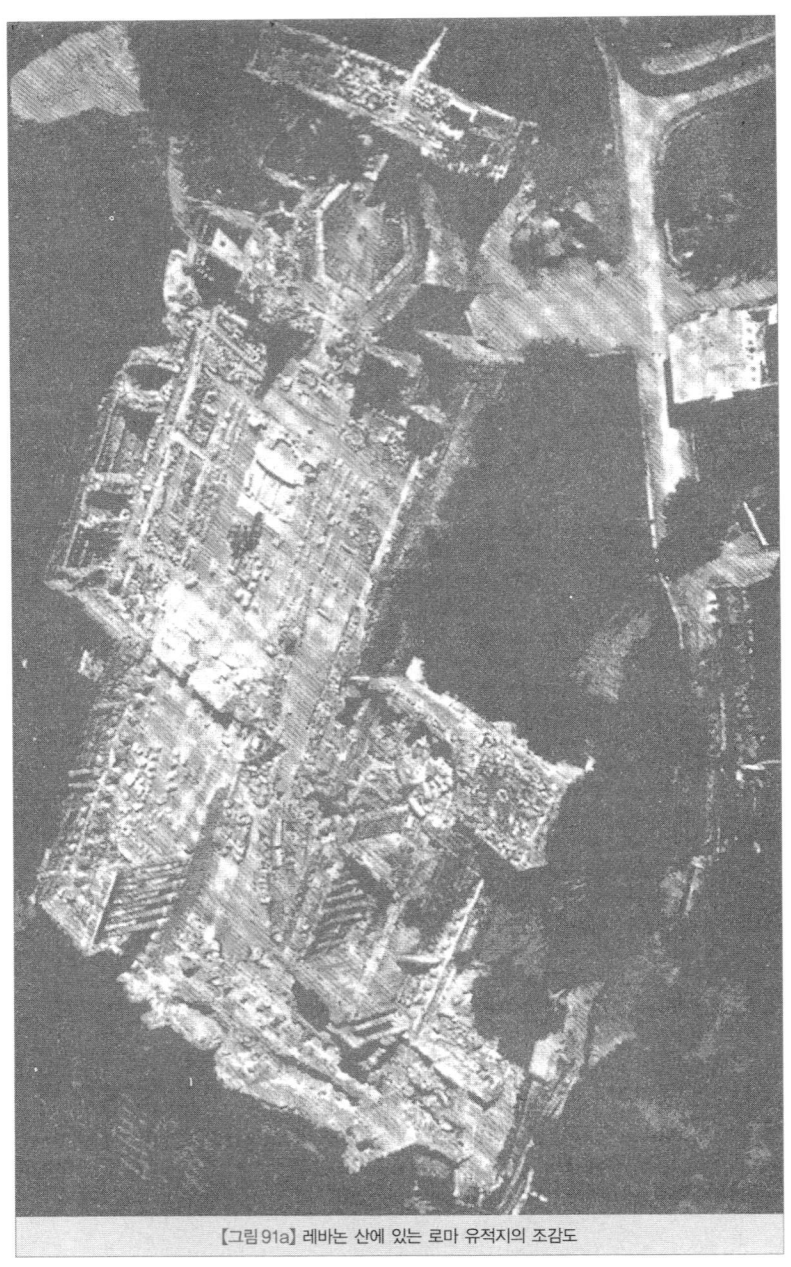

【그림 91a】레바논 산에 있는 로마 유적지의 조감도

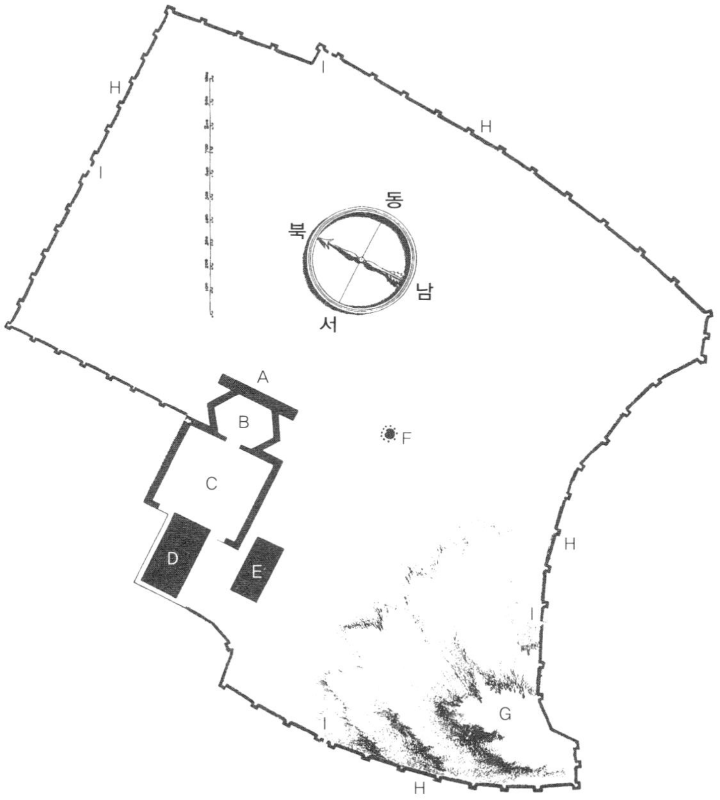

【그림 91b】 레바논 유적지의 배치도

착륙 장소 311

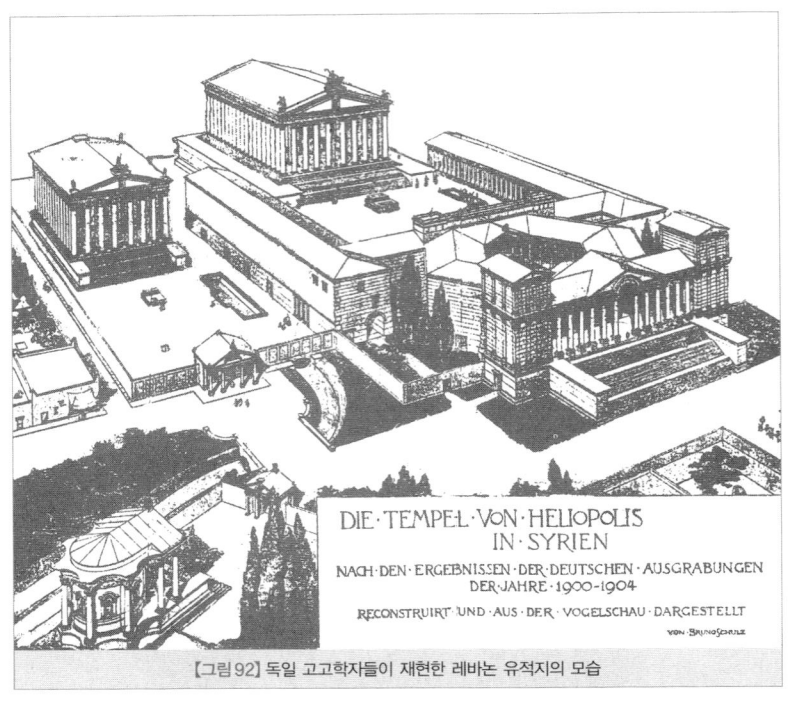

【그림 92】 독일 고고학자들이 재현한 레바논 유적지의 모습

레바논 유적지의 규모를 어느 정도 짐작해 볼 수 있다. 아테네의 신전 단지는 가장 긴 곳이 300미터가 채 안 되고 가장 넓은 곳의 폭도 120미터밖에 되지 않는, 배 모양의 계단식 테라스 위에 세워져 있다. 【그림 93】 한때 성스러운 장소였던 아테네의 신전 단지들과 아테네 평야 전체를 압도하고 있는 파르테논 신전(아테나를 위한 신전)도 크기가 대략 70미터×30미터로, 레바논 유적지의 일부에 불과한 머큐리 신(혹은 바코스 신)의 신전보다도 작은 규모다.

폐허가 된 레바논의 유적지를 방문했던 고고학자 겸 건축학자였던 휠러 경(Sir Mortimer Wheeler)은 다음과 같이 기록하고 있다.

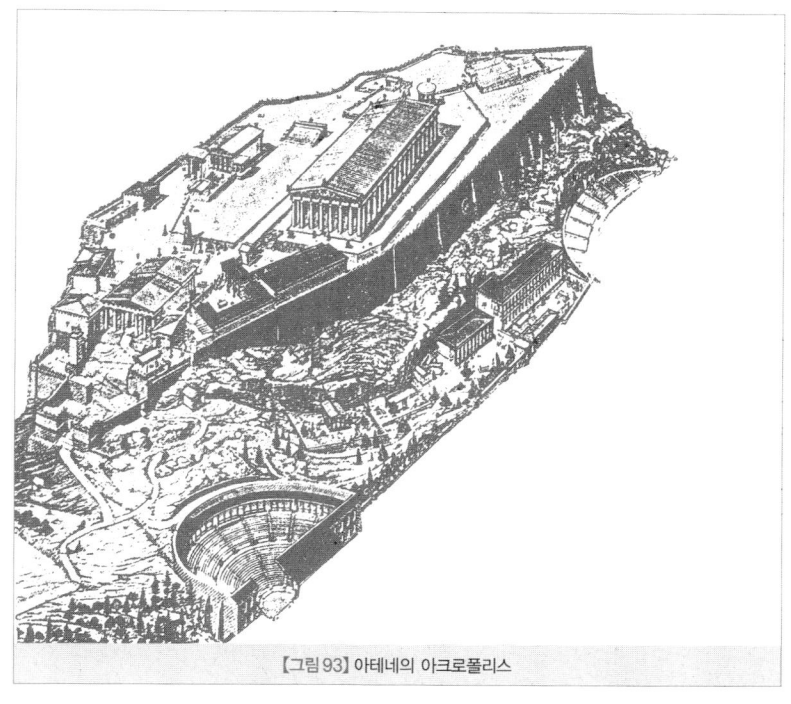

【그림 93】 아테네의 아크로폴리스

　'이 신전들은 (…) 콘크리트와 같은 현대적 공법의 도움을 전혀 받지 않았다. 이곳의 신전들은 지금까지 알려진 것들 중 세계에서 가장 큰 돌들 위에 놓여 있으며 일부 기둥들은 고대로부터 전해지는 것들 중 가장 높다. (…) 여기서 우리가 보고 있는 것은 헬레니즘 세계의 가장 거대한 기념물들이다.'

　어떤 역사가나 고고학자도 그 장소가 로마인들보다 앞서 그리스인들까지도 신성시했던 곳이었다는 것 외에는, 왜 별로 중요하지도 않은 외딴 지역에 로마인들이 그렇게 엄청난 노력을 기울였는지 그 이유를 찾지 못하고 있다. 이 유적지의 세 개의 신전이 바쳐진 신들, 즉 주피터,

비너스 그리고 머큐리(또는 바쿠스)는 그리스에서는 제우스와 제우스의 누이 아프로디테 그리고 제우스의 아들 헤르메스(또는 디오니소스)에 해당된다.

로마인들은 그 장소와 그곳의 거대한 신전을 주피터의 전능함과 우월성을 입증해 주는 것으로 여겼었다. 로마인들은 주피터를 'Iove'라 부르면서, 신전과 그 안의 동상들에 I.O.M.H(Iove Optimus Maximus Heliopolitanus, 가장 높고 가장 선한 헬리오폴리스의 주피터)라는 성스러운 머리글자를 새겨 넣었다.

헬리오폴리스의 주피터라는 명칭이 붙게 된 이유는 그 거대한 신전이 로마 최고의 신인 주피터에게 바쳐진 것이기는 하지만, 원래 그 장소가 빠른 수레를 타고 하늘을 여행했던 태양신 헬리오스(Helios)의 휴식처로 여겨졌기 때문이다. 이런 믿음은 그리스인들을 통해 로마인들에게 전해진 것인데, 로마인들은 그리스인들로부터 헬리오폴리스라는 지명도 전해 받았다. 그렇다면 그리스인들은 왜 그곳을 헬리오폴리스라고 불렀던 것일까? 어떤 사람들은 알렉산더 대왕이 그런 이름을 붙였다고도 하지만, 아무도 그 이유를 정확하게 알지는 못하고 있다.

그러나 로마인들이 그 장소를 최고의 기념물들로 화려하게 꾸미고 거기서 자신들의 운명과 관련된 신탁을 구한 것을 보면, 그 장소에 대한 그리스인들의 숭배는 그보다 훨씬 뿌리 깊고 오래된 것임에 틀림없다. 그렇지 않다면 어떻게 다음과 같은 사실을 설명할 수 있겠는가?'그 넓이나 돌의 무게, 각 구역의 면적, 부조물의 양 등을 고려해 볼 때, 그리스 로마 세계에는 이 신성한 경내와 필적할 만한 것이 없다.'(John M. Cook, 『이오니아와 동방에서의 그리스인들 The Greeks in Ionia and the East』)

결국 그 장소와 특정한 신들과의 관계는 그리스 로마 시대보다 훨씬 이전으로 거슬러 올라가는 것으로 보아야 한다. 고고학자들은 그곳에 로마 시대 이전에 최대 여섯 개까지의 신전이 세워졌을 수도 있다고 보고 있다. 또 한 가지 확실한 것은, 그리스인들이 그곳에 어떤 신전을 세웠건 간에 그것은 그 후에 로마인들이 그랬던 것처럼 이미 있었던 기초 위에 단지 새로운 구조물을 세운 것에 불과했다는 사실이다.

그리스 신화에 대한 우리들의 기억을 되살려 보기로 하자. 제우스(로마인들에게는 주피터)는 티레(두로) 왕의 아름다운 딸을 유괴한 후 지중해를 헤엄쳐 건너 페니키아(오늘날의 레바논)로부터 크레타에 도착했다. 아프로디테 역시 서아시아에서 그리스로 왔다. 그리고 방황하던 디오니소스도 포도나무와 포도주 제조 기술을 가지고 서아시아에서 그리스로 왔다.

레바논 신전 지역에 대한 경배가 깊은 뿌리를 갖고 있음을 알았던 로마의 역사가 마크로비우스(Macrobius)는 다음과 같은 말로 로마인들을 깨우치고 있다.

> 아시리아인들도 헬리오우폴리테스(Helioupolites)라는 이름으로 주피터를 숭배했으며, 헬리오폴리스에서 중요한 의식들을 거행했었다. (…)
> 그들이 숭배하던 신이 주피터이면서 동시에 태양이었다는 것은 의식의 내용이나 외양에서 모두 확인할 수 있다. (…)
> 아시리아인들이 그 신(태양)에 대해 믿고 있었던 것을 설명하면 이런 사실은 더 분명해진다. 그들은 가장 높고 위대한 신이라고 생각했던 신에게 아다드(Adad)라는 이름을 붙였다.
> _『사투르누스 축제 *Saturnalia*』 1권 23장

수천 년에 걸쳐 사람들의 신앙과 상상력을 지배했던 레바논의 성지는, 로마인들의 숭배가 끝난 후에도 여전히 그 역할을 잃어버리지 않고 종교적 경배의 장소로 남았다. 마르코비우스가 위의 글을 썼던 서기 400년경의 로마는 이미 전 제국이 기독교화된 상태였고, 때문에 레바논의 성지는 광신적인 파괴의 대상이 되어 있었다. 로마의 황제였던 콘스탄티누스 대제(Constantinus the Great)는 기독교로 개종하자마자 레바논 성지에서의 추가적인 모든 작업을 중단시키고, 그곳을 기독교 성지로 바꾸기 시작했다. 한 로마 연대기 기록에 따르면 440년에 '테오도시우스(Theodosius) 황제가 그리스의 신전들을 파괴했고, 헬리오폴리스의 신전, 즉 바알 헬리오스의 신전들을 기독교 교회로 바꿔 놓았다'고 한다. 유스티니아누스 1세(Justinianus I)는 레바논 성지의 붉은 화강암 기둥 중 일부를 비잔틴 제국의 수도인 콘스탄티노플로 가져가 하기아 소피아(Hagia Sophia) 교회를 짓는 데 썼다고도 한다. 그러나 레바논 성지를 기독교화 하기 위한 이런 노력들은 지역 주민들의 거센 저항에 부딪히기도 했다.

637년에 이슬람교도들이 이 지역을 장악하자, 그들은 거대한 토대 위에 있는 로마 신전들과 기독교 교회들을 마호메트를 위한 성소로 바꾸었다. 제우스와 주피터가 숭배되었던 곳에 알라를 경배하기 위한 이슬람 신전이 세워졌던 것이다.

현대의 학자들은 레바논 성지에 대한 이런 뿌리 깊은 숭배를 보다 더 잘 이해하기 위해 주변 지역의 고고학적 증거들을 연구해 왔다. 그중 대표적인 곳이 팔미라(Palmyra, 구약의 다드몰Tadmor)인데, 이곳은 다마스쿠스에서 메소포타미아로 가는 길에 위치한 카라반의 중심지였다. 그 결과 세이릭(Henry Seyrig)과 두소드(René Dussaud) 같은 학자들은 시대에 관계없이 그곳에서 세 명의 신이 숭배의 대상이었다는 결론을 내렸다. 그 세 명의 신은 우두머리 격인 번개의 신과, 전쟁의 여신 그리고 하늘을 나는 마차를 가진 신이었다. 현재는 여러 학자들의 연구를 통해, 그리스 로마 인들이 숭배하던 세 명의 신은 그보다 앞선 셈족의 신앙에서 나온 것이며, 그것은 다시 수메르의 신들에 기초한 것이라는 주장이 받아들여지고 있다.

수메르에서 시작되는 최초의 3인방 중 대표는 아다드로 보이는데, 아다드는 수메르 최고의 신인 아버지 엔릴로부터 '북쪽의 산악지대'를 할당받았다. 세 명 중 전쟁의 여신은 이시타르다. 알렉산더 대왕도 레바논 지역을 방문한 직후에 이시타르와 아다드를 기리는 동전을 만들었는데, 거기에는 알렉산더의 이름이 페니키아어와 히브리어로 적혀 있다. [그림94] 3인방의 마지막 신인 하늘을 나는 마차를 가진 샤마시는 선사시대 우주 비행사들의 사령관이었다. 그리스인들은 주 신전의 꼭대기에 마차를 모는 샤마시의 모습을 새긴 거대한 동상을 세워 그를 헬리오

[그림94] 알렉산더 대왕이 만든 아다드와 이시타르가 새겨진 동전

스(태양신)로 기렸다. 【그림 92 참조】 그리스인들은 샤마시의 마차를 네 마리의 말이 끌고 있는 모습으로 표현해 그의 마차가 **빠르다는** 것을 보여주었지만, 「에녹서」의 저자는 '샤마시의 마차는 바람이 끌었다'고 표현하고 있다.

우리는 로마와 그리스의 전통과 신앙을 살펴보다가 결국 다시 수메르로 돌아왔다. 즉, 삼목나무 숲의 '이시타르가 오고 가던 곳'에서 영생을 찾던 길가메시의 이야기로 돌아온 것이다. 길가메시가 아다드의 영토에 들어갔을 때, 그곳이 샤마시의 관할권 안에 있다는 말을 들었었다. 그렇게 우리는 「길가메시 서사시」에서 수메르 최초의 3인방인 아다드와 이시타르 그리고 샤마시를 만났었다. 그렇다면 우리는 이제 착륙 장소를 찾은 것인가?

| 레바논 신전의 거대한 석판들의 비밀 |

오늘날에는 그리스인들이 길가메시의 모험에 대해 알고 있었다는 것을 의심하는 학자는 거의 없다. 산티야나(Giorgio de Santillana)와 데첸트(Hertha von Deschend)는 자신들의 '신화를 통해 본 인간 지식의 기원과 그것의 전승에 대한 연구물'인 『햄릿의 맷돌 Hamlet's Mill』에서 '알렉산더는 길가메시의 완전한 복사판'이라고 말한 바 있다. 그러나 알렉산더보다 앞서 호메로스의 서사시 「오디세이아 Odyssey」에 등장하는 영웅 오디세우스도 이미 길가메시와 유사한 발자취를 따라갔었다. 지하세계에 있는 하데스의 처소로 갔다가 돌아오는 과정에서 난파된 오디세우스의 군사들은 어떤 장소에 도착해 '태양신의 암소를 먹었고', 그로 인해 제우스로부터 죽임을 당하게 된다. 혼자 살아남은 오디세우스는 이리저리 헤매다 대홍수 이전 시대부터 고립된 장소였던 '오기기

아 섬(Ogygian island)'에 이르게 된다. 거기서 여신 칼립소(Calypso)가 오디세우스를 '동굴에 가두어 놓고 먹이며, 오디세우스와 결혼하기를 원했다'. 여신은 오디세우스가 자신과 결혼해 주면 오디세우스에게 영생을 주어 늙지 않게 만들 생각이었다. 그러나 오디세우스는 칼립소의 구애를 거절했다. 마치 길가메시가 이시타르의 구애를 거절한 것과 똑같은 일이 일어난 것이다.

시리아의 고대 유물관 관장으로 평생을 레바논의 거대한 유적지 연구에 바친 세이릭(Henry Seyrig)은 그리스인들이 그곳에서 '사후의 삶을 인간의 영생과 동일한 것으로 여기고, 영혼이 하늘로 올라감으로써 신과 같아진다고 보는 신비스러운 의식'을 행했다는 것을 밝혀냈다. 그는 그리스인들이 실제로 그 장소를 영생을 얻기 위한 인간의 노력과 결부시키고 있었다고 결론지었다.

그렇다면 그곳이 길가메시와 엔키두가 처음 찾아갔던 삼목나무 산에 있던 바로 그 장소, 즉 바알이 차지하고 있던 자폰의 정상이란 말인가?

이 질문에 명확한 답을 하기 위해 그곳의 자연적 특징들을 보다 세밀하게 살펴보기로 하자. 로마인들과 그리스인들은 자신들의 신전을 훨씬 이전부터 놓여 있던 잘 닦여진 토대 위에 세웠다. 그런데 그 토대는 크고 두꺼운 돌들이 서로 정확하게 맞물려 지어져 있어서, 지금까지 누구도 그 안으로 들어가 그 안에 숨겨져 있을 수도 있는 방과 터널과 동굴들, 그리고 다른 하부 구조물들을 탐사할 수 없었다.

그러나 지하에 그런 구조물들이 존재할 것이라는 점은 의심의 여지가 없는데, 다른 그리스의 신전들도 곁에 보이는 바다 밑에 항상 은밀한 지하의 방과 동굴을 갖추고 있었기 때문이다. 약 1세기 전에 독일의 고고학자 에버스(Georg Ebers)와 구테(Hermann Guthe)는, 그 지역에 사는 아랍인들이 '거대한 토대 아래로 난 기차 터널 같은 긴 아치형 길을 통해 성지의 동남쪽 구석'으로 들어간 적이 있다고 보고한 바 있다. 【그림95】 '두 개의 거대한 아치형 길이 동에서 서쪽으로 나란히 나 있었고, 그 두 길과 직각으로 교차하는 북쪽에서 남쪽으로 뻗은 제3의 길이 있었다.' 지역민들이 터널 속으로 들어서자 완전한 어둠 속에 갇히게 됐는데, 이상한 '술이 달린 창문'을 통해 들어오는 섬뜩한 푸른빛이 가끔씩 어둠을 깨기도 했다. 약 140미터 길이의 터널을 빠져나온 그들은 '아랍

【그림 95】 레바논 신전 안으로 들어가는 아랍인들(상상도)

인들이 다르-아스-사디(Dar-as-saadi, 최고 축복의 집)라고 부르는' 태양 신전의 북쪽 벽 아래에 이르렀다고 한다.

에버스와 구테는 또 레바논 유적지의 토대가 거대한 아치형 기반 위에 놓여 있다고도 보고했는데, 그들은 그 아치형 기반보다는 그 위의 상부 구조를 파악하고 재구성하는 것에만 관심을 기울였다. 1920년대에는 파로(André Parrot)가 이끌던 프랑스 고고학 팀이 유적지의 지하에 복잡한 하부 구조가 있음을 확인했지만, 그 안으로 들어가지는 못했다. 그러나 위쪽으로부터 토대의 두꺼운 돌들을 뚫자, 그 아래 구조물들이 있다는 증거가 발견되었다.

신전들은 지형에 따라서 지면에서 약 9미터까지 위로 돋워진 토대 위에 세워졌다. 토대는 돌로 덮여 있었는데, 모퉁이에 위치한 돌들을 통해 판단해 볼 때 그 돌들의 길이는 3.6미터에서 9미터까지이고, 평균적인 너비는 약 2.7미터이며 두께는 약 1.8미터였다. 얼마나 많은 양의 돌이 채석되고 다듬어져 그 유적지로 옮겨져 쌓여 있었는지는 아무도 모른다. 하지만 이집트의 대피라미드보다 훨씬 많은 양의 돌이 사용된 것으로 짐작된다.

누가 원래의 토대를 세웠는지는 모르지만, 주피터(제우스) 신전이 있는 서북쪽 끝에 가장 특별한 주의를 기울였음이 분명하다. 4,600제곱미터가 넘는 주피터 신전은 엄청난 무게를 지지하기 위해 놓인 것이 분명한 단 위에 자리잡고 있다. 거대한 돌을 겹겹이 쌓아서 만들어진 단은, 단 앞의 마당 높이보다 약 7.2미터 높고 밖으로 노출된 북쪽과 서쪽 측면의 지면보다는 무려 12.8미터 정도가 더 높다. 신전의 기둥 여섯 개가 여전히 남아 있는 남쪽 측면에서 보면 돌이 쌓인 층들을 분명하게 확인할 수 있는데, 다른 곳에 사용된 돌들보다는 크기가 다소 작지만 일부는

【그림 96a】 주피터(제우스) 신전의 남쪽 측면   【그림 96b】 주피터 신전의 서쪽 면 설계도

그 길이가 6미터에 이를 정도로 거대한 규모를 자랑한다.【그림96a】 또 단의 맨 아래쪽은 신전 아래의 테라스처럼 바깥쪽으로 돌출돼 있는데, 여기 사용된 돌들은 그 크기가 더욱 엄청나다.

그러나 단에 사용된 돌들 중에서 가장 큰 것은 서쪽 면에 있는 것들이다. 독일의 고고학자들이 재구성한 신전의 설계도를 보면, 단의 돌출된 바닥과 맨 윗부분은 돌덩어리들을 '사이클로피안(cyclopian, 큰 돌덩어리를 모르타르 없이 붙이는 건축 방식)' 방식으로 쌓아 만든 것을 알 수 있는데, 그중 어떤 것은 길이가 약 9.4미터에 높이는 약 3.9미터, 그리고 두께는 약 3.6미터에 이른다.【그림96b】 따라서 각 석판은 500톤 이상의 무게에 평균 약 140세제곱미터의 부피를 갖고 있는 것이다.

이집트의 대피라미드에 사용된 돌들 가운데 가장 큰 것의 무게가 약 200톤이라는 것을 생각해 보면 이 돌들이 얼마나 큰 것인지 가늠할 수 있지만, 그것들도 이 단을 지을 때 사용된 가장 큰 돌은 아니다.

단의 맨 아래 부분에서 위로 약 6미터 정도 올라간 중간 부분에 사용된 화강암 석판들은 놀랍게도 단의 다른 부분에 사용된 돌들보다 훨씬 더 크다. 현대의 학자들은 그것들을 '거대한' '어마어마한' '엄청난'이라는 수식어로 표현해 왔다. 또 고대의 역사가들은 그 돌들을 트릴리톤(Trilithon), 즉 '경이로운 세 개의 돌'이라고 불렀다. 왜냐하면 단의 서쪽 면에 나란히 드러나 있는 그 세 개의 돌덩어리는 다른 어느 곳에서도 찾아볼 수 없는 크기를 갖고 있기 때문이다. 모양도 정확히 똑같고 완벽하게 서로 아귀가 맞는 이 세 개의 돌은 각각의 길이가 18미터가 넘고 측면은 4.2미터와 3.6미터 정도에 이른다. 각 석판의 무게는 1,000톤이 넘으며 그 부피는 283세제곱미터가 넘는 엄청난 규모의 화강암인 것이다. 【그림97】

레바논 유적지의 토대와 단에 사용된 돌들은 그 주변 지역에서 채석된 것이다. 우드(Wood)와 도킨스(Dawkins)는 그들이 그린 유적지 그림에 그런 채석장들 중 한 곳을 포함시켰는데, 그 그림에서 채석장 주변에 놓여 있던 커다란 돌덩어리들을 볼 수 있다. 【그림90 참조】 그러나 그런 거대한 화강암 덩어리들을 실제로 잘라 다듬은 곳은 유적지에서 약 1.2킬로미터 정도 서남쪽에 위치한 계곡에 있는 또 다른 채석장이었다. 그런데 그곳에는 '트릴리톤'보다 훨씬 더 거대한 돌이 남아 있다.

그곳에는 일부가 땅에 파묻혀 있는 거대한 화강암 석판이 있는데, 누군가 그곳에 버려둔 것으로 여겨진다. 제대로 다듬어지고 완벽하게 잘려 있는 이 석판의 길이는 놀랍게도 약 21미터에 이르고 측면은 4.8미터와 4.2미터 정도이다. 때문에 이 석판 위에 올라가 있는 사람은 마치 거대한 얼음 덩어리 위에 앉아 있는 파리처럼 보인다. 【그림98】 그 돌의 무게는 아무리 적게 잡아도 1,200톤이 넘는다.

【그림 97】 주피터(제우스) 신전의 서쪽 단에 사용된 세 개의 돌

 이 돌의 용도에 대해서는 여러 가지 이론이 분분하다. 그러나 채석장에 남겨진 거대한 석판의 용도가 무엇이었든지 간에, 그것은 레바논 산에 처음으로 둥지를 튼 유적지의 단이 얼마나 거대했으며 독특한 것이었는지에 대한 무언의 증거다. 무엇보다 정말 놀라운 사실은 오늘날에도 1,000~1,200톤의 무게를 들 수 있는 기중기나 운반 장비가 존재하지 않는다는 것이다. 또 그렇게 무거운 물체를 계곡이나 산기슭으로 옮긴 후에 지상에서 수십 미터 위의 정확한 위치에 배열한다는 것도 불가능한 일이다. 레바논의 유적지 부근에는 채석장에서 산 위의 유적지까

【그림 98】 레바논 유적지 인근 채석장에서 발견된 화강암 덩어리

지 그 거대한 돌들을 끌고 갔음직한 도로나 둑길, 혹은 다른 토목 공사의 흔적이 전혀 남아 있지 않다.

그러나 한 가지 확실한 것은, 아득한 옛날에 누군가가 어떻게든 이런 일을 해냈다는 것이다.

| 레바논 신전을 만든 이들 |

그렇다면 그들은 누구였을까? 그 지역의 전설에 따르면 유적이 남아 있는 장소는 아담과 그의 아들들이 살던 때부터 있었다. 아담과 이브는 에덴동산에서 추방당한 뒤로 삼목나무 산 지역에 살았는데, 아담은 오늘날 다마스쿠스(Damascus)라고 불리는 곳에 거주했으며, 거기서 멀지 않은 곳에서 죽었다고 한다. 그리고 아담의 아들 가인이 아벨을 죽인 후에 삼목나무 산의 정상에 피신처를 지었다는 것이다.

레바논 마론파(Maronite, 주로 레바논에 분포한 동방전례 교회의 일파-옮긴이)의 한 장로에 따르면, '레바논 산의 요새는 세상에서 가장 오래된 건물이다. 아담의 아들 가인이 광란의 발작을 일으켰던 133세 때 그

착륙 장소 325

것을 지었다. 그는 그 건물을 자기 아들의 이름을 따서 에녹이라고 불렀고, 훗날 대홍수 때 부정한 행동으로 벌을 받게 되는 거인들을 거기에 두었다'고 한다. 대홍수 이후 그곳은 구약에 등장하는 니므롯(Nimrod)에 의해 재건되었는데, 니므롯은 그곳을 통해 하늘로 올라가려고 했다. 또 마론파 사이에 전해지는 그 전설에 따르자면, 바벨탑도 바빌론이 아닌 레바논 유적지에 남아 있는 거대한 토대 위에 세워져 있었다고 한다.

17세기의 여행가 다르비우(d'Arvieux)는 『회고록 Mémoires』이라는 자신의 책 2부 26장에, 그 지역의 유대인들뿐만 아니라 이슬람교도 거주자들까지 그 유적지에서 발견된 고대의 한 필사본에 따라, '대홍수 이후 니므롯이 레바논을 지배했던 때에 그가 거인들을 보내 바알베크의 요새를 재건하도록 했다. 바알베크라는 이름은 태양신 숭배자들인 모압족(Moabites)의 신인 바알을 경배하여 붙여진 이름이다'라고 주장하고 있다고 기록했다.

대홍수가 일어난 이후 레바논 유적지와 바알 신의 연관성은 상당히 많은 암시를 준다. 실제로 그리스와 로마 인들이 떠나자 그 지역 사람들은 즉시 헬레니즘풍의 헬리오폴리스라는 지명을 버리고 그곳의 이름을 셈족 계통의 지명으로 부르기 시작했는데, 그것이 지금까지도 여전히 사용되고 있는 바알베크(Baalbeck)라는 지명이다.

바알베크라는 지명의 의미에 대해서는 여러 가지 견해가 있다. 많은 사람들은 그 지명이 '바알의 계곡'을 뜻한다고 생각한다. 그러나 바알베크라는 철자와 『탈무드』에 언급된 내용으로부터 추측해 보자면, '바알의 울음'을 의미하는 것일 수도 있다.

여기서 다시 한번 모트와의 투쟁에서 몰락한 바알과 그의 생명 없는 시체의 발견, 그리고 아나트와 세페시가 바알의 시신을 자폰의 정상에 있는 동굴에 두는 것을 묘사하고 있는 「우가리트 서사시」의 마지막 부분을 살펴보자.

> 그들이 땅에 쓰러진 바알을 덮쳤다.
> 당당하던 바알이 죽었다.
> 땅의 왕자, 땅의 주님이 멸했다.
> 아나트가 대단히 슬피 울었다.
> 계곡에서 아나트는 눈물을 술처럼 마셨다.
> 아나트는 큰 소리로 신들의 햇불인 세페시를 불렀다.
> "내 기도하나니 당당한 바알을 일으켜 세워 주시오.
> 바알을 내게 일으켜 세워 주시오."
> 이 소리를 들은 신들의 햇불 세페시는
> 당당한 바알을 들어
> 아나트의 어깨 위에 놓았다.
> 아나트는 자폰의 요새로 바알을 데려갔다.
> 슬피 통곡하고 바알을 묻었다.
> 바알을 지구의 텅 빈 곳에 뉘었다.

다른 전설들과 마찬가지로 실제로 일어났던 일에 대한 기억을 간직하고 있는 이 지역의 전설들은, 레바논의 유적지가 엄청나게 오래된 곳이라는 사실을 알려 준다. 전설에 따르자면, 그곳의 건물들은 '거인들'과 연관되어 있고 건물이 지어진 것은 대홍수 이전과 이후의 사건들과 연결돼 있다. 또 유적지의 건물들을 바알과 연결시키고 있고, 그 기능을 '바벨탑', 즉 '하늘로 올라가기 위한 것'이라고도 말하고 있다.

레바논 유적지의 거대한 토대와 그 위치 그리고 엄청난 무게를 지탱하도록 만들어진 거대한 단의 용도를 생각해 보면, 자연스레 커다란 신전과 벽으로 둘러싸인 신성한 장소, 특별히 강하게 만든 단 그리고 그 단 위에 로켓 모양의 하늘을 나는 방이 새겨진 비블로스의 동전을 떠올리지 않을 수 없다. 【그림89 참조】

또한 「길가메시 서사시」에 등장하는 숨겨진 장소에 대한 묘사도 떠올리게 된다. 넘을 수 없을 정도로 높은 벽과 건드리기만 하면 누구든 기절시키는 문, '명령을 내리는 밀실'로 이어지는 터널, '아눈나키들의 비밀스러운 처소', 그리고 빛을 내는 광선을 가진 괴물들…….

바알베크가 길가메시의 첫 번째 여행 목적지였던 바알의 자폰의 정상이라는 사실에 의심의 여지가 있을 수 없는 것이다.

바알베크를 '이시타르가 오가던 곳'으로 불렀다는 사실은, 이시타르가 지구의 하늘을 날아다닐 때 이곳 '착륙 장소'로부터 지구의 다른 착륙 장소들로 오갔었다는 것을 의미한다. 또 바알이 자폰의 정상 위에 '말을 발사하는 장치, 곧 속삭이는 돌'을 설치하려고 했다는 것은, 지구의 다른 곳에도 그와 비슷한 통신 장치가 있었다는 것을 뜻한다. 그래서 바알은 그것을 통해 '하늘과 땅이 서로 대화하게 만들고, 바다가 행성들과 대화하게 만들려고' 했던 것이다.

그렇다면 신들의 비행체가 착륙할 수 있었던 다른 착륙장들이 지구에 정말 있었던 것일까? 자폰의 정상 말고도 다른 곳에 '속삭이는 돌'들이 있었던 것일까?

이런 의문에 대한 첫 번째 명백한 단서는 '헬리오폴리스'라는 명칭인데, 그리스인들이 바알베크를 그렇게 부른 이유는 바알베크를 이집트에 있는 '태양신의 도시'인 헬리오폴리스와 유사한 것으로 보았기 때문이다. 구약에서도 북쪽의 베스-세메시(Beth-Shemesh, 샤마시의 집)와 남쪽의 베스-세메시, 즉 온(On)이 있었다고 기록하고 있는데, 온이란 이집트의 헬리오폴리스를 부르는 구약의 명칭이다. 선지자 예레미야는 온에 오벨리스크가 있으며 '이집트 신들의 집'이 있다고 말했다.

북쪽의 베스-세메시는 베스-아나트(Beth-Anath, 아나트의 집)에서 멀지 않은 레바논에 있었다. 구약의 선지자 아모스(Amos)는 그 자리가 '엘을 보았던 자인 아다드의 궁전'이 있던 바로 그 장소라고 확인해 주고 있다. 솔로몬 통치 기간 동안 그의 영토는 시리아와 레바논의 상당 부분을 포함하고 있었는데, 그는 바알라트(Baalat, 바알의 자리)와 타마르(Tamar, 손바닥의 자리)라는 이름의 건축물들을 포함한 수많은 건물들을 여러 도시에 지었다. 현재 대부분의 학자들은 그 건물들이 각각 바알베크와 팔미라(Palmyra)에 있었다고 인정하고 있다. 【그림78 참조】

그리스와 로마의 역사가들은 두 개의 헬리오폴리스의 연관성에 대해 여러 번 언급한 바 있다. 그리스의 역사가 헤로도토스는 이집트의 12신을 자기 나라 사람들에게 설명하면서, '이집트인들은 영원히 사는 자를 헤라클레스(Hercules)라는 이름으로 숭배한다'고 말했다. 헤로도토스는 '페니키아 땅에 많은 사람들이 숭배하는 헤라클레스의 신전이 있다는 말을 듣고', 영생을 얻은 헤라클레스에 대한 숭배의 기원을 페니키아까지 추적해 간다. 페니키아의 신전에서 헤로도토스는 두 개의 기둥을 보았는데, '하나는 순금으로 되고 다른 하나는 에메랄드로 된 기둥으로 밤에도 환한 빛을 내뿜었다'.

헤로도토스가 말한 것과 같은 성스러운 '태양 기둥들', 즉 '신들의 돌들'은 알렉산더가 그 지역을 정복한 후 만들어진 페니키아의 동전에도 묘사되어 있다. 【그림99】 헤로도토스는 또 그 두 개의 돌에 대한 추가적

【그림 99】 페니키아의 동전에 새겨진 태양 기둥들

인 정보도 제공하고 있는데, 하나는 최고의 전도체인 금으로 만들어져 있었고, 다른 하나는 오늘날 레이저 통신을 하거나 고출력 빔을 방출할 때 특이한 빛을 내는 에메랄드로 만들어져 있었다고 전하고 있다. 그렇다면 그것들이 바로 바알이 세운 기계 장치, 즉 가나안 기록에서 '장엄한 돌'이라고 표현했던 그 장치가 아니었을까?

| 신성한 돌의 정체 |

로마의 역사가 마르코비우스는 페니키아의 헬리오폴리스(바알베크)와 이집트의 헬리오폴리스 사이의 연관성에 대해 명시적으로 지적하면서, '신성한 돌'에 대해 언급하고 있다. 그에 따르면, 이집트의 성직자들이 태양신 제우스를 경배하는 어떤 '물체'를 이집트의 헬리오폴리스에서 북쪽의 헬리오폴리스(바알베크)로 가져갔다고 한다. 그 결과 '그 물체'는 '이집트의 의식이 아닌 아시리아의 의식을 통해 경배되게 되었다'는 것이다.

다른 로마의 역사가들도 아시리아인들과 이집트인들이 경배했던 그 '신성한 돌들'이 원뿔형이었다는 것을 강조하고 있다. 그중 쿠르티우스 (Quintus Curtius)는 그런 물체가 시와(Siwa)의 오아시스에 있는 아몬 신전에 있었다고 기록했다. 쿠르티우스는 '그곳에서 신으로 경배되고 있던 그 물체는, 장인들이 흔히 신의 모습에 적용하는 것과는 다른 모습을 하고 있었다'고 말한다. 그것의 외양은 '배꼽(umbilicus)'과 비슷했으며, 에메랄드와 다른 보석들을 붙여 만든 것이었다고 한다.

시와에서 숭배되던 그 원뿔형 물체에 대한 쿠르티우스의 정보는 현대의 고고학자 그리피스(F. L. Griffith)도 1916년에 《이집트 고고학 저널 The Journal of Egyptian Archaeology》을 통해, 누비아에 있는 '피라미드의 도시' 나파타(Napata)에서 '옴파로스(Omphalos, 원뿔형 돌)'를 발견했다고 보고하면서 이를 인용한 바 있다. 이 독특한 고대 누비아 왕국의 기념물은 하버드 대학의 라이스너(George A. Reisner) 교수가 나파타에 있는 아몬 신전의 깊숙한 성소에서 발견한 것이었는데, 이 신전은 이집트에 있는 여러 아몬 신전들 중 가장 남쪽에 위치한 것이기도 했다. 【그림100】

그리스어의 옴파로스(Omphalos)나 라틴어의 움빌리쿠스(umbilicus)라는 단어는 모두 '배꼽'을 뜻한다. 그리고 동시에 '지구의 중심'을 의미했는데, 그 이유는 지금까지도 밝혀지지 않고 있다.

우리가 기억해야 할 것은, 시와의 오아시스에 있던 아몬 신전은 알렉산더가 이집트에 도착하자마자 신탁을 얻기 위해 찾아갔던 장소라는 사실이다. 우리는 알렉산더 제국의 역사가였던 칼리스테네스와 로마의 역사가였던 쿠르티우스의 증언을 통해, 보석으로 만들어진 옴파로스가 바로 그 신탁의 장소에서 경배되던 '물건'이었다는 것을 알고 있다. 또

【그림 100】 나파타의 아몬 신전에서 발견된 옴파로스

라이스너가 옴파로스를 발견한 아몬 신전이 있던 곳은 고대 누비아의 여왕들이 통치했던 지역의 수도인 나파타였는데, 우리는 알렉산더가 영생을 찾아다닐 때 알려지지 않은 어떤 이유로 누비아의 여왕 칸다케(Candace)를 찾아갔었다는 것도 알고 있다.

그렇다면 페르시아의 왕 캄비세스(Cambyses)가 헤로도토스가 보고한 것처럼 장수의 비밀을 알기 위해, 자신의 군인들을 누비아에 있는 '태양의 서판'을 봉안해 놓은 신전으로 보냈던 것은 단순한 우연이 아닐 수도 있다. 기원전 1000년대의 초기에 누비아의 여왕(시바의 여왕)은 예루살렘의 솔로몬을 만나기 위해 먼 여행을 떠났다. 바알베크에 남아 있는 전설들에 따르면, 그때 솔로몬은 시바의 여왕을 위해 레바논의 성지를 화려하게 장식했다고 한다. 그렇다면 시바의 여왕은 단지 솔로몬의 지혜를 얻기 위해 멀고 험한 여행을 했던 것이라기보다, 구약에서 말하는 '세메시의 집', 즉 바알베크에서 신탁을 받기 위해 여행했던 것은 아니었을까?

이런 일련의 일들을 단순한 우연이라고 보기는 어렵다. 따라서 자연히 우리들의 마음속에 다음과 같은 의문이 생긴다. 신탁을 행하는 그런 모든 장소들에 옴파로스가 있었다면, 옴파로스 그 자체가 신탁의 근원은 아니었을까?

바알과 모트가 목숨을 걸고 싸웠던 것은 바알이 자폰의 정상에 발사대와 착륙 장소를 만들었기 때문이 아니었다. 싸움의 원인은 바알이 은밀하게 '장엄한 돌'을 세우려고 했던 것이었다. 장엄한 돌은 하늘뿐만 아니라 지구의 다른 곳들과도 통신할 수 있는 장치였다. 그리고 그 장치는 다른 특징도 지니고 있었다.

> 속삭이는 돌입니다.
> 인간들은 그 뜻을 알지 못할 겁니다.
> 지구의 무수한 인간들은 이해하지 못할 겁니다.

장엄한 돌의 이런 분명한 이중적인 기능을 자세히 따져 보면, 바알이 아나트에게 보낸 비밀스러운 메시지의 내용이 명백해진다. 즉, 신들이 서로 의사소통하는 수단으로 사용했던 그 장치는 동시에 왕과 영웅들에게 신의 신탁을 전해 주는 물체이기도 했던 것이다!

이 주제에 대한 가장 철저한 연구물인 『옴파로스 *Omphalos*』를 통해 로셔(Wilhelm H. Roscher)는, 신탁을 말하는 돌을 지칭하는 인도-유럽어의 단어들(영어로는 navel, 독일어로는 nabe)은 모두 산스크리트어인 나브(nabh)에서 나왔으며, 그 뜻은 '강하게 발산하다'라는 것을 밝혀냈다. 따라서 셈어인 nabohrk가 '예언하다'라는 뜻이고, nabih는 '예언자'를 뜻하는 것도 우연의 일치가 아닌 것이다. 이런 의미들은 모두 '문제를 해결하는 밝게 빛나는 돌'이라는 뜻을 지닌 수메르어, NA.BA(R)에 그 뿌리를 두고 있다.

고대의 기록들을 연구해 보면, 고대 신탁의 장소들이 일종의 네트워크로 연결되어 있음을 알 수 있다. 헤로도토스는 시와에 신탁을 세웠던 페니키아인들이 현재 그리스와 알바니아의 국경선 근처에 있는 산악지대인 도도나(Donona)라는 곳에 그리스에서 가장 오래된 신탁을 세웠다고 언급했다.

이와 관련해 헤로도토스는 이집트를 방문했을 때 들은 이야기를 다음과 같이 전했다. '페니키아인들이 이집트의 테베에서 두 명의 성스러운 여성을 데려갔는데 (…) 그중 한 명은 리비아(서이집트)로 팔려 갔고, 다른 한 명은 그리스로 팔려 갔다.' 그런데 그 여인들이 리비아와 그리스에 처음으로 신탁을 세운 사람들이라는 것이다. 헤로도토스는 자신이 이집트 테베의 성직자들로부터 이런 이야기를 들었다고 기록했다. 그러나 도도나에서의 해석은 다르다. '검은 비둘기 두 마리가 이집트 테베에서 날아와' 한 마리는 도도나에 안착했고 다른 한 마리는 시와에 안착했다는 것이다. 그렇게 해서 도도나와 시와에 주피터의 신탁이 생겼다는 것인데, 도도나의 그리스인들은 주피터를 제우스라고 불렀고 시와의 이집트인들은 그를 아몬이라고 불렀다.

1세기의 로마 역사가 이탈리쿠스(Silicus Italicus)는 한니발(Hannibal)이 자신과 로마와의 전쟁에 대해 시와에서 신탁을 구했다고 말하면서, 두 마리의 비둘기가 테베에서 날아와 리비아의 사막, 즉 시와와 그리스의 도도나에 신탁을 수립했다는 이야기를 지지하고 있다. 그로부터 몇 세기 뒤에 그리스의 시인 논노스(Nonnos)는 그의 걸작「디오니시아카

Dionysiaca」에서 시와와 도도나에 있는 신탁의 신전들을 쌍둥이 같은 장소라고 말하면서, 그 장소들이 서로 목소리로 의사소통을 하고 있다고 주장했다.

리비아의 제우스의
새로 세워진 답하는 목소리를 들으라.
메마른 사막에서 신탁의 말을
도도나에 있는 비둘기에게로 보낸다.

이와 달리 그리피스(F. L. Griffith)의 경우에는, 누비아에서 옴파로스를 발견한 후에 그리스에 있는 다른 신탁을 떠올렸다. 그는 원뿔 모양의 누비아 옴파로스가 '델포이의 신탁에 있는 옴파로스와 정확히 똑같다'고 주장했다.

델포이는 그리스에서 가장 유명한 신탁의 장소로 아폴론(Apollon)에게 바쳐진 신전인데, 아폴론은 '돌의 그 사람(He of Stone)'이라는 별명도 갖고 있었다. 바알베크에서와 마찬가지로 델포이에서도 성역은 산기슭 위에 세워진 토대 위에 만들어졌으며, 지중해를 비롯한 다른 해안들을 향해 깔때기 모양으로 열려 있는 계곡과 마주하고 있다.

수많은 기록을 통해 델포이 신전에서 가장 성스러운 물건이 옴파로스 돌이었음을 확인할 수 있다. 그 돌은 아폴론 신전 안쪽 성소의 특별한 자리에 놓여 있었다고 하는데, 어떤 사람들은 황금으로 된 아폴론 신상 옆에 있었다고 하고, 또 어떤 사람들은 그 자체로만 보관되어 있었다고도 말한다. 신탁을 구하는 자들이 볼 수 없는 지하의 방에서 신탁을 담당하는 여사제가 몽환에 빠진 상태에서 왕과 영웅들의 질문에 수수

【그림101】 돌로 복제된 델포이 신전의 옴파로스

께끼 같은 말로 답을 했는데, 그 답은 신이 내린 것이기는 했지만 사실 옴파로스로부터 나온 것이었다.

원래의 성스러운 옴파로스는 아무도 모르게 사라졌는데, 아마도 몇 번에 걸친 종교 전쟁과 외국의 침략 때 델포이 신전이 약탈되면서 옴파로스가 사라진 것으로 추측된다. 그러나 로마 시대에 델포이 신전 밖에 세워져 있었던 것으로 여겨지는 돌로 복제된 옴파로스는 후에 고고학자들이 발견해 현재 델포이 박물관에 전시되어 있다. 【그림101】

아마도 델포이에서 처음으로 신탁이 이루어졌다는 표시를 하려고, 그 신전으로 올라가는 성스러운 길가에 언제인지는 모르지만 누군가가 그렇게 단순한 돌로 된 옴파로스를 세워 놓았던 것으로 보인다.

델포이의 동전들에는 아폴론이 옴파로스 위에 앉아 있는 모습이 묘사돼 있다. 【그림102】 그리고 페니키아가 그리스에 함락당한 후 페니키아에서도, 아폴론이 '아시리아'의 옴파로스 위에 앉아 있는 것으로 묘사되곤 했다. 또 신탁의 돌들은 '그림 99'에서처럼 하단부가 서로 연결된 쌍둥이 원뿔로 묘사되기도 했다.

어떻게 델포이가 신성한 신탁의 장소로 채택되었고, 또 어떻게 옴파로스 돌이 델포이 신전으로 옮겨졌을까? 전설에 따르자면, 제우스가 지구의 중심을 찾으려고 지구의 두 끝에서 독수리들을 날려 보냈다고 한다. 반대 방향에서 날아오던 독수리들이 델포이에서 만났는데, 그곳에

【그림102】 옴파로스를 묘사한 다양한 그리스 그림들

배꼽 모양의 돌, 즉 옴파로스를 세워 표시했다는 것이다. 그리스 역사가인 스트라보(Strabo)에 따르면 델포이의 옴파로스 위에는 전설 속에 등장하는 두 마리의 독수리 상이 새겨져 있었다고 한다.

그리스 그림들도 두 마리의 새가 원뿔형 물체의 꼭대기나 측면에 있는 모습으로 옴파로스를 묘사하고 있다.【그림102】일부 학자들은 그런 그림들에 등장하는 새가 독수리가 아닌 비둘기라고 보고 있는데, 정해진 장소로 되돌아오는 능력을 가진 비둘기를 통해 지구의 중심에서 다른 지역까지의 거리를 재는 것을 상징했다고도 볼 수 있다.

그리스 전설에 따르면, 제우스는 티폰(Typhon)과 공중에서 전투를 벌이다가 나중에 아폴론에게 바쳐진 신전이 세워진 델포이의 토대 위에서 휴식을 취했다고 한다. 시와에 있는 아몬에게 바쳐진 신전에는 두꺼운 벽 안쪽으로 지하 회랑과 신비한 터널들 그리고 감춰진 길들이 있고, 별도로 거대한 벽으로 둘러싸인 약 55미터×52미터 크기의 격리된 구역이 있다. 그리고 그 구역 안에는 돌로 된 토대가 세워져 있다. 이런 모든 장소에서 우리는 위로 돋워진 토대를 포함해 '속삭이는 돌'과 관련된 수많은 동일한 구조적 요소들을 볼 수 있다. 그렇다면 이 모든 장소들이 바알베크와 마찬가지로, 착륙 장소이며 동시에 통신 센터였다고 볼 수 있지 않을까?

이렇게 보면 이집트의 신성한 기록들에서 두 마리의 독수리와 함께 있는 신성한 쌍둥이 돌이 등장하는 것도 전혀 놀라운 일이 아니다. 【그림 103】그리스인들이 신탁의 신전을 마련하기 훨씬 전에, 이집트의 한 파

【그림 103】 이집트의 기록에 묘사된 옴파로스

라오는 자신의 피라미드 안에 두 마리의 새가 앉아 있는 옴파로스를 그려 넣었다. 그 파라오는 기원전 14세기경에 살았던 세티 1세(Seti I)인데, 우리는 숨은 신, 즉 세케르(Seker)의 영역을 묘사한 그의 그림에서 현재까지 발견된 것 중 가장 오래된 옴파로스의 모습을 볼 수 있다. 【그림19 참조】 그런데 그 옴파로스는 그것을 통해 '매일 세케르에게 말이 전달되는' 통신수단으로 사용되었다.

우리는 바알베크에서 길가메시의 첫 번째 여행 목적지를 찾아냈다. 그리고 '속삭이는' 장엄한 돌과 연관된 실마리들을 따라가다 다시 두아트(Duat)에 이르렀다.

두아트는 파라오들이 내세를 얻기 위해 하늘에 이르는 계단을 찾아 나선 곳이었다. 그리고 그곳은 길가메시가 영원한 생명을 찾아 나선 그의 두 번째 여행에서 목적지로 삼은 곳이기도 하다.

10

틸문, 우주선의 땅

| 틸문을 찾아 떠난 길가메시의 두 번째 여행 |

길가메시의 서사적 탐험이 그 이후 수천 년에 걸쳐, 영원한 젊음을 찾아 나섰던 수많은 왕과 영웅들에 대한 전설과 이야기의 원천이 되었다는 것을 의심할 사람은 없다. 과거에 인류는 인간이 신들의 세계에 합류할 수 있고 죽음이라는 비참함을 면할 수 있는 공간이 지구 위의 어느 곳인가에 존재한다고 믿고 있었던 것이다.

약 5,000년 전에 우루크의 길가메시는 우투(샤마시)에게 다음과 같이 탄원했다.

> 나의 도시에서는 인간이 죽습니다. 내 가슴이 아픕니다.
> 인간은 멸합니다. 내 가슴이 무겁습니다. (…)

가장 큰 인간도 하늘에 닿을 수 없습니다.
오, 우투여,
그 땅에 내가 들어가고 싶습니다. 나의 동맹자가 되어 주십시오.
쉠들이 올려졌던 곳에
나의 쉠을 세우게 해주십시오!

앞에서도 본 것처럼 쉠(Shem)이라는 단어는 흔히 '이름(그것을 통해 기억되는 것)'으로 번역되지만, 사실은 우주선을 뜻한다. 그래서 에녹이 하늘로 들려졌을 때, 구약에서는 그가 '이름' 위에서 사라졌다고 표현됐던 것이다. 길가메시의 모험 이후 500년이 지난 뒤 이집트에서는 테티 왕이 신에게 길가메시와 거의 비슷한 탄원을 했다.

인간들은 죽습니다.
인간들에게는 '이름'이 없습니다.
(오, 신이여),
테티 왕의 손을 잡으시고,
테티 왕을 하늘로 데려가소서.
그리하여 지상에서 인간들 속에 죽지 않게 하소서.

길가메시의 목적지는 틸문, 즉 우주선이 세워진 땅이었다. 길가메시가 어디로 갔었는지를 묻는 것은, 스스로를 파라오이면서 신의 아들이라고 생각했던 알렉산더가 어디로 갔었는지를 묻는 것과 같다. 다시 말해 그것은 도대체 두아트(Duat)가 어디에 있었는지를 묻는 것과 같다.
왜냐하면 그들이 찾았던 목적지는 결국 하나였기 때문이다.

우리는 앞으로 그들 모두가 하늘에 이르는 계단을 찾으려고 했던 땅이 바로 시나이 반도였다는 사실을 분명히 보게 될 것이다.

이집트 「사자의 서」에 기록된 세부적인 내용들이 실제 이집트의 지리를 묘사한 것일 수도 있다는 사실을 받아들인 학자들 중에는, 신을 따라간 파라오의 여행이 '상 이집트'에 있는 신전에서 시작해 나일 강을 따라 '하 이집트'의 신전에서 끝나는 것으로 보는 의견을 제시하는 사람들도 있다. 하지만 고대의 기록들은 사후의 파라오가 이집트의 국경을 넘어서 여행했다고 명확히 말한다. 파라오가 여행한 방향은 북쪽이 아니라 동쪽이었으며, 갈대의 호수와 그 호수 너머의 사막을 지나면서 이집트뿐만 아니라 아프리카까지도 벗어나 여행했던 것이다. 파라오가 여행 중 실질적이고 정치적인 많은 어려움들을 겪었던 것도, 호루스의 영역인 이집트를 떠나 아시아에 있는 '세트의 땅'으로 들어섰기 때문이었다.

이집트 구왕조의 파라오들이 피라미드 텍스트들을 만들었을 시기에 이집트의 수도는 멤피스였다. 그리고 그때까지 가장 오래된 종교 중심지는 멤피스에서 동북쪽으로 조금 떨어진 거리에 있던 헬리오폴리스였다. 멤피스와 헬리오폴리스에서 동쪽 방향으로 가게 되면 실제로 갈대와 골풀이 가득한 호수가 등장한다. 이 갈대의 호수를 넘어서면 사막과 산맥의 협곡들, 그리고 시나이 반도가 이어지는데, 시나이 반도의 하늘이야말로 호루스와 세트, 그리고 제우스와 티폰 사이에 마지막 전투가 벌어진 장소였던 것이다.

파라오의 사후세계로의 여행이 실제로 시나이 반도로 향했다는 주장은, 알렉산더가 파라오의 여행뿐만 아니라 모세의 지도하에 이집트에서 탈출했던 이스라엘 민족의 출애굽을 의도적으로 모방하려고 했다는 사실을 통해서도 뒷받침된다.

구약에서와 마찬가지로 알렉산더 이야기에서도 출발점은 이집트였다. 이스라엘의 출애굽 이야기에서는 '홍해'가 등장하는데, 구약에 따르면 그 물이 갈라져 이스라엘 백성이 마른 땅을 밟고 건널 수 있었다고 한다. 알렉산더의 이야기에서도 물로 된 장벽이 등장하는데, 그 명칭을 똑같이 홍해라고 부르고 있다. 또 구약에서와 마찬가지로 알렉산더도 군대를 이끌고 걸어서 물을 건너려고 시도했다. 어떤 이야기에 따르면 알렉산더가 둑을 쌓았다고도 하고, 어떤 이야기에서는 알렉산더가 '기도로 바닥이 드러나게 했다'고도 한다. 판본에 따라 알렉산더가 성공했다고도 하고 실패했다고도 하지만, 알렉산더의 적들은 이스라엘 백성을 추격하던 이집트 군대가 그랬던 것처럼 쏟아지는 물에 휩쓸려 익사했다. 구약에서는 탈출하던 이스라엘 백성이 아말렉(Amalekites)이라는 이름을 가진 적을 만나 싸웠다고 하는데, 알렉산더 이야기의 기독교식 판본에 따르면 알렉산더가 '홍해의 물을 모아 그 물을 쏟아 부어' 격퇴한 적의 이름도 역시 아말렉(Amalekites)이었다고 한다.

바다를 건넌 알렉산더는 거룩한 산으로 이어지는 사막을 지나게 된다. 의미심장하게도 알렉산더가 도착했던 표식이 된 산의 이름이 무샤스(Mushas, 모세의 산. 모세의 히브리어 표기는 Moshe임)였다. 모세는 그 산 정상의 불(불타는 가시덤불)에서 자신에게 말을 건네는 한 천사를 만났었는데, 이와 유사한 사건이 알렉산더의 이야기에서도 나타난다.

이런 상당 부분의 유사성은 모세와 물고기의 이야기를 다룬 『코란』의 이야기까지 포함하면 더 확대된다. 『코란』에 등장하는 모세의 이야기를 보면, 생명의 물이 '두 물줄기가 만나는 곳'에 있다고 되어 있다. 그곳은 오시리스의 강이 두 개의 지류로 갈라지는 곳으로, 파라오들이 지하

세계로 들어갈 수 있는 입구가 있었던 곳이기도 하다. 알렉산더 이야기에서도 두 개의 지하 물줄기가 합류하는 곳이 중요한 지점으로 묘사되고 있는데, 거기서 '아담의 돌'이 빛을 냈으며, 알렉산더는 신들로부터 당장 그곳을 떠나 돌아가라는 말을 들었다.

또한 이슬람의 『코란』에도 기록된 전통이 있는데, 알렉산더를 '두 개의 뿔을 가진 자'라고 부르면서 모세와 동등하게 여기는 것이다. 구약의 모세도 하나님과 함께 시나이 산(구약의 시내 산)을 방문한 후 얼굴이 빛났고, 빛의 '뿔(광선)'을 뿜어냈다.

구약의 출애굽이 일어났던 장소는 시나이 반도였다. 앞에서 살펴보았듯이 이야기들에 나타나는 여정과 유사점들로 미루어 볼 때, 알렉산더와 모세 그리고 이집트를 떠나 동쪽으로 갔던 파라오들이 여행했던 곳은 분명 시나이 반도다. 그리고 앞으로 보게 될 것처럼 길가메시의 두 번째 여행의 목적지도 시나이 반도였다.

확고한 결심으로 떠났던 길가메시의 두 번째 여행의 목적지는 틸문이었는데, 틸문에 가기 위해 길가메시는 이집트의 배인 '마간의 배'를 타고 항해에 나섰다. 메소포타미아에서 출발한 길가메시가 택할 수 있었던 항로는 페르시아 만 쪽으로 내려가는 것뿐이었다. 그 다음 아라비아 반도를 돌아 홍해(이집트인들은 홍해를 우르의 바다라고 불렀다)로 들어갔을 것이다. 또 그의 배 이름이 보여 주듯이 길가메시는 이집트를 향해 홍해를 거슬러 올라갔을 것이다. 그러나 그의 목적지는 이집트가 아니라 틸문이었다. 그렇다면 길가메시는 홍해의 서쪽 해안, 즉 누비아의 어느 해안에 닻을 내릴 생각이었던 것일까? 아니면 동쪽 해안 부근인 아라비아에 내릴 생각이었을까? 그것도 아니라면, 곧바로 전진하여 시나이 반도에 내릴 생각이었던 것일까? 【그림 2 참조】

우리의 연구를 위해서는 다행스럽게도, 길가메시는 불행을 만났다. 항해를 시작한 직후에 그의 배가 경비를 서던 신에 의해 침몰당한 사건이 바로 그것이다. 그때 길가메시는 수메르에서 멀리 떨어져 있지 않았던 것이 분명한데, 이는 그의 친구 엔키두가 걸어서 우루크로 돌아가자고 간청하는 장면을 통해 확인할 수 있다. 그러나 틸문에 가려는 결심이 확고했던 길가메시는 자신이 선택한 목적지를 향해 걸어서 내륙으로 들어간다. 만약 그의 목적지가 홍해 연안에 있었다면 그는 아라비아 반도를 가로질러 갔을 것이다. 그러나 길가메시는 그렇게 하지 않고 서북쪽으로 방향을 잡았다. 그와 같이 확신할 수 있는 이유는, 길가메시가 사막과 황량한 산악지대를 건넌 후에 처음 마주친 문명 세계가 '낮게 누워 있는 바다' 근처에 있었기 때문이다. 거기에 도시가 있었고, 도시 외곽에 여관이 하나 있었다. 그리고 그 여관에 있던 '술의 여인'은 길가메시가 건너고자 하는 바다가 '죽음의 물의 바다'라고 경고한다.

길가메시의 첫 번째 여행의 목적지를 특징짓는 특별한 표식이 레바논의 '삼목나무 숲'이듯이, 길가메시의 두 번째 여행의 목적지를 알려주는 독특한 단서는 바로 '죽음의 물의 바다'이다. 왜냐하면 고대 근동 지역 전체에서 그런 물은 오직 하나뿐이었기 때문이다. 그 물은 오늘날까지도 그런 이름으로 불리는데, 사해(Dead Sea, 죽음의 바다)가 바로 그곳이다. 또 사해는 실제로 지구상에서 가장 낮은 호수로, '낮게 누워 있는 바다'라는 명칭에 걸맞게 해수면보다 평균 390미터 아래에 위치해 있다. 그곳의 물에는 염분과 철분이 과도하게 포함돼 있어서 어떤 해양 생물도 서식하지 못한다.

죽음의 물의 바다를 굽어보는 도시는 벽으로 둘러싸여 있었다. 그곳의 신전은 달의 신인 '신(Sin)'에게 바쳐진 것이었다. 이 도시 외곽에는 여관 하나가 있었는데, 이곳의 여주인은 길가메시를 안으로 데려가 환대하고 사해에 대한 정보도 제공했다.

　잘 알려진 구약의 이야기와 길가메시의 이 이야기와의 유사성을 결코 간과할 수 없다. 이스라엘 백성이 광야에서 40년간의 방황을 끝내고 가나안 땅으로 들어갈 때의 일이다. 시나이 반도를 통과한 이스라엘 백성은 사해를 동쪽으로 돌아, 요단 강이 사해로 흘러 들어가는 곳에 이르게 된다. 산 위에 서서 평원을 내려다보던 모세는 길가메시가 그랬던 것처럼 멀리 떨어진 '낮게 누워 있는 바다'를 보게 된다. 그리고 요단 강 건너의 평원에는 도시 하나가 서 있었는데, 그곳이 예리코(Jericho, 여리고)였다. 그 도시가 이스라엘 백성들이 가나안으로 가는 것을 막고 있었기 때문에, 모세는 두 명의 첩자를 보내 그곳의 방어 태세를 살핀다. 그런데 그때 성벽 근처에서 여관을 운영하던 여자가 그들을 환대하고 그들에게 귀중한 정보를 주며 안내한다.

　예리코의 히브리 이름은 예리호(Yeriho)인데, 문자 그대로 해석하자면 '달의 도시', 즉 달의 신인 '신(Sin)'에게 바쳐진 도시이다. 그리고 그곳이야말로 출애굽이 있기 약 1,500년 전에 길가메시가 도착했던 바로 그 도시였던 것이다.

　그렇다면 예리코는 길가메시가 여행을 떠났던 기원전 2900년경에 이미 존재하던 도시였다는 말인가? 고고학자들에 따르면 예리코에는 기원전 7000년경부터 사람들이 살았고, 기원전 3500년경부터는 번성한 도시였다고 한다. 따라서 길가메시가 도착했던 곳이 예리코였음이 더욱 분명해진다.

　여관 여주인을 만나 다시 기운을 차린 길가메시는 여행을 계속하려고 한다. 자신이 사해의 북쪽 끝에 있다는 사실을 확인한 길가메시는 여

주인에게, 내륙으로 돌아가지 않고 사해를 가로질러 건널 수 있는 방법이 없는지를 묻는다. 만약 길가메시가 내륙의 길을 택했다면, 이스라엘 백성이 갔던 길을 정반대 방향에서 택했었을 것이다. 왜냐하면 길가메시는 이스라엘 사람들이 온 곳으로 가고 싶어했기 때문이다. 결국 사공 우르샤나비가 길가메시를 바다 건너로 데려다 주게 되는데, 그때 길가메시가 도착한 곳은 시나이 반도와 가장 가까운 사해의 남쪽 끝부분이었을 것으로 여겨진다.

거기서부터 길가메시는 '통상적인 길', 즉 사막의 대상(隊商)들이 일반적으로 사용하는 길을 따라 '멀리 떨어진 큰 바다를 향해' 간다. 다시 한번 구약에서 사용되는 용어를 통해 길가메시의 여정을 확인할 수 있는데, 구약에서 말하는 '큰 바다'는 바로 지중해를 뜻한다. 가나안의 건조한 남쪽 지역인 네게브(Negev)에서 길가메시는, '두 개의 돌 표식'을 찾아 서쪽으로 상당한 거리를 가야 했다. 우르샤나비는 길가메시에게 거기서 방향을 바꿔 이틀라(Itla)라는 마을로 가야 한다고 조언했다. 이틀라는 큰 바다에서 꽤 떨어진 곳에 있는 마을이었다. 그리고 이틀라를 지나면, 길가메시가 찾던 제한된 구역이 신들의 네 번째 영역 안에 있었다.

| 틸문의 땅, 시나이 반도 |

그렇다면 길가메시 이야기에 등장하는 이틀라는 '신들의 도시'였을까, 아니면 '인간의 도시'였을까?

비록 온전하지는 않지만 「길가메시 서사시」의 히타이트 판본에 묘사된 이틀라에서의 사건들을 보면, 그곳은 신의 도시이면서 동시에 인간의 도시였던 것으로 보인다. 이틀라는 일종의 '성역화된 도시'로 다양한 신들이 오갔으며 또한 근처에 많은 신들이 머물던 장소였다. 그러나 인간도 그곳에 갈 수 있었기 때문에 그곳에 이르는 길에는 이정표가 놓여 있었다. 길가메시도 그곳에서 휴식을 취하며 새 옷으로 갈아입었고, 또 매일 신에게 희생물로 바칠 양도 구할 수 있었다고 한다.

우리는 구약을 통해 그 도시가 어디인지 알 수 있다. 그곳은 가나안의 남부 지역이 시나이 반도와 만나는 곳으로, 시나이 반도의 중앙 평원으로 나가는 입구이다. 그곳은 바로 '성스러운 곳'이라는 뜻을 갖고 있는 카데시(Kadesh)다. 그곳을 바알베크로 가는 길에 위치한 더 북쪽의 같은 지명을 지닌 곳과 구분하기 위해 카데시-바르네아(Kadesh-Barnea)라고도 불렀는데, 카데시-바르네아는 수메르어에서 나온 말로 '빛나는 돌기둥들의 카데시'라는 뜻이다. 히브리 족장들의 시대에 카데시-바르네아는 아브라함의 영역에 포함되어 있었고, 아브라함은 '네게브로 여행하여 카데시와 슈르(Shur) 사이에 거주했다'고 한다.

또 카데시-바르네아는 신과 영생을 찾는 인간들을 다루고 있는 가나안의 이야기들을 통해, 그 이름이나 기능이 우리들에게 잘 알려져 있는 도시이기도 하다. 앞에서 소개했던 것처럼 단엘은 엘에게, 자신에게 정당한 상속자를 주어 그 아들이 카데시에 자신을 기념하는 비석을 세울 수 있게 해달라고 간청했다. 그 밖에도 우가리트 기록에는, 시바니(Shibani, 일곱째)라는 이름을 가진 엘의 아들이 '카데시의 사막에 기념하는 기둥을 세우라'는 말을 들었다고 전하고 있다. 구약에 나오는 베에르세바(Beersheba, 일곱 번째 우물)라는 마을 이름은 아마 시바니에서 따온 것으로 보인다.

잡지 《시리아 Syria》를 통해 우가리트 텍스트들의 번역과 독해에 선구적 역할을 했던 비롤로드(Charles Virolleaud)와 두소드(René Dussaud)

는, 우가리트 서사시의 주요 배경이 된 장소가 '홍해와 지중해 사이의 지역', 즉 시나이 반도 지역이라고 결론지은 바 있다. 숨키 호수에서 낚시를 즐겼던 바알은 '알로시(Alosh) 사막'에서는 사냥을 했다고 하는데, 알로시 사막은 대추야자가 풍부한 곳이었다.【그림104】비롤로드와 두소드가 지적했듯이 그것이야말로 구약의 출애굽 이야기를 우가리트 지역과 연결시켜 주는 지리적 단서가 된다. 구약의 「민수기」 33장에 따르면 이스라엘 백성들은 마라(Marah, 쓴 물의 장소)와 엘림(Elim, 대추야자수가 있는 오아시스)에서 알로시로 갔다고 했기 때문이다.

신들의 우두머리 엘과 가나안의 젊은 신들을 출애굽이 있던 곳과 같은 장소에 위치시키는 더 많은 이야기들이, 흔히 학자들이 '은혜롭고 아름다운 신들의 탄생'이라고 부르는 문서에서 발견되고 있다. 이 문서의 첫 부분은 '수핌(Suffim) 사막'에서 시작되는데, 그것은 「출애굽기」에서 말하는 얌 수프(Yam Suff, 갈대의 바다)와 맞닿은 사막이었음이 분명하다.

【그림104】 대추야자가 있는 곳에서 사냥하는 바알의 모습

> 내가 은혜롭고 아름다운 신들을 부르네,
> 왕의 아들들을. 나는 그들을
> 하늘로 올라가고 떠나가는 도시에,
> 수핌의 사막에 두리라.

가나안의 이 기록은 우리들에게 또 다른 단서를 제공한다. 가나안 기록들은 대개 신들의 우두머리를 '엘'이라고 부르는데, 그것은 어떤 개인의 이름이라기보다 신을 통칭하는 명칭으로 최고이자 가장 고귀한 자를 이르는 말이다. 그러나 위에 인용한 기록에서는 엘을 예라(Yerah)라고 부르고, 예라의 배우자를 니칼(Nikhal)이라고 부르고 있다. '예라'는 달을 뜻하는 셈어로, 달의 신인 예라는 '신(Sin)'이라는 이름으로 더 잘 알려져 있다. 또 니칼은 '신'의 배우자를 뜻하는 수메르어 닌갈(NIN.GAL)을 셈어로 표현한 것이다.

학자들은 시나이라는 지명의 기원에 대해 여러 가지 가설을 제시해왔다. 그중에서도 '신(Sin)에게 속한 땅'이라는 해석이 가장 흔하다.

앞에서 보았듯이 초승달 모양은 날개 달린 문이 자리잡고 있는 땅을 관할하는 신(Sin)의 상징이었다. 【그림72 참조】 시나이 반도 중심부에 있는 물이 많은 장소는 지금도 여전히 '신'의 아내의 이름을 따서 나클(Nakhl)이라고 불린다.

따라서 이제 우리는 확실하게 '틸문의 땅'이 시나이 반도였다고 말할 수 있는 것이다.

시나이 반도의 지리와 지질, 풍토와 식생 그리고 역사를 더 연구해 보면 우리들의 해석이 옳다는 것이 더욱 확실하게 입증될 것이며, 신들과 인간 사이에 벌어진 일에서 그 지역의 역할도 보다 분명해질 것이다.

시나이 반도와 틸문의 유사성

메소포타미아 기록들은 틸문이 두 개의 물의 '입'에 위치해 있다고 말한다. 거꾸로 선 삼각형 모양인 시나이 반도는 실제로 홍해가 두 갈래로 갈라지는 곳에 위치하는데, 서쪽은 수에즈 만이 되고 동쪽은 엘라트 만(Gulf of Elat, 혹은 아카바 만)이 된다. 실제로 이집트인들이 두아트가 있는 곳인 세트의 땅을 그려 놓은 그림을 뒤집어 보면, 시나이 반도처럼 보이는 곳의 모습을 찾아볼 수 있다.【그림105】

또 메소포타미아 기록들에는 '산악지대의 틸문'이라는 표현도 등장하는데, 실제로 시나이 반도는 남부의 높은 산악지대와 가운데의 중앙 고원, 그리고 산으로 둘러싸인 북부의 평원으로 이루어져 있다. 북부의

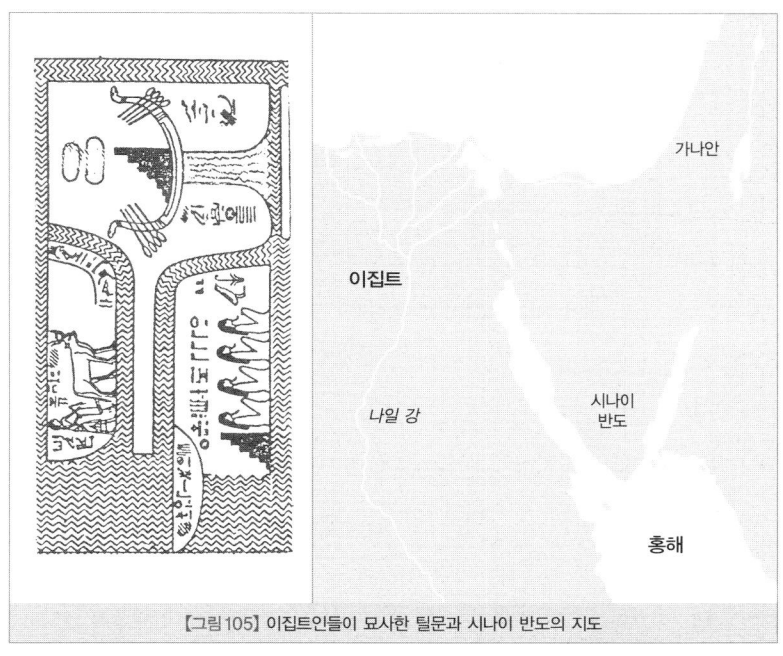

【그림105】 이집트인들이 묘사한 틸문과 시나이 반도의 지도

평원들은 모래 언덕을 따라 내려가면서 지중해의 연안에 닿게 된다. 해안가의 좁고 긴 땅들은 아득한 옛날부터 아시아와 아프리카를 잇는 일종의 '육상 다리'를 형성해 왔는데, 이집트의 파라오들은 그 길을 이용해 가나안과 페니키아를 침략했고 히타이트족에게 도전했다. 아카드의 사르곤(Sargon)은 자신이 지중해에 이르러 '무기를 씻었다'고 주장하면서, 지중해 해안선을 따라 형성된 '바다의 땅들'을 '세 번이나 돌았고, 틸문을 내 손으로 장악했다'고 말했다. 또 기원전 8세기 때 아시리아의 왕 사르곤 2세는 자신이 정복한 지역이 '소금 바다 해안에 위치한 비트-야킨(Bit-Yahkin)에서 멀리 틸문의 경계에까지' 이르렀다고 주장하기도 했다. '소금 바다'라는 명칭은 오늘날까지도 히브리어로 사해를 뜻한다. 이 점 또한 틸문이 사해 근처에 있다는 또 다른 증거인 것이다.

아시리아의 여러 왕들은 이집트 원정을 떠날 때 '이집트의 시내'를 지리적 이정표로 삼곤 했다. 사르곤 2세는 지중해 연안의 팔레스타인 도시인 아시도드(Ashdod)에 대한 정복을 말한 후에, 그 '시내'에 대해 말했다. 사르곤 2세보다 조금 뒤에 통치했던 에사르하돈(Esarhaddon)은 '내가 이집트의 시내에서 아르사(Arza)를 짓밟았고, 그의 왕이었던 아수힐리(Asuhili)에게 족쇄를 채웠다. (…) 틸문의 왕 콰나야(Qanayah)에게는 조공을 바치도록 했다'고 자랑하고 있다. '이집트의 시내'는 구약에서 말하는 크고 광대한 시나이의 와디(wadi)인데, 와디는 우기 때만 물이 흐르는 강을 이르는 말이다. 지금은 그것을 엘-아리시(El-Arish) 와디라고 부른다. 에사르하돈에 이어 아시리아의 왕위에 오른 아슈르바니팔은 자신이 '위의 바다(지중해)에 있는 티레에서 아래의 바다(홍해)에 있는 틸문에 이르기까지 지배력을 확보했다'고 주장하기도 했다.

이런 모든 기록들을 볼 때, 지리학적으로나 지질학적으로 틸문은 시나이 반도와 완벽하게 일치한다.

계절적인 요인을 제외한다면 현재 시나이 반도의 기후는 예전과 비슷하다고 가정할 수 있는데, 이곳은 10월부터 5월까지 불규칙한 우기가 지속되고 나머지 기간 동안은 지나치게 건조하다. 강수량이 얼마 안 되기 때문에 시나이 반도 전역을 사막이라고 부를 수도 있다. 실제로 이 지역의 연평균 강수량은 250밀리미터도 되지 않는다. 그러나 남쪽의 높은 화강암으로 이루어진 산 정상들은 겨우내 눈이 쌓여 있으며, 북쪽 해안지대에서는 지면에서 불과 몇 십 센티미터 아래쪽에 물이 고여 있을 정도로 다양한 기후가 공존한다.

이런 다양한 기후 속에서도 시나이 반도 어디서든 쉽게 찾아볼 수 있는 것이 있는데, 바로 와디다. 시나이 반도의 남쪽에서는 얼마 안 되는 빗물이 동쪽의 엘라트 만이나 서쪽의 수에즈 만 쪽으로 빠르게 빠져나간다. 그곳에는 깊은 협곡처럼 보이는 아름다운 와디와 많은 오아시스가 있다. 그러나 시나이 반도에 내리는 빗물의 대부분은 거대한 엘-아리시 와디와 그것의 수많은 지류들을 통해 북쪽으로 빠져나가 지중해에 이르며, 그것들은 지도상에서 마치 거대한 심장의 혈관들처럼 보인다. 시나이 반도의 북부 지역에서 하나의 네트워크를 형성하고 있는 이런 와디들의 깊이는 불과 몇 센티미터에서 수십 센티미터에 이를 정도로 다양하다. 그리고 그 폭도 좁을 때는 수십 센티미터에서 많은 양의 비가 내린 후에는 1킬로미터가 넘을 정도로 변화무쌍하다.

이 지역에서는 우기일 때에도 비가 내리는 형태가 일정하지 않다. 갑자기 폭우가 쏟아졌다가는 오랫동안 가뭄이 들기도 한다. 따라서 우기 때나 우기의 바로 직후라고 해도 와디에 물이 많을 것이라고 기대하는 것은 오산이다. 이런 일이 4월 중순에 이집트를 떠나 몇 주 후에 시나이 반도의 광야로 들어온 이스라엘 백성에게도 일어났음이 분명하다. 그들은 물이 있을 것으로 예상했지만 물을 찾을 수 없었기 때문에, 하나님이 두 번이나 직접적으로 개입해서 모세에게 바위를 쳐 물을 얻으라고 알려줘야 했다.

이 지역 유목민인 베두인족(Bedouin)은 시나이 반도에서 산전수전 다 겪은 노련한 여행자들로, 만약 와디의 하상을 구성하고 있는 토양이 적당한 것이라면 그들도 모세의 기적을 재현해 낼 수 있다. 와디의 많은 부분에는 바위층을 빠르게 통과한 물을 담고 있는 진흙층이 있다. 따라서 약간의 지식과 운만 있다면, 완전히 말라 버린 와디의 바닥을 조금만 파내려 가도 물을 발견할 수 있다.

그렇다면 이런 유목민의 기술이 구약의 이야기대로 하나님이 행한 기적이었단 말인가? 그러나 시나이 지역에서 이루어진 최근의 발견들을 통해 이 주제에 대한 새로운 해석을 할 수 있게 되었다. 이스라엘의 수문학자(水文學者, 물의 분포와 성질 등을 연구하는 사람)들이 와이즈만 과학연구소(the Weizmann Institute of Science)와 함께 시나이 반도의 중앙부에서 사하라 사막과 누비아 사막의 일부 지역에 남아 있는 것과 동일한 '화석물(fossil water, 선사시대 호수들의 흔적)'의 존재를 확인했다. 이스라엘 전체 국민이 거의 1백 년을 사용해도 될 정도의 엄청난 물을 갖고 있는 그 거대한 지하 저수지는 수에즈 운하에서 시작해 이스라엘의 건조한 네게브 지역 지하에까지 이르고 있으며, 면적은 9,600제곱킬로미터에 달한다.

비록 바위투성이 지면의 평균 900미터 아래에 위치해 있기는 하지만, 그것은 지하 우물과 같기 때문에 그 자체의 압력으로 지하 300미터까지 올라와 있는 곳도 있다. 이집트인들도 석유를 찾기 위해 시나이 북부 평원지대의 중심부인 나클(Nakhl)에서 시추를 하다가, 석유가 아닌 이 화석물 저장고를 찾기도 했다. 또 다른 곳에서의 많은 시추를 통해서도 이런 믿을 수 없는 사실이 확인됐다. 즉 땅 위는 건조한 광야지만, 현대의 시추 기술과 펌프 장비로 쉽게 접근할 수 있는 땅 바로 아래에는 신선한 광천수가 존재하는 것이다!

우주 시대의 기술을 가졌던 네필림들이 그런 지식을 모를 수 있었을까? 하나님의 지시에 따라 모세가 바위를 쳐서 나왔던 물은 건조한 와디 바닥에 조금 남아 있던 물이 아니라, 위에서 설명했던 그런 화석물이 아니었을까? 하나님은 모세에게 이집트에서 기적을 행한 그 지팡이를 네 손으로 잡으라고 말한다. 그리고 어떤 바위 위에 자기가 서 있는 것을 보게 될 것인데, 그 바위를 지팡으로 내려치라고 한다. '그러면 거기서 물이 나올 것이며 백성들에게 그 물을 마시게 하라.' 그 물은 수많은 사람들과 가축이 충분히 먹고도 남을 정도였다. 모세는 야훼 하나님의 위대함을 보여 주기 위해, 몇몇 증인을 데리고 그 바위가 있는 곳으로 가서 '이스라엘 장로들이 보는 앞에서' 기적을 일으켰다.

그런데 틸문과 관련된 한 수메르의 이야기에서도 거의 동일한 사건을 찾아볼 수 있다. 물이 부족해 힘들었던 시기에 대한 이야기다. 곡식은 시들고, 가축들은 먹을 것이 없었고, 짐승들은 목이 말랐으며, 사람들은 말이 없었다. 틸문의 통치자였던 엔쌍(Enshag)의 아내 닌시킬라(Ninsikilla)가 자기 아버지인 엔키에게 다음과 같이 불평했다.

아버지가 주신 그 도시 (…)
아버지가 주신 도시 틸문에는

강에 물이 없습니다. (…)

처녀가 목욕을 못합니다.

그 도시에는 신선한 물이 나오지 않습니다.

엔키는 문제를 검토한 후, '지하수를 끌어올리는 것'이 유일한 해결책이라는 결론에 도달한다. 그 지하수를 끌어내기 위해서는 보통의 우물보다 더 깊이 땅을 파야만 했다. 그래서 엔키는 하늘에서 미사일을 쏘아 여러 겹의 바위층을 뚫자고 제안했다.

아버지 엔키가 딸 닌시킬라에게 대답했다.

"신성한 우투를 하늘에 자리잡게 하자.

미사일 하나를 우투의 '가슴'에 단단하게 고정시키자.

높은 곳에서 땅으로 미사일을 곧바로 날리면 (…)

그곳에서 지구의 물이 나올 것이다.

그 물을 우투가 너에게 가져갈 것이다."

지시받은 대로, 우투(샤마시)는 지하의 수원에서 물을 끌어낸다.

우투는 하늘에 올라가 위치를 정하고

미사일을 자기 '가슴'에 단단히 묶은 다음,

높은 곳에서 땅을 향해 미사일을 날렸다. (…)

하늘 높은 곳에서 우투는 미사일을 발사했다.

그는 수정 돌을 뚫고 물을 뽑아 올렸다.

물이 나온 그곳에서, 그 땅에서

우투는 닌시킬라에게 달콤한 물을 가져다주었다.

하늘에서 발사된 미사일이 땅을 뚫고 들어가 물이 나오게 할 수 있을까? 이런 이야기를 독자들이 믿지 못할 것이라고 생각했던 고대의 서기는 이야기의 말미에 다음과 같은 말을 덧붙였다. '이 이야기는 진실로 그러하다.' 이 이야기를 담고 있는 기록은 계속해서 땅에서 물이 나온 기적이 실제로 일어났다고 말한다. 물이 풍족해진 틸문 땅은 '곡식이 자라는 들과 곡물이 자라는 농장'이 되었다. 그리고 틸문 시(市)는 '그 땅의 항구가 되어, 선창가와 부두가 있는 곳이 되었다'.

이로써 틸문과 시나이의 유사성은 이중으로 입증된 셈이다. 첫째로 바위 지표면 아래에 지하수 저장소가 존재한다는 것과, 둘째로 가까운 곳에 우투(Utu, 우주선 기지의 사령관이었던 샤마시와 동일 인물)가 살았다는 것이 그것이다.

시나이 반도는 또한 틸문의 유명한 산물들이 모두 나는 곳이기도 했다. 틸문은 수메르인들이 귀하게 여기던 푸른빛의 청금석(靑金石)과 비슷한 보석들의 원산지로 유명한 곳이었다. 그런데 이집트의 파라오들이 시나이의 서남쪽 지역에서 청록의 터키석과 공작석(孔雀石)을 구했다는 것은 잘 알려진 사실이다. 최초의 터키석 광산 지역은 현재 마그하라(Magharah, 동굴) 와디라고 불리는 곳에 있었는데, 그곳에서 광부들이 와디 협곡의 바위투성이 측면을 뚫어 터널을 만들고 그곳에 들어가 터키석을 캐냈다. 또 나중에는 현재 세라비트-엘-카딤(Serabit-El-Khadim)이라고 불리는 곳에서도 채광이 이루어졌다. 마그하라 와디에서는 이집트 제3왕조 때(기원전 2700~2600년)의 그림들도 발견되는데, 그때부터 이집트인들이 그곳에 수비대를 주둔시키고 광산을 지속적으로 장악했던 것으로 보인다.

학자들은 '아시아 유목민들'을 굴복시키고 포로로 잡았던 초기 파라오들이 남긴 그림들과 여러 가지 고고학적 발견을 종합해 볼 때, 이집트인들이 처음에는 셈족들이 먼저 개발해 놓은 광산들을 단지 약탈하기만 했던 것으로 보고 있다.【그림106】 터키석을 뜻하는 이집트어는 마프카-트(mafka-t)인데(이집트인들은 시나이 반도를 '마프카트의 땅'이라고 부르기도 했다), 그것은 '채굴하다'와 '잘라서 뽑아내다'라는 의미를 지닌 셈어 동사에서 나온 말이다. 또 그 광산 지역은 여신 하토르(Hathor)의 영역이었고, 하토르는 '시나이의 여인' 혹은 '마프카트의 여인'으로 불리기도 했다. 고대의 신이면서 이집트 초기의 하늘 신 중 하나였던 여신 하토르는 이집트인들이 '암소'라는 별칭으로 부르기도 했으며, 암소

【그림106】 붙잡힌 아시아 유목민들을 묘사한 이집트의 그림

의 뿔을 단 모습으로 그려지기도 했다. 【그림7과 106 참조】

그녀의 이름인 하트-호르는 상형문자로 쓰면 네모 안에 매 한 마리가 들어 있는 모습 이 되는데, 학자들은 그것을 '호루스의 집'이라는 뜻으로 해석했다. 왜냐하면 호루스가 매로 묘사되곤 했기 때문이다. 그러나 그것을 문자 그대로 해석하면 '매의 집'이 되며, 그것은 미사일이 있던 땅의 위치와 기능에 대한 우리들의 결론과 일치한다.

『브리태니커 백과사전』에 따르면, '터키석은 기원전 4000년대 이전부터 시나이 반도에 있는 세계 최초의 암반 광산에서 얻어졌다'고 한다. 그때는 수메르 문명이 겨우 시작했을 때였고, 이집트 문명은 그로부터 1,000년 후에나 시작되었다. 그렇다면 도대체 누가 그런 광산 작업을 주도했다는 말인가? 이집트인들은 과학의 신인 토트(Toth)가 그 주인공이라고 말한다.

광산 작업을 토트가 시작했다고 여긴 점에서, 또 시나이 반도가 하토르의 영역이라고 생각했던 점에서, 이집트인들은 수메르인들의 전통을 그대로 따르고 있다. 수메르의 기록들에 따르자면, 아눈나키들의 광산 작업을 주도한 것은 지식의 신인 엔키였다. 그리고 대홍수 이전 시대에 틸문은 엔키와 엔릴의 여자형제였던 닌후르쌍에게 할당되었다. 닌후르쌍은 젊었을 때는 대단한 미모를 지니고 있었으며, 네필림들 사이에 최고 간호사로 군림했었다. 그러나 나이가 들어서는 '암소'라는 별명으로 불렸으며, 암소의 뿔을 가진 대추야자의 여신으로 그려지곤 했다. 【그림107】 이처럼 닌후르쌍과 하토르 간의 유사성과 그들이 지배하던 지역의 동일성은 더 이상의 설명이 필요 없을 정도로 명백하다.

시나이 반도는 또한 구리의 주요 산지이기도 했는데, 구리의 경우에도 이집트인들은 이미 개발된 이 지역의 광산을 약탈했던 것으로 보인

【그림107】 암소의 뿔을 가진 모습으로 묘사된 닌후르쌍

다. 이집트인들은 그렇게 하기 위해 시나이 반도 깊숙이까지 들어가야 했는데, 아브라함의 시대이기도 했던 이집트 제12왕조의 한 파라오는 다음과 같이 기록하고 있다. '내 발로 걸어 외국의 땅 경계선에 도착해 신비한 계곡들을 탐사하고 알려지지 않은 곳에까지 이르렀다.' 또 그 파라오는 자신의 병사들이 약탈한 전리품을 하나도 잃지 않았다고 자랑하고 있다.

최근 시나이 지역을 탐사한 이스라엘 과학자들에 따르면, '기원전 3000년대인 이집트 초기 왕국 시대에 시나이 반도에는 구리를 제련하고 터키석을 채굴하던 셈족 계열의 부족들이 집단적으로 거주했는데, 그들은 파라오의 군대가 자신들의 영토로 들어오는 것에 대항해 싸웠다'고 한다. 또한 그 과학자들은 '그 지역에 상당히 큰 규모의 제련 시설이 있었음을 확인할 수 있었다'고 말하면서, '구리 광산과 광부들의 야영지, 그리고 구리 제련 시설들이 남부 시나이 반도의 서쪽으로부터 멀리 동쪽으로 아카바 만의 입구인 엘라트에까지 넓게 퍼져 있었다'고 주장했다.

 구약 시대에 에치온-가베르(Etzion-Gaber)라는 명칭으로 알려졌던 엘라트는 실제로 '고대 세계의 피츠버그(미국의 대표적인 광산 도시)'였다고 할 수 있다. 약 20년 전 글루엑(Nelson Glueck)은 엘라트 바로 북쪽의 팀나(Timna)에서 솔로몬 왕의 구리 광산을 발견했다. 그곳에서 채굴된 구리 광석은 에치온-가베르로 옮겨져 제련됐는데, 에치온-가베르 즉 엘라트야말로 고대에 존재했던 제련 시설 중 '가장 큰 것은 아니라고 해도, 가장 큰 것들 중 하나였음이 분명하다'.

 이런 고고학적 증거들은 다시 한번 구약과 메소포타미아의 기록들을 확인시켜 준다. 앞에서 본 것처럼 아시리아의 왕 에사르하돈은 '틸문의 왕 콰나야(Qanayah)에게 공물을 바치게 했다'고 자랑한 바 있다. 구약에서는 퀜(Qenites, 구약의 겐) 족속이 남부 시나이 지역에 거주했다고 되어 있는데, 그 이름을 문자 그대로 해석하자면 '대장장이' 혹은 '야금술사'가 된다. 또 모세가 이집트에서 탈출해 시나이로 와서 결혼을 했던 여인도 퀜족의 여인이었다. 포브스(R. J. Forbes)는 구약에서 '대장장이'를 뜻하는 'Qain'이라는 말이 수메르어인 킨(KIN, 만드는 자)에서 나왔다고 지적하기도 했다.

 이스라엘 백성의 출애굽 후에 이집트를 통치했던 람세스 3세는 자신이 그런 구리 대장장이들의 야영지를 습격했고, 팀나와 엘라트의 제련 시설을 약탈했다고 기록했다.

> 나는 샤수(Shasu) 사람들인 세어족을 멸했다. 나는 그들의 천막과 소유물과 소떼를 헤아릴 수 없을 정도로 빼앗았다. 사람과 물건을 묶어, 포로로 이집트에 공물로 가져왔다. 나는 포로들을 성전의 노예로 신들께 바쳤다.

나는 고대 국가 지역에 있는 구리 광산으로 내 군사를 보냈다. 군사들은 범선으로 구리를 실어 왔고, 육로를 이용한 자들은 나귀 등에 실어 왔다. 파라오들이 통치를 시작한 이래 이런 일이 있었다는 소리를 이제 처음 듣는다.

광산에는 구리가 많았다. 구리 1만 개를 범선에 실었다. 구리를 실은 배는 이집트에 안전하게 도착했다. 구리를 궁전 발코니 아래에 산더미처럼 쌓았다. 수십만 개에 이르는 수많은 구리 막대기들은 세 번 제련된 것들로 금빛을 띠고 있었다.

나는 누구든지 이 경이로운 모습을 보도록 허락했다.

앞에서 살펴본 것처럼 신들이 엔키두에게 내린 벌은 평생 동안 틸문의 광산에서 일을 하라는 것이었다. 그래서 길가메시가 '이집트의 배'를 타고 엔키두와 함께 길을 떠날 계획을 세웠던 것인데, 이는 '광산의 땅'과 '미사일의 땅'이 같은 지역에 있었기 때문이다. 우리가 지목한 시나이 반도가 바로 그런 고대의 기록들과 일치하는 지역이다.

| 시나이 반도를 지칭하는 다른 이름, 틸문 |

역사 시대나 선사 시대의 사건들을 이런 식으로 재구성하는 일을 더 계속하기 전에, 틸문이 시나이 반도를 지칭하는 수메르의 이름이라는 우리들의 결론을 보다 확실하게 입증할 필요가 있다. 아주 최근까지도 학자들은 그렇지 않다고 보고 있는데, 그런 반대 의견들을 분석해서 왜 그들이 틀렸는지를 밝힐 필요가 있다.

아주 오랫동안 지속되는 견해 중 하나가 틸문(때로는 Dilmun으로 표기되기도 함)을 페르시아 만의 바레인 섬이라고 보는 것인데, 그런 견해의 초창기 대표자로 『틸문의 위치에 대하여 On the Location of Tilmun』

라는 책을 쓴 콘월(P. B. Cornwall)을 들 수 있다. 그의 견해는 아시리아의 사르곤 2세가 만든 비문에 적힌 말에 상당 부분 의존하고 있다. 비문에는 사르곤 2세에게 공물을 바치는 왕들 중에 '딜문의 왕 우페리(Uperi)'가 포함되어 있으며, '그의 처소는 마치 물고기처럼 태양이 떠오르는 바다 한가운데 있는데 약 60시간 정도 떨어져 있다'고 기록되어 있다. 이 기록을 본 학자들은 틸문이 섬이라고 해석했다. 그리고 그런 견해를 받아들이는 학자들은 '태양이 떠오르는 바다'를 페르시아 만으로 보고 있다. 그렇게 해서 틸문이 바레인이라는 견해가 생겨난 것이다.

그러나 이런 해석에는 몇 가지 문제가 있다. 먼저 틸문의 수도만이 바다 위의 섬에 있었을 가능성이다. 기록을 잘 살펴보면 틸문이라고 불린 땅과 도시로서의 틸문이 별도로 존재했었다는 것이 분명하다. 둘째로, 많은 아시리아 기록에서 말하는 '바다 한가운데'의 도시들은 작은 만이나 곶에 위치한 것들이지, 섬에 있지 않다는 점이다. 예를 들어 '바다 한가운데' 있다고 한 아르바드(Arvad)라는 곳은 지중해 연안의 지명이다. 그리고 만약 '태양이 떠오르는 바다'가 메소포타미아의 동쪽 바다를 가리키는 말이라면, 페르시아 만은 메소포타미아의 동쪽이 아닌 남쪽에 위치하기 때문에 거기에 해당되지 않는다. 또 바레인은 메소포타미아와 너무 가까워 60시간씩 항해할 거리도 아니다. 바레인은 메소포타미아의 항구에서 남쪽으로 약 480킬로미터 떨어진 곳에 위치해 있기 때문에, 만약 60시간을 항해한다면 아무리 천천히 간다고 해도 그것보다 훨씬 더 먼 곳에 이르게 될 것이다.

바레인을 틸문이라고 볼 때 생기는 또 다른 문제는 틸문에서 생산됐던 특산품들과 관련된 것이다. 길가메시가 살았던 때에도 틸문 지역 전체가 인간에게 제한된 구역은 아니었다. 앞에서 살펴보았듯이, 틸문의 일부 지역에서는 형을 받은 사람들이 어둡고 먼지 나는 광산에서 틸문의 특산품인 구리나 보석을 캐면서 살고 있었다. 또한 틸문은 수메르와 오랫동안 문화적으로 상업적으로 연결돼 있었으며, 수메르에 특정한 임산물(林産物)을 제공했었다. 그리고 앞에서 닌시킬라가 우물물을 달라고 간청한 이야기를 할 때 보았던 것처럼 틸문에서는 농사를 짓기도 했었는데, 그곳에서 나는 양파와 대추야자는 고대 세계에서 상당히 질이 좋은 상품으로 평가받고 있었다.

바레인에서는 약간의 '보통 야자'를 제외하고는 위에서 언급된 어떤 것도 생산되지 않았다. 바레인이 틸문이었다고 주장하는 학자들은 이런 문제를 적당히 피해 가기 위해 대단히 복잡한 답을 제시하고 있다. 『딜문 찾기 *Looking for Dilmun*』라는 책을 쓴 비비(Geoffrey Bibby)나 그와 비슷한 생각을 가진 학자들은 바레인이 중간 무역항이라는 이론을 제시하고 있다. 즉 틸문의 유명한 산물들은 그곳에서 생산된 것이 아니라 다른 먼 지역으로부터 온 것이라는 설명이다. 그리고 그런 물품들을 실어 온 배들은 항상 수메르까지 간 것이 아니었고 바레인에 멈춰 짐을 내려놓았다는 것이다. 그러면 수메르의 유명 상인들이 그것들을 싣고 그 물건들의 최종 목적지인 수메르로 실어 갔다는 설명이다. 그런 과정을 거쳤기에, 수메르의 서기들이 그런 물품들의 원산지를 기록할 때 '틸문'에서 온 것으로 기록했다는 것이다.

그러나 물건을 싣고 대단히 먼 거리를 항해했던 배들이 왜 메소포타미아까지의 별로 멀지도 않은 거리를 다 가지 않고, 여분의 노력과 비용을 들여 바레인에 짐을 내려놓았을까? 또 이런 설명은 틸문에서 온 배들이 다른 나라에서 온 배들과 마찬가지로 메소포타미아의 항구 도시들에 정박했다고, 수메르와 아카드의 통치자들이 말하는 것과도 정면으로 배치된다. 예컨대, 길가메시가 우루크의 왕으로 있을 때로부터 약 2세기가 지난 후에, 우루크의 인접국 라가시의 왕이었던 우르-난세(Ur-Nanshe)는 자신의 비문에 '틸문의 배들이 (…) 나에게 나무를 공물로 가져왔다'고 기록했다. 우리는 그의

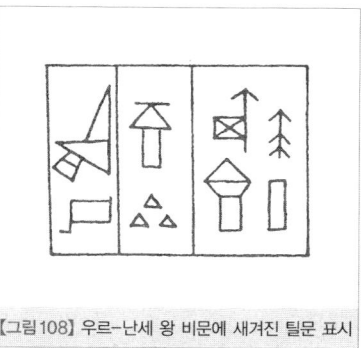

【그림108】 우르-난세 왕 비문에 새겨진 틸문 표시

비문에서 '미사일'을 그린 그림을 통해 틸문이라는 명칭을 확인할 수 있다.【그림108】 아카드의 첫 번째 왕이었던 사르곤도 '내가 아카드의 선창에 멜루하(Meluhha)와 마간, 그리고 틸문에서 온 배들을 정박시켰다'고 자랑했다.

따라서 논리적이고 경제적인 이유에 따라 틸문의 생산물을 실은 배들은 메소포타미아의 항구로 곧바로 간 것이 틀림없다. 또 기원전 2500년경의 한 비문에는 밀과 치즈와 껍질을 깐 보리를 라가시에서 틸문으로 선적해 갔다고 기록돼 있는데, 어떤 섬에서 물건을 다른 배로 옮겨 실었다는 말은 전혀 없다.

바레인이 틸문이라는 이론을 반대하는 대표적인 학자 중 한 사람인 크레이머(Samuel N. Kramer)는 『딜문, 살아 있는 자의 땅 Dilmun, the Land of the Living』이라는 책에서, 메소포타미아의 기록을 살펴보면 틸문이 위험과 모험을 감수하지 않고는 갈 수 없는 '먼 땅'이라는 사실을 강조하고 있음을 지적했다. 이런 묘사는 바레인처럼 고요한 페르시아 만을 편하게 항해해서 도달할 수 있는 메소포타미아에 인접한 섬에 대한 설명으로는 전혀 어울리지 않는 것이다. 크레이머는 또한 다양한 메

소포타미아 기록에서, 틸문이 어떤 바다의 근처가 아니라 두 개의 물 가까이에 있다고 말한 사실을 대단히 중요하게 여기고 있다. 아카드의 기록들도 틸문이 '두 개의 흐르는 물의 입구', 즉 두 개의 물이 시작되는 곳에 있다고 말하고 있다.

틸문이 '태양이 떠오르는 곳'에 있다는 또 다른 기록에 근거해서, 크레이머는 틸문이 섬이 아니라 육지에 있으며 수메르에서 태양이 떠오르는 동쪽에 있다는 결론을 내렸다. 수메르 동쪽에서 두 개의 물줄기가 만나는 곳을 찾던 크레이머는 페르시아 만과 인도양이 만나는 동남쪽의 한 지점을 찾아냈다. 그 결과 크레이머는 발루치스탄(Baluchistan)이나 인더스 강에 가까운 어딘가에 틸문이 있었을 것이라고 추측했다.

그러나 크레이머가 확신하지 못하고 주저한 이유는, 다른 나라와 민족들을 열거하고 있는 수메르와 아카드의 기록을 보면 엘람이나 아라타(Aratta)와 같은 동쪽 지역과 관련해서 틸문이 언급된 적이 없었기 때문이다. 그 대신에 틸문은 멜루하(Meluhha, 누비아/에티오피아)와 마간(Magan, 이집트)과 늘 함께 언급되고 있다. 그리고 이집트(마간)와 틸문이 서로 가까운 곳에 있었다는 사실이 '엔키와 닌후르쌍'이라는 글의 끝 부분에 명백하게 나타나 있는데, 그것을 보면 닌툴라(Nintulla)가 '마간의 주인'이 되고 엔쌍(Enshag)이 '틸문의 주인'이 되면서 엔키와 닌후르쌍의 축복을 받았다고 말하고 있다. 또 이집트와 틸문이 가까운 곳에 있었다는 사실은, 대홍수 이후에 인류가 문명을 건설하는 것을 도왔던 엔키의 활동을 적어 놓은 엔키의 자서전적인 글에서도 확인된다. 거기에서도 틸문은 마간과 멜루하와 함께 언급되고 있다.

마간의 땅과 틸문의 땅이

나를 찾았다.

나 엔키는 틸문의 배를 해안에 정박시키고,

마간의 배를 하늘 높이 띄웠다.

멜루하의 즐거운 배는

금과 은을 옮긴다.

이렇게 틸문이 이집트 근처라고 본다면, 틸문이 '태양이 떠오르는 곳'에 있었다는 말은 도대체 어떻게 해석해야 할까? 학자들은 이 말을 근거로 틸문이 수메르의 서쪽이 아니라 동쪽이라고 주장해 왔다.

이 의문에 대한 답은 의외로 단순한데, 수메르와 아카드의 기록에서는 '태양이 떠오르는 곳'이라는 말이 전혀 없었다는 것이다. 수메르와 아카드의 기록에는 '태양이 떠오르는 곳'이 아니라 '샤마시가 위로 올라가는 곳'이라고 되어 있으며, 그 둘은 전혀 다른 뜻이다. 따라서 틸문은 동쪽에 있었던 것이 아니라, 태양을 상징하는 신인 우투(샤마시)가 자신의 우주선을 타고 하늘로 올라간 장소였던 것이다. 「길가메시 서사시」의 다음 구절을 보면 이런 사실이 보다 분명해진다.

마슈 산에 그가 도착했네.

그곳에서 낮 시간에 쉠들이 들어오고 나갈 때

그는 쉠들을 보았네.

로켓 인간들이 그 문을 지키고 (…)

샤마시가 승천하고 하강할 때

샤마시를 경호하네.

그리고 그곳이야말로 신들이 지우수드라를 데려간 장소였음에 틀림없다.

> 산속 틸문에
> 교차하는 그 땅에 (…)
> 샤마시가 하늘로 올라간 장소에
> 그들은 지우수드라를 살게 했네.

그러나 쉠을 세우는 것을 허락받지 못하고 그 대신에 자신의 선조인 지우수드라와 대화하는 것만 허락받은 길가메시는, 틸문에 있는 마슈 산, 즉 시나이 반도에 있는 모세의 산으로 발길을 돌려야만 했다.

| 다양한 식물의 서식지, 시나이 반도 |

현대의 식물학자들은 시나이 반도의 다양한 식물 종에 놀라움을 금치 못하고 있다. 그곳에서는 큰키나무에서부터 떨기나무에 이르기까지 약 1,000종 이상의 식물 종이 발견되고 있으며, 그중 많은 수가 시나이 반도에만 서식하는 것들이다. 오아시스나 해안 사구의 지표면 아래 혹은 와디의 하상처럼 물이 있는 곳이라면 어디에서나, 시나이 반도의 특이한 기후 풍토와 강수량에 적응한 크고 작은 나무들이 끈질기게 자라고 있다.

시나이의 동북쪽은 질 좋은 양파의 원산지였음이 분명하다. 길고 푸른 대를 가진 파 종류를 영미권에서는 통틀어 스칼리온(scallion)이라 부르는데, 그 이름에는 그 파를 유럽으로 선적했던 항구의 명칭이 숨겨져 있다. 그곳은 '이집트의 시내'의 바로 북쪽 지중해 연안에 위치한 아스칼론(Ascalon)이었다.

시나이의 독특한 환경에 적응한 나무들 중에는 아카시아도 있는데, 시나이의 아카시아는 와디의 하상에서만 자라면서 깊이 뿌리를 내려 지표면 속의 수분을 흡수할 수 있도록 적응했다. 결과적으로 아카시아는 비가 내리지 않아도 10년을 살 수 있게 되었다. 아카시아 나무는 훌륭한 목재로 인정받았으며, 구약에 따르면 성궤와 유대 성막의 여러 부분들도 그것으로 만들어졌다고 한다. 또 수메르 왕들이 성전을 짓기 위해 수입했던 나무도 시나이의 아카시아였을 가능성이 높다.

시나이 반도 어디에서든 볼 수 있는 것은 위성류(渭城柳)인데, 그것은 일종의 떨기나무로 지표 속의 수분이 있는 곳까지 깊게 뿌리를 내리고 물에 염분이 있어도 잘 자라기 때문에, 와디의 길을 따라 연중 자란다. 특히 우기의 겨울철이 지나고 나면 위성류는 작은 숲을 이룰 정도로 무성해지며, 숲은 작은 곤충들의 배설물인 달콤한 알갱이 모양의 물질로 뒤덮이게 된다. 베두인족들은 오늘날까지도 그것을 구약에 나오는 이름 그대로 만나(manna)라고 부르고 있다.

그러나 무엇보다 고대로부터 틸문과 가장 밀접하게 연결되었던 나무는 대추야자다. 대추야자는 경제적 측면에서 보자면 지금도 시나이 반도에서 가장 중요한 나무다. 최소한의 거름만 주어도 대추야자는 베두인족에게 열매를 제공한다. 또 그 껍질과 씨는 낙타와 염소의 먹이가 되고, 줄기는 건축용 자재와 연료로 사용되며, 가지는 지붕의 재료로 사용된다. 그리고 대추야자 나무의 섬유소는 로프와 실을 만드는 데 쓰인다.

메소포타미아 기록을 보면 고대에는 대추야자가 틸문에서 수출되었다는 사실을 알 수 있다. 틸문의 대추야자는 매우 크고 맛이 좋아, 길가메시의 도시였던 우루크에서는 신들의 식사에 사용되었다. '일 년 내내

하루 네 끼씩 일반 대추야자 108개와 틸문의 대추야자, 그리고 무화과와 건포도가 신들에게 바쳐졌다.' 예리코는 시나이 반도에서 메소포타미아로 가는 육로에 있는 도시 중 가장 가깝고 오래된 도시였는데, 구약에서는 예리코를 '대추야자의 도시'라고 부르고 있다.

대추야자 나무(구약의 종려나무)는 근동 지역에서 통용되던 인간과 신에 대한 정의, 즉 종교에서 중요한 상징으로 받아들여졌다. 구약의 「시편」에는 '의인의 종려나무처럼 우거질 것이다'라고 언급했다.(「시편」 92 : 12) 선지자 에스겔은 예루살렘 성전 재건의 환상을 보았는데, 성전에 '그룹 천사들과 종려나무'가 엇갈려 장식돼 '한 그루의 종려나무가 두 명의 그룹 천사 사이에 있었고, 그룹 천사 한 명의 양옆에는 종려나무가 한 그루씩 있었다'*(「에스겔서」 41 : 18). 당시 에스겔은 바빌로니아 사람들이 강제로 유대 땅에서 데려온 유대 망명 백성들과 살고 있었기 때문에, 그룹 천사와 대추야자 나무를 주제로 한 메소포타미아의 그림에 익숙했었던 것으로 보인다. 【그림 109】

【그림109】 날개 달린 천사와 대추야자 나무를 소재로 한 그림

12번째 행성의 상징물인 날개 달린 원반과 함께 모든 고대 민족들이 가장 광범위하게 그렸던 상징물은 생명의 나무였다. 루샤우(Felix von Luschau)는 1912년에 자신의 저서인 『고대의 오리엔트 *Der Alte Orient*』에서, 그리스의 이오니아식 기둥 받침【그림110a】과 이집트의 기둥 받침【그림110b】이 모두 대추야자 나무의 형태【그림110c】로 생명의 나무를 형식화한 것이라는 사실을 밝혀냈고, 고대의 전설과 서사시에 나오는 생명 나무의 열매가 대추야자 열매의 한 종이라는 사실도 입증했다. 또 우리는 카이로에 있는 이슬람교의 대회당 장식【그림110d】에까지도 생명의 상

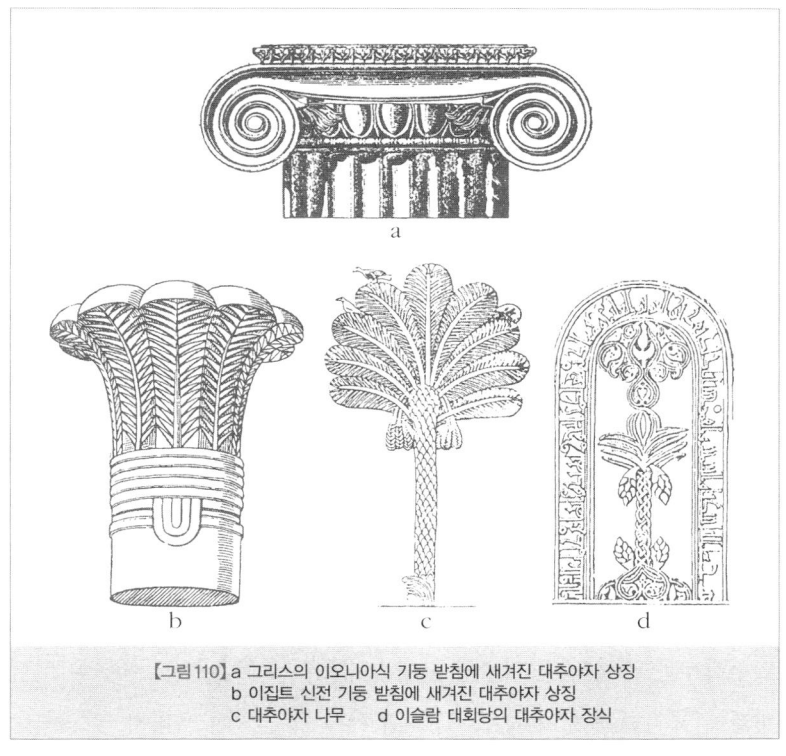

【그림110】 a 그리스의 이오니아식 기둥 받침에 새겨진 대추야자 상징
　　　　　 b 이집트 신전 기둥 받침에 새겨진 대추야자 상징
　　　　　 c 대추야자 나무　　d 이슬람 대회당의 대추야자 장식

틸문, 우주선의 땅 371

징으로 대추야자라는 주제가 이어지고 있는 것을 볼 수 있다.

버거만(Henry Bergeman)과 윈덴그렌(Geo. Windengren)의 연구를 통해, 신들의 처소에서 자란다는 그런 생명나무에 대한 믿음이 근동에서 시작해 전 세계로 퍼져 나갔으며 모든 종교의 교리 중 하나가 되었다는 사실이 밝혀졌다.

생명나무에 대한 믿음과 그에 대한 모든 묘사의 근원은 '살아 있는 자의 땅'에 대한 수메르의 기록이다.

틸문,
그곳에서는 늙은 여자도 '나는 늙은이요'라고 말하지 않는다.
그곳에서는 늙은 남자도 '나는 늙은이요'라고 말하지 않는다.

언어유희의 대가였던 수메르인들은 미사일의 땅을 틸문(TIL.MUN)이라고 불렀는데, 틸(TIL)은 '생명'을 뜻하는 말이기도 했기 때문에, 그곳은 '살아 있는 자의 땅'이기도 했다. 또 수메르어로 생명의 나무는 기시틸(GISH.TIL)이었는데, 기시(GISH)는 '사람이 만든' 혹은 '제조된' 물건이라는 뜻도 갖고 있었으므로, 기시틸은 '생명으로 가는 탈 것' 즉 우주선이라는 뜻이 될 수 있었다. 그림에서도 독수리 인간들이 때때로 대추야자 나무가 아닌 우주선을 향해 인사하는 모습을 찾아볼 수 있다.
【그림 60 참조】

생명나무와 대추야자 나무의 연결고리는 그리스의 종교 미술에서 옴파로스가 대추야자 나무와 연결되었다는 사실을 통해 더 확실하게 확인된다. 델포이 신전을 묘사한 고대 그리스의 그림을 보면, 아폴론 신전 바깥에 세워진 복제 옴파로스가 대추야자 나무 옆에 세워져 있는 것을

【그림111】 그리스 아폴론 신전 밖에 세워진 옴파로스와 대추야자 나무

볼 수 있다. 【그림111】 그리스에는 그런 나무가 자라지 않기 때문에 학자들은 그것이 청동으로 만들어진 인공 나무일 것이라고 보고 있다. 옴파로스를 대추야자 나무와 연결시켰던 것은 아주 근본적인 상징의 문제임에 틀림없는데, 왜냐하면 그런 묘사가 그리스의 다른 신탁 중심지에서도 반복돼 나타나고 있기 때문이다.

앞에서 우리는 옴파로스가 그리스, 이집트, 누비아, 가나안의 '신탁 중심지'들과 두아트를 연결하는 고리였다는 것을 확인한 바 있다. 이제 우리는 그 '장엄한 돌', 즉 옴파로스가 '살아 있는 자의 땅'에 있는 나무인 대추야자 나무와 연결되고 있다는 것도 확인했다.

실제로 그룹 천사들을 묘사한 그림에 적혀 있는 수메르의 기록을 보면 다음과 같은 기도문이 있다.

틸문, 우주선의 땅 373

【그림 112】 손에 대추야자 나무를 들고 있는 신의 모습

나는 엔키의 암갈색 나무를 내 손에 들고 있네.

수를 세는 나무,

하늘로 향한 엄청난 무기.

그것을 나는 내 손에 들고 있네.

신탁의 위대한 나무,

대추야자 나무를 내 손에 들고 있네.

메소포타미아의 어떤 그림을 보면 한 신이 자기 손에 그 '위대한 신탁의 나무, 대추야자 나무'를 들고 있는 것을 볼 수 있다.【그림 112】그는 '네 명의 신'이 있는 장소에서 어떤 왕에게 그 생명나무의 과일을 허락하고 있다. 우리는 이집트의 기록과 그림을 통해서 이미 그곳을 알고 있다. 그곳은 두아트의 하늘에 이르는 계단의 바로 옆에 있는 네 곳의 중요한 지점을 지키는 네 명의 신이 있는 곳이다. 우리는 또 앞에서 수메르인들이 생각하던 하늘의 문이 대추야자 나무로 표시돼 있었다는 것

도 살펴본 바 있다. 【그림72 참조】

이제 누구라도 불멸을 찾아 나섰던 고대 여행자들의 목적지가 시나이 반도의 어딘가에 있는 우주선 기지였다는 사실을 더 이상 의심할 수 없을 것이다.

11

숨어 있는 산

| 시나이 산을 찾아서 |

대홍수가 지나간 후에 네필림들은 시나이 반도의 어딘가에 자신들의 우주선 기지를 세웠다. 신의 은총을 받아 선택된 소수의 인간들만이 시나이 반도의 어딘가에 있는 어떤 산에 접근할 수 있었다. 그곳이야말로 경비를 서던 '새-인간들'이 알렉산더에게 '돌아가라! 네가 서 있는 곳은 오직 신에게만 속한 곳이다'라고 경고했던 곳이다. 또 그곳이야말로 하나님이 모세에게, '네가 선 땅은 성스러운 땅이니 더 이상 가까이 오지 말라'고 했던 곳이다. 그리고 그곳이야말로 독수리-인간들이 길가메시에게 빛나는 광선을 쏘았다가, 그가 보통의 인간이 아님을 깨달았던 곳이기도 하다.

수메르인들은 그곳을 마슈(MA.SHU, 최고의 바지선) 산이라고 불렀다. 알렉산더 대왕의 이야기에서는 그 산을 무샤스(Mushas, 모세)의 산이라고 부르고 있다. 그러나 이 둘의 이름이 비슷하고 그 기능이나 특징도 동일한 것을 보면, 그것들이 같은 산이었음을 알 수 있다. 그렇다면 이제 '시나이 반도 어디에 그 산이 있었던 것일까?'라는 질문에 대한 답은 거의 찾은 것 같다. 왜냐하면 출애굽의 산들, 즉 남부 시나이의 높은 화강암 산들 가운데서도 가장 높은 산인 '시나이 산'은 지도에도 분명하게 표시돼 있기 때문이다.

지난 3,300년 동안 이스라엘 민족은 이집트에서 탈출한 출애굽의 사건을 유월절 행사를 통해 매년 기념해 왔다. 또 히브리 민족의 역사적 종교적 기록들을 보면, 출애굽과 광야에서의 방황, 그리고 시나이 산에서의 언약 등에 대한 이야기들로 가득 차 있다. 히브리 민족은 야훼 하나님이 신성한 산 위에서 불과 같은 모습으로 자신들 앞에 나타났던 현화의 순간을 기억하도록 끊임없이 교육받아 왔다. 그러나 정작 하나님이 실제로 나타난 장소는, 그곳이 숭배의 장소가 되는 것을 막기 위해 의도적으로 강조되지 않았다. 구약을 보면, 선지자 엘리야를 제외하고는 아무도 시나이 산을 다시 방문하지 않았던 것으로 기록돼 있다. 출애굽이 있은 후 약 4세기가 지났을 무렵, 선지자 엘리야는 카르멜(Carmel, 구약의 갈멜) 산 정상에서 바알의 사제들을 죽인 후 목숨을 부지하기 위해 도망치는 신세가 된다. 원래는 시나이 산으로 가려고 했지만, 사막에서 길을 잃게 된다. 그때 천사가 나타나 그를 구해 시나이 산에 있는 동굴로 데려간다.

오늘날에는 시나이 산을 찾기 위해 천사의 도움을 받을 필요는 없다. 현대의 순례자들은 과거의 순례자들이 수 세기 동안 그랬듯이, 먼저 산타 카타리나(Santa Katarina) 수도원으로 간다. 【그림113】 산타 카타

【그림113】 산타 카타리나 수도원의 모습

리나라는 수도원의 이름은 이집트의 캐서린(Katherine)이라는 순교자의 이름을 딴 것인데, 전설에 따르면 그녀가 죽자 천사들이 그녀의 시신을 근처에 있는 그녀의 이름을 딴 산봉우리로 옮겼다고 전해진다. 수도원에서 하룻밤을 묵은 순례자들은 날이 밝으면 게벨 무사(Gebel Mussa, 아랍어로 '모세의 산'이라는 뜻)에 오르기 시작한다. 그것은 수도원 남쪽에 솟아 있는 약 3,200미터 정도 높이의 두 개의 돌덩어리 봉우리 중 남쪽 봉우리인데, 하나님의 현화와 언약이 있었다고 '전통적'으로 알려져 있는 바로 그 시나이 산이다.【그림114】

그곳의 정상까지 오르는 약 760미터의 길은 거칠고 험하다. 그 산에 오르는 방법 중 하나는, 산타 카타리나의 수도사들이 암벽의 서쪽 경사면을 따라 만들어 놓은 약 4,000개의 계단을 통해 올라가는 것이다. 몇

【그림114】 모세의 산(게벨-무사)

시간 더 걸리기는 하지만 그보다 더 쉬운 길은, 모세의 장인이었던 이드로(Jethro)의 이름을 딴 산과 게벨-무사 사이의 계곡에서 시작해 게벨-무사의 동쪽 경사면을 따라 먼저 소개한 계단 길을 만나는 교차 지점까지 올라간 후, 거기서 마지막 750계단을 더 올라가는 방법도 있다. 이 지역의 수도사들에게 전해지는 이야기에 따르면, 바로 그 교차 지점에서 엘리야가 하나님을 만났다고 한다.

　모세가 율법이 적힌 판(십계명판)을 받았던 자리에는 기독교 교회와 이슬람교 사원이 하나씩 서 있어서 그 자리를 기리고 있는데, 두 곳 모두 작고 조잡하게 지어져 있다. 그 근처에는 '반석의 틈'이라고 불리며 숭배되는 동굴이 하나 있다. 그곳은 「출애굽기」 33장 22절에서 하나님이 모세의 곁을 지나면서 모세를 숨겨 두었다는 곳이다. 또 내려오는 길에는 우물 하나가 있는데, 그 우물은 모세가 자기 장인의 가축들에게 물을 먹였던 곳이라고 한다. 이처럼 수도사들의 이야기 속에는 구약에 나오는 거룩한 산과 관련된 거의 모든 사건들이 게벨-무사의 정상이나 그 주변 지역의 특정한 장소들과 연결되고 있다.

게벨-무사의 정상에서 보면 커다란 화강암지대를 이루는 많은 봉우리들을 볼 수 있는데, 게벨-무사도 그중 하나다. 그런데 놀랍게도 게벨-무사는 주변의 다른 봉우리들보다 낮게 보인다!

순교자 캐서린에 대한 전설을 뒷받침하기 위해 수도사들이 카타리나 수도원에 세워 놓은 표지판에는 실제로 다음과 같이 적혀 있다.

현재 고도 : 5,012피트 (약 1,503미터)

모세 산 : 7,560피트 (약 2,268미터)

성 캐서린 산 : 8,576피트 (약 2,573미터)

이처럼 수치상으로도 성 캐서린 산은 모세 산보다 확실히 더 높다는 것을 알 수 있고, 실제로도 시나이 반도에서 가장 높은 산이다. 그래서 사람들은 천사들이 순교자 캐서린의 시신을 숨기기 위해 그 산을 선택했다고 생각한 것이다. 그러나 다소 실망스러운 사실은 하나님이 이스라엘의 자손들을 이 금지된 지역까지 데려와 자신의 힘과 율법을 보여 주면서, 주변에서 가장 높은 산을 택하지 않았다는 것이다.

그렇다면 하나님이 제대로 된 산을 고르지 못했던 것일까?

진짜 시나이 산은?

1809년에 스위스의 학자 부르크하르트(Johann Ludwig Burckhardt)는 '아프리카 내지(內地) 답사촉진 영국협회'의 후원으로 근동 지역에 도착했다. 아랍어와 이슬람 관습을 연구했던 부르크하르트는, 머리에 터번을 두르고 아랍 옷을 입고 이름도 이브라힘 이븐 아브드 알라(Ibrahim Ibn Abd Allah, 알라의 종의 아들인 아브라함)로 바꿨다. 그는 그런 노력 끝에 그때까지 이방인에게는 금지되었던 지역을 여행하게 되었고, 그 결과 고대 이집트 왕 람세스 2세가 지은 신전 유적인 아부 심벨(Abu Simbel)과 나바테아인(Nabatean)들이 점령했던 '바위의 도시' 페트라(petra, 그리스어로 '바위'를 뜻함)를 발견하게 되었다.

1816년 4월 15일, 부르크하르트는 수에즈 만 입구에 있는 마을 수에즈에서 낙타를 타고 출발했다. 그의 목적은 출애굽의 여정을 거꾸로 추적해서 시나이 산의 정체를 확인하려는 것이었다. 그는 이스라엘 백성들이 갔었던 것으로 추정되는 길을 택해, 시나이 반도의 서쪽 연안을 따라 남쪽으로 여행했다. 그 지역의 산들은 해안에서 16~32킬로미터 정도 안쪽으로 들어간 곳에 있었다. 해안과 산악지대 사이에는 황량한 평지가 자리잡고 있었으며, 거기에는 상당수의 와디와 이집트의 파라오들이 좋아했던 두 개의 온천이 있었다.

남쪽으로 계속 내려가면서 부르크하르트는 그 지역의 지리와 지형, 거리를 꼼꼼하게 기록했다. 그는 각 지역의 모습과 지명을 구약의 「출애굽기」에서 언급한 내용과 비교했다. 석회암 고원지대가 끝나는 지점에는 띠 모양의 모래지대가 형성되어 있었는데, 그것은 석회암 고원과 누비아의 사암지대를 구별 짓는 경계이면서 동시에 시나이 반도를 가로지르는 통로이기도 했다. 거기서 부르크하르트는 내륙으로 방향을 바꿔 조금 더 간 후에 다시 남쪽으로 방향을 틀어 화강암지대로 갔는데, 그렇게 해서 비행기를 타고 여행하는 현대의 순례자들처럼 북쪽에서 카타리나 수도원에 이르렀다.

그가 관측한 내용 중 일부는 여전히 흥미롭다. 그는 그 지역이 대단히 질 좋은 대추야자의 산지로, 그곳 수도사들이 매년 콘스탄티노플에 있는 술탄(Sultan, 이슬람 세계에서 성속聖俗의 지배자를 일컫는 말)에게 대추야자가 가득 든 상자들을 공물로 보냈다는 사실을 알아냈다. 또 그는 그 지역의 베두인족과 친해져 그들이 '성 조지(Saint George)'를 위해 매년 여는 축제에도 초대받았는데, 베두인족들은 '성 조지'를 '엘 키드헤르(El Khidher)', 즉 '영원한 청춘(Evergreen)'이라고 부르고 있었다.

부르크하르트는 무사 산과 캐서린 산에 올랐고, 그 주변 지역을 두루 여행했다. 그는 특히 움 슈마르(Umm Shumar) 산에 흥미를 느꼈는데, 그 산은 성 캐서린 산보다 겨우 54미터밖에 낮지 않은 산으로 무사 산과 캐서린 산에서 약간 서남쪽에 위치해 있다. 멀리서 보면 그 산의 정상은 태양빛을 받아 '아주 빛나는 흰색'으로 보이는데, 그 이유는 화강암 바위 속에 운모(돌비늘) 입자들이 유달리 많이 포함되어 있어서, 산 아래와 주변 지역의 '붉은 화강암과 판암의 검은색 표면과 뚜렷한 대조'를 이루고 있기 때문이다. 또 그 산의 정상이 다른 산의 정상과 다른 점은 시야가 막힌 곳 없이 수에즈 만과 아카바 만(엘라트 만)을 모두 잘 볼 수 있다는 것이다. 부르크하르트는 수도원의 기록에서 움 슈마르가 수도사들의 중요한 거주지였다는 사실도 알아냈다. 그리고 15세기에는 '곡물을 비롯한 여러 물건들을 실은 당나귀 대상들이 그 산을 지나 수도원에서 엘-토르까지 갔는데, 이는 그 길이 엘-토르의 항구까지 가는 가장 빠른 길이었기 때문이었다'.

부르크하르트는 페이란(Feiran) 와디와 시나이 지역에서 가장 큰 오아시스를 지나 돌아왔다. 페이란 와디가 해안선에 이르는 지점에서 그는 시나이 반도에서 가장 높은 산 중 하나인 해발 2,070미터가 넘는 세르발(Serbal) 산에 올랐다. 거기서 그는 신전의 흔적과 순례자들의 기록들을 발견했다. 그리고 후에 계속된 연구를 통해, 시나이 반도에서 수 세기 동안 가장 중요한 수도원 중심지였던 곳은 성 캐서린 산이 아니라 세르발 산 근처에 있는 페이란 와디라는 사실을 밝혀냈다.

부르크하르트가 자신이 발견한 사실들을 『시리아와 성지 여행 *Travels in Syria and the Holy Land*』이라는 제목의 책으로 출판했을 때, 그가 내린 결론은 학계와 근동 지역을 뒤흔들어 놓았다. 그는 진짜 시나이 산은 무사 산이 아니라 세르발 산이라고 주장했던 것이다!

부르크하르트의 저술에 자극을 받은 프랑스의 드 라보르드(Léon de Laborde) 백작은 1826년과 1828년에 시나이 지역을 여행했다. 그는 특히 시나이 지역에 대한 세밀한 지도와 그림을 그려 그 지역 연구에 기여했다. 1839년에 스코틀랜드의 화가 로버츠(David Roberts)가 드 라보르드의 뒤를 이어 시나이 반도를 훌륭한 그림으로 그려냈는데, 약간의 상상력까지 동원된 그의 그림은 사진이 발명되기 이전 시대에 큰 관심을 불러일으켰다.

로버츠 이후 가장 큰 규모의 시나이 탐사는 미국인 로빈슨(Edward Robinson)과 스미스(Eli Smith)에 의해 이루어졌다. 부르크하르트가 그랬던 것처럼 그들은 낙타를 타고 수에즈 시에서 출발했으며, 부르크하르트의 저서와 드 라보르드가 만든 지도를 챙겨 갔다. 초봄에 여행을 시작한 그들이 성 캐서린 산에 도착하기까지는 13일이 걸렸다. 그곳에서

로빈슨은 수도사들의 전설을 철저하게 조사했다. 그 결과 그는 실제로 페이란에 우월적인 지위를 지녔던 수사 공동체가 있었다는 것과, 그곳에는 때로 정식 주교가 근무하면서 시나이 남부의 다른 수도원들도 관할했다는 사실을 밝혀냈다. 결국 수도사들의 전설에서도 페이란이 중요한 지역이었다는 사실이 드러난 것이다. 또 전설과 이야기들을 통해, 로빈슨은 무사 산과 캐서린 산이 초기 기독교 시대에는 기독교와 별 관계가 없었으며, 캐서린 산의 중요성은 다른 요새화되지 않은 수사 공동체들이 침략자들과 약탈자들에게 희생된 7세기경부터 부각되기 시작했다는 사실도 밝혀냈다. 그리고 그 지역의 아랍 전설들을 연구한 결과 베두인족들은 '시나이'나 '호렙(Horeb)' 같은 구약식의 이름을 전혀 모르고 있었다고 하며, 구약에 등장하는 산의 이름들을 그 지역의 산들에 적용한 것은 성 캐서린 산의 수도사들이었다는 것이다.

그렇다면 결국 부르크하르트가 옳았던 것일까? 그러나 로빈슨은 부르크하르트가 이스라엘 백성이 세르발로 갈 때 지나갔다고 주장한 경로에 문제가 있다고 생각했다. 그런 이유로 로빈슨은 부르크하르트의 주장을 완전히 지지하지는 않았지만 무사 산에 대한 의문에 대해서는 동의하면서, 무사 산 근처의 다른 산이 구약에서 말하는 시나이 산일 것이라고 확신했다.

시나이 산이 무사 산일 것이라는 오랜 믿음이 틀렸을 수도 있다는 가능성은 당대 위대한 이집트 학자 겸 체계적인 근대 고고학의 창시자인 레프시우스(Karl Richard Lepsius)에게는 무시할 수 없는 문제였다. 레프시우스는 배를 타고 수에즈 만을 건너 엘-토르(El-Tor, 황소)로 갔다. 엘-토르는 그곳을 이슬람교도들이 이집트에서 메카로 가는 해상로의 주요 기항지 겸 검역 장소로 이용하기 훨씬 전부터, 성 캐서린 산과 모세 산으로 가던 기독교 순례자들이 상륙하곤 했던 곳이다. 엘-토르 근처에는 움 슈마르 산이 솟아 있는데, 그곳은 레프시우스가 때때로 무사 산과 세르발 산과 함께 시나이 산의 '후보지'로 지목했던 곳이기도 했다. 그러나 레프시우스는 광범위한 연구와 지역 탐사 끝에, 당대 최고의 문제에 집중하기로 한다. 무사 산과 세르발 산 중 어느 것이 진짜 시나이 산인가?

레프시우스는 자신의 연구 결과를 『1842년에서 1845년까지의 이집트, 에티오피아, 시나이 반도에서의 발견 Discoveries in Egypt, Ethiopia, and the Peninsula of Sinai 1842~1845』과 『이집트, 에티오피아, 시나이에서의 편지 Letters from Egypt, Ethiopia and Sinai』라는 두 권의 책을 통해 발표한다. 두 번째 책에는 레프시우스의 여행을 후원한 프러시아 왕에게 그가 보낸 보고서의 전문이 실려 있다. 거기서 레프시우스는 시나이 지역에 도착하자마자 무사 산에 대해 의문을 제기한다. '그곳은 사람들이 오가는 곳에서 너무 먼 외딴 곳이며 또 너무 높기 때문에 개별적인 은둔자들에게는 좋은 곳일지 모르지만, 같은 이유로 많은 사람들이 모이기에는 적당치 않은 곳이다.' 그는, 구약에 따르면 수많은 이스라엘 백성이 거의 1년 동안 시나이 산에 머물렀다고 했는데, 무사 산의 황량한 화강암 봉우리들 사이에서는 그것이 불가능했을 것이라고 생각했다. 또 수도사들의 전설은 빨라야 6세기경에 시작된 것이라서 진정한 시나이 산을 찾는 데 도움이 될 수 없다고 확신했다.

레프시우스는 시나이 산이 사막의 평원 안에 있다고 강조했는데, 실제로 구약에서도 그것을 호렙 산, 즉 '건조함의 산'이라고 부르고 있다. 그러나 무사 산은 사막 지역에 있지 않을 뿐만 아니라 다른 산들 사이에 있다. 그에 비해 세르발 산은 그런 지역 안에 있으며, 그 산 앞의 해안

평야는 이스라엘 백성들이 모여 하나님의 현화를 보기에 충분히 넓고, 또 평야에 바로 붙어 있는 페이란 와디는 근 1년 동안 이스라엘의 백성과 가축들이 물을 얻을 수 있는 거의 유일한 지역이기도 했다. 더욱이 구약에는 시나이 산의 입구인 레피딤(Rephidim, 구약의 르비딤)에서 이스라엘 백성들이 아말렉 족속의 공격을 받았다고 하는데, 세르발 산 앞의 '유일하게 비옥한 계곡'을 이스라엘의 백성들이 소유하고 있었기 때문에 그런 공격을 받았던 것으로 생각할 수 있다. 그러나 무사 산 근처에는 그렇게 싸울 만한 가치가 있는 비옥한 땅이 없다. 또 모세가 처음 시나이 산에 온 이유가 가축에게 먹일 풀을 찾기 위해서였는데, 페이란 와디 부근이라면 몰라도 무사 산에서는 그런 풀을 찾을 수 없었을 것이다.

만약 무사 산이 시나이 산이 아니라면, 세르발 산은 어떨까? 레프시우스는 세르발 산이 페이란 와디에 '제대로' 위치하고 있다는 것 이외에도, 이 산이 시나이 산이라는 몇 가지 구체적인 증거들을 찾아냈다. 레프시우스는 세르발 산의 모습을 설명하면서, 그 산의 정상에서 '커다란 분지를 찾아냈는데 그 주변으로 세르발 산의 다섯 봉우리들이 하나로 연결돼 반원을 이루고 있으며, 이것이 거대한 왕관과 같은 모양을 만들어 내고 있다'고 말한다. 그 분지 한가운데서 레프시우스는 오래된 수도원의 유적지를 찾아냈다. 레프시우스는 바로 그 분지야말로 산 아래 서쪽 평지에 모여 있는 이스라엘 백성들이 모두 보는 가운데 '하나님의 영광'이 내려온 곳이라고 주장했다. 결국 부르크하르트가 제시한 세르발 산에 이르는 출애굽 경로에 대해 로빈슨이 문제를 제시했고, 거기에 레프시우스가 새로운 대안을 제시한 것이었다.

당시 대단한 권위를 갖고 있던 레프시우스가 내린 결론이 책으로 출판되었을 때, 그는 두 가지 측면에서 기존의 학설을 흔들어 놓았다. 첫째로 그는 무사 산이 시나이 산이라는 것을 부정하면서 세르발 산을 대안으로 제시했다. 둘째로 그는 그전까지 당연시되던 출애굽의 경로에 대해서도 의문을 제기했다.

그 이후 격렬한 논쟁이 약 반세기 동안 계속됐는데, 그 결과 포스터(Charles Foster)와 바틀릿(William H. Bartlett) 같은 학자들의 연구물이 탄생했다. 그들은 레프시우스의 견해를 부정하기도 긍정하기도 했으며, 자신들 나름의 의견을 제시하기도 했다. 1868년에 영국 정부는 거대한 규모의 탐사대를 시나이 반도에 파견하는 '팔레스타인 탐사 펀드'에 합류한다. 그 탐사대의 임무는 대규모의 측량과 지도 제작 이외에도, 출애굽의 경로와 시나이 산의 위치를 최종적으로 확정짓는 것이었다. 탐사대는 영국왕립엔지니어학회 소속이었던 윌슨(Charles W. Wilson)과 헨리 팔머(Henry Spencer Palmer)가 이끌었으며, 그 안에는 저명한 동방학자 겸 아랍 연구가였던 에드워드 팔머(Edward Henry Palmer) 교수도 포함되어 있었다. 탐사대는 「시나이 반도의 측량 보고서 *Ordnance Survey of the Peninsula of Sinai*」라는 공식 보고서를 작성했으며, 헨리 팔머와 에드워드 팔머는 각자의 저서를 통해 탐사대가 발견한 것을 더 상세히 기술했다.

그 탐사대 이전의 연구자들은 주로 봄철에 짧은 기간 동안만 시나이 반도를 여행했었다. 그러나 윌슨-팔머 탐사대는 1868년 11월 11일에 수에즈를 출발해 1869년 4월 24일에 이집트로 돌아왔다. 결국 초겨울부터 이듬해 봄까지 시나이 반도에 머물렀던 것이다. 그 결과 그들이 무엇보다 먼저 발견한 사실은, 시나이 반도의 남쪽 산악지대는 겨울철에 몹시 춥고 눈이 내려서 통행이 거의 불가능하다는 것이었다. 그리고 무사 산과 캐서린 산처럼 높은 산의 봉우리들은 겨울 내내 눈으로 덮여 있었다. 구약에 따르면, 이집트에서는 한 번도 눈을 본 적이 없던 이스라엘 백성들이 이 지역에 거의 1년 동안 머물렀다고 한다. 그럼에도 구약에는 눈은 고사하고 추운 날씨에 대한 언급조차 없다.

탐사대를 이끌던 헨리 팔머는 『시나이 : 유적에 나타난 고대 역사 *Sinai : Ancient History from the Monuments*』를 통해 초기의 거주지, 이집트인들의 흔적 그리고 최초로 알파벳 형태로 기록된 글 등에서 발견한 고고학적 증거들을 분석했고, 에드워드 팔머 교수는 『출애굽의 사막 *The Desert of the Exodus*』이라는 책을 통해 출애굽의 경로와 시나이 산의 위치에 대한 탐사대의 결론을 개괄적으로 정리했다.

그 결과 탐사대는, 의구심은 여전히 남아 있었지만 시나이 산이 세르발 산이 아니라 '무사 산 지역'이라고 결론짓는다. 그러나 그 결론에는 조건이 붙어 있었다. 무사 산의 앞에는 모든 이스라엘 백성들이 천막을 치고 살면서 하나님의 현화를 볼 수 있을 정도로 넓은 계곡이 없었기 때문에, 에드워드 팔머 교수는 다음과 같이 그 해결책을 제시했다. 정확한 시나이 산은 화강암 대산괴의 남쪽 봉우리인 게벨-무사가 아니라, '200만 명의 이스라엘 백성이 야영을 할 수 있을 정도로 넓은 에르-라하(Er-Rahah) 평원'을 마주보고 있는 화강암 대산괴의 북쪽 봉우리인 라스-수프사페(Ras-Sufsafeh)라는 것이다. 아주 오랫동안 지속되어 온 학계의 정설을 물리치고, 그는 십계명을 받은 산이 게벨-무사라는 사실을 '부인할 수밖에 없다'고 말했다.

팔머 교수의 이런 견해는 곧 다른 학자들로부터 비판을 받거나 지지를 받거나, 아니면 수정되었다. 얼마 지나지 않아 시나이 반도 남부에 있는 다른 몇몇 산봉우리들이 진정한 시나이 산으로 제시되었으며, 출애굽의 경로도 더 다양하게 거론되었다.

그러나 진정한 시나이 산을 찾기 위해 학자들이 시나이 반도의 남쪽만을 탐사한 것은 아니었다.

1860년 4월에 이미 《성스러운 문서 연구 *Journal of Sacred Literature*》라는 잡지에는, 시나이 산을 시나이 반도의 남쪽이 아니라 중앙 고원지대에서 찾아야 한다는 대단히 혁명적인 제안이 담긴 글이 실린 바 있다. 익명의 기고가는 시나이 반도의 중앙 고원지대를 부르는 '바디예트 엘-티(Badiyeth el-Tih)'라는 이름이 의미심장하다고 지적하면서, 그 이름은 '방랑의 광야'라는 뜻이며 그 지역의 베두인족들은 이스라엘 백성들이 방랑했던 곳이 바로 그곳이라고 주장한다고 설명했다. 그리고 결론적으로 진짜 시나이 산은 엘-티의 한가운데 있는 봉우리라고 주장했다.

이에 따라 나일 강의 원류를 찾아내 탐사했던 지리학자 겸 언어학자 베케(Charles T. Beke)가 1873년에, '진짜 시나이 산을 찾아 나섰다'. 그의 연구를 통해, 무사 산은 모세의 이름을 딴 것이 아니라 신앙심이 깊고 기적을 행하는 것으로 유명했던 4세기 때의 무사(Mussa)라는 이름의 수도사에서 비롯됐다는 것과, 무사 산이 시나이 산이라는 주장도 서기 약 550년경에 시작된 것이라는 사실이 확실하게 밝혀졌다. 베케는 또한 서기 70년의 예루살렘 함락 직후 로마인들을 위해 유대인의 역사를 기록했던 유대인 역사가 플라비우스(Josephus Flavius)도 시나이 산이 인근에서 가장 높았다고 묘사했다는 사실을 지적하면서, 무사 산과 세르발 산을 진정한 시나이 산의 후보에서 제외시켰다.

베케는 또 이스라엘 백성이 광산 지역에 주둔해 있는 이집트의 군대를 피해 어떻게 남쪽으로 갈 수 있었는지에 대해서도 의문을 제기했다.

그의 의문은 시나이 산이 남쪽에 있다고 주장하는 사람들이 여전히 답하지 못하고 있는 질문 중 하나이다.

그렇지만 베케는 『아라비아와 미디안에 있는 시나이에 대한 발견들 Discoveries of Sinai in Arabia and Midian』이라는 그의 책 제목에서도 알 수 있듯이, 진짜 시나이 산이 어디에 있는지를 찾아낸 사람으로는 기억되지 않을 것이다. 그는 시나이 산이 화산이며 사해의 동남쪽 어딘가에 있을 것이라는 명확치 않은 결론만을 내렸다. 그러나 그는 최소한 시나이 산의 위치와 출애굽의 경로와 관련해, 편견에 얽매이지 않은 새로운 생각을 가능케 하는 많은 질문들을 제기했다.

학자들이 시나이 반도 남쪽에서 시나이 산을 찾는 이유는 「출애굽기」에 등장하는 '남쪽 길'이나 '남쪽 횡단' 같은 말들 때문이다. 그 결과 이스라엘의 자손들이 문자 그대로 수에즈 만의 입구에서 혹은 입구를 통해, 서에서 동으로 홍해를 건너 이집트를 빠져나와 시나이 반도의 서쪽 해안가에 도달했다고 믿어 온 것이다. 그 후에 그들은 해안가를 따라 남쪽으로 여행하다가 어디에선가 내륙으로 경로를 돌려 시나이 산에 이르렀다는 것이다.

이스라엘 백성의 '남쪽 횡단설'은 여러 전설들에 의해서도 뒷받침되는, 상당히 뿌리 깊고 또 그럴듯하게 들리는 이야기다. 그리스의 전설에 따르자면, 이스라엘 백성들이 수에즈 만의 입구에서 홍해를 건넜다는 말을 알렉산더 대왕도 들었고, 그래서 알렉산더도 바로 거기서 이스라엘 백성들처럼 홍해를 건너려 시도했다고 한다.

알렉산더 이후에 홍해를 건너는 묘기를 부리려고 한 위대한 정복자는 나폴레옹이었다. 1799년에 나폴레옹의 휘하에 있던 기술자들은, 수에즈 시의 남쪽에 혀처럼 안으로 들어간 지역의 바다 밑에 약 180미터

너비의 수중 능선이 있어 그것이 반대편 해안까지 이어져 있다는 것을 발견했다. 이따금 용기 있는 그곳 원주민들이 간조 때 어깨까지 올라오는 물속으로 그 수중 능선 위를 걸어 바다를 건너곤 했다고 한다. 그리고 강한 동풍이 불 때는 바닷물이 거의 없는 바닥이 드러나기도 했다.

나폴레옹의 기술자들은 황제를 위해 이스라엘 백성들의 횡단을 재현할 수 있는 정확한 장소와 시간을 계산해 냈다. 그러나 갑자기 바람의 방향이 바뀌는 바람에 바닷물이 쏟아져 들어와, 순식간에 해저 능선에 2미터 이상의 물이 덮쳤고, 나폴레옹은 간신히 목숨을 건졌다.

그러나 이런 나폴레옹의 경험도 19세기의 학자들에게는 이스라엘 백성이 홍해를 건넌 기적적인 횡단이 수에즈 만의 바로 그 장소에서 일어났다는 확신을 더욱 강하게 할 뿐이었다. 즉 바람이 불어 마른 바닥을 드러낼 수 있지만, 곧바로 바람의 방향이 바뀌어 적을 물속에 빠뜨릴 수도 있는 곳이라는 것을 확인시켜 준 것이었다. 또 수에즈 만의 건너편인 시나이 반도 쪽에는 게벨 무르(Gebel Murr, 쓴 산)라는 곳과 그 근처에 비르 무르(Bir Murr, 쓴 우물)이라는 곳이 있는데, 이스라엘 백성들이 홍해를 건넌 후에 마주쳤다는 쓴 물이 있었던 장소인 마라(Marah)라는 곳과 맞아 떨어진다. 그보다 더 남쪽에는 아윤 무사(Ayun Mussa, 모세의 우물)라는 오아시스가 있는데, 그곳은 아름다운 샘물과 수많은 대추야자 나무로 기억되는 이스라엘 백성들의 다음 기착지인 엘림(Elim)과 연관성이 높아 보인다. 따라서 남쪽 횡단 이론은 이스라엘 백성들이 어디서 내륙으로 방향을 틀었는지에 관계없이, 남쪽 경로로 출애굽을 했다는 이론과 잘 맞아 떨어지는 것처럼 보인다.

남쪽 횡단설은 고대의 이집트와 이집트에서 노예 생활을 했던 이스라엘 사람들의 생활에 대한 19세기 말 당시의 개념과도 잘 들어맞았다.

이집트의 역사 중심지는 헬리오폴리스와 멤피스를 잇는 축이었는데, 이스라엘 사람들은 그 근처에 있는 기자의 피라미드를 건설하던 곳에서 노예로 일했을 것이라고 추정되었다. 그런데 거기서 곧바로 동쪽으로 이어지는 길을 따라가면 수에즈 만의 입구가 나오고, 그 너머에 시나이 반도가 있는 것이다.

그러나 고고학적 발견들에 따라 역사적 상황과 연대기가 정확하게 모습을 갖추기 시작하면서, 대피라미드들은 출애굽이 있기 약 1,500년 전에, 그리고 히브리 민족이 이집트에 오기 1,000여 년 전에 이미 건설됐다는 사실이 드러났다. 현재는 보다 더 많은 학자들이 이스라엘 민족은 기원전 약 1260년경에 람세스 2세가 건설한 새로운 수도 건설 작업에 동원됐었다고 믿고 있다. 그 새 수도의 이름은 타니스(Tanis)였는데, 이집트 나일 강 삼각주의 동북부에 위치하고 있었다. 따라서 이집트에서 이스라엘 백성들이 살던 고센(Goshen) 땅은 이집트의 중심부가 아닌 동북부 지역에 있었던 것으로 추측된다.

수에즈 운하의 건설(1859~1869)과 함께 그 지역에 대한 지질, 지리, 풍토 등에 대한 자료의 축적이 이루어졌는데, 그것을 통해 초기 지질 연대에서 북쪽의 지중해와 남쪽의 수에즈 만을 연결하고 있던 단층지대의 존재가 확인되었다. 그 연결 고리는 여러 가지 이유로 줄어들었으며, 그 결과 만잘레(Manzaleh) 호수의 습지와 작은 규모의 발라(Ballah) 호수 및 팀사(Timsah) 호수, 그리고 함께 합쳐져 있는 '그레이트 비터 호수(the Great Bitter Lake, 거대한 쓴 물의 호수)'와 '리틀 비터 호수(the Little Bitter Lake, 작은 쓴 물의 호수)'들을 만들어 냈다. 그런 호수들은 수에즈 만의 입구가 지금보다 훨씬 더 내륙으로 들어가 있었을 출애굽 시대에는 현재보다 훨씬 더 컸을 것이라고 보고 있다.

수에즈 운하를 만들면서 얻어진 기술적 데이터들을 보완하는 고고학적 작업이 이루어지면서 고대에는 두 개의 '수에즈 운하'가 있었음이 확인됐는데, 하나는 이집트의 중심부와 지중해를 연결하는 운하였고, 다른 하나는 수에즈 만으로 이어지는 것이었다. 그런 고대의 운하들은 자연적으로 형성된 와디 하상이나 물이 마른 나일 강 지류들을 따라 흐르고 있었기 때문에 배로 통행이 가능했고, 또한 식수와 농사에 필요한

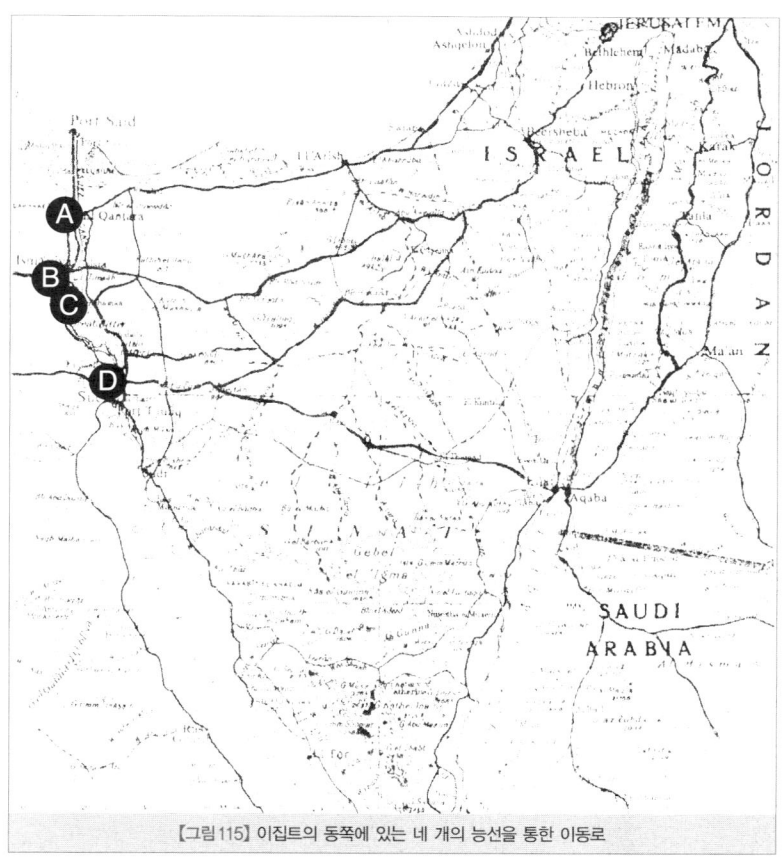

【그림 115】 이집트의 동쪽에 있는 네 개의 능선을 통한 이동로

숨어 있는 산 393

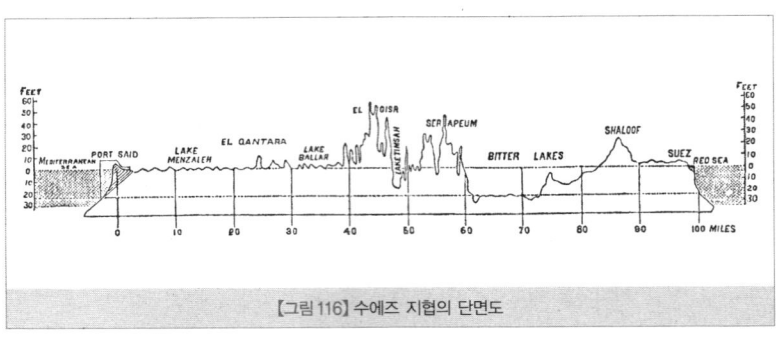

【그림 116】 수에즈 지협의 단면도

물을 제공해 주었다. 이런 발견을 통해, 예전에는 이집트의 동쪽 국경 방향으로 항상 물로 된 장벽이 있었다는 것이 확인됐다.

수에즈 운하를 건설한 엔지니어들은 1867년에 수에즈 지협의 남-북 구역에 대한 다음과 같은 단면도【그림116】를 만들었는데, 이를 통해 물로 된 장벽을 지나 이집트를 오갈 수 있는 출입구 역할을 해주던 네 개의 높은 능선들을 찾을 수 있다.【그림115】

(A) 만잘레 호수 습지와 발라 호수 사이. 현대의 횡단 도시인 엘-콴타라(el-Qantara)

(B) 발라 호수와 팀사 호수 사이. 현대의 횡단 도시인 이스마일리야 (Ismailiya)

(C) 팀사 호수와 그레이트 비터 호수 사이. 그리스 로마 시대에 세라페움(Serapeum)으로 알려졌던 곳

(D) 리틀 비터 호수와 수에즈 만의 입구 사이. '샬로우프(Shalouf)' 로 알려진 '육지 다리'

이 네 개의 출입구를 지나 시나이 반도를 통해, 이집트와 아시아가 여러 길로 연결되었다. 한 가지 기억해야 할 사실은, 이스라엘 민족이 처음에는 홍해(갈대의 바다 혹은 호수)를 건너려고 생각하지 않았다는 것이다. 홍해를 건너게 된 것은 이집트의 파라오가 이스라엘 민족을 보내지 않기로 마음을 바꿔 먹은 후에 일어난 일이었다. 그때 이집트를 떠나 사막의 끝에 이미 도착해 '바다 옆'에 야영을 하고 있던 이스라엘 민족에게, 하나님이 길을 돌리라고 명령한 것이다. 따라서 그들이 원래 이집트에서 나올 때는 위에서 말한 네 개의 출입구 중 하나를 통과했던 것이다. 그렇다면 과연 그중 어떤 것이었을까?

수에즈 운하 건설의 책임자였던 드레셉스(DeLesseps)는 팀사 호수 남쪽의 출입구 'C'를 이용했을 것이라고 생각했다. 또 리터(Olivier Ritter) 같은 사람들은 드레셉스와 똑같은 자료를 갖고도 이스라엘 민족이 이용한 출입구가 'D'였을 것이라고 보았다. 그리고 이집트 학자인 브루그쉬(Heinrich Karl Brugsch)는 1874년에 '동양학자 국제회의'에서, 이집트의 동북쪽에 있는 이스라엘 민족의 집단 주거지와 출애굽과 연관된 지리적 표식들을 근거로, 논리적으로 볼 때 이스라엘 민족이 출입구 'A'를 이용했을 것이라고 주장했다.

그러나 브루그쉬가 제시한 이스라엘 민족의 북쪽 횡단설은 이미 1세기 전에 제기된 이론이었다. 그 이론은 1796년에 『하멜넬드의 성서지리학 *Hamelneld's Biblical Geography*』에서 처음 제시되었고, 그 이후 많은 사람들이 제안한 것이었다. 그러나 브루그쉬는 그에게 반대하는 사람들조차도 인정하듯이, '이집트의 유물들로부터 얻은 정말 빛나는 확실한 증거'를 제시하면서 자신의 이론을 펼쳤다. 1875년에 그는 자신의 이론을 『출애굽과 이집트의 유물들 *L'Exode et les Monuments Egyptiens*』

이라는 제목으로 출판했다.

1883년에 나빌(Edouard H. Naville)은 팀사 호수의 서쪽에서 이스라엘 민족이 노예로 일하던 피톰(Pithom)이라는 도시의 유적을 발견했다. 또 에버스(George Ebers)를 비롯한 많은 학자들이 찾아낸 증거들을 통해, 이집트에서 이스라엘 민족이 살던 곳은 팀사 호수의 북쪽이 아니라 서쪽에 있었다는 사실이 밝혀졌다. 즉 이스라엘 백성들의 거주지 고센은 이집트의 동북쪽 끝이 아닌, 이집트의 물 장벽과 가까운 곳에 있었던 것이다.

바로 그 시기에 트럼벌(H. Clay Trumbull)이 출애굽의 출발지인 수코스(Succoth, 구약의 숙곳)의 위치를 출입구 'B'의 바로 옆에 있는 팀사 호수 서쪽의 대상(隊商)들의 집결지라고 주장했는데, 그의 주장은 지금까지도 타당한 것으로 받아들여지고 있다. 다만 출입구 'B'가 이스라엘 백성들이 물을 건넌 곳은 아니었다. 왜냐하면 「출애굽기」 13장 17절과 18절에 다음과 같이 언급돼 있기 때문이다. '바로는 마침내 이스라엘 백성을 내보냈다. 그러나 그들이 블레셋 사람의 땅을 거쳐서 가는 것이 가장 가까운데도, 하나님은 백성을 그 길로 인도하지 않으셨다. (…) 그래서 하나님은 이 백성을 얌 수프(Yam Suff, 홍해, 갈대의 바다)로 가는 광야 길로 돌아가게 하셨다.' 따라서 트럼벌도 이스라엘 백성들이 출입구 'D'로 갔으며, 파라오에게 쫓겨 수에즈 만의 입구에서 물을 건넜다고 자신의 이론을 수정했다.

19세기가 끝날 무렵, 학자들은 이 주제에 대한 확실한 답을 얻기 위해 경쟁했다. '남쪽 횡단설' 주장자들의 견해는 바틀릿(Samuel C. Bartlett)의 저서인 『모세 육경의 진실 *The Veracity of the Hexateuch*』에 단적으로 요약돼 있는데, 횡단 장소는 남쪽이기 때문에 그 길은 자연히 남쪽으로 이어지고, 따라서 시나이 산은 시나이 반도의 남쪽에 있는 라스-수프사페(Ras-Sufsafeh)라는 것이다. 바틀릿만큼이나 단호하게, 키텔(Rudolf Kittel), 벨하우젠(Julius Wellhausen), 제르쿠(Anton Jerku) 같은 학자들이 정반대의 이론인 '북쪽 횡단설'을 주장했으며, 그에 따라 시나이 산도 시나이 반도의 북쪽에 있다고 보았다.

이제는 학자들이 일반적으로 받아들이고 있는 가장 유력한 주장 중 하나는, 이스라엘 민족이 시나이 반도에서 생활했던 40년 중 대부분의 기간을 보냈던 카데시-바르네아(Kadesh-Barena, 구약의 가데스-바네아)가 그들이 우연히 머물게 된 경유지가 아니라 이집트를 떠날 때부터 미리 정해 놓았던 목적지라는 것이다. 그곳은 시나이 북쪽의 아인-카데이스(Ain-Kadeis, 카데시의 샘)와 아인-쿠데이라트(Ain-Qudeirat)라는 오아시스 주변의 비옥한 땅이었던 것으로 분명하게 확인되었다. 「신명기」1장 2절에 따르면, 카데시-바르네아는 시나이 산에서 '11일' 걸리는 곳에 위치해 있다고 한다. 그에 따라 키텔이나 제르쿠와 같이 북쪽 횡단설을 주장하는 학자들은 카데시-바르네아 근처에 있는 산들을 진짜 시나이 산으로 선정하기도 했다.

19세기의 마지막 해에, 홀징거(H. Holzinger)는 다음과 같은 타협안을 제시했다. 이스라엘 백성은 출입구 'C'를 건너 횡단했으며, 남쪽으로 길을 잡았다. 그러나 그들은 이집트 군대가 야영하고 있는 광산 지역에 도착하기 훨씬 전에 내륙으로 방향을 틀었다. 그들은 시나이 반도 한가운데 있는 '방랑의 광야'인 엘-티(El-Tih) 고원 평야를 지났다. 그 후 평평한 중앙 평원지대를 통과해 북쪽으로 돌아가, 북쪽에 있는 시나이 산으로 향했다.

| 출애굽의 경로를 찾아서 |

 20세기가 시작되면서 연구와 논쟁의 초점이 출애굽의 진정한 경로에 대한 것으로 바뀌었다.
 로마인들이 비아 마리스(Via Maris, 바다의 길)라고 불렀던 고대의 해안 길은 엘-콴타라(el-Qantara, 그림115 지도상의 'A' 지점)에서 시작되었다. 비록 그 길은 수시로 변화하는 모래 언덕이 주를 이루었지만, 길을 따라 여러 개의 우물이 있었고, 황량한 사막에서 경이롭게 자라난 대추야자가 제철에는 달콤한 과일을 제공하고 연중 시원한 그늘을 만들어 주었다.
 두 번째 길은 이스마일리야(Ismailiya, 지도상의 'B' 지점)에서 시작되며 해안 길과 거의 나란히 뻗어 있었지만, 해안 길보다 남쪽으로 32~48킬로미터 정도 아래에 있었으며, 계속 이어지는 언덕과 때로 작은 산들을 통과해야만 했다. 현재 이 길에서는 자연적으로 만들어진 샘물을 찾아보기 어렵고, 지하수는 모래와 사암 밑 깊은 곳을 흐르고 있다. 따라서 물을 찾으려면 수십 미터 이상을 파내려 가야만 한다. 오늘날 자동차로 여행하는 사람들조차도 이 옛길 위로 포장된 길을 가다 보면, 자신이 진짜 사막에 와 있다는 느낌을 받곤 한다.
 아득한 옛날부터 해군의 지원을 받을 수 있는 군대는 바다의 길을 선호했다. 그리고 더 험한 내륙의 길은 해군이나 해안가 경비병들의 눈을 피하려는 사람들이 택하곤 했다.
 출입구 'C'는 'B'의 경로로 이어지거나, 출입구 'D'를 지나서 시나이 중앙 평원으로 들어가는 산맥지대를 통과해 시작되는 그와 평행한 길로 이어진다. 시나이의 중앙 평원은 딱딱하고 평평한 땅으로, 와디의 하상이 깊게 발달될 수 없다. 하지만 겨울철에 비가 내리는 동안에는 물

【그림117】 이슬람교 순례자들의 중간 휴식처가 되었던 나클의 오아시스

이 넘쳐 작은 호수가 되는 곳도 있다. 말 그대로 황야에 갑자기 호수가 나타나는 것이다! 대부분의 물은 곧 흘러 내려가 버리지만 일부는 와디의 하상을 이루는 자갈과 진흙 사이로 스며드는데, 그런 곳에서는 지표면만 파도 물을 얻을 수 있게 된다.

출입구 'D'로부터 이어지는 길 중 보다 북쪽의 길을 따라 가면, 기디(Giddi) 협곡을 지나 중앙 평원의 북쪽 산악지대를 통과해 베에르셰바(Beersheba)와 헤브론, 그리고 예루살렘에 닿게 된다. 미틀라(Mitla) 협곡을 통과해야 하는 남쪽의 길은 아랍어로 다르브 엘 하지(Darb el Haji, 순례자의 길)라고 불린다. 그 길은 이집트에서 아라비아의 신성한 도시 메카로 가던 초기 이슬람교 순례자들이 이용하던 길이었다. 그들은 수에즈 시 근처를 출발해서 사막을 지나 미틀라 협곡을 통과한 후, 중앙 평원을 건너 나클(Nakhl)의 오아시스로 갔는데, 거기에는 요새와 여관 그리고 물 저장소가 지어져 있었다. 【그림117】 그들은 거기서 아카바 만의 입구에 있는 아카바에 닿을 때까지 계속 동남쪽으로 갔고, 거기로부터 아라비아 해안을 따라 메카로 갔다.

그렇다면 이 네 가지 길 중 어느 길이 구약에서 말한 이스라엘 백성

숨어 있는 산 399

들의 '길'이었을까?

 브루그쉬가 북쪽 횡단설을 제기한 후에, 구약에 나오는 내용, 즉 '가장 가까운 데도' 선택되지 않았던 '블레셋 사람의 땅에 있는 길'에 대한 많은 논의가 이어졌다. 구약에서 이 길을 제시한 이유는 '하나님이, 이 백성이 전쟁을 하게 되면, 마음을 바꾸어서 이집트로 되돌아가지 않을까' 염려했기 때문이다(「출애굽기」 13 : 17). '블레셋 사람의 땅에 있는 길'은 출입구 'A'에서 시작되는 해안 길로 추정되어 왔는데, 그 길은 이집트의 파라오들이 군사를 보내거나 무역을 하기 위해 선호하던 길로 이집트의 요새와 주둔지가 곳곳에 있었다.

 영국왕립공병대의 대위였던 헤인즈(A. E. Haynes)는 20세기 초에 팔레스타인 탐사 펀드의 후원으로 시나이 지역의 통행로들과 수자원에 대한 연구를 한 바 있다. 그의 「출애굽의 경로 *the Route of the Exodus*」라는 보고서를 보면, 그가 구약의 내용에 대해 잘 알고 있었음은 물론, 시나이 반도를 다섯 번이나 방문했던 홀랜드(F. W. Holland) 목사와 시나이 중앙 평원 '방랑의 광야' 지역의 수자원에 대해 특히 관심을 기울였던 와렌 경(Sir C. Warren)의 연구에 대해서도 아주 잘 알고 있었음을 알 수 있다.

 헤인즈 대위는 구약이 말한 '이스라엘 백성이 택하지 않았던 길'에 초점을 맞췄다. 만약 그 길이 이스라엘 백성이 자신들의 목적지에 이를 수 있는 쉽고 분명한 길이 아니었다면, 가능성이 있는 대안으로 제시될 까닭조차 없었을 것이었기 때문이다. 그는 당시에 많은 사람들로부터 이스라엘 민족이 미리 정해 놓은 목적지였다고 인정받고 있던 카데시-바르네아가 해안 길에서 상당히 가까운 곳에 있었다고 지적한다. 따라서 그곳으로 가는 도중에 있었을 시나이 산 역시도, 이스라엘 민족이 해안 길을 택했건 아니건 상관없이 분명히 해안 길에서 가까웠을 것이라고 주장한다.

결국 헤인즈 대위는, 해안 길 'A'로 가는 것이 불가능해진 모세가 택한 '가능한 계획'은 'B' 경로를 통해 곧바로 카데시로 가는 것이었고, 그 길을 가는 중간에 시나이 산에서 멈췄던 것이라고 결론지었다. 그러나 이집트 군사가 뒤쫓아 홍해를 건너게 되자 'C'나 'D'의 길로 우회할 수도 있었을 것이라고 덧붙였다. 시나이의 중앙 평원이 구약에서 말하는 '방랑의 광야'였던 것은 분명하다. 그리고 나클(Nakhl)은 시나이 산에 도착하기 전이든 후든 상관없이 시나이 산 근처에 있던 중요한 정류장이었다. 또한 시나이 산은 카데시-바르네아에서 약 160킬로미터 정도 떨어진 곳에 위치해 있어야 했는데, 그것이 헤인즈 대위가 계산한 구약에서 말하는 '11일'의 거리였다. 그런 자료들을 근거로 헤인즈 대위가 시나이 산의 후보로 지목한 것은 이알라크(Yiallaq) 산이었다. 그것은 '이스마일리야와 카데시 사이의 정확히 한가운데'에 '거대한 조개처럼 누워 있는 대단히 인상적인 규모를 가진' 석회암 산이다. 헤인즈 대위는 이알라크 산을 얄렉(Yalek) 산이라고 표기하면서, 얄렉이란 '고대의 아말렉(Amalek) 부족과 밀접하게 연관된 말이며 Am이라는 접두사는 누구 누구의 나라라는 뜻'이라고 덧붙였다(따라서 아말렉은 얄렉의 나라라는 뜻이 된다-옮긴이).

헤인즈 대위의 연구 이후, 이스라엘 백성이 시나이 중앙 평원을 통과했을 가능성을 지지하는 사람들이 늘어나기 시작했다. 웨일(Raymond Weill) 같은 사람들은 시나이 산이 카데시 인근의 산이라는 이론을 받아들였고, 그레스만(Hugo Gressmann)과 같은 학자들은 이스라엘 민족이 나클에서 동북쪽이 아니라 아카바가 있는 동남쪽으로 방향을 바꿨다고 생각했다. 그러나 뷜(Bühl), 딜만(Dillmann), 가디너(Gardiner), 그래츠(Grätz), 구테(Guthe), 메이어(Meyer), 무실(Musil), 피트리(Petrie), 세이스(Sayce), 스타드(Stade)와 같은 다른 학자들은 그런 주장들에 부분적으로 반론을 제시하거나, 완전히 반대했다. 구약의 내용이나 지리학적 자료를 통한 논쟁이 다 소진되자, 이제 문제를 해결하는 유일한 방법은 현장을 조사하는 것밖에는 없었다. 그러나 도대체 어떻게 출애굽을 재현해 낼 것인가가 문제였다.

그런데 제1차 세계대전이 그 답을 제공했다. 시나이 반도는 영국군과 그에 맞서는 터키와 독일 동맹군과의 치열한 접전지가 되었다. 그리고 그 전쟁의 목적은 수에즈 운하를 누가 차지하는가였다.

터키군은 시간을 지체하지 않고 시나이 반도로 들어갔으며, 영국은 재빨리 엘-아리시 와디와 나클에 있던 중요한 행정, 군사 기지들을 철수시켰다. 지중해를 영국 해군이 통제하고 있었기 때문에 여러모로 유리한 '바다의 길'로 나갈 수 없었던 터키는, 2만 마리의 낙타를 모아 물과 군수물자를 싣고 'B'경로를 지나 이스마일리야로 가는 길을 따라서 수에즈 운하로 전진하려 했다. 터키군의 사령관이었던 파샤(T. Pasha)는 자신의 회고록에서 '시나이 사막에서 벌어진 그 군사 작전에서 모든 것이 걸려 있던 가장 큰 문제는 물이었다. 우기가 아니었다면 거의 25,000명의 병력이 그 황야를 건넌다는 것은 불가능했을 것이다'라고 말했다. 결국 그는 격퇴를 당하고 만다.

그러자 터키의 동맹국이었던 독일이 나선다. 독일은 자동화 기기들을 운반해야 했기 때문에, 수에즈 운하로 진격하는 경로로 딱딱하고 평평한 중앙 평원을 선호했다. 물을 찾는 전문가들의 도움을 받아 독일군은 지하수를 발견했고, 자신들이 진격하는 길을 따라 우물을 팠다. 그러나 1916년의 독일 공격도 실패했다. 1917년에 영국이 반격을 시작했을 때, 그들은 당연히 해안 길을 따라 진격했다. 그들은 1917년 2월에 옛 경계선이 있던 라파(Rafah)에 도착했다. 그리고 몇 달 만에 예루살렘을 정복했다.

웨이벨(A. P. Wavell) 장군의 시나이 전투에 대한 회고는 우리들이 다루고 있는 주제와 관련이 있는데, 왜냐하면 그는 영국군 사령부가 그들의 적이 시나이의 중앙 평원지대에서 5,000명 이상의 병사와 2,500마리 이상의 낙타에게 먹일 물을 절대로 발견할 수 없을 것으로 예측했다고 말하고 있기 때문이다. 시나이 전투에 대한 독일 측의 입장은 비간트(Theodor Wiegand)와 크레센스타인(F. Kress von Kressenstein) 장군이 쓴 책 『시나이 Sinai』에 잘 나타나 있다. 그 책은 독일군의 군사 활동을 시나이 반도의 지형과 풍토, 수자원 그리고 역사를 배경으로 기술하고 있으며, 그때까지의 시나이에 대한 연구에 대해서도 대단히 풍부한 지식을 보여 주고 있다. 당연히 독일군이 내린 결론도 영국군의 결론과 유사했다. 즉, 어떤 군대건 수많은 군사와 가축을 동반해서는 시나이 반도 남부의 화강암 산악지대를 통과할 수 없다는 것이었다. 비간트와 크레센스타인 장군은 출애굽에 대해 별도의 장을 할애하여 '게벨-무사 지역이 구약에서 말하는 시나이 산으로 고려될 수 없다'고 단정하고 있다. 대신 그들은 헤인즈 대위의 결론과 마찬가지로 '거대한 게벨-얄렉(이 알라크 산)'이 시나이 산일 수도 있다고 보았다. 또 어쩌면 구테를 비롯한 독일의 학자들이 주장하던 것처럼 게벨-얄렉의 반대편에 솟아 있는 'B' 경로 북쪽의 게벨 막하라(Gebel Maghara)가 시나이 산일 수도 있다고 했다.

제1차 세계대전에서 시나이 전투에 참가한 후 나중에 영국의 시나이 지역 총독으로 부임해, 당시로서는 시나이 반도 지역에 가장 익숙했던 한 사람이 있었다. 자비스(C. S. Jarvis)라는 이름의 그 역시도 저서인 『시나이의 어제와 오늘 Yesterday and Today in Sinai』에서, 피트리가 주장하듯 그 숫자가 60만 명 이하였다고 하더라도 이스라엘의 수많은 사람과 가축들이 남부 시나이의 '순수한 화강암 덩어리들로 된 지역'을 통과하거나, 심지어 거기서 1년 이상을 생활했다는 것은 불가능한 일이라고 보았다.

그리고 자비스는 그때까지 알려진 주장에 새로운 사실들을 추가했다. 이스라엘 백성이 시나이에서 빵 대신 먹었다는 만나는, 작은 곤충들이 위성류라는 관목에 남긴 먹을 수 있는 하얀색을 띤 딸기와 비슷한 수지 성분의 배설물일 것이라는 주장이 오래전부터 있어 왔다. 그런데 남부 시나이에는 위성류가 거의 없고 북부 시나이에 풍부하다는 것이었다. 또 자비스는 이스라엘 백성에게 고기로 제공된 메추라기와 관련된 사실도 밝혀냈다. 메추라기는 원래 서식지인 남부 러시아와 루마니아 그리고 헝가리 등지에서 겨울철을 맞아 이집트 남쪽의 수단으로 이동했다가, 봄이 되면 다시 북쪽으로 돌아간다. 오늘날에도 시나이 반도에 사는 베두인족은 메추라기들이 오랜 비행 끝에 지중해 연안에 이르러 지쳐 있을 때, 손쉽게 그것들을 잡곤 한다. 하지만 메추라기들은 남부 시나이로 오지 않으며, 설령 남부로 온다고 하더라도 그 지역의 높은 산봉우리들을 넘어갈 수 없다는 것이다.

자비스는 따라서 출애굽의 모든 이야기가 북부 시나이에서 전개되었다고 주장했다. 그리고 '갈대의 바다'는 세르본 해(the Serbonic Sealet, 아랍어로는 Sebkhet el Bardawil)였으며, 거기서부터 이스라엘 백성이 남남동쪽으로 갔다는 것이다. 또 시나이 산은 '높이가 600미터가 넘는 가장 장엄한 석회암 산으로 거대한 충적 평원에 홀로 우뚝 서 있는' 게벨 할랄(Gebel Hallal)이라고 주장했다. 자비스는 그 이유를, 그 산의 아랍식 명칭이 언약의 산이라는 구약의 설명에 부합하는 '율법'을 의미하기 때문이라고 설명했다.

이후 시나이 산의 위치에 대한 가장 지속적인 연구는 예루살렘의 히브리 대학교와 당시 팔레스타인 지역에 있던 여러 히브리 고등 연구소들에 의해 수행되었다. 그곳의 연구자들에게는 매우 친숙했던 히브리어 구약을 비롯한 다른 경전들에 대한 지식과 시나이 반도 지역에 대한 철저한 현장 조사를 통해서도, 시나이 산이 남쪽에 있다는 가설을 지지할 만한 증거는 거의 발견되지 않았다.

바르-데로마(Haim Bar-Deroma)는 이스라엘 민족이 북쪽 길을 택했다는 주장은 받아들였지만, 그들이 어디에선가 남쪽으로 방향을 틀어 중앙 평원을 지나 트랜스 요르단 지역(요르단 강 동쪽 지역)에 있는 화산인 시나이 산에 이르렀다고 믿었다. 테일하버(F. A. Theilhaber)와 사피로(J. Szapiro) 그리고 마이즐러(Benjamin Maisler)와 같은 저명한 학자들도 이스라엘 백성들이 세르본 해의 여울목을 지나 북쪽 길로 갔다는 주장을 받아들였다. 그들은 엘림의 푸른 오아시스는 엘-아리시(El-Arish) 와디를 말하는 것이고, 할랄(Hallal) 산이 시나이 산이었다고 보았다. 마자르(Benjamin Mazar)도 자신의 여러 저서들을 통해, 할랄 산이 시나이 산이라는 주장을 받아들였다. 팔레스타인과 시나이 지역 전체를 도보로 여행한 성서학자 빌네이(Zev Vilnay)도 같은 경로와 같은 산을 지목했다. 아하로니(Yohanan Aharoni)는 북쪽 길이 출애굽 경로일 가능성을 인정하면서, 이스라엘 민족이 시나이 중앙 평원에 있는 나클로 가기는 했지만 그 다음에는 남쪽에 있는 시나이 산으로 갔을 것으

숨어 있는 산 405

로 보았다.

이 논쟁이 학계와 종교계로 확대되면서 풀리지 않은 근본적인 문제가 더욱 분명해졌다. 즉 이스라엘 민족의 횡단과 관련해서는 모든 증거가 그들이 북쪽의 물을 건넜다는 것을 부정하고 있지만, 시나이 산과 관련해서는 모든 증거가 그것이 남쪽에 있다는 것을 부정한다는 점이다. 이런 난맥상을 해결하기 위해 학자들과 전문가들이 주목한 곳은 시나이 반도의 중앙 평원이었다. 1940년대에 카수토(M. D. Cassuto)는 이스라엘 백성이 택하지 않은 길이 우리가 오랫동안 믿어왔던 해안 길이 아니라 그보다 더 내륙에 있는 'B' 경로라고 주장하면서, 이스라엘 백성은 가운데 길을 택했다고 보아야 한다고 말했다. 그렇게 출입구 'C'를 통해 횡단하면 동남쪽으로 중앙 평원에 이르게 되는데, 그것은 시나이 남쪽으로 더 내려갈 것도 없이 구약의 이야기와 완전히 일치하는 것이다.

1967년에 있었던 이스라엘과 이집트 간의 전쟁으로 이스라엘이 시나이 지역을 오랫동안 장악하면서, 이 지역에 대한 연구가 유래 없는 대규모로 행해졌다. 이스라엘의 고고학자, 지리학자, 지질학자, 그리고 토목공학자들이 시나이 반도를 샅샅이 조사했다. 그중 특별히 흥미를 끄는 연구는 텔아비브 대학의 후원으로 로텐베르크(Beno Rothenberg)의 연구진이 수행한 것들이었다. 그들은 북부 해안지대의 많은 고대 유적들이 '그 지역의 가교적 역할'을 보여 주고 있음을 밝혀냈다. 또 북부 시나이의 중앙 평원에서는 항구적인 거주지의 흔적을 보여 주는 유적이 하나도 발견되지 않았고 야영지의 흔적만 발견되었기 때문에, 그곳이 이동 경로로만 사용되었다는 것도 확인했다. 그리고 그런 야영지들을 지도에 표시해 보면 그것들은 '네게브에서 이집트로 이어지는 명확한 선'을 형성하는데, 그것이야말로 방랑의 광야를 건너던 선사 시대의 이동 방향'으로 보아야 한다고 주장했다.

고대 시나이에 대한 이런 새로운 이해를 바탕으로 히브리 대학교의 성서지리학자였던 하르-엘(Menashe Har-El)이 새로운 이론을 제시했다. 모든 주장들을 검토한 후에 하르-엘은 '그레이트 비터 호수'와 '리틀 비터 호수' 사이에 솟아 있는 해저 능선에 주목했다.【그림 116 참조】그곳은 바람이 불어 물을 걷어 내면 걸어서도 건널 수 있을 정도로 수심이 낮은 곳이기 때문에, 바로 그곳을 통해 이스라엘 민족이 건넜다는 것이다. 그곳을 건넌 이스라엘 민족은 전통적인 남쪽 길을 따라, 마라(Marrah 혹은 비르 무르Bir Murr)와 엘림(Elim, 혹은 아윤 무사Ayun Mussa)을 지나 홍해 해안가에 도착해서 야영했다는 것이다.

이 부분에서 하르-엘은 대단히 혁신적인 주장을 하는데, 이스라엘 민족이 수에즈 만을 따라 여행을 하기는 했지만 계속해서 남쪽으로 간 것은 아니었다는 것이다. 즉 그들은 수드르(Sudr) 와디의 입구가 있는 곳까지 약 32킬로미터 정도를 남쪽으로 내려가다가, 와디의 계곡을 따라 중앙 평원으로 들어갔고, 나클을 지나 카데시-바르네아에 이르렀다는 것이다. 그래서 하르-엘은 수드르 와디의 입구에 서 있는 높이 약 570미터의 신-비쉬르(Sinn-Bishr) 산이야말로 시나이 산일 것이라고 보았다. 그리고 그는 이스라엘 민족과 아말렉족 사이의 전투는 수에즈 만의 해안가에서 벌어졌다고 주장했다. 그러나 그런 주장은 시나이 반도 지역의 지형과 전쟁사에 정통한 이스라엘의 군사 전문가들에 의해 반박됐다.

그러면 도대체 시나이 산은 어디에 있었던 것일까?

| **고대 기록 속의 시나이 산** |

다시 한번 고대의 증거를 찾아볼 수밖에 없다.

사후 여행을 떠난 이집트의 파라오가 간 곳은 동쪽이었다. 이집트 동쪽의 물 장벽을 지나 파라오는 산악지대에 있는 협곡으로 들어선다. 이어서 그는 산으로 둘러싸인 타원형 모양의 계곡인 두아트에 도착한다. 그리고 오시리스의 강이 지류로 갈라지는 곳에 '빛의 산'이 위치하고 있었다. '그림 16'을 보면 오시리스의 강은, 쟁기를 든 사람으로 상징된 농업지대의 가운데를 흐르는 것으로 되어 있다.

우리는 아시리아에서도 그와 유사한 그림 증거를 찾아냈다. 아시리아의 왕들은 이집트의 왕들과는 정반대의 방향인 동북쪽에서 가나안 지역을 통과해 시나이 반도로 왔다는 사실을 기억하고 있을 것이다. 그중 한 명인 에사르하돈은 한 돌기둥에 '생명'을 찾아 나섰던 자신의 여정을 묘사한 일종의 지도를 새겨 놓았다. 【그림118】 거기서 우리는 시나이 반도를 상징하는 대추야자 나무와 쟁기로 상징되는 농업지대, 그리고 '신성한 산'을 볼 수 있다. 그림의 윗부분에는 에사르하돈이 최고신의 신전 앞에서 생명나무 옆에 서 있는 것을 볼 수 있다. 그 옆에는 황소가 그려져 있는데, 구약에서 이스라엘 민족도 시나이 산 아래에서 '황금 송아지'의 우상을 만들었었다.

이런 내용들은 남부 시나이의 거칠고 황량한 화강암 봉우리들과 어울리지 않는다. 오히려 북부 시나이와 '농사꾼의 시내'라는 뜻을 가진 그곳의 거대한 엘-아리시 와디의 모습이라고 보아야 할 것이다. 그리고 시나이 산은 산들로 둘러싸인 계곡을 흐르는 엘-아리시의 지류 근처에 있었을 것이다.

시나이 반도 전체를 통해 그런 곳은 딱 한 곳뿐이다. 지리나 지질 그리고 역사적 기록과 그림으로 남은 증거를 통해 볼 때, 그곳은 시나이 반도의 북쪽에 있는 중앙 평원일 수밖에 없다.

 남쪽 횡단설을 지지하기 위해 라스-수프사페(Ras-Sufsafeh)를 끌어들이기까지 했던 팔머(E. H. Palmer)조차도, 하나님의 현화와 이스라엘 민족의 방랑이 있었던 장소가 화강암으로 된 산악지대가 아니라 사막의 한가운데였다는 것을 마음속으로 느끼고 있었다.

 그래서 그는 자신의 저서인『출애굽의 사막』에서 다음과 같이 말하고 있다. '오늘날까지도 일반적으로 시나이 산은 끝없는 모래 평원 가운데 우뚝 솟아 있는, 어느 방향에서라도 접근이 가능한 하나의 고립된 산으로 여겨지고 있는 것 같다. 우리가 만약 구약을 현대적 발견의 도움 없이 읽는다면 이런 생각에 동의할 것이다. (…) 구약에는 언제나 시나이

【그림118】 에사르하돈이 남겨 놓은 생명을 찾아 나선 여정도

산이 평평하고 황량한 평야에 홀로 서 있는 것처럼 암시되고 있다.'

팔머는 실제 시나이 반도에 그런 '평평하고 황량한 평야'가 있다고 인정했지만, 그것이 모래로 덮여 있지는 않다고 말했다. '지평선이나 멀리 보이는 언덕으로만 그 끝을 짐작할 수 있는, 단단한 바위의 바다라고 부를 수 있는 그 지역은 우리가 사막에 대해 생각하는 개념에 가장 가까운 곳이기는 하지만, 그곳에는 모래가 없다. 그곳의 흙은 부드럽고 잘 움직이는 해안의 모래라기보다는 오히려 딱딱한 자갈 같다.'

여기서 팔머가 묘사하고 있는 곳은 시나이 반도 북부의 중앙 평원이다. 모래가 없다는 것이 '사막'의 이미지를 훼손하는 것일지는 몰라도, 자갈로 된 표면은 네필림의 우주선 기지에 더할 수 없이 어울리는 장소이다. 그리고 만약 시나이 산이 우주선 기지의 입구였다면, 그것은 중앙 평원에 있던 우주선 기지의 밖에 위치하고 있었어야만 한다.

그렇다면 순례자들은 수 세기 동안 남쪽으로 헛된 여행을 했던 것일까? 또 시나이 반도의 남쪽 산들에 대한 경배는 기독교 시대 이후에 시작되었던 것일까? 고고학자들이 남쪽 산봉우리들 위에서 발견한 신전과 제단 그리고 고대로부터 행해진 숭배와 같은 증거들을 통해, 우리는 기독교 시대 이전에도 그곳에서 숭배 의식이 진행되었음을 알 수 있다. 또 서로 다른 종교를 믿던 순례자들이 수천 년에 걸쳐 그곳에 남긴 많은 기록과 바위그림들을 보면, 그 지역에 대한 숭배는 인류가 그 지역을 알면서부터 시작되었음이 분명하다.

전해 오는 이야기와 밝혀진 여러 사실들을 다 충족시키기 위해 차라리 두 개의 '시나이 산'이 있기를 바랄 수도 있는데, 그런 생각도 사실 새로운 것이 아니다. 시나이 산의 위치를 확인하기 위한 18, 19세기의 노력이 시작되기도 전에, 성서학자들과 신학자들은 신성한 산을 부르는 여러 이름을 놓고 볼 때 혹시 그것이 두 개가 아니었을까 하는 의문을 품었다. 구약에서 신성한 산을 부르는 이름들은 매우 다양하다. 먼저 율법이 주어진 '시나이 산'이 있고, 건조한 곳에 있는 건조한 '호렙(Horeb) 산'이 있으며,「신명기」에 하나님이 이스라엘 민족에게 모습을 드러낸 산으로 언급된 '파란(Paran) 산', 그리고 하나님이 모세에게 처음으로 자신의 모습을 보인 '신들의 산'이 있다.

그중 두 개 산의 지리적 위치는 파악이 가능하다. 파란은 카데시-바르네아와 붙어 있는 황야로 구약에서 중앙 평원을 이르는 이름일 가능성이 높다. 따라서 '파란 산'은 그 황야에 있는 것이 분명하다. 이스라엘 민족이 갔던 곳이 그 산이었던 것도 분명하다. 그러나 모세가 처음 하나님을 만난 곳인 '신들의 산'은 미디안(Midian)에서 멀리 떨어진 곳일 수 없다. 왜냐하면 구약에서, '모세는 미디안 제사장인 그의 장인 이드로의 양떼를 치는 목자가 되었다. 그가 양떼를 몰고 광야를 지나서, 신들의 산, 호렙으로 갔을 때 (…)'라고 말하고 있기 때문이다(「출애굽기」3 : 1). 미디안 부족의 주거지는 시나이 반도의 남부 지역에 있었으며, 아카바 만을 따라 구리 광산 지역과 닿아 있었다. 따라서 '신들의 산'은 그 근처에 있는 남부 시나이의 광야 안에 위치한 것이어야 한다.

수메르에서 발견된 한 원통형 인장을 보면 어떤 신이 양치기 앞에 나타나는 모습을 그린 것이 있다. 그 그림을 보면 신이 두 개의 산 사이에서 나타나는 것처럼 되어 있고, 신의 뒤에는 마치 우주선처럼 보이는 나무 한 그루가 서 있다.【그림 119】 그 나무는 구약에서 말하는 스네(Sneh, 불타는 떨기나무)처럼 보인다. 그림에 그려진 두 개의 봉우리는 구약에서 하나님을 부르는 말인 엘 샤다이(El Shaddai), 즉 '두 봉우리의 신'과 딱 맞아떨어진다. 여기서 하나님이 율법을 내린 산과 신들의 산을 구별

【그림119】 양치기 앞에 나타난 신을 묘사한 수메르의 원통형 인장

할 수 있는 기준이 한 가지 더 생기는데, 율법을 내린 산은 사막지대의 평원에 있는 동떨어진 산인 데 비해, 신들의 산은 두 개의 신성한 봉우리가 결합된 형태였다는 것이다.

우가리트의 기록에서도 카데시 주변에 있는 '젊은 신들의 산'과 시나이 반도 남쪽에 있는 두 개의 봉우리인 엘(El)과 아셰라(Asherah)의 봉우리들을 구분하고 있다. '두 개의 물이 시작되고' '두 개의 바다가 갈라지는' 그 두 봉우리가 있는 지역이야말로, 나이가 든 엘(El) 신이 은퇴한 곳이기도 했다. 우리는 우가리트의 기록이 말하는 곳이 시나이 반도의 남쪽 산악지대였다고 보고 있다.

따라서 우리는 시나이 반도 북부의 중앙 평원에는 우주선 기지의 출입문 역할을 하던 산이 있었다고 생각한다. 그리고 시나이 반도의 남쪽에도 네필림이 우주선을 타고 오가는 것에 일정한 역할을 하던 두 개의 산봉우리들이 있었다고 본다. 그 두 개의 산봉우리의 역할은 '측량하는 것'이었다.

12

피라미드의 비밀

| 성스러운 측량사들 |

대영박물관의 지하 창고 한 구석에는 메소포타미아의 신 샤마시의 경배 중심지였던 시파르(Sippar)에서 발견된 점토판 하나가 보관돼 있다. 거기에는 샤마시가 대추야자 나무 모양의 기둥이 받치고 있는 덮개 아래의 왕좌에 앉아 있는 모습으로 그려져 있다.【그림120】 그리고 그 앞에서는 어떤 신이 왕과 그의 아들을 샤마시에게 소개하고 있는 것처럼 보인다. 앉아 있는 샤마시 앞에는 받침대가 놓여 있고, 그 위에는 광선을 내뿜는 행성을 나타내는 거대한 상징물이 있다. 또 점토판에 새겨진 글을 보면, 샤마시의 아버지인 신(Sin)과 샤마시 그리고 샤마시의 누이동생인 이시타르에게 청원하는 내용이 담겨 있다.

왕이나 사제가 중요한 신에게 소개된다는 그림의 소재는 낯익은 것

【그림120】 시파르에서 발견된 샤마시를 그린 그림

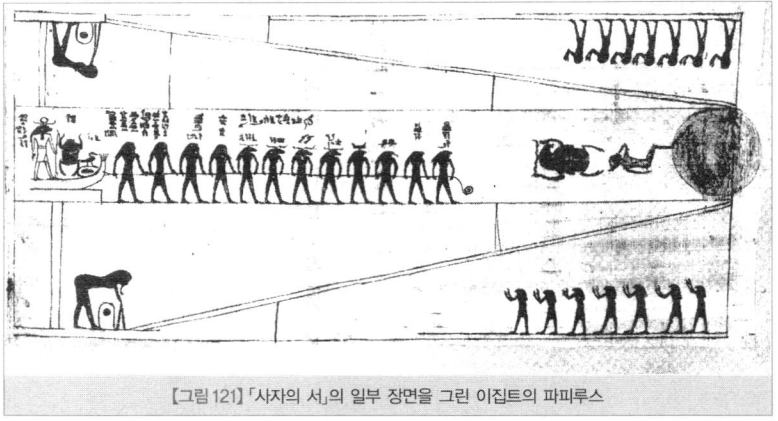

【그림121】 「사자의 서」의 일부 장면을 그린 이집트의 파피루스

이며 별로 이상할 것이 없다. 이 그림에서 특이하고 수수께끼 같은 것은, 광선을 내뿜는 상징물과 연결된 두 개의 줄을 잡고 있는, 거의 겹쳐

414 틸문, 그리고 하늘에 이르는 계단

진 모습으로 묘사된 두 명의 신이다.

도대체 이 두 명의 성스러운 줄잡이들은 누구인가? 그들의 역할은 대체 무엇이었을까? 그들은 같은 장소에 앉아 있는 것일까? 그렇다면 왜 하나의 줄이 아니라 두 개의 줄을 잡고 있을까? 그들은 어디에 있는 것이며 샤마시와의 관계는 무엇일까?

학자들은 시파르가 수메르의 최고 법정이 있었던 곳이며, 샤마시는 법을 부여하던 신이었다는 것을 알고 있다. 법전을 만든 것으로 유명한 바빌로니아의 왕 함무라비도 자신이 존경하는 샤마시로부터 법을 받았다고 했다. 그렇다면 줄을 잡고 있는 두 명의 신도 법과 관계가 있는 것일까? 온갖 추측에도 불구하고 아무도 지금까지 이 의문에 대한 답을 내놓지 못하고 있다.

그러나 그 질문에 대한 해결책 역시 대영박물관 안에 있는 것으로 보인다. 다만, 아시리아 소장품에서가 아니라 이집트 소장품에서 찾아야 한다. 대영박물관에는 죽은 자들의 무덤에서 발견된 미라나 다른 유물들과 별도로 「사자의 서」에 나오는 내용을 그려 놓은 다양한 파피루스 조각들을 모아 전시해 놓은 곳이 있는데, 거기에 우리들의 질문에 대한 답이 있다. 【그림121】

'그림 121'은 '네즈메트(Nejmet) 여왕의 파피루스'에 들어 있는 것 중 하나인데, 두아트에서의 파라오의 마지막 여정을 묘사한 것이다. 지하 통로를 통해 파라오의 배를 끌고 온 열두 명의 신들이 파라오를 마지막 회랑, 즉 하늘로 오르는 곳으로 데려간다. 거기에는 '호루스의 붉은 눈'이 기다리고 있다. 파라오는 지상의 옷을 벗고 하늘로 올라가게 되는데, 그의 승천은 '다시 태어남'을 뜻하는 딱정벌레 상형문자로 표현된다. 신들은 두 개의 집단으로 나뉘어 파라오가 불멸의 별에 무사히 도착하기를 기원한다.

그런데 그 이집트 그림에도 줄을 잡고 있는 두 명의 신적 존재가 분명히 등장한다!

시파르에서 출토된 그림에 복잡하게 표현된 것과는 달리, 「사자의 서」를 묘사한 그림에서는 두 명의 줄잡이들이 서로 겹쳐지지 않게 그림의 양끝에 그려져 있다. 또 그 둘은 분명히 지하 회랑의 바깥쪽에 위치하고 있다. 또한 두 명의 줄잡이들이 있는 곳에서 단 위에 세워진 옴파로스를 볼 수 있다. 그리고 그림이 보여 주는 행동으로 볼 때, 그들은 단순히 줄을 잡고 있는 것이 아니라 무엇인가를 측량하고 있다는 것을 알 수 있다.

그러나 이런 발견은 놀랄 만한 것이 아닌데, 「사자의 서」에 이미 파라오가 여행 중에 '두아트에서 줄을 잡고 있는' 신들과 '측량하는 줄을 잡고 있는' 신들을 만났다고 되어 있기 때문이다.

「에녹서」에 들어 있는 단서 하나가 떠오르는 대목이다. 천사들이 에녹을 서쪽에 있는 땅 위의 천국으로 데려갈 때, 에녹은 '엄청나게 긴 줄이 천사들에게 주어지는 것과, 그 천사들이 날개를 달고 북쪽으로 날아가는 것'을 보았다. 에녹이 이유를 묻자 에녹을 안내하던 천사는, '저 천사들은 측량하기 위해 북쪽으로 간다. (…) 그들은 정의로운 자를 측량해 정의로운 자에게 가져올 것이다. (…) 그들이 측량한 것에 따라 지구의 비밀이 드러날 것이다'라고 설명한다.

측량하기 위해 북쪽으로 간 '날개 달린 존재들'이나 '지구의 비밀을 밝힐 측량'과 같은 말들을 되새기다 보면, 하나님이 남쪽에서 와서 북쪽으로 갔다는 선지자 하박국의 말이 우리들의 귀에 천둥처럼 울린다.

하나님이 남쪽*(한글 번역에서는 '데만')에서 오신다.

거룩하신 분께서

파란 산*('바란 산')에서 오신다.

하늘은 그의 영광으로 뒤덮이고,

땅에는 찬양 소리가 가득하다.

그에게서 나오는 빛은

밝기가 햇빛 같다.

두 줄기 불빛이 그의 손에서 뻗어 나온다.

그 불빛 속에 그의 힘이 숨어 있다.

그의 말이 그보다 앞서 오며 아래로부터 빛을 내뿜는다.*

('질병을 앞장세우시고 전염병을 뒤따라오게 하신다.')

그가 멈추어 지구를 측량한다.*

('그가 멈추시니 땅이 흔들리고')

그가 보이니 나라들이 떤다.*

('그가 노려보시니 나라들이 떤다.')

_「하박국서」 3 : 3~6

그렇다면 지구를 측량한다는 것과 지구의 '비밀'이란 지구 상공을 나는 신들의 비행과 관련이 있는 게 아닐까? 우가리트의 기록에는 또 다른 단서가 있는데, 그것에 따르면 자폰의 정상에서 바알이 '강하고 유연한 줄을 밖으로, 카데시의 자리를 향해 하늘로 뻗었다'고 되어 있다.

우가리트 기록들에는 어떤 신이 다른 신에게 메시지를 보내는 것을 묘사할 때 반드시 후트(Hut)라는 단어가 등장한다. 학자들은 그것이 누군가를 부를 때 '내 말을 들을 준비가 되었는가?'라는 뜻을 지니는 일종의 상투적인 접두어 정도로 여겨 왔다. 그러나 후트라는 셈어를 문자 그대로 해석하면, '줄'이나 '로프'라는 뜻이 된다. 또 의미심장하게도 후트는 이집트어로는 '확장하다' 혹은 '뻗다'라는 뜻을 갖는다. 브루그쉬는 호루스의 전투를 다룬 이집트 기록에 대해 논평하면서, 후트라는 단어가 세트에 의해 호루스가 감금당했던 산의 이름이며 동시에 날개가 달린 '늘이는 자(Extender)'가 사는 곳을 뜻하는 지명이기도 하다는 점을 지적했다.

우리는 이집트 그림에서 신성한 측량사들이 있는 곳에 원뿔형의 '신탁의 돌'들이 놓여 있는 것을 보았다. 【그림 121】 그리고 앞에서 본 것처럼 바알베크(Baalbek)도 역시 그런 옴파로스, 즉 후트의 기능을 수행할 수 있는 장엄한 돌이 있던 곳이었다. 또 이집트에 있는 바알베크의 쌍둥이 도시 헬리오폴리스에도 그런 신탁 돌이 있었다. 따라서 두아트에서 파라오가 하늘로 올라가던 장소로부터 바알베크와 헬리오폴리스로 줄들이 연결돼 있었던 것이다. 「하박국서」에서는 하나님이 남쪽에서 북쪽으로 날아가면서 지구를 측량했다고 한다. 이 모든 것들이 그저 우연의 일치일까, 아니면 같은 거대한 조각 그림의 일부일까?

그런데 우리는 앞서 보았던 시파르에서 발견된 그림을 갖고 있다. 수메르가 신들의 땅이었던 때인 대홍수 이전의 시기에는, 시파르가 아눈나키들의 우주선 기지였고 샤마시가 그들의 사령관이었다는 사실을 다시 생각해 보면, 이 모든 것들이 전혀 혼란스럽지 않다. 또 그런 관점에서 보면 신성한 측량사들의 역할은 무척 명확해진다. 그들의 줄은 우주선 기지로 가는 길을 측량하고 있었던 것이다.

| 대홍수 이후에 세워진 우주선 기지 |

지금으로부터 약 40만 년 전에 지구 최초의 우주선 기지였던 시파르가 어떻게 세워졌는지를 되새겨 본다면 상황을 이해하는 데 도움이 될 것이다.

엔릴과 그의 아들들에게 메소포타미아에 있는 두 강 사이의 평야에 지구의 우주선 기지를 세우라는 임무가 주어졌다. 그에 따라 기본 계획이 세워졌고, 거기에는 우주선 기지로 쓸 장소의 선정과 항로의 확정, 그리고 통제 센터의 설치와 같은 것들이 포함돼 있었다. 그래서 근동 지역에서 가장 눈에 잘 띄는 아라라트 산을 중심으로 그곳을 지나는 남북 자오선이 그어졌다. 또 비행 경로는 근처에 있는 산악지대로부터 멀리 떨어진 페르시아 만을 지나는, 정확하면서도 따라가기 쉬운 각도인 45도로 결정됐다. 그리고 그 두 개의 선이 교차하는 곳인 유프라테스 강의 강둑에 '새의 도시' 시파르가 자리잡게 되었다.

서로 동일한 거리를 유지하고 있는 다섯 개의 정착촌들이 45도 대각선을 따라 자리잡았다. 그중 한가운데 세워진 니푸르(Nippur, 교차하는 장소)는 통제 센터였다. 다른 정착촌들은 화살 모양의 통로에 자리잡았으며, 모든 선들이 시파르에서 하나로 합쳐졌다. 【그림 122】

하지만 그 모든 것이 대홍수로 인해 쓸려 내려갔다. 지금으로부터 약 13,000년 전인 대홍수 직후에는 바알베크에 있던 착륙 기지만이 남아 있었다. 때문에 새로운 우주선 기지가 세워지기 전까지 모든 우주왕복선이 그곳에서 뜨고 내려야만 했을 것이다. 그렇다면 아눈나키들이 두 개의 산맥 사이에 감춰져 있는 그곳에 착륙하기 위해 비행 기술에만 의존했을까? 아니면 가능하면 빨리 바알베크로 가는 화살 모양의 착륙 회랑을 만들지는 않았을까? 어느 쪽이 더 합리적인가?

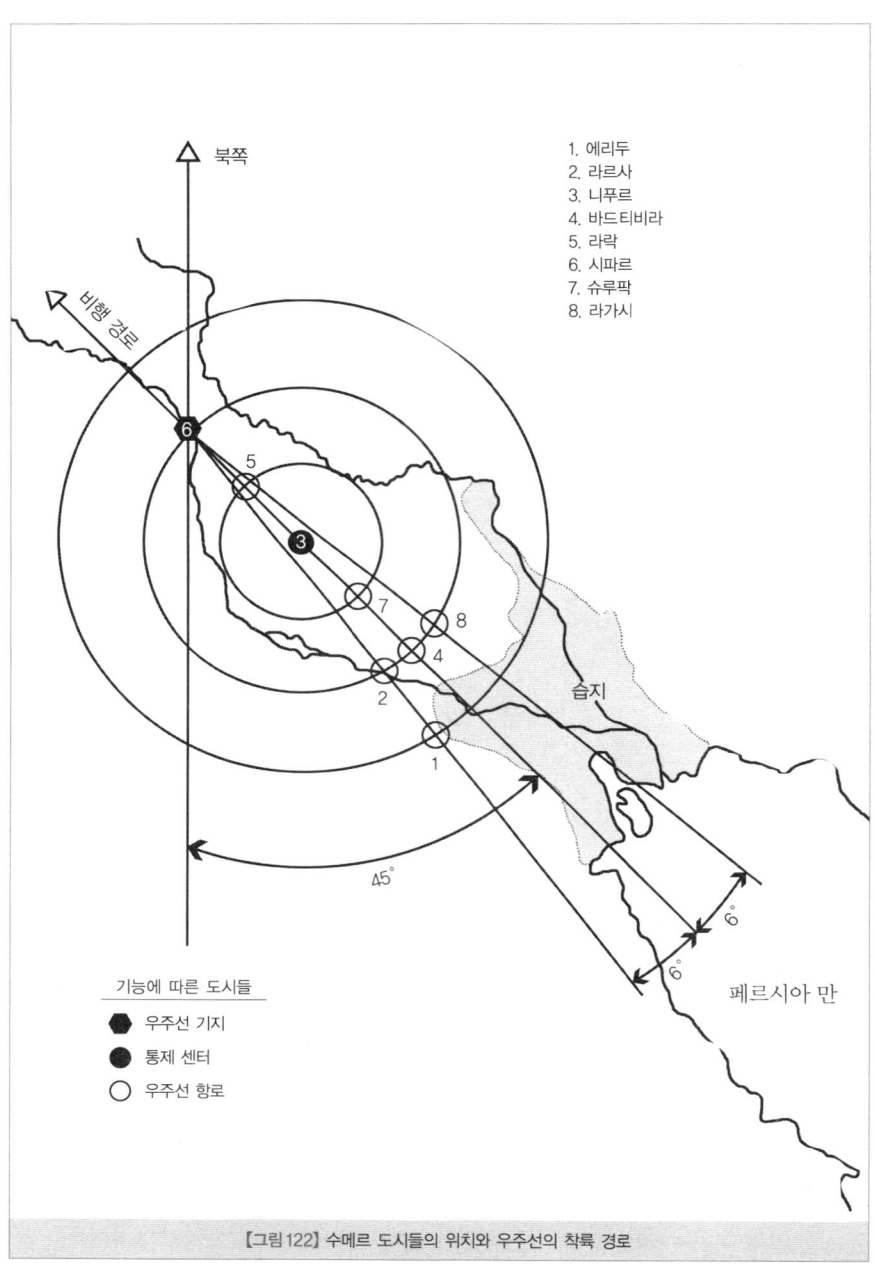

【그림122】 수메르 도시들의 위치와 우주선의 착륙 경로

미국 우주항공국(NASA)의 우주선이 찍은 지구의 사진을 보면, 아눈나키들이 그들의 우주선에서 본 것과 마찬가지로 우리들도 근동 지역을 내려다볼 수 있다.【그림123】이 사진 북쪽에 있는 검은 점이 바알베크이다. 그렇다면 바알베크에 이르는 삼각형의 착륙 회랑을 만들기 위해 아눈나키들이 택할 수 있었던 곳은 어디였을까? 바알베크의 동남쪽 가까운 곳에 남부 시나이 반도의 화강암 봉우리들이 있다. 그리고 그 가운데에 가장 높은 봉우리인 성 캐서린 산이 솟아 있는 것을 볼 수 있다. 그것은 동남쪽의 비행 구역을 대략적으로 보여 주는 자연적인 표지가 될 수 있었을 것이다. 그렇다면 삼각형의 북쪽 선이 시작될 그것의 서북쪽에 있는 대응점은 어디였을까?

　우주왕복선에 탑승한 조사자, 즉 '신성한 측량사'는 눈 아래 펼쳐진 지구의 모습을 보면서 자신의 지도를 연구했을 것이다. 바알베크 너머 저 멀리에는 두 개의 봉우리를 가진 아라라트 산이 있다. 그는 아라라트

【그림123】 우주선에서 찍은 근동의 모습과 바알베크의 위치

산으로부터 바알베크를 지나 이집트까지 직선 하나를 그린다.

그는 나침반을 꺼낸다. 그는 바알베크를 중심으로 시나이 반도에서 가장 높은 성 캐서린 산을 지나는 원을 그린다. 그리고 그 원이 아라라트 산에서 바알베크로 이어지는 직선과 교차하는 곳에 작은 원을 그리고, 그 안에 십자 표시를 한다. 이어서 그는 시나이의 최고봉인 성 캐서린 산과 바알베크를 연결하는 선을 그리고, 원안에 십자 표시가 된 지점과 바알베크를 연결하는 같은 거리를 가진 선을 긋는다.【그림124】

그리고 그는 그것이 자신들을 바알베크로 곧바로 인도할 삼각 착륙

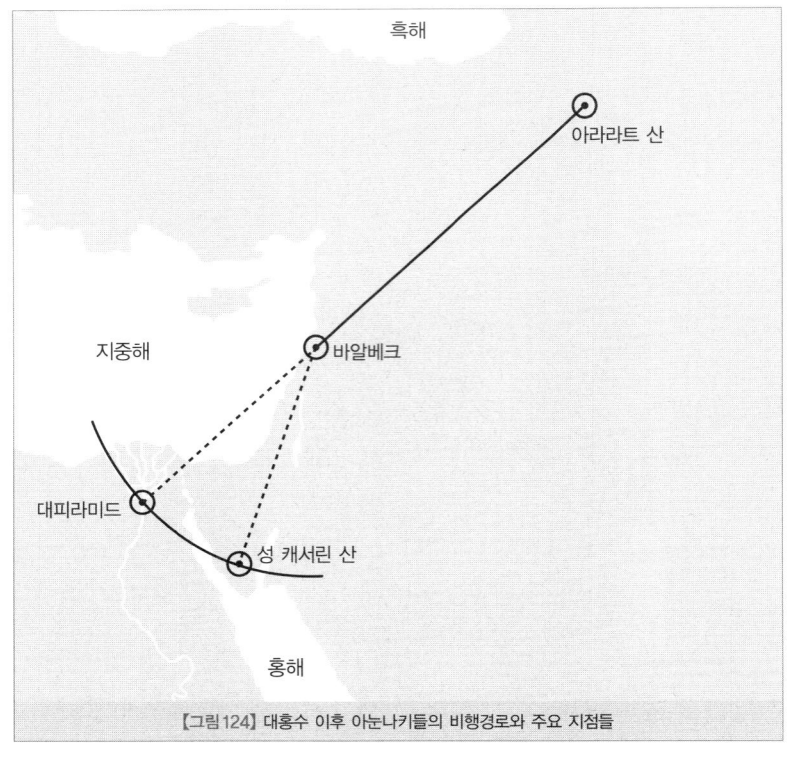

【그림124】 대홍수 이후 아눈나키들의 비행경로와 주요 지점들

회랑이라고 말한다. 그러자 탑승한 승무원 중 한 명이 이렇게 대꾸한다. 그렇지만 원 안에 십자 표시가 된 그곳에는 표식이 될 만한 것이 아무것도 없습니다. 그러자 사령관은 그곳에 피라미드를 세울 것이라고 대답한다.

이런 대화들이 아눈나키들의 우주왕복선 안에서 실제로 일어나지 않았을까? 어느 날 이런 사실이 기록된 점토판이 발견되지 않는 한 우리가 알 길은 없다. 다만 우리는 엄청나게 놀랍지만 부정할 수 없는 사실들에 근거해 추측할 뿐이다.

- 바알베크에 있는 특이한 토대는 아득한 옛날부터 있었고, 상상을 초월할 정도의 크기로 거의 손상되지 않은 채 지금까지 남아 있다.
- 성 캐서린 산은 시나이 반도에서 가장 높은 봉우리로 우뚝 솟아 여전히 그곳에 있는데, 이웃에 있는 두 개의 봉우리를 가진 무사 산과 함께 고대로부터 신성한 산으로 추앙받으며, 신과 천사들을 다룬 많은 전설 속에 등장한다.
- 이집트 기자의 대피라미드는 두 개의 작은 피라미드와 독특한 스핑크스와 함께, 아라라트 산과 바알베크를 잇는 직선상에 정확히 위치하고 있다.
- 바알베크에서 성 캐서린 산까지의 거리는 바알베크에서 기자의 대피라미드까지의 거리와 정확히 일치한다.

그러나 이런 것들은 앞으로 보게 될 것처럼 아눈나키들이 대홍수 이후에 건설한 거대한 우주선 기지와 관련된 일부 사실에 불과하다. 따라서 위에서 재구성해 본 가상의 대화가 실제로 일어났건 그렇지 않건 간에, 우리는 그런 과정을 거쳐서 이집트에 대피라미드가 건설되었을 것이라고 확신하고 있다.

| 대피라미드의 미스터리 |

이집트에는 나일 강이 삼각주에서 갈라지는 북부 지역으로부터 남쪽의 누비아에 이르는 지역까지, 피라미드와 그 비슷한 건축물들이 수없이 많이 산재해 있다. 그러나 흔히 피라미드라고 말할 때는 후기에 만들어진 피라미드 유사물과 변종들 그리고 '소규모 피라미드들'을 말하는 것이 아니라, 이집트 구왕조 시대(기원전 2700~2180년경)의 파라오들이 건설했다고 추정하는 20개 남짓한 피라미드를 말하는 것이다. 그것들은 다시 두 개의 집단으로 나눌 수 있다. 먼저 우나시(Unash)와 테티(Teti) 그리고 페피(Pepi) 등으로 대표되는 제5왕조와 제6왕조의 지배자들이 건립한 피라미드들이 있는데, 그것들은 정교하게 장식되어 있으며 피라미드 텍스트로도 유명하다. 다른 한 집단의 피라미드들은 보다 오래된 것들로, 제3왕조와 제4왕조의 왕들이 지었다고 알려져 있다. 그중 정말 흥미로운 것들은 후자로, 보다 오래된 최초의 피라미드들이다. 그것들은 나중에 만들어진 다른 피라미드들보다 더욱 크고 더욱 견고하고 더욱 정교하고 더욱 완벽할 뿐만 아니라, 도대체 그것들이 어떻게 건설되었는지를 알 수 있는 단 하나의 단서도 없기 때문에 더욱 신비스럽기까지 하다. 누가, 언제, 왜, 어떻게 그 피라미드들을 세웠는지 아무도 알 수 없으며, 단지 이론과 학문적 추측만이 무성할 뿐이다.

이집트에 대한 일반적인 교과서들을 보면, 이집트의 거대한 첫 번째 피라미드는 기원전 2650년경에 제3왕조의 두 번째 파라오였던 조세르(Zoser, 혹은 Djoser)에 의해 건설됐다고 되어 있다. 파라오 조세르가 고대 이집트의 수도였던 멤피스 근처의, 공동묘지가 있던 서쪽 고원지대한 곳을 정해, 자신이 데리고 있던 가장 뛰어난 과학자들과 임호테프(Imhotep)라는 이름을 가진 건축가에게 그때까지 있었던 어떤 무덤보다도 더 훌륭한 무덤을 건설하라고 지시했다는 것이다. 그때까지 이집트 왕실의 장묘 풍습은, 바위로 된 땅에 구덩이를 파고 왕을 묻은 후에 마스타바(mastaba)라고 불리는 평평한 석판을 무덤 위에 덮는 것이었다. 그런데 시간이 지날수록 왕들마다 점점 더 큰 마스타바를 만들게 되었다. 어떤 학자들은 독창적이었던 건축가 임호테프가 조세르의 무덤 위에 덮여 있던 원래의 마스타바 위에, 조금씩 더 작은 마스타바들을 두 단계에 걸쳐 쌓아 올려 계단식 피라미드를 만들었다고 주장한다. 【그림 125b】 피라미드 이외에도 커다란 정방형 뜰 안에 예배당, 장례 신전, 창고, 시종들의 숙소 등과 같은 기능적이고 장식적인 많은 건축물들이 세워졌으며, 전체를 높은 벽으로 둘러쌌다. '숨은 신'인 세케르를 기리는 명칭인 것으로 보이는 사카라(Sakkara)라는 지명의 장소에 가면, 지금도 그 피라미드를 비롯해 주변 건축물들과 성벽의 유적을 볼 수 있다. 【그림 125a】

다시 이집트에 대한 일반적인 교과서를 들춰 보면, 조세르 이후의 왕들은 조세르가 만들어 놓은 피라미드에 만족했고 그를 모방하려고 했다고 한다. 조세르의 뒤를 이어 왕좌에 올라 사카라에 두 번째 계단식 피라미드를 건축하려고 했던 파라오는 세켐케트(Sekhemkhet)일 것으로 추정된다. 그러나 여러 가지 알려지지 않은 이유로 인해서, 그 피라미드는 실제로 완성되지 못했다. 아마 문제가 됐던 요소는 과학과 기술 분야의 천재였던 임호테프가 없었다는 것이었는지도 모른다. 세 번째는 피라미드라기보다 폐허로 남은 기초 공사의 흔적을 담고 있는 둔덕인데, 사카라와 그 북쪽의 기자 사이에 위치해 있다. 학자들은 그 전의

[그림 125a] 파라오 조세르의 피라미드 유적지

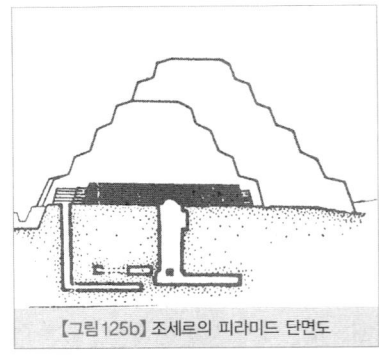

[그림 125b] 조세르의 피라미드 단면도

두 개의 피라미드보다 오히려 규모가 작은 이 피라미드가, 논리적으로 볼 때 다음으로 왕좌를 이었던 파라오 카바(Khaba)를 위한 것이었다고 보고 있다. 또한 일부 학자들은 제3왕조의 하나나 혹은 둘 정도의 이름이 알려지지 않은 파라오들이 피라미드를 건설하려고 여기저기서 시도했었지만, 성공을 거두지 못했던 것으로 보고 있다.

이제 우리는 연대기적으로 네 번째 피라미드로 추정되는 것을 보기 위해, 사카라에서 남쪽으로 약 48킬로미터 떨어진 마이둠(Maidum)이라는 곳으로 가야 한다. 증거는 없지만 논리적으로 보자면, 그곳의 피라

【그림 126a】 무너진 스네프루의 마이둠 피라미드

미드는 카바 다음의 파라오인 후니(Huni)가 세웠다고 가정할 수 있다. 그러나 여러 가지 정황적 증거로 볼 때 그는 시작을 했을 뿐이고, 완공은 그의 후임자이자 제4왕조의 첫 번째 파라오인 스네프루(Sneferu)에 의해 이루어진 것으로 보인다.

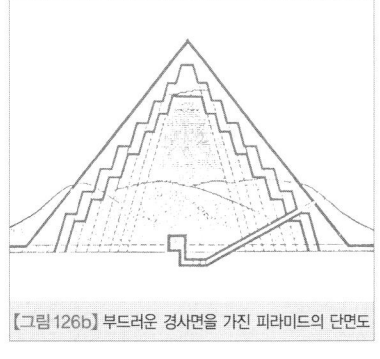

【그림 126b】 부드러운 경사면을 가진 피라미드의 단면도

그 피라미드 역시 앞선 피라미드들과 마찬가지로 시작할 때는 계단식으로 구상되었다. 그러나 이론적으로도 설명되지 않고 전혀 알 수도 없는 이유로, 그 피라미드의 건축가들은 그것을 '진짜' 피라미드, 즉 부드러운 경사면을 가진 피라미드로 만들겠다는 결정을 했다. 따라서 부드러운 겉면을 가진 돌들을 가파른 경사면에 피라미드의 외벽으로 부

피라미드의 비밀 427

착해야 했다.【그림126b】 그리고 역시 알 수 없는 이유로 52도라는 외벽의 각도가 채택되었다. 그러나 교과서적인 해설에 따르자면, 첫 번째로 시도된 그 '진짜' 피라미드는 완전한 실패로 끝나고 마는데, 외벽에 사용된 돌판과 내부의 돌로 채워진 부분, 그리고 피라미드의 핵심부가 모두 위험한 각도로 쌓여 있었던 까닭에 무게를 견디지 못하고 무너졌기 때문이다.【그림126a】

멘델스존(Kurt Mendelssohn)과 같은 일부 학자들은 파라오 스네프루가 마이둠의 피라미드가 무너지고 있을 때 마이둠의 북쪽 어딘가에 또 다른 피라미드를 건설하고 있었다고 주장한다. 앞선 피라미드가 붕괴되자 스네프루의 기술자들은 건설 중이던 피라미드의 경사도를 공사 도중에 서둘러 변경했다. 수평에 더 가까운 각도인 43도로 외벽을 만들 경우, 피라미드는 훨씬 더 안정적으로 세워지며 그 높이와 부피도 줄일 수 있게 된다. 오늘날 굴절 피라미드(Bent Pyramid)라는 이름으로 불리는 그 피라미드가 여전히 건재한 것을 보면, 그 결정은 현명한 것이었다.【그림127】

이 성공으로 고무된 스네프루는 첫 번째 진짜 피라미드 근처에 피라미드 하나를 더 세우라고 명령한다. 그 피라미드는 거기에 사용된 돌이 붉은색을 띠고 있기 때문에 붉은 피라미드라고 불린다. 그것은 불가능을 가능케 한 상징처럼 여겨지는데, 각 바닥 면의 길이가 약 197미터에 이르고 높이는 무려 98.4미터이다. 그러나 그런 성공은 약간의 속임수 때문에 가능했다. 이 '첫 번째 고전적 피라미드'는 완벽한 경사면 각도인 52도 대신에 보다 안전한 44도 이하의 각도로 만들어졌던 것이다.

이런 시행착오의 연대기를 거쳐, 이제 우리는 학자들이 말하는 이집트 피라미드의 상징에 이르게 된다. 스네프루는 그리스 역사가들이 케

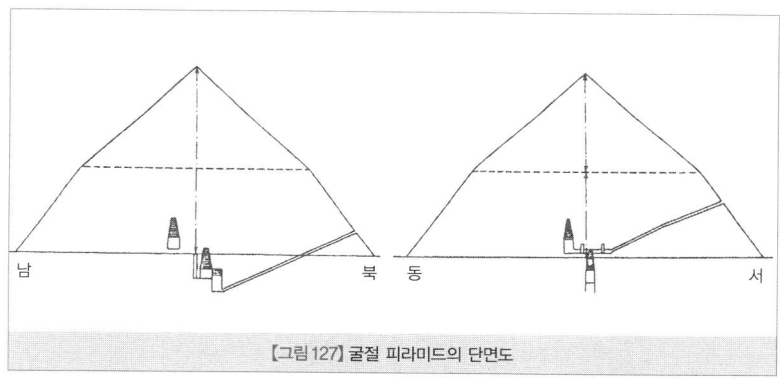

【그림 127】 굴절 피라미드의 단면도

오프스(Cheops)라고 불렸던 파라오 쿠푸(Khufu)의 아버지였다. 따라서 아들 쿠푸가 더 크고 장엄한 피라미드, 즉 기자의 대피라미드를 건설해 아버지의 업적을 이어받으려 했다고 추정돼 왔다. 기자의 대피라미드는 두 개의 다른 주요 피라미드와 함께 수천 년 동안 장엄하게 그 자리에 서 있다. 다른 두 개의 피라미드는 파라오 케프라(Chefra, 혹은 Chephren, Khafre)와 파라오 멘카라(Menka-ra, 혹은 Mycerinus, Menkaure)가 지었다고 한다. 그 세 개의 피라미드는 그것들보다 작은 여러 개의 위성 피라미드들과 신전, 마스타바, 무덤, 그리고 다른 어떤 것과도 비교될 수 없는 신비한 스핑크스로 둘러싸여 있다. 세 개의 피라미드들은 각기 서로 다른 파라오들이 건설했다고 추정되고는 있지만, 이 모두가 하나의 집단으로 계획되고 지어진 것이 분명하다. 왜냐하면 세 개 모두 나침반의 기본 방위에 맞춰 정확하게 위치하고 있을 뿐만 아니라, 서로 조화롭게 배치돼 있기 때문이다. 【그림 128】 더 놀라운 사실은 이 세 개의 조형물을 시작점으로 해서 삼각 측량을 실시하면, 전 이집트는 물론이고 전 지구를 모두 다 측량해 낼 수 있다는 점이다. 이런 사실

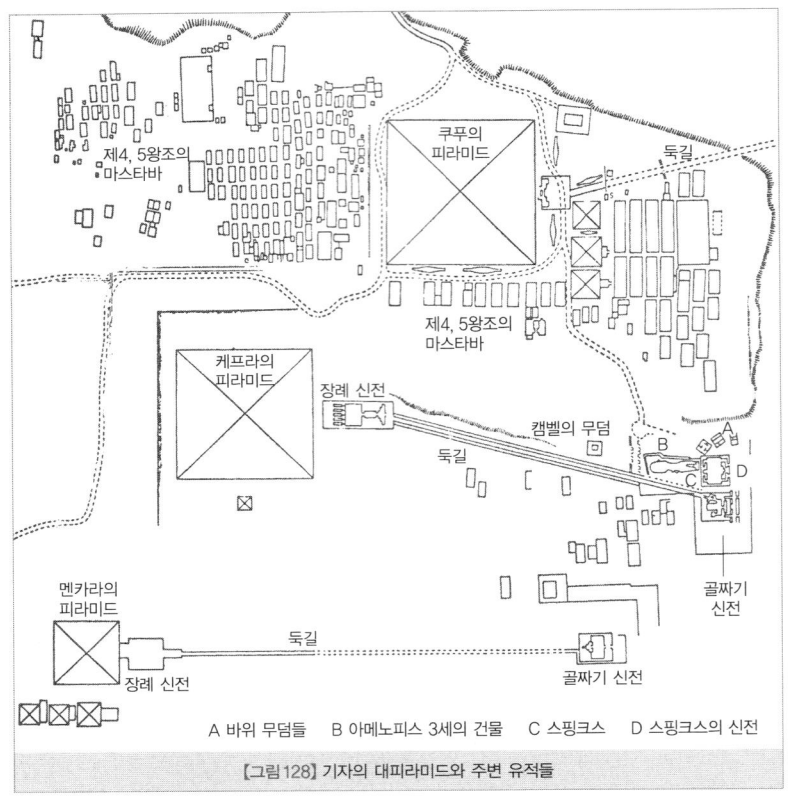

【그림 128】 기자의 대피라미드와 주변 유적들

은 근대에 들어와 나폴레옹의 기술자들이 처음으로 밝혀냈는데, 실제로 그들은 대피라미드의 꼭대기를 기준점으로 택해 하 이집트를 삼각측량했고 이를 바탕으로 지도를 그렸다.

대피라미드를 이용한 측량은 그것의 위치가 정확히 북위 30도에 위치해 있다는 사실이 밝혀지면서 더욱 쉬워졌다. 거대한 기념물들이 집단으로 들어선 기자의 피라미드 단지는 서쪽 리비아에서 시작해 나일 강둑에까지 이르는 리비아 고원의 동쪽 끝에 들어서 있다. 따라서 비록 단지 아래의 나일 강 계곡에서 45미터 정도밖에 높지 않지만, 그럼에도 불구하고 동서남북 사방을 아무런 방해도 받지 않고 볼 수 있다. 그리고 대피라미드는 리비아 고원의 돌출된 부분의 동북쪽 맨 끝에 서 있는데, 거기에서는 북쪽이건 동쪽이건 수십 미터만 더 나가도 모래와 진흙땅이 시작되기 때문에, 그 장소 이외에는 그런 거대한 건축물을 세울 수 없다. 처음으로 대피라미드를 정확히 측량한 학자 중 한 사람인 스미스(Charles Piazzi Smyth)는 대피라미드의 중심이 북위 29도 58분 55초라는 것을 알아냈는데, 그것은 북위 30도와 1/60도의 오차에 불과한 것이었다. 또 대피라미드의 서쪽에 있는 두 번째로 큰 피라미의 중심은 북위 30도에서 남쪽으로 단지 13초(13/3,600도)의 오차밖에 나지 않는다.

기자의 대피라미드와 작은 두 개의 피라미드는 모두 나침반의 기본 방위에 맞춰 서 있다. 경사면의 기울기는 약 52도인데, 그 각도에서 피라미드의 높이와 그 바닥 둘레의 비율이 원의 반지름과 원주의 비율과 같다. 또 사각형인 피라미드의 아랫부분은 완벽하게 평평한 토대 위에 놓여 있다. 이 모든 것들은 건축과 건설 그리고 수학과 천문학, 기하학, 지리학 등에 대한 높은 과학적 지식 수준을 말해 주는 것이며, 장기간의 시간이 필요한 엄청난 계획을 세우고 집행할 수 있는 능력과, 거기에 필요한 인력을 동원할 수 있는 행정력이 있었음을 입증하는 것이다.

피라미드의 내부를 들여다보면 놀라움은 더욱 커진다. 피라미드 내부에 만들어진 통로와 회랑, 방과 구멍들, 열린 틈, 그리고 항상 북쪽 면을 향해 나 있는 숨겨진 비밀의 문들과 잠그고 막는 시설물들의 복잡함과 정교함은 그 유래를 찾아볼 수 없다. 그리고 그것들은 서로 완벽하게 배열되어 있으며, 외부에서는 전혀 볼 수 없고, 그 거대한 인공의 산속에 돌로 겹겹이 쌓아 만들어진 것이다.

파라오 케프라가 만들었다는 두 번째 피라미드의 크기를 보면 '대피라미드'보다 조금밖에 작지 않다. 두 피라미드의 높이는 각각 147미터와 143미터이고 바닥의 한 변의 길이는 각각 230.4미터와 216미터이다. 그런데 인류가 그 피라미드들을 알게 된 이후, 모든 사람의 주목을 받고 상상력을 자극한 것은 '대피라미드'이다. 대피라미드는 230~250만 장의 석판으로 만들어진 아직도 세계에서 가장 큰 석조 건축물로, 중심부는 노란색 석회암으로, 외벽은 흰색 석회암으로, 그리고 내부의 방과 통로, 지붕 등은 화강암으로 되어 있다. 이 피라미드의 총 부피는 약 263만 세제곱미터이고 무게는 7백만 톤 정도로 추정되는데, 이는 기독교가 도입된 이래 영국에 지어진 모든 성당과 교회와 예배당을 다 합한 것보다 더 크다는 계산도 나와 있다.

대피라미드는 인공적으로 평평하게 만든 바닥 위의 얇은 토대 위에 서 있는데, 토대의 네 구석에는 특별한 기능이 없어 보이는 네 개의 구멍이 나 있다. 수천 년의 세월과 대륙판의 이동, 지구 축의 이동, 지진, 그리고 엄청난 피라미드 자체의 무게에도 불구하고, 두께가 56센티미터도 채 안 되는 그 얇은 토대는 여전히 별다른 손상을 입지 않은 채 완벽한 수평을 유지하고 있다. 또 각각 230미터를 넘는 토대의 네 변에서 수평과 어긋난 정도는 고작 2.5밀리미터 이하이다.

멀리서 보면 대피라미드와 주변에 있는 두 개의 피라미드 모두 겉면이 매끄러운 진짜 피라미드처럼 보인다. 그러나 가까이에서 보면 그것들도 위층으로 올라갈수록 돌을 점점 좁게 층층이 쌓아 만든 일종의 계단식 피라미드라는 것을 알 수 있다. 실제로 연구를 통해, 대피라미드도 그 중심부는 엄청난 수직 압력을 견딜 수 있도록 만들어진 계단식 피라미드라는 사실이 밝혀진 바 있다. 【그림129】 부드러운 경사면은 피라미

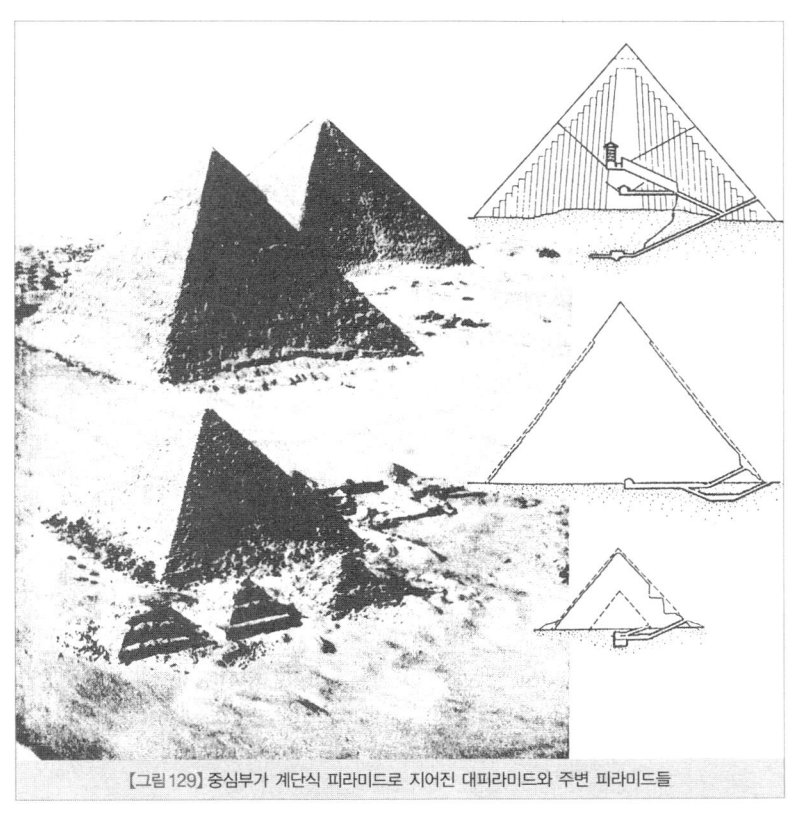

【그림129】 중심부가 계단식 피라미드로 지어진 대피라미드와 주변 피라미드들

드의 외부를 덮고 있는 덮개돌로 인해 만들어진 것이다. 그 돌들은 아랍인들이 이곳을 지배하던 시기에 제거돼, 근처의 카이로 시를 건설하는 데 사용됐다. 하지만 두 번째 피라미드의 꼭대기 부근과 대피라미드의 아랫부분에는 여전히 일부 남아 있다. 【그림130】 피라미드 측면의 경사도를 결정하는 것이 바로 그 덮개돌들이다. 그리고 그 돌들은 피라미드를 건설하는 데 사용된 돌들 중 가장 무거운 것들이기도 하다. 각 돌의 여섯 면은 거의 광학적 수준의 정확도로 잘리고 다듬어져 있다. 덮개돌

피라미드의 비밀 **433**

[그림130] 기자의 피라미드들의 덮개석들

들은 그것이 덮고 있는 안쪽의 돌들과 정확하게 아귀가 맞을 뿐 아니라 네 면이 서로 정밀하게 딱 맞아 약 85,000제곱미터에 달하는 거대한 석회암 덩어리를 형성하고 있다.

기자의 피라미드들은 현재 그 끝부분, 즉 관석(冠石, 갓돌)이 사라지고 없는 상태다. 그것들은 뾰족한 탑 모양의 피라미디온 형태로 만들어져 있었는데, 오벨리스크의 꼭대기에 달려 있는 피라미디온과 마찬가지로 금속으로 만들었거나 반짝이는 금속을 씌웠을 것으로 추정된다. 누가, 언제, 왜 그것들을 그렇게 높은 곳에서 제거했는지는 아무도 모른다. 그러나 헬리오폴리스에 있던 벤벤과 유사한 그 관석들은, 특수한 화강암으로 만들어졌고 거기에 글귀도 적혀 있었다는 것이 나중에 확인됐다. 다슈르(Dahshūr)에 있는 파라오 아멘-엠-케트(Amen-em-khet)의 피라미드에서 떨어져 나와 그 피라미드에서 멀지 않은 곳에 묻혀 있다가 나중에 발굴된 관석에는, 날개 달린 천구가 그려져 있었고, 다음과 같은 글이 적혀 있었다. 【그림 131】

아멘-엠-케트의 얼굴이 열렸다.
그가 하늘을 가로질러 항해할 때
빛의 산에 있는 주님을 보리라.

5세기 무렵에 이집트의 기자를 방문했던 그리스 역사가 헤로도토스는 관석들에 대해서는 언급하지 않고 있지만, 피라미드의 외벽은 여전히 부드러운 돌로 덮여 있다고 보고했다. 자신의 이전과 이후에 피라미드를 본 사람들과 마찬가지로 헤로도토스도, 고대의 7대 불가사의 중의 하나로 간주되던 그 거대한 유적들이 어떻게 세워졌는지 의아해 했다.

피라미드의 비밀　**435**

【그림131】 다슈르에서 발견된 피라미드의 관석

당시 헤로도토스는 대피라미드를 안내하던 사람들로부터, 그것을 건설하기 위해 10만 명의 인부가 동원되었으며 석 달마다 새로운 사람들로 교체됐다는 말을 들었다. 또한 채석한 돌들을 피라미드를 세우는 현장까지 나르기 위해서 필요한 길을 만드는 데만 '10년간 백성을 억압했다'는 말도 들었다. 게다가 '피라미드 자체를 건설하는 데는 20년이 걸렸다'는 말도 들었다. 그런데 대피라미드를 건설하라고 명령한 사람이 쿠푸라는 정보를 우리에게 전달한 사람이 바로 헤로도토스였다. 헤로도토스는 이어 두 번째 피라미드를 만든 사람으로 파라오 케프라를 지목하면서, 케프라가 '첫 번째 것과 같은 크기의 피라미드를 지었고, 높이만 약 12미터 낮게 만들었다'고 주장했다. 또 파라오 멘카라도 '역시 피라미드를 하나 남겼지만, 크기는 아버지가 지은 피라미드보다 훨씬 못했다'고 말함으로써 그것이 세 번째 피라미드임을 암시했다.

1세기에는 로마의 지리학자이자 역사가였던 스트라보(Strabo)가 피라미드를 방문한 기록을 남겼는데, 그는 대피라미드의 북쪽 면에 돌로 막아 숨겨진 입구를 통해 실제로 대피라미드 안에 들어갔었다고 보고하고 있다. 길고 좁은 통로를 따라 들어간 그는 자신보다 이전의 그리스 로마 관광객들이 그랬던 것처럼, 피라미드의 기반암에 파여진 구덩이에 이르렀다.

그러나 그 후 수 세기 동안 피라미드로 들어가는 출입구의 위치는 잊혀졌다. 그래서 820년에 이슬람의 칼리프였던 알 마문(Al Mamoon)은 대피라미드 안에 들어가기 위해 석공과 대장장이, 기술자들을 동원해 돌을 깨고 피라미드의 중심부에 이르는 굴을 뚫어야 했다. 그를 자극한 것은 과학적 탐구욕과 보물에 대한 욕심이었는데, 알 마문이 알고 있던 고대 전설에 따르면, 피라미드 안에는 비밀의 방이 있고 거기에는 하늘의 지도와 지구의, 그리고 '녹슬지 않는 무기'와 '깨지지 않고 휘어지는 유리' 같은 수많은 보물들이 있다고 알려져 있었기 때문이다.

큰 돌들이 갈라질 때까지 열로 달구었다가 식히기를 반복하고, 갈라진 틈을 끌로 쪼고 망치로 깨면서, 알 마문의 일꾼들은 조금씩 피라미드 내부로 들어갔다. 일꾼들이 일을 거의 포기할 때쯤, 그들이 일하던 곳에서 멀지 않은 곳에 돌 하나가 떨어지는 소리가 들렸다. 가까운 곳에 빈 공간이 있음을 알려 주는 것이었다. 다시 힘을 낸 일꾼들은 피라미드 내부의 원래부터 있었던 아래로 내려가는 통로를 뚫고 들어갔다.【그림132】 그 길로 기어 올라간 인부들은 밖에서는 보이지 않던 피라미드의 문을 찾을 수 있었다. 그리고 그 길을 따라 다시 밑으로 내려가 스트라보가 말했던 암반 위에 뚫린 구멍에 도착했는데, 그 구멍에는 아무것도 없었다. 구멍에는 환기구가 하나 있었으며, 그 끝은 막혀 있었다.

결국 그들은 헛수고를 한 셈이었다. 여러 세기 동안 인간들이 침입해 들어갔던 다른 모든 피라미드들은, 아래로 내려가는 통로를 따라가면

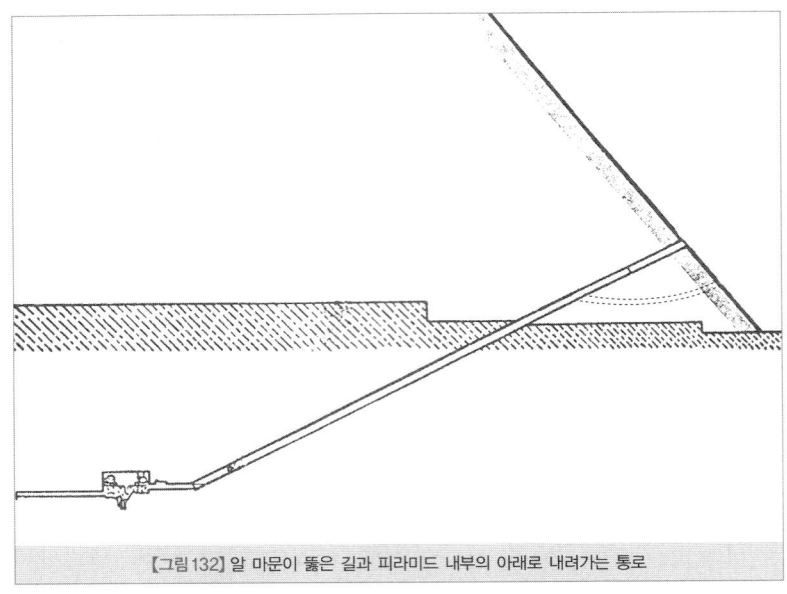

[그림 132] 알 마문이 뚫은 길과 피라미드 내부의 아래로 내려가는 통로

하나나 혹은 그 이상의 방이 있는 구조로 되어 있었다. 그러나 대피라미드에서는 그런 방이 발견되지 않았다. 또 다른 비밀이 숨겨져 있는 것처럼 보이지도 않았다.

그러나 그들의 운명은 우연한 일로 인해 바뀌게 된다. 알 마문의 일꾼들이 대피라미드를 두드리고 뚫는 바람에 피라미드 내부의 돌이 느슨하게 됐으며, 그 느슨해진 돌이 떨어지는 소리 때문에 그들은 용기를 갖고 일을 계속할 수 있었던 것이다. 그러다가 거의 작업을 포기하려고 할 즈음, 그들은 아래로 내려가는 통로 위로 떨어진 돌 하나를 발견했다. 그것은 특이한 삼각형 모양의 돌이었다. 그 돌이 떨어진 천장을 조사해 본 결과, 그 돌은 아래로 내려가는 통로와 비스듬하게 놓인 커다란 정방형의 화강암 석판을 감추던 역할을 하던 것임이 밝혀졌다. 그 화강

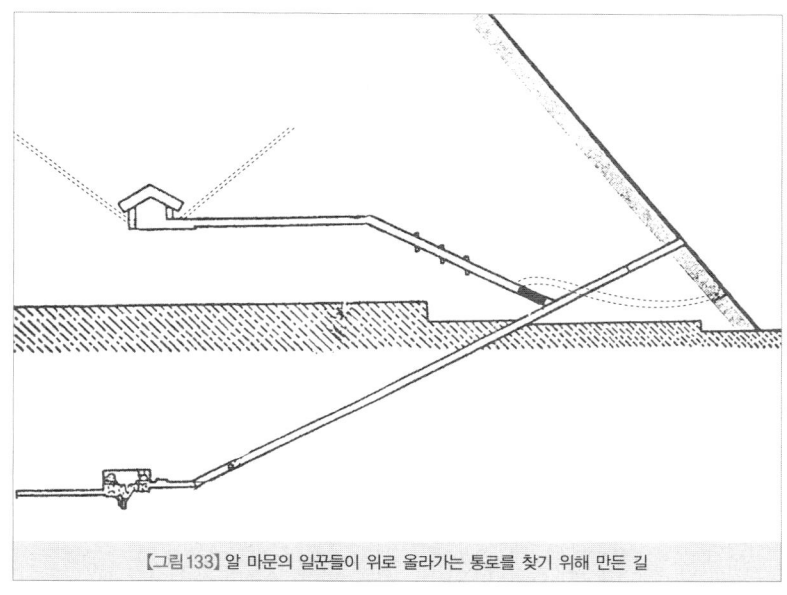

【그림133】알 마문의 일꾼들이 위로 올라가는 통로를 찾기 위해 만든 길

암 석판은 그 전까지 아무도 가보지 못한 비밀의 방에 이르는 길을 감추는 역할을 했던 것일까?

그 화강암 석판을 옮기거나 부술 수 없었던 알 마문의 일꾼들은 그 주위로 굴을 뚫었는데, 주변을 뚫고 보니 그것은 연속적으로 이어진 거대한 화강암 덩어리의 일부에 불과했다. 그리고 화강암 덩어리 뒤에는 석회암 석판이 놓여 있었고, 그 석판이 위로 올라가는 통로를 완전히 막고 있었다. 올라가는 통로는 아래로 내려가는 통로와 마찬가지로 26도의 기울기를 갖고 있었는데, 그것은 정확히 피라미드 외부 경사면 각도의 2분의 1에 해당된다. 올라가는 길 끝에 이르면 수평으로 난 길이 나오고, 그 길 끝에는 박공지붕을 가진 네모난 방 하나가 있으며, 그 방의 동쪽 벽에는 텅 비어 있는 특이한 구멍 하나가 나 있다. 【그림133】나중에 그 방은 피라미드의 남과 북을 잇는 축의 한가운데에 정확하게 위치하고 있는 것으로 드러났는데, 그것의 의미는 아직까지 해석되지 않고 있다. 그 방은 '여왕의 방'이라고 알려지게 되지만, 그 이름은 그럴 만한 근거가 있어서가 아니라, 그저 그럴듯하다는 이유에서 붙여진 것에 불과하다.

올라가는 통로와 수평으로 난 길이 만나는 곳에서부터 26도 각도를 유지한 채 위쪽으로 약 46미터 정도 더 뻗어 있는 복잡하고 정교한 구조물이 있는데, 이를 '대회랑(Grand Gallery)'이라고 부른다.【그림134】 회랑의 바닥 부분은 아래로 내려앉아 있으며, 바닥의 양옆에는 회랑의 처음부터 끝까지 경사로가 세워져 있다. 각각의 경사로에는 일정한 간격으로 서로 마주보고 있는 직사각형 모양의 홈이 파여 있다. 회랑의 벽은 약 5.5미터 높이에 7개의 까치발(벽을 지탱하기 위해 돌출된 부위) 구조로 되어 있는데, 아래쪽에서 위쪽의 까치발로 올라갈 때마다 약 7.6센티미터 정도 더 안쪽으로 들어오도록 만들어져 있기 때문에, 위로 올라갈수록 회랑의 폭이 좁아진다. 그리고 회랑의 맨 위쪽에서는 경사로 사이의 움푹한 바닥의 폭과 회랑 천장의 폭이 같게 된다.

대회랑의 맨 위쪽에는 거대한 돌로 된 평평한 토대가 놓여 있다. 그 토대의 끝에는 높이가 약 1미터 정도 되는 좁고 짧은 통로가 있는데, 그 곳을 따라 가면 매우 복잡하게 지어진 작은 방 하나가 나온다. 그 방에는 줄을 당기는 것과 같은 간단한 조작으로 내리거나 올릴 수 있도록 되어 있는 세 개의 단단한 화강암으로 된 벽이 있으며, 그것을 통해 더 이상 앞으로 나가지 못하도록 막혀 있다.

그 작은 방을 지나면 작은 방으로 들어올 때 지난 것과 높이와 넓이가 비슷한 또 다른 짧은 통로가 나오고, 그 통로는 붉은색의 잘 다듬어

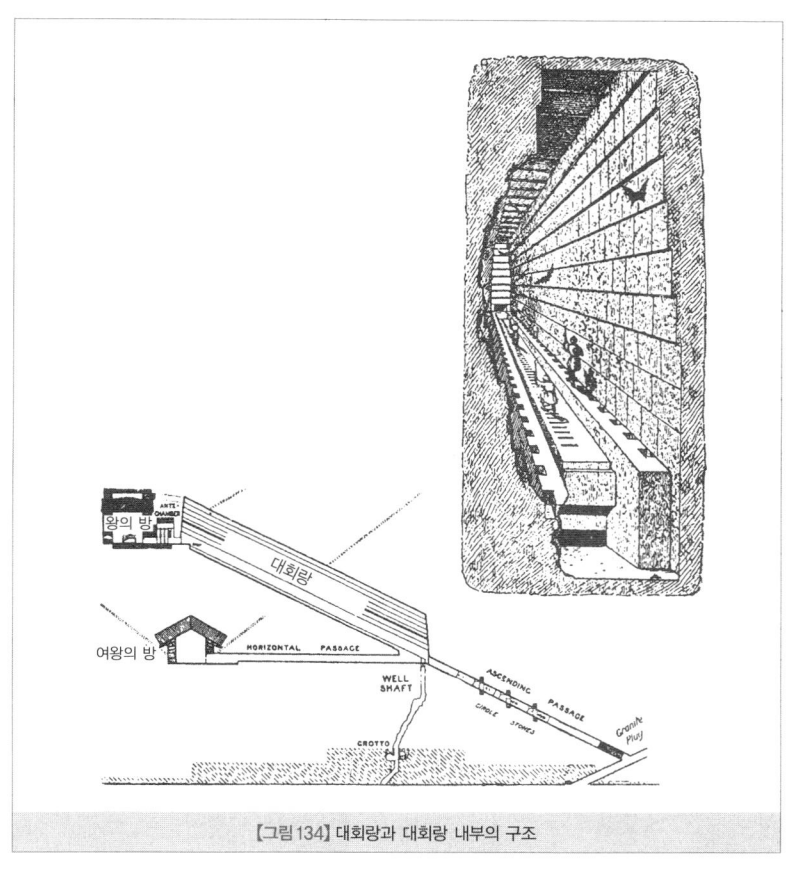

【그림134】 대회랑과 대회랑 내부의 구조

진 화강암으로 된 높은 천장이 있는 방으로 이어지는데, 그 방이 유명한 '왕의 방'이다. 【그림135】 그 방에는 화강암 덩어리를 다듬어 만든 뚜껑 없는 '관처럼 보이는 것' 이외에는 아무것도 없었다. 관의 윗부분에는 뚜껑이 맞춰지도록 만들어진 것으로 보이는 매우 정교한 홈들이 새겨져 있다. 또 나중에 드러난 것처럼 관의 치수는 대단히 심오한 수학 공식들을 반영하고 있었다. 그러나 그 관은 완전히 비어 있었다.

피라미드의 비밀 441

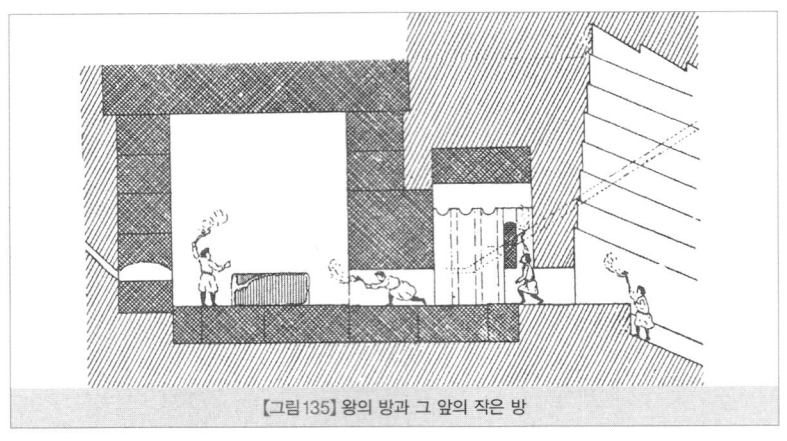

[그림135] 왕의 방과 그 앞의 작은 방

그렇다면 그 거대한 돌산 전체가 기껏 빈 방에 텅 빈 '관' 하나를 감춰 놓기 위해 만들어졌다는 말인가? 아래로 내려가는 통로에는 횃불에 그을린 자국이 나 있는데, 이는 스트라보의 증언에서도 알 수 있는 것처럼 이미 알 마문 이전에도 사람들이 다녀갔었음을 의미한다. 따라서 만약 아래로 내려가는 통로의 끝에 있는 구멍에 보물이 있었다면, 그것은 오래전에 사라졌을 것이다. 그러나 위로 올라가는 통로는 9세기에 알 마문의 일꾼들이 거기 도착했을 때까지 분명히 완벽하게 막혀 있었다. 피라미드가 왕실의 무덤이라는 이론에 따르자면, 피라미드는 파라오의 미라와 그것과 함께 묻힌 보물들을 도둑이나 왕의 영원한 안식을 방해하는 다른 모든 것들로부터 보호하기 위해 만들어진 것이다. 만약 그것이 사실이라면, 위로 올라가는 통로는 관에 든 미라가 방에 안치되자마자 막혔을 것이다. 그런데 대피라미드의 위로 올라가는 통로는 막혀 있었고, 그 안에는 텅 빈 관 말고는 아무것도 없었던 것이다.

그 후 많은 왕과 과학자들, 탐험가들이 피라미드 내부로 들어가 굴을 뚫거나 부수면서 그것의 내부 구조에 대해 더 많은 것을 알아냈다. 그중에는 두 쌍의 아주 좁은 갱도도 포함돼 있는데, 어떤 사람들은 그것이 환기 구멍이라고 생각하고, 또 다른 사람들은 천문 관측용 구멍이라고 생각하고 있다. 그러나 도대체 죽은 왕의 무덤인 피라미드 안에서 누구를 위해 환기가 필요하며, 누가 천문 관측을 했다는 말인가? 또 학자들은 왕의 방에서 발견된 돌 상자를 '관'이라고 주장하고 있지만, 그것의 크기가 한 사람의 몸이 들어갈 만큼 크다는 것만 빼고는 대피라미드가 왕실의 무덤이었다는 것을 입증할 만한 증거는 단 하나도 없다.

파라오의 시신이 없는 피라미드

실제로 피라미드가 파라오의 무덤으로 지어졌다는 가정은 구체적인 증거를 통해서는 전혀 뒷받침되지 않고 있다.

파라오 조세르의 첫 번째 피라미드에는 학자들이 두 개의 묘실이라고 지속적으로 부르고 있는 마스타바로 덮인 방들이 있다. 1821년에 처음으로 그 방들에 들어갔던 미누톨리(H. M. von Minutoli)는 거기서 미라의 일부와 조세르라는 이름이 새겨진 석판을 찾았다고 주장했다. 그러나 미누톨리가 배에 실어 유럽으로 보냈다고 주장하는 그 유물들은 이동 중 바다 한가운데서 사라지고 말았다. 또 1837년에는 바이스(Howard Vyse) 대령이 그 피라미드의 내부를 더욱 철저히 재조사해, '미라 무더기'와 붉은색으로 '조세르 왕의 이름이 적힌' 방을 찾았다고 주장했다. 그로부터 약 1세기 후에 몇몇의 고고학자들이 두개골 파편과 '붉은색 화강암으로 된 방에 나무로 된 관이 있었을지도 모른다'는 증거를 찾아냈다. 1933년에는 퀴벨(J. E. Quibell)과 라우어(J. P. Lauer)가 그 피라미드의 밑에서 더 많은 회랑들을 발견했는데, 거기에는 텅 빈 두 개의 목관이 놓여 있었다.

그러나 그 후에 거기서 발견된 미라와 목관들은 모두 약탈장(掠奪葬), 즉 닫혀 있던 성스러운 통로와 방에 외부인들이 침입해 들어와 무덤으로 사용했던 흔적이라는 사실이 밝혀졌다. 그렇다면 과연 파라오 조세르는 자신의 피라미드에 묻혔던 것일까? '최초의 장례'가 있기는 했던 것일까?

오늘날 대부분의 고고학자들은 파라오 조세르가 그 피라미드 안이나 혹은 피라미드 아래에 묻힌 적이 없었다고 본다. 실제로 그가 묻힌 곳은 1928년에 그 피라미드의 남쪽에서 발견된 거대한 무덤이었던 것으로 보인다. 후에 '남쪽 무덤'이라고 알려진 조세르의 무덤으로 들어가는 회랑의 천장은 야자나무를 본떠 만들어졌다. 그 회랑은 반쯤 열려진 것처럼 만들어진 문을 통해 거대한 밀실로 이어져 있다. 또 더 많은 회랑들이 지하에 있는 화강암 방들로 이어져 있는데, 그 회랑 중 하나의 벽에는 조세르의 이름과 명칭, 그리고 상징들이 새겨져 있다.

이제는 많은 유명한 이집트 학자들이 조세르의 피라미드는 조세르의 상징적 매장 장소에 불과했고, 실제 조세르가 묻힌 곳은 남쪽에 있는 화려하게 장식된 무덤이라는 사실을 받아들이고 있다. 남쪽 무덤 위에는 거대한 정방형의 상부 구조가 있으며, 거기에는 안으로 움폭하게 들어간 방이 있고, 그 방에는 무척 인상적인 예배당이 있다. 우리는 그런 구조물을 묘사한 이집트의 그림 자료도 갖고 있다. 【그림 136】

조세르의 계승자였던 파라오 세켐케트가 만들기 시작했다고 추정되는 계단식 피라미드에도 '묘실'이 있다. 거기에는 설화석고로 만들어진 빈 '관' 하나가 안치돼 있다. 이집트에 대한 전통적인 교과서들을 보면, 그 방과 관을 발견한 고고학자 고네임(Zakaria Goneim)의 주장에 따라

도굴꾼들이 그곳에 침입해 미라와 다른 부장물들을 모두 훔쳐 간 것으로 설명하고 있지만, 그것은 전혀 사실이 아니다. 실제로 고네임이 그 관을 발견했을 때, 수직으로 열고 닫도록 되어 있는 그 관의 뚜껑은 '닫혀 있었고, 회반죽으로 밀봉돼 있었다'. 그리고 관 위에는 완전히 마른 화환 부스러기가 아직껏 남아 있었다. 그는 '그래서 희망이 최고조에 달했었지만, 관을 열었을 때 그것은 비어 있었고 사용된 흔적도 찾아볼 수 없었다'고 훗날 회고했다. 도대체 어떤 왕이 거기 묻힌 적이 있기나 한 것이었을까? 어떤 사람들은 여전히 그렇다고 보지만, 대부분의 사람들은 세켐케트의 피라미드가 단지 상징적인 비어 있는 기념물에 불과하다고 믿고 있다.

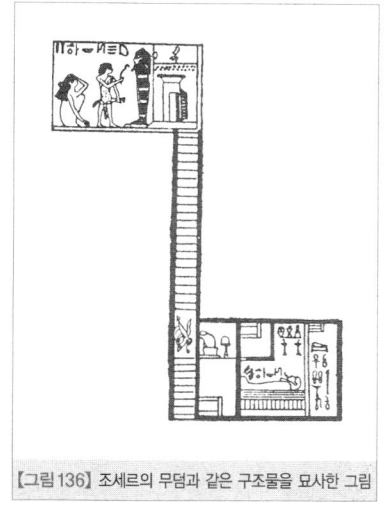

【그림136】 조세르의 무덤과 같은 구조물을 묘사한 그림

파라오 카바(Khaba)의 것이라고 여겨지는 세 번째 계단식 피라미드에도 '묘실'은 있다. 발굴 당시에 그 묘실은 미라는 고사하고 관조차 없이 완전히 비어 있는 상태였다. 고고학자들은 그 근처의 땅 아래서 아마도 카바의 후계자가 짓기 시작했을 것으로 보이는 미완성의 피라미드 유적을 발견했다. 그 미완성 피라미드의 화강암 하부 구조에서는 마치 초현대식 욕조처럼 돌바닥 안쪽으로 움푹 들어가 있는 타원형의 '관' 하나가 발견됐다. 그 관의 뚜껑은 어느 누구의 손길도 닿지 않은 채 봉해져 있었지만, 그 안에는 아무것도 없었다.

이집트 제3왕조의 통치자들이 만들었다고 여겨지는 다른 세 개의 피라미드 유적들도 이미 발견됐다. 그중 하나의 내부 구조는 아직 탐사되지 않았고, 다른 하나에는 아예 묘실이 없었다. 그리고 세 번째 것에서는 묘실이 발견되기는 했지만, 무엇이 안치됐었다는 증거는 찾지 못했다.

마이둠의 붕괴된 피라미드의 묘실에서는 관조차도 발견되지 않았다. 그 대신에 피트리(Flinders Petrie)는 나무 관의 파편들을 발견했는데, 그는 그것이 스네프루의 미라가 담겨 있던 관의 유물이라고 보았다. 그러나 오늘날 학자들은 그것이 훨씬 훗날의 약탈장 흔적이라고 확신하고 있다. 마이둠 피라미드 근처에는 제3왕조와 제4왕조 때의 수많은 마스타바들이 있으며, 그 안에는 당대의 왕실 가족들과 중요한 인물들이 매장돼 있다. 그 피라미드는 흔히 장례 신전이라고 불리는 하부 구조물과 연결돼 있었는데, 지금 그 신전은 나일 강의 물속에 잠겨 있다. 아마 스네프루의 시신이 실제로 매장된 곳은 신성한 나일 강의 물로 둘러싸이고 보호받던 그곳이었을 것이다.

그 다음에 등장하는 두 개의 피라미드는 피라미드가 곧 무덤이라는 이론을 더 당혹스럽게 만든다. 다슈르에 있는 굴절 피라미드와 붉은 피라미드는 모두 스네프루에 의해 세워졌다. 굴절 피라미드에는 두 개의 묘실이 있고 붉은 피라미드에는 세 개의 묘실이 있다. 그것들이 모두 스네프루의 묘실이었다는 말인가? 만약 파라오들이 자신의 무덤으로 쓰기 위해 피라미드를 만들었다면, 도대체 왜 스네프루는 두 개의 피라미드를 세웠을까? 말할 필요도 없이 스네프루의 묘실들은 발견될 당시 완전히 비어 있었으며, 관조차도 없었다. 실제로 '이집트 고대문화연구소'의 1947년 탐사 보고서와, 특별히 붉은 피라미드에 대해 1953년에 실시했던 보다 정밀한 탐사의 보고서에서도, '거기서는 왕실 무덤이라는 어떤 흔적도 발견되지 않았다'고 기록되어 있다.

'한 파라오에 한 피라미드'라는 이론을 주장하는 사람들은 그 다음 피라미드를 스네프루의 아들인 파라오 쿠푸가 지었다고 말한다. 또 헤로도토스와 그의 글에 의존했던 로마 역사가들은 그것을 기자의 대피라미드라고 주장한다. 그러나 대피라미드의 방들은 누구도 침입했던 흔적이 없는 '왕의 방'을 포함해 모두 비어 있다. 물론 이것은 놀라워할 일이 아니다. 헤로도토스 자신도 그의 저서 『역사 Historiae』에서 '쿠푸의 몸이 누워 있다고 전해지는 섬은 나일 강에서 인공적인 수로를 통해 들어온 물로 둘러싸여 있다'고 주장했기 때문이다. 그렇다면 쿠푸의 진짜 무덤은 나일 강에 가까운 아래쪽 계곡 어딘가에 있다는 말이 아닌가? 현재로는 아무도 알 수 없다.

기자의 두 번째 피라미드를 지었다고 추정되는 케프라는 쿠푸의 바로 다음 왕위를 계승한 파라오가 아니었다. 그 둘 사이에 라데데프(Radedef, 혹은 제데프레)라는 이름의 파라오가 8년간 통치했기 때문이다. 학자들이 아직도 설명하지 못하고 있는 어떤 이유로 인해, 그는 자신의 피라미드를 기자에서 상당히 멀리 떨어진 곳에 세웠다. 대피라미드의 절반 정도 크기인 그 피라미드에는 통상적인 묘실이 있기는 했지만, 역시 비어 있었다.

기자의 두 번째 피라미드에는, 북쪽 면에 보통 한 개의 출입구가 있는 다른 피라미드와는 달리 두 개의 출입구가 있다.【그림129 참조】첫 번째 문은 피라미드 밖에서 시작돼 내부에 있는 미완성의 방으로 이어진다. 두 번째 출입구는 피라미드의 정점과 나란히 배열되어 있는 방으로 이어진다. 1818년에 두 번째 출입구를 통해 이탈리아의 고고학자 벨초니(Giovanni Belzoni)가 안으로 들어갔을 때, 화강암 관은 빈 채로 발견됐고, 관 뚜껑은 깨진 채 바닥에 있었다. 그리고 아랍어로 새겨진 글의 내용을 보아 오래전에 누군가 그 방에 이미 침입했었다는 것을 알 수 있었다. 그러나 그 방에서 아랍인들이 무엇을 발견했는지에 대해서는 아무런 기록도 남아 있지 않다.

앞에서 언급한 두 피라미드보다는 훨씬 작지만, 기자의 세 번째 피라미드는 상당히 많은 독특한 특징들을 갖고 있다. 그 피라미드의 중심부는 세 개의 피라미드들 중 가장 큰 돌덩어리들로 지어져 있다. 가장 아랫부분에 있는 16개의 단은 흰색 석회암이 아닌 단단한 화강암으로 되어 있다. 그것은 처음에는 훨씬 작은 규모의 진짜 피라미드로 지어졌다가, 나중에 두 배로 크게 지어진 것이다. 【그림129 참조】 그 결과, 그 피라미드에는 사용할 수 있는 문이 두 개가 되었으며 만든 사람이 완성하지 않은 제3의 '시험적'인 문도 있었다. 1837년에 바이스(Howard Vyse)와 페링(John Perring)이 그 안의 많은 방들 중에서 '묘실'이라고 추정되는 곳에 들어갔다. 그들은 거기서 장엄하게 장식된 현무암 관을 찾아냈지만, 그 관 역시 비어 있었다. 그러나 그 관 근처에서 그들은 멘카라(Men-ka-Ra)라는 파라오의 이름이 적힌 나무 파편을 발견했다. 그리고 '멘카우레(Menkaure)일 가능성'이 있는 미라의 흔적도 찾아냈는데, 그것은 세 번째 피라미드가 '미케리노스(Mycerinus, 즉 멘카라)의 것'이라는 헤로도토스의 말을 입증해 주는 것으로 여겨졌다. 하지만 탄소 연대 측정법으로 연대를 측정해 본 결과, 그 나무 파편은 기원전 660년 이전으로 거슬러 올라가지 않는 이집트의 제26왕조 '사이스 왕조(Saite dynasty)'의 것으로 밝혀졌다. 또 그 방에서 발견된 미라의 흔적은 초기 기독교 시대의 것이었다. 따라서 그 방의 어떤 유물도 초기 매장의 흔적은 아닌 것으로 밝혀졌다.

 파라오 멘카라가 케프라의 후계자였는지에 대해서는 일부 불확실한 점이 있지만, 학자들은 멘카라의 후계자는 세프세카프(Shepsekaf)라는 이름을 가진 파라오였던 것이 분명하다고 보고 있다. 그러나 완성되지 못한 여러 피라미드들 중에 어떤 것이 그의 것인지, 혹은 지어졌더라도 너무 빈약해서 지상에 남아 있는 것이 없는 것들 중 어떤 것이 그의 것인지는 분명치 않다. 어쨌건 세프세카프가 그중 어떤 피라미드에도 묻히지 않은 것은 분명한데, 그는 거대한 마스타바 아래 있는 묘실의 검은색 화강암 관 안에 묻혀 있었기 때문이다.【그림137】하지만 고대의 도굴꾼들이 그 방에 침입해, 무덤과 관 안에 들어 있던 것들을 모두 훔쳐갔다.

 그 뒤를 이은 이집트 제5왕조는 파라오 우세르카프(Userkaf)에서 시작됐다. 그는 자신의 피라미드를 조세르의 피라미드 단지 근처인 사카라에 세웠다. 그의 피라미드는 도굴과 약탈장으로 훼손됐다. 그의 후계

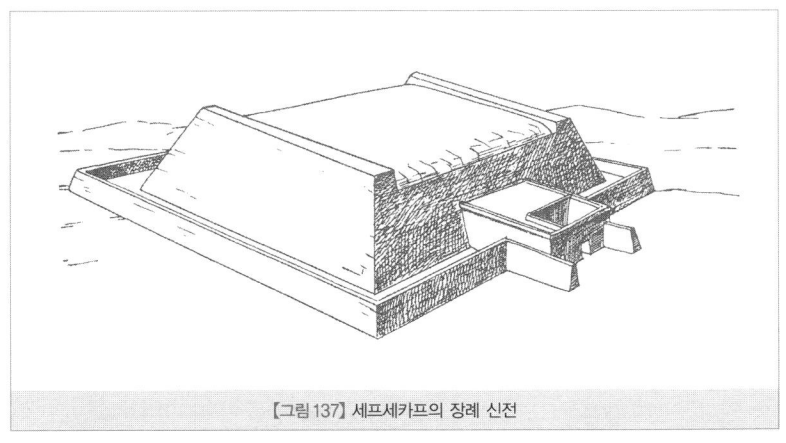

【그림 137】 세프세카프의 장례 신전

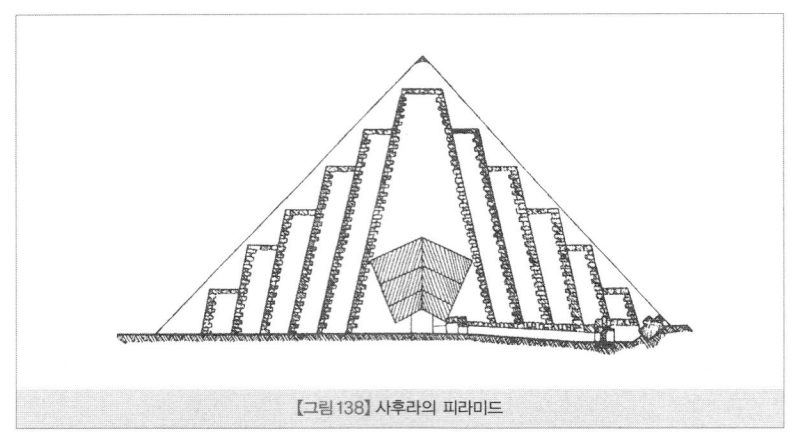

【그림 138】 사후라의 피라미드

【그림 139】 네우세르라의 피라미드와 장례 신전

자였던 사후라(Sahura)는 사카라 북쪽인 오늘날의 아부시르(Abusir)에 피라미드를 지었다. 그 피라미드는 가장 잘 보존된 피라미드 중 하나지만, 그 안의 직사각형으로 된 묘실에서는 아무것도 발견되지 않았다. 【그림138】 그러나 그 피라미드로부터 나일 계곡 사이에 거대한 신전들이 서 있고, 아래쪽에 있는 신전들 중 한 신전의 방들이 야자나무를 상징하

는 기둥으로 장식돼 있는 것으로 보아, 그 피라미드 근처에 사후라의 진짜 무덤이 있었던 것으로 보인다.

사후라의 뒤를 이어 이집트 왕좌에 오른 네페리르카라(Neferirkara)는 자신의 피라미드를 사후라의 피라미드에서 멀지 않은 곳에 세웠다. 그의 미완성 상태인(혹은 파괴된) 피라미드 안에 있는 묘실은 비어 있었다. 그리고 네페리르카라의 후계자가 세운 피라미드는 발견되지 않았다. 그 다음의 통치자는 피라미드를 돌보다 건조한 흙벽돌과 나무를 더 많이 사용해 세웠고, 그 건축물의 초라한 유적만이 일부 남아 있다. 그리고 그 다음 파라오인 네우세르라(Neuserra)는 끝이 잘려진 피라미드 위에 짧고 통통한 오벨리스크 모양의 장례 신전을 만든 인물로 유명하다. 그 장례 신전의 높이는 약 36미터이고, 끝부분은 금을 도금한 구리로 덮여 있다. 【그림 139】

그 다음 파라오의 피라미드는 발견되지 않았다. 아마 무너져 흙무더기로 변해 사막의 모래 속에 덮여 버린 것으로 추정된다. 그리고 그 다음 후계자의 피라미드는 1945년이 되어서야 겨우 확인되었는데, 내부에 있는 방은 비어 있었다.

제5왕조의 마지막 파라오이자, 일부 학자가 주장하듯 제6왕조의 첫 파라오인 우나시(Unash)의 피라미드는 엄청난 변화를 보여 준다. 1880년에 바로 그 피라미드의 방과 회랑에서 마스페로(Gaston Maspero)가 처음으로 피라미드 텍스트를 발견했던 것이다. 그의 뒤를 이은 제6왕조의 통치자들이었던 테티와 페피 1세, 그리고 메르네라(Mernera)와 페피 2세는 우나시를 따라 자신들의 피라미드의 벽에 피라미드 텍스트들을 새겨 넣었다. 또 그들의 피라미드에서는 모두 현무암이나 화강암으로 된 관들이 발견됐다. 그 관들은 모두 비어 있었지만, 메르네라의 관에서만 미라가 발견됐다. 그러나 그 미라는 메르네라 왕의 것이 아니라 훗날의 약탈장의 결과라는 것이 밝혀졌다.

그렇다면 제6왕조의 왕들은 실제로 어디에 매장되었을까? 제6왕조와 그 이전 왕조의 왕실 무덤들은 이집트 남쪽의 아비도스(Abydos)에 있었다. 이것만 보아도 피라미드가 왕족들의 무덤이었다는 개념은 잘못된 것이 분명하다. 그러나 오래된 믿음은 쉽게 사라지지 않는다.

오히려 모든 증거는 그 정반대가 사실이었음을 입증하고 있다. 즉 이집트 구왕조의 피라미드들은 처음부터 왕의 시신을 묻으려고 만든 것이 아니었기 때문에 관으로 보이는 것에 왕의 시신이 들어 있지 않았던 것이다.

피라미드는 파라오가 수평선으로 여행을 할 때 자신의 카(ka)를 하늘에 이르는 계단으로 안내하기 위한 표식으로 지어진 것이었다. 그리고 원래는 신들이 '하늘을 가로질러 항해할 때' 표식으로 삼기 위해 지은 것이었다.

파라오들이 대를 이어 모방하려고 했던 것은 파라오 조세르의 피라미드가 아니라 신들의 피라미드, 즉 기자의 피라미드들이었던 것이다.

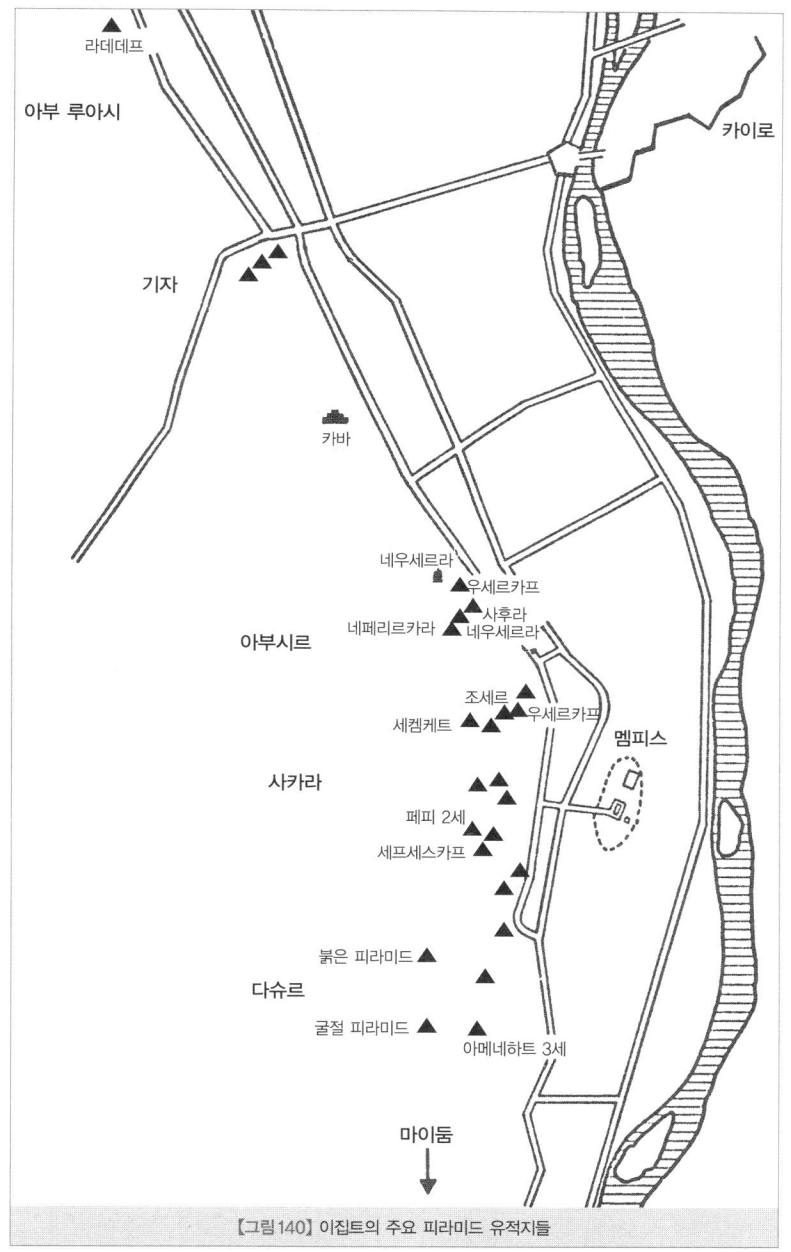

【그림140】 이집트의 주요 피라미드 유적지들

피라미드의 비밀 453

13

위조된 파라오의 이름

| 풀리지 않는 피라미드의 의문들 |

명예나 부를 얻기 위해 위조를 하는 일은 예술, 상업, 과학, 고고학 등에서 흔히 일어나는 일이다. 물론 위조가 드러나면 엄청난 손해와 굴욕을 당하지만, 성공한다면 역사의 기록이 바뀔 수도 있다.

그런 위조 사건이 이집트의 대피라미드와 그것을 세운 인물로 추정되는 파라오 쿠푸에게 일어났다.

주로 도굴꾼들에 의해 약 150여 년 전에 급하게 발굴된 이집트 피라미드들에 대한 체계적이고 전문적인 고고학적 재조사의 결과, 예전에 받아들여졌던 주장들에 대해 많은 의문이 생겨났다. 그때까지는 피라미드의 시대가 조세르의 계단식 피라미드에서 시작되었으며, 그 후 점차로 진짜 피라미드로 발전됐고, 마침내 성공했다고 여겨져 왔었다. 그러나 왜 겉면이 부드러운 경사를 지닌 진짜 피라미드를 만드는 것이 그 토록 중요했을까? 그리고 피라미드를 만드는 기술이 점진적으로 발전 되었다면, 왜 기자에 있는 피라미드 이후에 만들어진 피라미드들이 그보다 우수하지 않고 오히려 더 열등한 것일까?

조세르의 계단식 피라미드는 다른 피라미드들의 모델이었을까, 아니면 그것 자체가 더 앞선 모델을 모방한 것이었을까? 오늘날 학자들은 임호테프라는 건축가가 마스타바 위에 건설했던 최초의 작은 규모의 계단식 피라미드의 외벽은 '아름답고 정교한 흰색 석회암으로 덮여져 있었을 것'이라고 생각한다. 【그림125 참조】 '하지만 임호테프는 그렇게 피라미드의 외벽을 덮는 일을 끝내기 전에 다른 대안을 세웠다.' 즉, 원래의 피라미드 위에 더 큰 피라미드를 덧씌웠다는 것이다. 그러나 새롭게 드러난 증거를 보면, 두 번째 단계의 피라미드 역시 덮개돌을 씌워 진짜 피라미드처럼 보이게 하려고 했던 것으로 확인됐다. 라이스너(George Reisner)가 이끈 하버드 대학교의 고고학 팀이 밝혀낸 그 피라미드 외벽의 덮개돌은 진흙 벽돌로 조잡하게 만들어져 있었다. 따라서 자연히 곧바로 부서져 버렸고, 결국 조세르의 피라미드가 원래부터 계단식으로 지어졌다는 오해를 낳은 것이다. 그 진흙 벽돌에는 흰색의 석회암 벽돌처럼 보이게 하려고 회칠까지 되어 있었다.

그렇다면 조세르는 누구를 모방하려고 했던 것일까? 도대체 임호테프는 어디에서 부드러운 경사면에 석회암 덮개돌이 덮인 이미 완성된 진짜 피라미드를 보았단 말인가? 또 다른 의문도 있다. 만약 현재 받아들여지는 것처럼 마이둠과 사카라에서 52도짜리의 매끄러운 경사면을 지닌 피라미드를 건설하려는 시도가 실패했고, 또 스네프루는 단지 43도의 각도밖에 갖지 못하는 피라미드를 만들어 내는 데 그친 것이 사실이라면, 어떻게 스네프루의 아들인 쿠푸가 갑자기 아슬아슬한 52도 각도를 지닌 거대한 피라미드를 아무런 문제도 없이 완벽히 만들어 낼 수 있었을까?

만약 기자의 피라미드들이 한 명의 파라오들이 하나씩 대를 이어 건설했던 '일반적인' 피라미드였다면, 왜 쿠푸의 아들이었던 라데데프는 기자에 있는 자기 아버지의 피라미드 근처에 자신의 피라미드를 짓지 않았을까? 교과서적인 설명에 따르자면, 기자에 세워진 세 개의 피라미드 중 다른 두 개는 아직 세워지지 않았었기 때문에 라데데프에게는 충분한 공간이 남아 있었을 것이다. 그리고 쿠푸의 기술자와 건축가들이 대피라미드를 짓는 기술을 완벽하게 습득했다면, 그들은 라데데프가 자신의 이름이 붙은 조악하고 금방 무너져 버린 피라미드를 세우고 있을 때 도대체 어디에 있었던 것일까?

대피라미드 외에는 어떤 피라미드에도 내부에 위로 올라가는 통로가 없는 이유가 서기 820년까지 그것이 완전히 막혀 숨겨져 있었기 때문일까? 그래서 대피라미드를 모방한 다른 파라오들은 아래로 내려가는 통로만을 알고 있었기 때문일까?

또 이미 100년 전에 본윅(James Bonwick)이 지적한 것처럼, 기자에 있는 세 개의 피라미드 안에 상형문자 기록이 전혀 없다는 것도 의아한 일이다. '이집트인들이 그처럼 대단한 기념물을 세우면서 상형문자 기록조차 남기지 않았다는 사실을 누가 받아들일 수 있겠는가? 조금이라도 의미가 있는 건축물에 수없이 많은 상형문자를 남긴 그들이 말이다.' 상형문자가 없는 것을 보면, 그것들이 상형문자가 발명되기 전에 만들어졌거나 아니면 그것들이 이집트 사람들에 의해 만들어진 것이 아니라고 생각할 수밖에 없다.

이런 정황들은 조세르와 그의 후계자들이 피라미드를 건설하는 풍습을 시작했을 때, 그들이 이미 존재했던 피라미드 모델, 즉 기자의 피라미드들을 모방했다는 우리들의 신념을 더욱 확고하게 해준다. 기자의 피라미드들은 조세르의 초기 노력을 발전시킨 것이 아니라, 오히려 조세르와 그의 뒤를 이은 파라오들이 모방하려고 했던 원형인 것이다!

일부 학자들은 기자의 작은 위성 피라미드들이 실제로는 약 5분의 1 정도로 축소된 축척 모델이며, 마치 오늘날의 건축가들이 작업 평가와 지시를 위해 축척 모델을 사용하듯이, 보다 큰 피라미드를 짓기 위해 만들어진 것이라고 주장해 왔다. 그러나 그것들은 후에 만들어진 것이라는 사실이 이미 밝혀졌다. 하지만 우리는 기자의 피라미드 중에 실제로 그런 축척 모델이 있었다고 보는데, 구조적 실험을 보여 주고 있는 세 번째 피라미드가 그것이다. 그리고 그것보다 더 큰 두 개의 피라미드들은 아눈나키들의 비행 안내 표시를 위해 한 쌍으로 만들어진 것이다.

그렇다면 그 세 개의 피라미드를 건축한 사람이라고 헤로도토스가 말한 파라오 멘카라와 케프라, 그리고 쿠푸는 어떻게 되는 것인가?

그 세 파라오와 기자의 피라미드들과의 연관성은 도대체 무엇인가? 기자의 세 번째 피라미드에 딸린 신전과 연결 통로에는 멘카라의 이름이 적힌 기록은 물론이고, 하토르와 다른 여신들이 그를 안고 있는 여러 개의 정교한 동상들도 남아 있어서, 세 번째 피라미드를 만든 사람이 멘카라라고 생각될 수도 있다. 그러나 그런 증거들은 멘카라가 부속 건축물들을 만들었고 자신을 세 번째 피라미드와 연결시켰다는 것을 입증하는 것이지, 그가 직접 그 피라미드를 지었음을 입증하는 것은 아니다. 논리적으로 볼 때 아눈나키들은 피라미드만 필요로 했을 것이며, 자신들을 숭배할 신전까지 지을 필요는 없었을 것이다. 단지 파라오만이 신들을 향한 자신의 여행과 연관된 장례 신전과 시체 안치실 그리고 다른 부속 건물들을 필요로 했던 것이다.

실제로 세 번째 피라미드의 내부에는 단 하나의 비문이나 동상이나 장식된 벽이 없고 단지 빈틈없는 정교함만이 있을 뿐이다. 또 거기서 발견됐다는 증거물들도 대부분 가짜로 판명됐다. 멘카라의 이름이 새겨진 나무 관의 파편들은 그가 통치했던 때보다 약 2,000년 후의 것으로 밝혀졌고, 관에 '딱 맞는다'는 미라는 초기 기독교 시대의 것이었다. 따라서 멘카라나 다른 어떤 파라오가 세 번째 피라미드 자체의 기획이나 건축과 관련이 있다는 주장은 전혀 근거가 없다.

두 번째 피라미드 역시 완전히 비어 있었다. 케프라라는 이름이 기록된 '타원형 윤곽(cartouche, 고대 이집트의 국왕·신의 이름을 둘러싼 선)'이 붙어 있는 동상들이 피라미드에 부속된 신전에서만 발견됐을 뿐이다. 그러나 케프라가 그 피라미드를 건설했다는 증거는 전혀 없다.

그렇다면 파라오 쿠푸는 어떤가?

앞으로 우리가 그것이 위조라는 것을 밝혀내게 될 다른 하나의 주장을 제외하고 나면, 헤로도토스와 그의 저서를 인용한 로마의 역사가들만이 쿠푸가 대피라미드를 건설했다고 주장했다. 헤로도토스는 쿠푸를, 피라미드와 그 주변 도로를 건설하기 위해 자기 백성을 30년 동안 노예로 부린 통치자라고 설명했다. 그러나 다른 모든 증거들은 쿠푸가 이집트를 단지 23년 동안만 통치했었음을 보여 준다. 그가 위대한 건축가와 석공들을 가진 대단한 왕이었다면, 그가 만든 다른 기념물이나 그의 거대한 석상도 어디엔가 남아 있을 것이다.

그런데 그런 기념물은 하나도 없다. 그가 남긴 거대한 기념물들이 없다는 것을 보면, 그는 훌륭한 건축가가 아니라 별 볼일 없는 건축가였을 것이다. 그러나 그는 한 가지 뛰어난 생각을 해냈다. 그는 아마도 계단식 피라미드의 무너져 내린 진흙 덮개돌들과 마이둠에 있는 붕괴된 피라미드, 급하게 경사도를 바꾼 스네프루의 최초의 피라미드, 그리고 정상이 아닌 경사도를 갖고 있는 스네프루의 두 번째 피라미드를 보면서 그런 생각을 갖게 된 것으로 보인다. 기자에는 누구의 것도 아닌 완벽한 피라미드들이 있지 않은가? 그렇다면 그중 한 피라미드 곁에 자신의 사후 여행에 필요한 신전을 세우는 것은 가능하지 않을까? 그렇다고 해서 피라미드 자체의 신성함이 훼손되는 것도 아니다. 쿠푸가 실제로 묻혀 있는 계곡의 신전을 포함해 모든 신전들은, 대피라미드 곁에 지어지기는 했지만 대피라미드를 건드리지도 않고 있다. 그렇게 해서 대피라미드가 쿠푸의 피라미드로 알려지게 된 것이다.

쿠푸의 후계자 라데데프는 자기 아버지처럼 하지 않고 자기 자신을 위한 피라미드를 따로 세우려고 했다. 그런데 그는 왜 아버지의 신전 옆에 자신의 신전을 짓지 않고 기자의 북쪽으로 갔을까? 그 이유는 아주 단순했는데 기자에는 더 이상 피라미드를 지을 곳이 없었기 때문이었다. 그곳에는 이미 세 개의 오래된 피라미드와 쿠푸가 근처에 세운 부속 건물들이 들어서 있었다.

그러나 라데데프의 실패를 목격한 그의 후계자 케프라는 쿠푸가 택했던 방법을 선호했다. 자신의 피라미드가 필요한 시기가 되자, 그는 두 번째로 큰 피라미드를 이용해 그 주위에 자신의 신전과 부속 건물들을 지었다. 또 그의 후계자 멘카라는 마지막 남은 피라미드, 즉 흔히 세 번째 피라미드라고 불리는 피라미드의 주변에 자신의 신전을 세웠다.

이렇게 이미 만들어진 세 개의 완벽한 피라미드들을 세 명의 파라오가 차지하자, 그 후의 파라오들은 힘들게 피라미드를 만들어야 하는 처지가 되었다. 그러나 조세르와 스네프루, 라데데프처럼 이미 피라미드를 직접 세우려고 시도했던 파라오들과 마찬가지로, 그들의 노력도 세 개의 오래된 피라미드들을 조악하게 모방하는 데 그치고 만다.

쿠푸와 다른 두 명의 파라오들이 기자에 있는 세 개의 피라미드와 아무 관련이 없다는 주장은 자칫 상당히 비약하는 것으로 보일 수도 있다. 그러나 전혀 그렇지 않다. 그 증거로 쿠푸에 대해 살펴보자.

쿠푸가 실제로 대피라미드를 건설했는지의 문제는 쿠푸의 이름이 언급된, 그와 대피라미드의 연관성을 보여 준 유일한 물건이 발견되기 전부터 이미 약 150여 년 동안 학자들을 골치 아프게 만들었던 것이었다. 그러나 그 물증이라는 것이 오히려 그가 대피라미드를 건설하지 않았다는 것을 확인시켜 주고 있다. 즉, 쿠푸가 통치하기 전부터 이미 대피라미드는 존재하고 있었던 것이다.

그 저주스러운 증거는 마리에트(Auguste Mariette)가 1850년대에 대피라미드 근처에 있는 이시스 신전의 유적에서 발굴한 석회암 비문이었다.【그림141】 그것은 쿠푸가 이시스의 신전과 무너진 예전의 신전에서 발견된 신들의 상징물들을 복원한 것을 기념하기 위해, 자기 스스로 세운 자화자찬을 위한 기념비였다. 비문에는 왕의 이름임을 나타내는 타원형 윤곽 안에 쿠푸의 이름이 명기되어 있다.

Ankh Hor Mezdau Suten-bat Khufu tu ankh

살아 있는 호루스 메즈다우는 / 상 이집트와 하 이집트의 왕인 /

쿠푸에게 생명을 부여하노라!

[그림 141] 이시스 신전 유적지에서 발견된 쿠푸의 비석

호루스를 언급하며 왕의 장수를 기리는 내용을 담고 있는 평범한 첫 구절 다음에, 놀라운 진술이 등장한다.

그는 찾았다 / 그 집(을) 이시스의, / 피라미드의 여주인,

스핑크스의 집 옆에서

현재 카이로 박물관에 있는 이 비석의 내용에 따르면, 대피라미드는 쿠푸가 그곳에 도착했을 때 이미 세워져 있었던 것이다. 비문에 따르자면 대피라미드의 여주인은 이시스로서, 그것은 이시스의 것이지 쿠푸의 것이 아니었다. 또 스핑크스 역시 두 번째 피라미드와 함께 그것을 지었다고 추정되는 케프라가 만든 것이 아니라, 대피라미드와 함께 이미 그곳에 서 있었던 것이다. 비문은 스핑크스의 위치를 정확하게 지적하고 있을 뿐만 아니라, 오늘날에도 확연하게 확인할 수 있는 번개에 의해 손상된 스핑크스의 부분에 대해서도 언급하고 있다.

쿠푸는 계속해서 자신이 헤누트센(Henutsen) 왕비를 위해 '여신의 신전 곁에' 피라미드 하나를 세웠다고 기록하고 있다. 실제로 고고학자들은 대피라미드 곁에 세워진 세 개의 작은 피라미드들 중, 이시스의 신전에 가장 가까운 가장 남쪽의 작은 피라미드가 쿠푸의 아내였던 헤누트센에게 바쳐진 것이었다는 것을 밝혀냈다. 따라서 그 비문에 적힌 모

든 내용은, 쿠푸가 직접 만든 피라미드는 왕비를 위해 만든 작은 피라미드뿐이라는 것만 제외하면 그전까지 알려진 사실들과 일치한다. 그리고 그 기록에 따르면, 대피라미드와 스핑크스는 이미 그곳에 서 있었다. 그리고 추론해 보건대 두 번째와 세 번째 피라미드 역시 그곳에 있었을 것이다.

우리의 이론은 대피라미드가 '하토르의 서쪽 산'이라고 불렸다고 기록된 비문의 다른 부분에서 더욱 확실하게 뒷받침된다.

> 살아 있는 호루스 메즈다우는
> 상 이집트와 하 이집트의 왕, 쿠푸에게
> 생명을 부여하노라.
> 그의 어머니, 신성한 어머니 이시스를 위해,
> '하토르의 서쪽 산'의 여주인을 위해
> 그는 이 비문에 이것을 기록했노라.
> 쿠푸는 (그녀에게) 새로운 공물을 바쳤고,
> 그는 (그녀에게) 돌로 만든 집(신전)을 지었노라.
> 그녀의 신전에서 발견된 신들이 되살아났도다.

앞에서 본 것처럼 하토르는 시나이 반도의 여주인이었다. 시나이 반도의 가장 높은 봉우리가 그녀의 동쪽 산이었고, 기자의 대피라미드는 그녀의 서쪽 산이었던 것이다. 그리고 그 두 산은 착륙 회랑을 알려 주는 시작점들이었던 것이다.

지금은 흔히 '인벤토리 스텔라(the Inventory Stela)'라고 불리는 쿠푸의 비석은 분명 진품이다. 그러나 그 비석이 발견될 당시의 학자들은 그

후의 많은 학자들이 그랬듯이, 비석에 기록된 내용에서 도출되는 어쩔 수 없는 결론을 받아들이지 못했다. 피라미드학 전체의 구조를 뒤집기 싫었던 학자들은, 결국 그것이 위조된 것이며 '쿠푸가 죽은 후 오랜 세월이 지난 뒤에 만들어진 것'으로, 단지 '일부 지역 성직자들의 황당무계한 주장을 뒷받침하기 위해' 쿠푸의 이름을 도용하여 제작된 것이라고 주장했다.

예컨대, 『이집트의 고대 기록 Ancient Records of Egypt』이라는 이집트 비문에 대한 권위 있는 책을 쓴 브레스테드(James H. Breasted)는 1906년에, '쿠푸의 시대에 스핑크스와 그 옆에 소위 신전이라는 것이 있었다고 언급하고 있었기 때문에, 그 유물은 처음부터 대단한 관심의 대상이었다. 만약 그것이 쿠푸의 시대에 만들어진 것이라면, 그런 내용들은 대단히 중요할 것이다. 그러나 철자법적 증거들을 보면, 그것은 후에 만들어졌음이 분명하다'고 적고 있다. 브레스테드의 이런 입장은 쿠푸의 석비가 후기의 철자법으로 쓰이기는 했지만 그보다 훨씬 앞선 진품을 모사한 것이라고 먼저 주장했던, 당대의 대표적 이집트학자 마스페로(Gaston Maspero)의 견해와는 다른 것이었다. 어쨌든 여러 가지 미심쩍은 점이 있음에도 불구하고 브레스테드는 이 비문을 이집트 제4왕조 때의 기록에 포함시켰다. 그러나 마스페로는 1920년에 자신의 역작인 『문명의 여명 Dawn of Civilization』에서, 인벤토리 스텔라의 내용을 쿠푸왕의 생애와 활동을 다룬 실제 자료로 받아들였다.

학자들은 왜 그 비석을 진짜라고 부르기를 주저했던 것일까?

인벤토리 스텔라가 발견됐을 때만 해도 쿠푸가 대피라미드를 건설했다는 사실이 의심의 여지없이 확실해 보였기 때문에, 학자들은 쿠푸의 비석을 위조품으로 여겼던 것이다. 가장 결정적인 증거는 왕의 방 위에

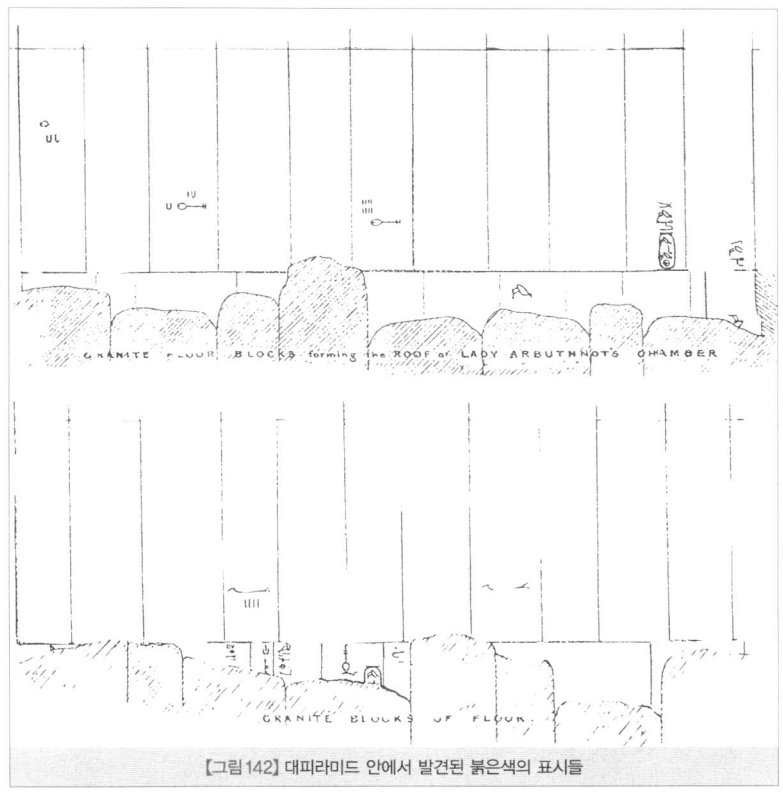

【그림142】 대피라미드 안에서 발견된 붉은색의 표시들

있는 감춰진 방들에서 발견된 붉은색 표시였는데, 그것은 쿠푸가 통치하던 18번째 해에 만들어진 것으로 해석됐다.【그림142】 1837년에 그 방들이 발견되기 전에는 아무도 거기에 들어간 적이 없었기 때문에 그 표시들은 원래부터 있었던 것이 확실하며, 따라서 그것과 반대되는 정보를 담고 있는 인벤토리 스텔라는 가짜임이 분명하다는 논리였다.

그러나 붉은색 표시의 주변을 면밀하게 조사해 보고, 또 그것을 발견한 사람들에 대해 확인해 보면, 분명한 결론이 내려진다. 즉 만약 위조가 있었다면 그것은 고대가 아니라 1837년에 일어났다는 것이고, 위조를 한 것은 '일부 지역 성직자들'이 아니라 두 명 혹은 세 명의 비양심적인 영국인들이었다는 것이다.

| 피라미드에 숨겨진 비밀의 방들 |

그 이야기는 1835년 12월 29일, 한 영국 귀족 가문의 '골칫덩어리'였던 바이스(Richard Howard Vyse) 대령이 이집트에 도착하면서 시작된다. 당시 영국 육군에는 많은 '골동품 애호가(antiquarian, 당시에는 고고학자들을 이렇게 불렀다)'들이 있었는데, 그들은 저명한 학회에서 논문을 발표하기도 했고 그에 합당한 공적인 영예를 얻기도 했다. 바이스가 마음속에 어떤 욕심을 품고 이집트로 갔는지는 분명치 않지만, 그가 기자의 피라미드로 갔고 거기서 매일 같이 벌어지는 발굴에 순식간에 매혹된 것은 분명하다. 그는 특히 대피라미드 안에 숨겨져 있다는 방을 찾던 카비글리아(Giovanni Battista Caviglia)라는 사람의 이야기와 그의 이론에 흠뻑 빠지게 된다.

얼마 안 돼 바이스는 자신을 공동 발견자로 받아 준다면 카비글리아의 탐사에 돈을 대겠다고 제안한다. 그러나 카비글리아는 그 제안을 단호히 거부했다. 화가 난 바이스는 1836년 2월 말에 시리아와 소아시아를 방문하기 위해 베이루트로 떠난다.

그러나 아무리 여행을 해도 그의 마음속에 타오르던 욕망을 치유할 수는 없었다. 그래서 그는 영국으로 돌아가는 대신 1836년 10월에 다시 이집트로 간다. 첫 번째 방문 때 그는 구리 제련소의 감독이면서 교활한 중개인인 힐(J. R. Hill)이라는 사람과 사귀었는데, 다시 이집트로 돌아온 바이스에게 그가 '슬로안(Sloan)'이라는 사람을 소개했다. 그는 바이스에게 이집트 정부로부터 기자 지역을 독점적으로 발굴할 수 있는 면허를 얻을 수 있는 방법이 있다고 일러줬다. 바이스는 곧바로 당시 이집트 주재 영국 영사였던 캠벨(Campbell) 대령에게 필요한 서류를 발급받으러 갔다. 그런데 뜻밖에도 발급된 발굴 면허에는 캠벨과 슬로안의 이름도 들어 있었고, 카비글리아가 감독관으로 되어 있었다. 실망한 바이스는 1836년 11월 2일에 카비글리아에게 '자신의 첫 납부금 200달러'를 내고 상 이집트로 관광을 떠나 버렸다.

「1837년 기자 피라미드에서의 작업들 Operations Carried on at the Pyramids of Gizeh in 1837」이라는 바이스의 기록을 보면, 바이스는 1837년 1월 24일에 '발굴이 얼마나 진척됐는지를 무척 궁금해 하며' 기자로 돌아왔다. 그러나 카비글리아와 그의 일꾼들은 숨겨진 방을 찾는 대신에, 피라미드 주변의 무덤에서 미라를 파내는 데 열중하고 있었다. 바이스의 분노는 카비글리아가 뭔가 대단히 중요한 것, 즉 피라미드를 지은 자들이 남긴 기록을 찾아내겠다고 안심시킨 후에야 가라앉았다.

카비글리아가 바이스에게 말한 내용은, 무덤을 발굴하다가 고대의 석공들이 돌을 자르기 전에 때때로 붉은색의 표시를 한다는 사실을 알게 됐으며, 그런 표시를 두 번째 피라미드의 초석에서 그가 발견했다는 것이었다. 그러나 바이스가 확인해 본 결과 그것은 '붉은색 표시'가 아니라 돌에 생긴 자연적 탈색 현상이었다.

그렇다면 대피라미드에는 혹시 그런 표시가 없을까? '왕의 방'에서 나온 '환기 통로'가 어디로 나가는지를 찾기 위해 대피라미드에서 작업하던 카비글리아는 '왕의 방' 위에 숨겨진 방들이 분명히 있을 것이라고 확신하고 있었다. 실제로 좁은 통로를 통해 들어갈 수 있는 그런 방 중 하나가 1765년에 데이비슨(Nathaniel Davison)에 의해 이미 발견된

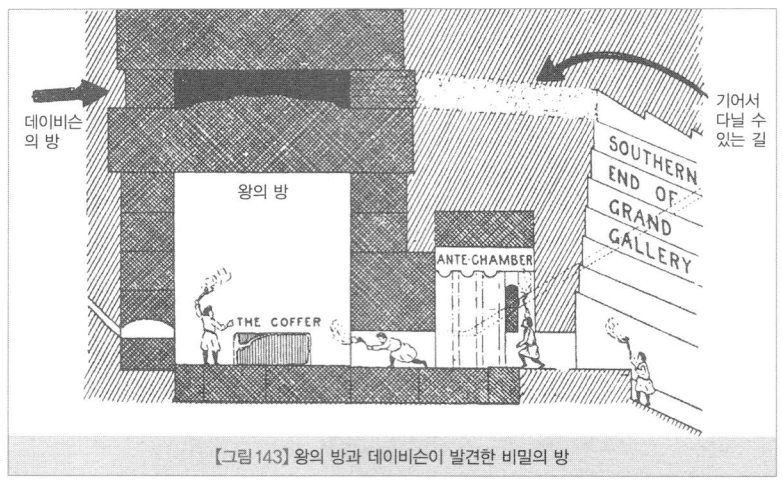

【그림143】 왕의 방과 데이비슨이 발견한 비밀의 방

바 있었다. 【그림143】 바이스는 그 구역에서의 작업에 좀 더 집중해 달라고 요구했다. 그러나 바이스는 카비글리아와 캠벨이 당시 모든 박물관에서 원하던 미라를 찾는 데 더 관심이 많은 것을 보고 이내 실망한다. 카비글리아는 심지어 자신이 발견한 한 거대한 무덤에 영국 영사의 이름을 따 '캠벨의 무덤'이라는 이름을 붙이기까지 했다.

바이스는 자신이 직접 나서기로 결심하고, 카이로에서 기자 피라미드 단지로 거처를 옮긴다. 그는 1837년 1월 27일자의 일기에 '당연히 나는 영국으로 돌아가기 전에 어떤 것을 발견하기를 원한다'고 솔직하게 기록했다. 가족들에게 엄청난 경비를 부담시키면서 그는 벌써 1년 이상을 허송세월하고 있었던 것이다.

채 몇 주가 지나지 않아, 바이스가 카비글리아에게 여러 비난을 퍼부어 두 사람의 사이는 더욱 멀어지게 된다. 그러다가 2월 11일에 두 사람은 마침내 격렬한 언쟁을 벌인다. 그 다음 날, 카비글리아는 캠벨의 무덤에서 중요한 것을 발견한다. 상형문자가 새겨진 관과 무덤의 돌 벽에 찍힌 붉은색 표시였다. 그러나 2월 13일에 바이스는 카비글리아를 즉각 해고했고, 발굴 현장에 더 이상 접근하지 말라고 명령한다. 그 후 카비글리아는 자기 물건을 가져가기 위해 2월 15일에 딱 한 번 현장에 되돌아왔다. 카비글리아는 그 이후로 오랫동안 바이스에 대해 '불명예스러운 비난'을 퍼부었지만, 바이스는 그것들을 자세히 기록하지 않았다.

두 사람 사이의 분란은 진짜 의견 차이 때문이었을까? 아니면 바이스가 의도적으로 카비글리아를 현장에서 내쫓기 위해 일부러 그런 상황을 연출했던 것일까?

훗날 밝혀진 바에 따르면, 바이스는 힐의 소개로 만난, 이집트의 공공 사업부에서 일하면서 이집트학을 어깨너머로 공부한 페링(John Perring)이라는 사람과 함께 2월 12일 밤에 은밀하게 대피라미드 안으로 들어갔다. 두 사람은 데이비슨이 발견한 방 위의 화강암에 나 있는 흥미로운 틈을 조사했는데, 갈대를 그 틈에 넣자 꺾이지 않고 들어갔다. 그 위에 공간이 있다는 증거였다.

그날 밤의 은밀한 방문 동안 두 사람이 어떤 일을 꾸몄을까? 현재로선 그 후에 일어난 일들을 보면서 추측할 수밖에 없다. 드러난 사실은 바이스가 바로 다음 날인 2월 13일 아침에 카비글리아를 해고했고 대신 페링을 고용했다는 것이다. 바이스는 자신의 일기에서 '나는 데이비슨이 발견한 방의 지붕 위를 더 발굴하기로 결심했다. 거기서 나는 일종의 무덤을 발견할 것으로 기대하고 있다'고 털어놓았다. 바이스가 더 많은 돈과 인력을 그 '무덤'을 찾는 데 쏟아 붓고 있을 때, 왕족과 유명 인사들이 캠벨의 무덤에서 발견된 유물들을 보러 왔다. 그러나 피라미드 안에는 그들에게 보여 줄 새로운 것이 별로 없었다. 좌절감에 빠진 바이스는 혹시 석공이 남긴 표시를 찾을 수 있을까 하는 희망을 갖고, 일꾼들에게 스핑크스의 어깨에 구멍을 뚫으라는 명령까지 내리기도 했었다. 그러나 아무 성과도 거두지 못하자, 그는 숨겨진 방에 다시 집중하기 시작한다.

3월 중순이 되자 바이스는 새로운 문제에 직면했다. 그의 일꾼들이 다른 발굴 현장으로 빠져나가고 있었던 것이다. 그는 밤낮으로 일한다는 조건으로 임금을 두 배로 올려 주었다. 바이스는 시간이 없다는 것을 깨닫고 있었다. 절망에 빠진 바이스는 조심성을 망각하고 일의 진행을 더디게 하는 돌들을 폭발물을 써서 없애 버리라고 명령한다.

드디어 3월 27일에 일꾼들이 화강암 석판에 작은 구멍을 뚫었다. 그런데 상황에 맞지 않게, 바이스는 파울로(Paulo)라는 십장 한 명을 해고한다. 그 다음 날 일기에서 바이스는 '나는 막대 끝에 촛불을 달아 데이비슨의 방 위에 만들어진 작은 구멍으로 집어넣었다. 그리고 나는 데이비슨의 방과 같은 것이 그 위에도 있다는 것을 발견하고 온몸이 얼어붙었다'고 기록했다. 그는 마침내 숨겨진 비밀의 방을 발견한 것이었!

[그림 144]

화약을 사용해 입구의 구멍을 넓힌 바이스는 3월 30일에 힐과 함께 새로 발견된 방 안으로 들어갔다. 두 사람은 그 방을 샅샅이 조사했다. 그 방은 완전히 막혀 있었으며, 어떤 형태의 출입구도 없었다. 방바닥은 그 아래 있는 데이비슨 방의 천장으로 쓰인 화강암 석판의 거친 면으로 되어 있었다. 그리고 '바닥 위에는 검은 퇴적물이 골고루 깔려 있어서 그 위를 걸으면 발자국이 선명하게 남았다'. '꽤 두껍게 쌓여 있던' 그 검은 가루가 무엇인지는 여전히 확인되지 않고 있다. 또 '천장은 대단히 잘 다듬어져 있었으며 이음새는 무척 정교했다'. 분명히 그전까지 아

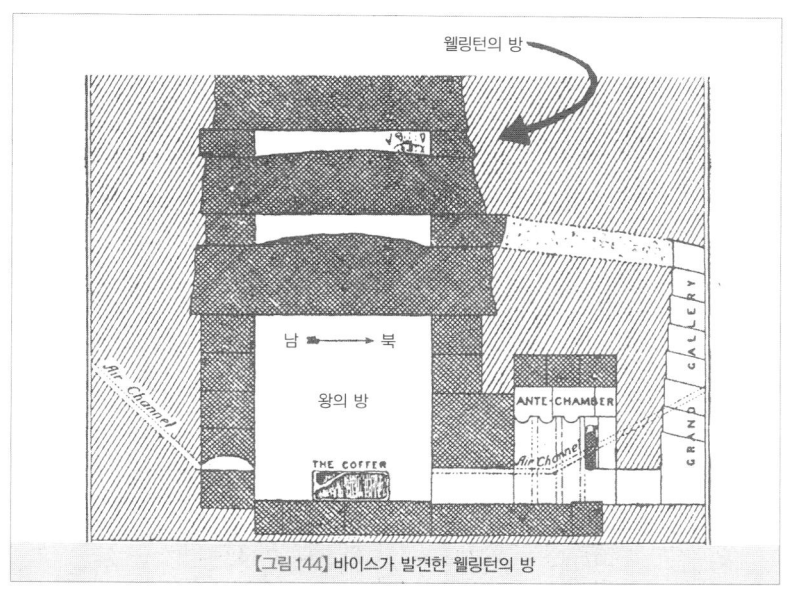

【그림144】 바이스가 발견한 웰링턴의 방

무도 그 방에 들어온 적이 없었던 것이 확실했지만, 거기에는 관도 보물도 없었다. 그곳은 완전히 텅 비어 있었다.

바이스는 그 방으로 들어가는 구멍을 더 넓히라고 명령한 후에, 영국 영사에게 자신이 발견한 방의 이름을 '웰링턴의 방'이라고 부르기로 했다는 소식을 전했다. 바이스의 일기에 따르면, 그날 저녁 '페링과 매시(Mash)가 왔고, 우리는 웰링턴의 방으로 들어가 여기저기를 측량했다. 그러다가 우리는 그 채석장 표시를 발견했다'. 갑작스럽게 행운이 찾아온 것이다!

그것들은 피라미드 밖에 있는 무덤들에서 발견된 채석장 표시와 비슷했다. 그런데 바이스와 힐은 처음에 둘이서 그 방을 샅샅이 조사할 때 어떤 이유에서인지 그것들을 보지 못했던 것이다. 그러다가 페링과 그

위조된 파라오의 이름 471

의 초대로 함께 온 토목기사인 매시가 합류하자, 네 명이 함께 그 독보적인 발견의 증인이 된 것이다.

웰링턴의 방이 데이비슨의 방과 거의 동일하다는 사실 때문에, 바이스는 웰링턴의 방 위에 또 다른 방이 있을지도 모른다고 생각했다. 바이스는 4월 4일에 남아 있던 또 다른 십장인 기아치노(Giachino)를 아무런 이유도 없이 해고했다. 4월 14일에 영국 영사와 오스트리아 총영사가 그곳을 방문했다. 그들은 채석장 표시를 복사해 달라고 부탁한다. 바이스는 페링과 매시에게 그 일을 시키면서, 캠벨의 무덤에서 발견된 표시들을 먼저 복사하고 대피라미드 안에 있는 것들은 나중에 하라고 지시한다.

4월 25일에 바이스는 엄청난 양의 화약을 사용해, 후에 '넬슨 경의 방'이라고 부르게 되는 웰링턴의 방 위에 있는 방으로 뚫고 들어간다. 그곳 역시 다른 방들과 마찬가지로 비어 있었으며, 바닥에는 의문의 검은 먼지가 쌓여 있었다. 바이스는 '그 방의 돌들에, 특히 서쪽에 있는 돌들에 여러 개의 붉은색 채석장 표시가 있었다'고 기록했다. 그 사이에 힐은(페링이나 매시가 아니라) 새로 발견된 방들에 (표면상의 이유로는) 웰링턴과 넬슨의 이름을 적어 넣기 위해 끊임없이 드나들었다. 4월 27일에 힐이(역시 페링이나 매시가 아닌) 채석장 표시들을 복사했다. 바이스는 넬슨의 방에서 나온 복사본을 자신의 책에 그려 넣었다. 【그림 145a】

5월 7일에 넬슨의 방 위에 있는 또 다른 방으로 가는 길이 뚫렸는데, 바이스는 그 방의 이름을 임시로 '레이디 아버스넛(Lady Arbuthnot)의 방'이라고 정했다. 그날의 일기에서는 그 방에서 발견된 채석장 표시에 대한 언급이 없었는데, 이상하게도 나중에 그 방에서는 상당히 많은 양

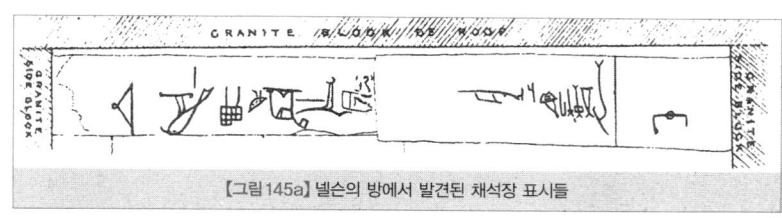

【그림145a】 넬슨의 방에서 발견된 채석장 표시들

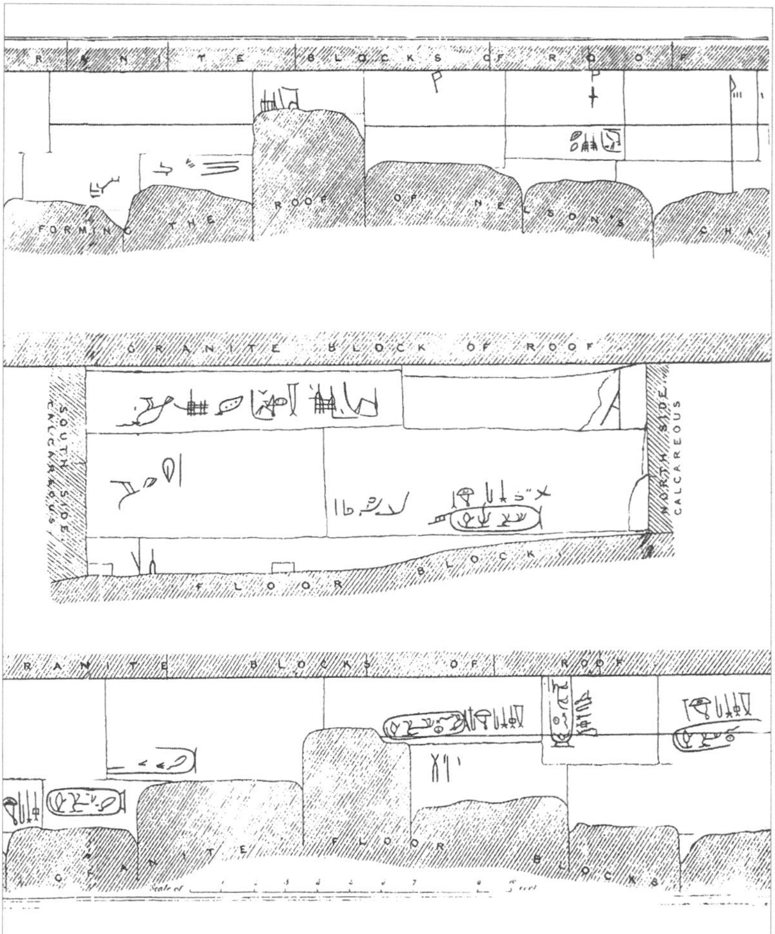

【그림145b】 레이디 아버스넛의 방에서 발견된 채석장 표시들

의 표시들이 발견된다. 새롭게 발견된 표시와 관련해 정말 놀라운 사실은, 왕의 이름을 뜻하는 타원형 윤곽(cartouche)들이 꽤 많이 포함되어 있었다는 점이다. 【그림145b】 그렇다면 바이스가 대피라미드를 건설한 파라오의 이름이 실제로 기록된 것을 찾았다는 말인가?

5월 18일에 왈니 박사(Dr. Walni)는 '왕의 이름을 판독하는 데 조예가 깊은 이집트학 연구자인 로젤리니(Rosellini)에게 보내기 위해, 대피라미드에서 발견된 문자들을 복사해 달라고 요청했다'. 그러나 바이스는 그 요청을 단호하게 거절했다.

바로 그 다음 날 바이스는 아버스넛 경(Lord Arbuthnot)과 브레텔(Brethel), 그리고 라벤(Raven)과 함께 레이디 아버스넛의 방에 들어갔다. 거기서 네 사람은 '표시들을 보고 힐이 그린 것과 대피라미드 내부에 있는 채석장 표시를 비교했다. 그리고 그 정확성을 증명한다고 서명했다'. 그로부터 얼마 후에 아치형의 마지막 방이 뚫렸고, 거기서도 왕실을 상징하는 타원형 윤곽을 포함해 많은 채석장 표시들이 발견됐다. 그러자 바이스는 카이로로 가서, 이를 영국에 공식적으로 송부하기 위해 돌 위에 새겨진 문자들에 대해 증인들이 서명한 복사본을 영국 대사관에 제출했다.

이제 그의 작업은 끝났다. 그는 그때까지 알려지지 않았던 방들을 발견했고, 대피라미드를 지은 왕이 누구였는지를 찾아냈다. 왜냐하면 타원형 윤곽 안에 쿠푸(Kh-u-f-u) 라는 왕의 이름이 쓰여 있었기 때문이다.

이 발견에 대해 오늘날까지도 모든 교과서가 그것이 사실이라고 말하고 있다. 바이스의 발견이 던진 충격은 대단했고, 그가 런던의 대영박물관에 있는 전문가들로부터 재빨리 검증을 받은 후에는 완전한 사실로 받아들여지게 됐다.

힐이 만든 복사본이 언제 대영박물관에 도착했는지, 그리고 대영박물관에 있는 전문가들의 분석이 바이스에게 언제 되돌아왔는지는 분명치 않다. 그러나 바이스는 1837년 5월 27일자의 일기에서, 대영박물관에 근무했던 버치(Samuel Birch)라는 상형문자 전문가의 의견을 기록해 놓았다. 언뜻 보자면 버치의 분석은 바이스의 기대에 부응하는 것이었다. 즉 타원형 윤곽 안에 적힌 이름들은 쿠푸나 그 이름의 변형이라는 것이었다. 결국 헤로도토스가 말했던 것처럼 쿠푸가 대피라미드를 만든 사람이라는 말이었다.

그러나 그런 대단한 발견으로 인한 흥분 때문에, 대영박물관이 제기한 수많은 '만약에'와 '그러나'에 대해서는 별 관심이 주어지지 않았다. 왜냐하면 대영박물관의 분석을 자세히 보면 위조자의 어수룩한 실수가 남긴 단서를 드러내고 있기 때문이다.

무엇보다 먼저 버치는 많은 채석장 표시에 쓰인 글자의 철자법과 글자체에 다소 의구심을 품었다. 그는 자신의 분석을 담은 보고서 첫 단락에서, '대피라미드의 방 안에 있던 돌 위에 조각가나 석공들이 붉은색으로 남긴 상징과 상형문자들은 분명히 채석장 표시들이다'라고 말하면서 곧바로 다음과 같은 조건을 달았다.

'그것들이 유사 성용문자(semi-hieratic), 즉 선형 상형문자(linear-hieroglyphic, 일종의 흘림체)로 쓰여 있기 때문에 읽기가 쉽지는 않지만, 그것들은 분명히 상당히 관심을 끄는데……'

버치를 혼란스럽게 만든 것은 이집트 제4왕조의 초기에 쓰였을 것으로 추정되는 채석장 표시가, 그로부터 몇 세기 후에나 등장하는 글자체로 되어 있다는 것이었다. 원래 그림글자였던 상형문자를 쓰는 일은 대단한 기술과 오랫동안의 훈련을 필요로 한다. 따라서 시간이 지나면서 특히 상업적 문서 같은 것에서는, 이른바 성용문자(the hieratic, 이집트 고대의 흘려 쓴 상형문자)라고 불리는 더 빨리 쓸 수 있는 선형 글자체가 사용되었다. 그러나 바이스가 발견한 상형문자 상징들은 다른 시대에 속하는 것이었다. 그것들은 또 대단히 불분명해서 버치는 그것들을 읽어 내는 데 큰 어려움을 겪었다. '타원형 윤곽과 마찬가지로 흘려 쓴 첫 번째 이름 뒤의 상형문자들은 명백하지 않다. 그리고 이름 뒤에 나오는 상징들도 분명치 않다.' 그에게는 많은 상형문자들이 '거의 성용문자에 가까운 글자들로 쓰인' 것처럼 보였는데, 그것들은 유사 성용문자보다 훨씬 후대에 사용되던 것들이었다. 또 일부 상징들은 대단히 특이해서, 이집트의 다른 어떤 기록에서도 발견된 적이 없는 것들이었다. 버치는 또한 '수피스(Suphis, 쿠푸)의 타원형 윤곽 뒤에는 다른 곳에서는 그 유래를 찾을 수 없는 상형문자들이 쓰여 있다'고 기록했다. 또 다른 많은 상징들도 '그와 마찬가지로 판독하기 어려웠다'.

이 밖에도 바이스가 '캠벨의 방'이라고 명명한 맨 꼭대기에 있는 아치형의 방에서 발견된 '특이한 연속적 상징 기호들' 때문에도 매우 혼란스러워 했다. 거기서는 '좋은' 혹은 '은혜로운'이라는 상형문자 상징들이 숫자로 표현됐는데, 그런 용법은 전무후무한 일이었기 때문이었다. 그러나 그렇게 특이하게 기록된 숫자들은 쿠푸 통치 후 '18년째'를 의미하는 것으로 치부되었다.

버치는 또 왕을 상징하는, 타원형 윤곽 뒤에 나오는 '타원형 윤곽과 마찬가지로 흘려 쓴' 상징들 때문에도 당혹해 했다. 버치는 그것들이 '상 이집트와 하 이집트의 절대 권력자'와 같은 왕 칭호를 나타내는 것이라고 추정했다. 버치가 그 줄에 쓰인 상징들과 유사하다고 생각할 수 있는 것들은 오직, 사이스 왕조의 '아마시스(Amasis) 여왕의 관에 나타나는 호칭'에 쓰인 상징들뿐이었다. 그러나 버치는 파라오 아마시스가 파라오 쿠푸보다 무려 2,000년 후에 이집트를 통치했다는 사실에 대해서는 침묵했다!

따라서 누군지는 모르지만, 바이스가 발견했다고 말한 붉은색 표시를 엉성하게 그려 넣은 사람은 유사 성용문자 내지는 성용문자를 사용했으며, 파라오 쿠푸의 시대가 아닌 훨씬 후기의 다양한 시대에 사용되던 호칭들을 사용했던 것이다. 또한 그는 정확한 지식을 갖춘 사람도 아니어서, 그가 그린 상형문자들은 불명료하거나, 완전하지 않거나, 자리를 잘못 잡고 있거나, 완전히 틀리거나, 아니면 전혀 알려지지 않은 것들이 대부분이었다.

그로부터 1년 후에 붉은색 표시들을 연구했던, 당시의 대표적인 이집트학자 레프시우스(Karl Richard Lepsius)도 그것들이 '붉은 물감을 사용해 흘림체로 쓰여 있으며, 성용문자와 너무나 흡사하다'면서 당혹스러워 했다. 또한 그는 타원형 윤곽에 뒤이어 나오는 일부 상형문자들은 전혀 알 수 없는 것들이며, '설명할 수 없다'고 단정적으로 말했다.

상형문자에 적힌 파라오의 정체에 대해서 전문가적 의견을 주어야 하는 입장이었던 버치는 그야말로 충격적인 결론을 내린다. 즉, 피라미드 안에서 발견된 글에는 한 명의 파라오가 아니라 두 명의 파라오 이름이 있다는 것이었다.

그렇다면 두 명의 파라오가 같은 피라미드를 지었다는 말인가? 만약 그렇다면 그 두 사람은 누구였는가?

버치는 상형문자에 등장한 두 명의 파라오가 이미 알려진 인물들이라고 말했다. '그 이름들은 당시 왕조의 지배자들을 위해 일하던 관리

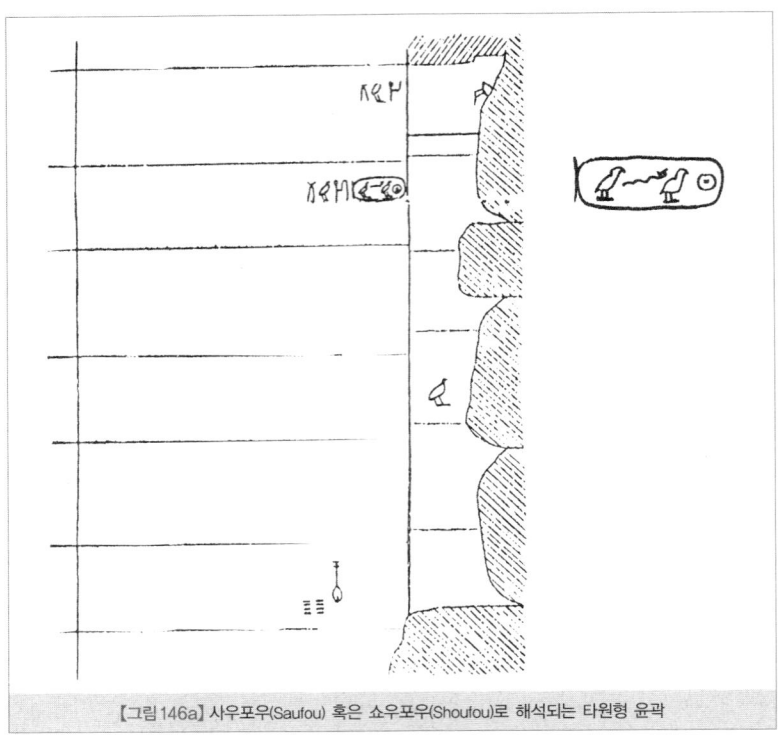

【그림 146a】 사우포우(Saufou) 혹은 쇼우포우(Shoufou)로 해석되는 타원형 윤곽

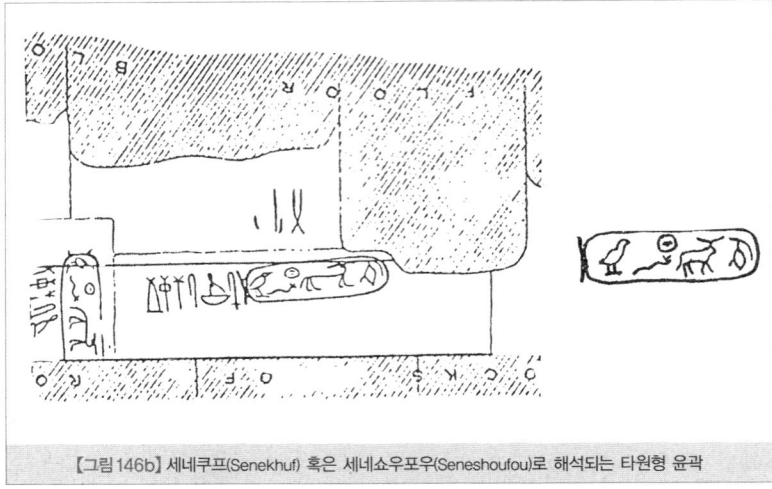

【그림 146b】 세네쿠프(Senekhuf) 혹은 세네쇼우포우(Seneshoufou)로 해석되는 타원형 윤곽

들의 무덤에서 이미 발견된 것들이었다.' 당시의 왕조란 기자의 피라미드들을 지었다고 여겨졌던 파라오들이 속했던 이집트 제4왕조를 말하는 것이었다. 피라미드에서 발견된 두 개의 타원형 윤곽 중 하나는 사우포우(Saufou) 혹은 쇼우포우(Shoufou)로 해석됐고, 크눔(Khnum) 신의 상징인 양이 포함되어 있던 다른 하나는 세네쿠프(Senekhuf) 혹은 세네쇼우포우(Seneshoufou)로 해석됐다. 【그림 146a, 146b】

양의 상징과 함께 나타난 이름을 분석하면서 버치는, '이 타원형 윤곽은 웰링턴의 방에서 처음 나타난 타원형 윤곽과 비슷한데, 이에 관한 내용은 로젤리니와 윌킨스에 의해 이미 출판된 바 있다. 로젤리니는 그것을 구성하고 있는 음성적 요소들을 볼 때 세네슈포(Seneshufo)라고 읽어야 한다고 보았으며, 윌킨슨은 그것이 수피스(Suphis)의 형제를 뜻한다고 보았다'고 말했다.

일반적인 이집트학자들은 마이둠의 피라미드에서처럼 전임 파라오가 시작한 피라미드를 후대의 파라오가 완성했을 수도 있다고 보고 있다. 그렇다면 그런 맥락에서 한 피라미드 안에 두 명의 파라오 이름이 들어 있는 것도 해석될 수 있을까? 어쩌면 그럴지도 모른다. 그렇지만 대피라미드의 경우에는 그렇지 않다.

대피라미드의 경우 두 명의 왕의 이름이 함께 나타날 수 없는 이유는 다양한 타원형 윤곽들의 위치 때문이다. 【그림 147a, b】 쿠푸(혹은 Cheops)의 것이라고 추정되는 타원형 윤곽은 대피라미드의 가장 위쪽에 있는 비밀의 방인, 이른바 캠벨의 방에서만 발견됐다. 그리고 지금은 크넴-쿠프(Khnem-khuf)라고 읽히는 타원형 윤곽들은 웰링턴의 방과 레이디 아버스넛의 방에서만 발견됐다. 넬슨의 방에서는 타원형 윤곽이 하나도 발견되지 않았다. 다시 말하자면, 아래쪽의 두 개의 방에서만 파라

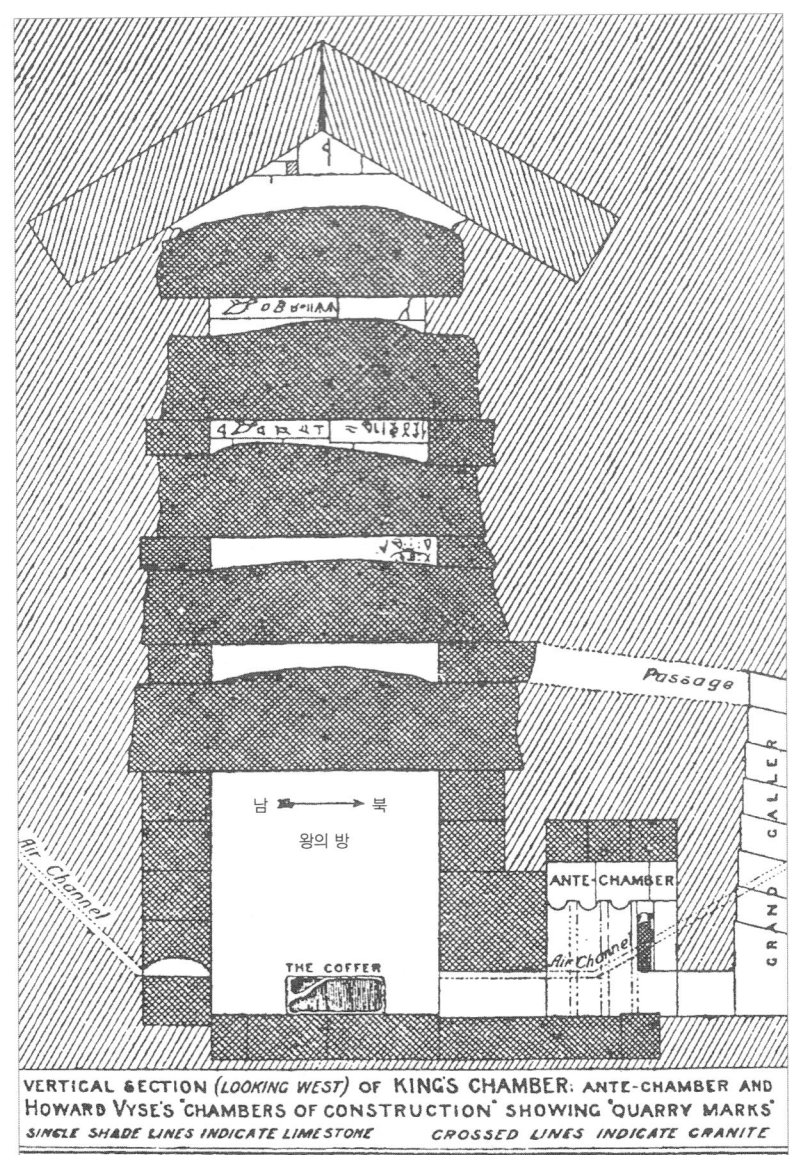

[그림 147a] 대피라미드의 비밀의 방들과 상형문자의 위치(서쪽 단면도)

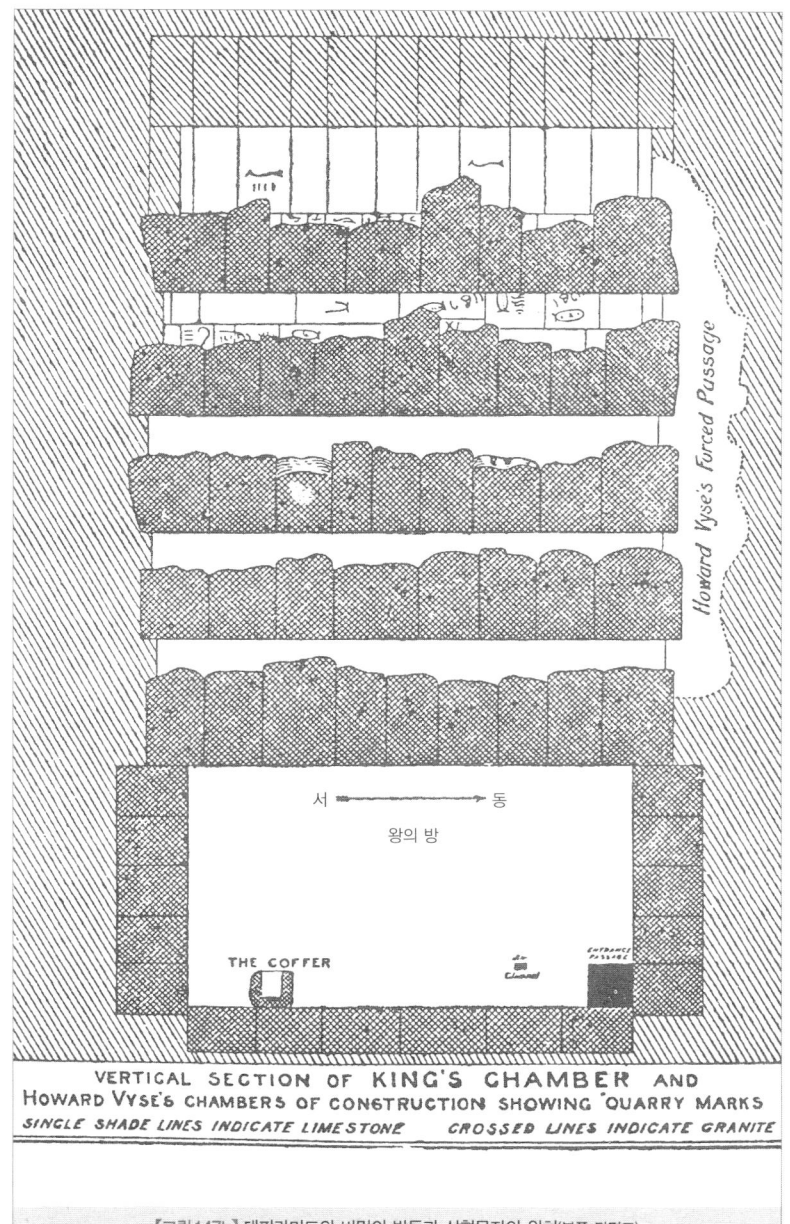

【그림 147b】 대피라미드의 비밀의 방들과 상형문자의 위치(북쪽 단면도)

위조된 파라오의 이름 481

오 쿠푸 이후에 살며 통치했던 파라오의 이름이 발견됐다는 것이다. 피라미드를 아래쪽에서부터 지을 수밖에 없다는 것을 생각해 보면, 쿠푸는 자신을 계승한 파라오가 시작했다고 여겨지는 피라미드를 마지막으로 완성했다는 이상한 말이 되고 만다. 이런 일은 물론 불가능하다.

버치는 대피라미드에서 발견된 두 명의 왕의 이름이 고대 이집트 왕 연대기의 두 왕인 수피스 1세(쿠푸)와 수피스 2세(케프라)를 말하는 것일 가능성이 높다고 인정하면서도, 그로 인해 생기는 문제를 해결하기 위해, 두 개의 이름이 사실은 케프라 한 사람을 칭하는 것인데, 하나는 케프라의 실제 이름이고 다른 하나는 이름의 '첫 번째 글자'일지도 모른다는 가정을 제시하기도 했다. 그러나 버치가 최종적으로 내린 결론은 대피라미드 안에서 발견된 채석장 표시의 여러 가지 의문에 더해, '또 다른 두 번째 이름이 있다는 것 자체가 또 다른 문젯거리'라는 것이었다.

이른바 '두 번째 이름의 문제'는 영국의 저명한 이집트학자였던 피트리가 50년 뒤 기자의 피라미드들을 측량하기 위해 기자에 머물던 때까지도 해결되지 않았다. 그는 '크넴-쿠푸와 관련해 가장 황당한 이론은 그가 쿠푸와 같은 인물이라는 것'이라고 말하면서, 그런 이론에 반대하는 이집트학자들이 제시한 다양한 이유들을 첨부했다. 피트리는 어떤 경우라도 그 두 개의 이름은 서로 다른 파라오의 것이라고 보아야 한다고 주장했다. 그렇다면 도대체 왜 두 개의 이름이 하나의 대피라미드의 서로 다른 장소에서 발견된 것일까? 피트리는 유일하게 가능한 설명은 쿠푸와 케프라를 함께 통치했던 공동 통치자로 보는 것이라고 주장했다.

그러나 피트리의 이론을 뒷받침할 어떤 증거도 발견되지 않았기 때문에, 마스페로(Gaston Maspero)는 바이스가 두 개의 이름을 발견한 때로부터 거의 1세기가 지난 후에도 '쿠푸와 케프라의 타원형 윤곽이 같은 기념물 안에 존재한다는 사실은 이집트학자들에게 엄청난 당혹감을 주었다'고 기록했다. 따라서 그 문제는 여러 해결책이 제시되었음에도 불구하고 여전히 당혹스러운 것으로 남아 있다.

그러나 그 문제에 대한 해답은 있다. 우리가 채석장 표시들을 고대의 석공들이 만든 것이라고 생각하지 않고 눈앞에 보이는 사실만을 살피기 시작한다면 말이다.

| 조작된 쿠푸의 피라미드 |

기자의 피라미드들은 무엇보다 피라미드 내부에 어떤 장식이나 비문도 없다는 특징을 갖고 있는데, 오직 바이스가 발견한 붉은색 표시만이 예외다. 도대체 그런 예외는 왜 생겨났을까? 왜 피라미드를 만든 석공들은 '왕의 방' 위에 있는 비밀의 방들에는 붉은색 표시를 남겼으면서도, 1765년에 데이비슨이 발견한 데이비슨의 방에는 전혀 그런 표시를 남기지 않았을까? 왜 붉은색 표시들은 오직 바이스가 발견한 방들에서만 나왔을까?

바이스가 발견한 붉은색 표시(상형문자) 이외에도, 대피라미드의 여러 방에서는 돌의 위치를 잡기 위한 선과 화살표 등 여러 가지 표시들이 발견되었다. 그런 표시들은 석공들이 일하던 방의 지붕이 덮이지 않았을 때 만들어졌기 때문에, 그들은 똑바로 서서 돌아다니면서 아무런 방해도 받지 않고 그것들을 그렸고, 따라서 제대로 된 방향으로 그려져 있다. 그러나 그런 석공들의 표시 위에 혹은 그 주변에 그려진 상형문자들은 마치 허리를 굽히거나 쪼그리고 앉아서 그린 것처럼, 방향이 뒤집혀 있거나 수직으로 그려져 있다. 【그림145】 레이디 아버스넛의 방은 높이가 40~130센티미터였고, 웰링턴의 방 높이는 65~110센티미터였다.

'왕의 방' 위에 있던 비밀의 방들의 벽에 그려진 타원형 윤곽과 왕의 명칭들은 부정확하고 조잡하며 필요 이상으로 컸다. 대부분의 타원형 윤곽의 길이는 75~90센티미터였고, 어떤 경우에는 타원형 윤곽이 석판의 상당 부분을 차지하고 있었다. 마치 그것을 그려 넣은 사람이 가능한 한 많은 공간을 채우려고 했던 것으로까지 보인다. 그러나 그것은 같은 방들에서 발견된 진짜 석공들이 남긴 표시에서도 드러나는 것처럼, 고대 이집트 상형문자들의 정확함과 정교함 그리고 완벽한 비례 감각과는 완전히 반대되는 특징들이다.

웰링턴의 방 동쪽 벽 구석에 있는 몇 개의 표시들을 제외하면, 어떤 방에서도 동쪽 벽에서는 상형문자가 발견된 적이 없다. 또 캠벨의 방을 덮고 있는 아치형 둥근 천장의 동쪽 끝에 있는 의미 없는 몇 개의 선과 부분적인 새의 모습을 제외하고는, 다른 어떤 방의 동쪽 벽에서도 석공들이 남긴 선과 화살표들 이외의 상징은 전혀 발견되지 않았다.

바이스가 자신이 발견한 방들로 들어갈 때 모두 동쪽에서 구멍을 뚫고 들어갔다는 것을 생각해 보면, 이런 사실은 무척 이상하게 느껴진다. 고대의 석공들이 훗날 바이스가 동쪽에서 굴을 뚫고 들어올 것을 미리 알고 동쪽 벽에는 기록을 남기지 않았다는 말인가? 그것은 그림을 그린 누군가가 손상된 동쪽 벽보다는 파손되지 않은 북쪽이나 서쪽, 남쪽 벽을 선호했다는 증거가 아닐까?

달리 말해, 모든 수수께끼들은 바이스가 발견한 상형문자와 표식들이 피라미드가 건설되었던 고대에 만들어진 것이 아니라, 바이스가 피라미드 비밀의 방들에 들어간 이후에 만들어진 것이라고 본다면 해결된다.

바이스가 피라미드를 발굴하던 당시의 복잡한 상황은 그 스스로가 잘 묘사하고 있다. 기자의 피라미드 주변에서는 중요한 발견들이 이루어지고 있었지만, 정작 피라미드 안에서는 아무것도 발견되지 않고 있었다. 바이스가 혐오했던 카비글리아가 발견한 캠벨의 무덤에서는, 다양한 유물과 함께 붉은색의 상형문자들과 석공들의 표시들이 발견되었다. 바이스는 자기도 무엇인가를 발견하고 싶어 안달이 난 상태였다. 그러다가 마침내 그는 그때까지 알려지지 않았던 방을 찾아 뚫고 들어갔다. 그러나 그것들 모두는 이미 발견된 데이비슨의 방과 같은 모습이었고, 내부는 텅 비어 있었다. 바이스에게는 그동안 투자한 노력과 비용에 합당한 발견이 있어야만 했다. 명예를 얻고 역사에 남을 것을 찾아야 했던 것이다.

우리는 바이스의 기록을 통해, 그가 매일 낮 동안 힐을 피라미드에 있는 비밀의 방들에 들여보내, 거기에 웰링턴과 넬슨의 이름을 새기도록 했다는 것을 알고 있다. 혹시 힐은 밤에도 피라미드 내부로 들어가 그것을 지었다고 추정되는 파라오의 이름을 그려 넣은 것은 아니었을까?

앞에서 본 것처럼 버치는 자신의 감정서에서, '두 명의 왕 이름은 피라미드를 세웠던 당시 왕조의 지배자들을 위해 일하던 관리들의 무덤에서 이미 발견된 것들이었다'고 말했다. 따라서 피라미드 주변의 무덤들을 지은 장인들은 자신을 다스리던 파라오의 이름쯤은 정확히 알고 있었을 것이다. 그러나 1830년대의 이집트학은 여전히 태동 단계에 있었기 때문에, 헤로도토스가 'Cheops(쿠푸)'라고 불렀던 파라오를 나타내는 정확한 상형문자가 무엇인지 누구도 알지 못했다.

힐은 다른 인부들이 모두 돌아간 밤을 이용해 혼자서 새로 발견된 방들에 들어갔을 것이다. 그는 횃불에 의지해 방바닥에 허리를 굽히고 쪼그리고 앉아, 인상적인 붉은색 염료를 사용하여 어떤 다른 출처에서 나온 상형문자들을 힘들여 그려 넣었을 것이다. 손상되지 않은 벽을 이용해서 그는 자신이 보기에 그럴듯한 표시를 했던 것이다. 그 결과 웰링턴의 방과 레이디 아버스넛의 방에 말도 안 되는 잘못된 이름들이 남겨진 것이다.

기자의 피라미드 주변에 있는 무덤들에서 수없이 많은 이집트 제4왕조의 파라오 이름들이 발견되던 당시 상황에서, 도대체 어떤 타원형 윤곽을 베껴야 할지가 문제였을 것이다. 상형문자의 서체에 대해 공부한 적이 없는 힐은 복잡한 상징을 베껴 그리기 위해, 분명히 참고가 될 만한 책을 피라미드 안으로 들고 들어갔을 것이다. 바이스의 기록에서는 윌킨슨 경(Sir John Gardner Wilkinson)이 쓴 『상형문자 자료집 Materia Hieroglyphica』이라는 책이 유일하게 반복적으로 언급되고 있다. 그 책의 표지에서도 드러나듯이 윌킨슨은 독자들에게 '이집트 초기 시대부터 알렉산더의 정복 때까지 이집트 신화와 파라오들의 승계'를 알려 주는 것을 목적으로 책을 출판했다. 바이스가 기자의 피라미드들을 연구한다는 명목으로 그 지역을 약탈하기 9년 전인 1828년에 출판된 그 책은 영국의 이집트학자들에게 당대 최고의 교과서였다.

버치도 자신의 보고서에서 '웰링턴의 방에서 처음 등장한 타원형 윤곽과 비슷한 것'이 윌킨슨의 책을 통해 출판된 적이 있다고 언급한 바 있다. 따라서 우리는 바이스가 발견한 첫 번째 방인 웰링턴의 방에 힐이 그려 넣은 타원형 윤곽의 출처에 대해 분명한 암시를 얻을 수 있다. 【그림146b】

그런데 윌킨슨의 책을 보면, 당시 바이스와 힐이 처한 난감한 상황을 이해할 수 있게 된다. 왜냐하면 그 책은 구성과 내용이 엉망일 뿐 아니라, 거기 묘사된 타원형 윤곽들은 모두 크기가 작고, 제대로 그려져 있지도 않으며, 인쇄 상태도 무척 나쁘기 때문이다. 윌킨슨은 파라오의 이름을 어떻게 읽어야 할지 분명하게 알지 못했을 뿐만 아니라, 돌에 새겨진 상형문자들이 어떻게 선형 글자체로 옮겨져야 하는지에 대해서도 잘 알지 못하고 있었던 것 같다. 문제가 가장 심각한 것은 원형 상징들이었는데, 이집트 기념물들에는 원형 상징이 완전히 검은색으로 나타나거나 ●, 속이 비어 있거나 ○, 선형문자로 쓸 때는 가운데 점이 있는 모양 ⊙으로 나타난다. 윌킨슨은 자신의 책에서 쿠푸나 케프라의 타원형 윤곽 안에 어떤 때는 검은색 원형 상징을 그려 넣기도 하고, 어떤 때는 가운데 점이 있는 원형 상징을 그려 넣기도 했다.

힐은 윌킨슨의 책에 있는 내용을 충실히 따랐던 것으로 보인다. 그러나 그가 베낀 타원형 윤곽들은 모두 파라오 크눔(Khnum)의 타원형 윤곽을 변형한 것들이었다. 따라서 시간적으로 보자면 1837년 5월 7일까지는 모두 '양'이 그려진 타원형 윤곽만이 피라미드 안에 그려졌다. 그러다가 5월 27일에 캠벨의 방이 뚫리고 나자, 파라오 쿠푸의 이름이 새겨진 생생하고 결정적인 타원형 윤곽이 발견된 것이었다. 어떻게 그런 기적이 일어났을까?

이 의문에 대한 단서는 바이스의 기록에 들어 있는 의심스러운 대목에서 발견할 수 있다. 그 대목은 피라미드 외벽의 덮개돌에 대한 것인데, 바이스는 '거기에는 글씨나 조각이 전혀 없었다. 또 어떤 글씨나 조각도 피라미드 외부나 그 주변에 있는 돌들에서 발견되지 않았다. 물론 피라미드 주변의 돌들에서 발견된 채석장 표시를 제외하고 말이다'라고 기록했다. 그는 또 다른 예외를 언급했다. '수피스(Suphis, 쿠푸)의

【그림 148a】 피라미드 외부에서 발견된 쿠푸의 타원형 윤곽 일부

【그림 148b】 캠벨의 방에서 발견된 완전한 쿠푸의 타원형 윤곽

타원형 윤곽의 일부가 길이 15센티미터, 폭 10센티미터 정도 되는 갈색 돌에 새겨져 있었다. 그것은 6월 2일에 북쪽에 있는 언덕에서 발견됐다'는 것이다. 바이스는 그것을 일기에 기록해 놓았다. 【그림 148a】

도대체 바이스는 대영박물관의 의견을 듣기도 전에 어떻게 그것이 '수피스의 타원형 윤곽 일부'라는 사실을 알고 있었던 것일까? 아마도 바이스는 그보다 일주일 전인 5월 27일에 자신이 이미 캠벨의 방에서 완전한 모양의 타원형 윤곽을 발견했기 때문에 그런 사실을 알고 있었다고, 다른 사람들이 믿어 주기를 바랐던 것 같다. 【그림 148b】

그러나 진짜 의심이 가는 대목이 바로 그곳이다. 바이스는 위에 인용한 기록에서 쿠푸의 타원형 윤곽의 일부가 그려진 돌을 6월 2일에 발견

했다고 적었다. 그런데 바이스는 그 사실을 5월 9일의 일기에 기록해 놓았다! 바이스는 이런 식으로 날짜를 바꾸어서, 다른 사람들로 하여금 피라미드 외부에서 발견된 부분적인 타원형 윤곽이 피라미드 안에서 발견된 완전한 타원형 윤곽과 일치한다고 믿게 하려고 했던 것이다. 그러나 바이스가 말하는 날짜들을 잘 살펴보면 그것이 속임수임이 드러난다. 바이스는 캠벨의 방을 발견하기 18일 전인 5월 9일에 이미 자신들이 찾아야 하는 타원형 윤곽의 완벽한 모습이 어떤 것인지를 알고 있었다는 말이 되기 때문이다. 그런데 어찌된 일인지 같은 날 바이스와 힐은 자신들이 알고 있는 쿠푸의 타원형 윤곽에서 뭔가 빠진 것이 있다는 것도 깨달았던 것으로 보인다.

그런 정황이 왜 바이스와 힐이 레이디 아버스넛의 방을 발견한 직후 거의 매일같이 카이로를 드나들었는지를 설명해 준다. 피라미드 안에서도 할 일이 많은 그때에 왜 그들이 카이로에 드나들어야 했는지, 바이스는 설명하지 않고 있다. 우리가 보기에 그들을 강타한 긴급한 사건은 세 권으로 된 윌킨슨의 새로운 저서, 『고대 이집트인들의 관습과 생활 *Manners and Customs of the Ancient Egyptians*』의 출판이었던 것 같다. 1837년 초에 런던에서 출판된 그 책은 피라미드 내부에서 극적이고 긴장된 사건들이 일어나고 있던 그 무렵에 카이로에 도착했음이 틀림없다. 전과는 달리 깨끗하고 선명하게 인쇄된 그 책에는 바이스와 힐이 이미 베낀 양이 그려진 타원형 윤곽뿐만 아니라, 윌킨슨이 '수푸(Shufu) 혹은 수피스(Supis)'라고 읽어 낸 새로운 타원형 윤곽이 포함돼 있었다. 【그림149】

윌킨슨의 새로운 책은 바이스와 힐에게 큰 충격을 주었음이 분명한데, 윌킨슨이 양이 그려진 타원형 윤곽에 대한 생각을 바꾼 것처럼 보였

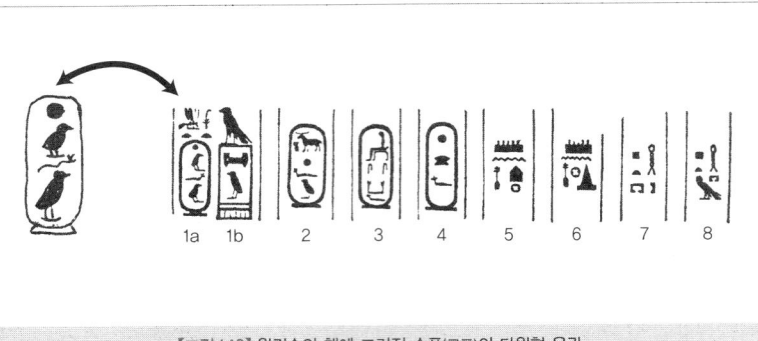

[그림149] 윌킨슨의 책에 그려진 수푸(쿠푸)의 타원형 윤곽

기 때문이다. 【그림149의 2】새로운 책에서 윌킨슨은 양이 그려진 타원형 윤곽을 '센-수피스(Sen-Suphis)'가 아닌, '눔바-쿠푸(Numba-khufu) 혹은 켐베스(Chembes)'라고 읽었다. 윌킨슨은, 대피라미드 주변에서 많은 타원형 윤곽들이 발견되었는데 '그림 149'의 1a가 '수피스(Suphis), 혹은 상형문자 표기대로 읽자면 수푸(Shufu) 또는 쿠푸(Khufu)로 여겨진다'고 덧붙였다. 따라서 그것이야말로 대피라미드 안에 그려 넣어야 할 올바른 상징이었던 것이다!

그러면 도대체 윌킨슨의 양이 그려진 타원형 윤곽【그림149의 2】은 어떤 파라오를 말하는 것인가? 윌킨슨은 누구의 것인지 확실히 말하기 어렵다고 하면서, '1과 2가 모두 수피스를 뜻하는지, 2는 다른 피라미드를 세운 사람을 말하는지' 결정하기 어렵다고 인정하고 있다.

이런 미완의 소식을 접한 바이스와 힐은 어떻게 했을까? 그들은 윌킨슨의 다른 이야기에서 암시를 받아 그것을 따랐는데, 윌킨슨은 그 두 개의 이름이 '시나이 산에서도 발견됐다'고 말했기 때문이다.

사실 윌킨슨의 진술은 그의 글이 종종 그렇듯이 부정확한 것이었는데, 그가 말하는 상형문자는 시나이 산에서 발견된 것이 아니라 시나이 반도의 터키석 광산 지역에서 발견된 것이기 때문이다. 그것들은 1832년에 드 라보르드(Léon de Laborde)와 리나(Linat)라는 사람들이 뛰어난 삽화와 함께 시나이 반도를 소개한 책을 통해 알려졌다. 그 책에는 시나이 반도의 광산지대로 이어지는 막하라(Maghara) 와디에 있는 유물과 상형문자들의 그림이 포함돼 있었다. 막하라 와디에는 수많은 이집트의 파라오들이 자신들이 어떻게 아시아 민족들의 침입을 물리치고 광산 지역을 지켰는지를 바위에 새겨 남겨 두었다. 그중 하나를 보면 윌킨슨이 언급한 두 개의 타원형 윤곽이 들어 있다. 【그림150】

바이스와 힐이 프랑스어가 통용되던 카이로에서 드 라보르드의 책을 찾아내는 일은 어렵지 않았을 것이다. 그리고 '그림 150'을 보고 그들은 윌킨슨의 의심이 해소됐다고 생각했었을 것이다. 즉 같은 파라오의 이름이 하나는 양의 상징과 함께, 다른 하나는 쿠푸로 읽히는 상형문자와 함께 나타나고 있었던 것이다. 따라서 5월 9일에 바이스와 힐, 그리

【그림150】 막하라 와디에서 발견된 두 개의 타원형 윤곽

위조된 파라오의 이름 491

고 페링은 타원형 윤곽이 하나 더 필요하며 그것이 어떻게 생겼는지에 대해서도 알게 된 것이다.

5월 27일에 캠벨의 방이 뚫렸을 때, 그 세 사람은 기다릴 이유가 뭐가 있냐고 자신들에게 물었을 것이다. 그렇게 해서 마침내 대피라미드의 가장 위쪽에 있는 벽에 '그림 146a'와 같은 쿠푸의 이름이 새겨진 타원형 윤곽이 그려진 것이다. 결국 바이스에게는 부는 아니지만 명예가 보장됐으며, 힐도 빈손으로 물러나지는 않았다.

사건이 일어난 지 150년이 지난 지금, 대피라미드 안에서 정말 그런 일이 일어났다고 말할 수 있을까?

있다. 왜냐하면 대부분의 위조자들과 마찬가지로 힐도 수많은 황당한 실수 가운데 정말 중대한 실수를 저질렀기 때문이다. 그리고 그런 실수는 고대의 서기라면 절대 저지를 수 없는 것이었다.

바이스와 힐이 안내서로 삼았던 두 권의 책에는 철자상의 오류가 있었던 것으로 훗날 밝혀졌다. 그러나 그런 사실을 알 수 없었던 위조범들은 그 오류를 대피라미드 안에 그대로 남겨 놓았다.

버치도 지적했듯이 쿠푸(Kh-u-fu)의 첫 번째 자음인 Kh에 해당하는 상형문자는 원 안에 사선이 들어가 있는 모습 ●인데, '윌킨슨의 책에서는 태양 모양의 원과 구분되어 있지 않다'. 따라서 바이스가 발견한 처음 두 개의 방에서는 Kh를 나타내는 상형문자가 모두 표기되어 있어야 함에도 불구하고, 제대로 된 것이 한 번도 나타나지 않고 있다. 그 대신에 Kh라는 자음은 태양을 나타내는 원으로 그려져 있다. 따라서 그것을 그려 넣은 사람은 윌킨슨의 실수를 그대로 저지른 것이었다.

그리고 바이스와 힐이 드 라보르드의 책을 손에 넣은 후에는 거기 그려진 그림 때문에 문제가 더 심각해졌다. 그가 그린 바위 조각상을 보면 오른쪽에는 쿠푸(Kh-u-fu)라는 타원형 윤곽이 있고, 왼쪽에는 크눔-쿠-프(Khnum-kh-u-f)라는 타원형 윤곽이 있다. 자신이 상형문자에 무지하다는 사실을 인정하며 상징들을 해석하려는 시도를 아예 하지 않았던 드 라보르드는 Kh에 해당하는 상징을 속이 빈 원 ○으로 표기했다.【그림150 참조】

그런데 실제 바위에는 Kh를 나타내는 상징이 사선이 그려진 원 ◉으로 올바르게 표시되어 있다는 것이 학계의 권위 있는 학자들에 의해 확인된 바 있다. 드 라보르드는 또 다른 치명적인 실수를 저질렀는데, 서로 다른 두 명의 파라오에 의해 완전히 다른 글자체로 쓰인 두 개의 붙어 있는 비문을, 두 개의 파라오의 이름이 들어 있는 하나의 비문으로

【그림151】두 명의 파라오에 의해 새겨진 비문의 실제 모습

그렸다는 것이다. '그림 151'을 보면 그것을 분명하게 확인할 수 있다.

결국 드 라보르드의 그림을 보고 바이스와 힐은 대피라미드의 맨 윗방에 새길 쿠푸의 타원형 윤곽은 태양을 나타내는 원과 함께 그려야 한다고 더 굳게 믿게 되었다. [그림 146a 참조] 그런데 그렇게 함으로써 위조자가 새겨 넣은 것은 이집트 최고의 신인 라(Ra)를 나타내는 상형문자 상징과 음성 기호였다! 그들이 적은 단어는 쿠푸(Khufu)가 아닌 라우푸(Raufu)였던 것이다. 그는 이집트의 위대한 신의 이름을 쓰지 말아야 할 곳에 헛되이 썼으며, 이는 고대 이집트에서는 불경죄에 해당되는 일이었다.

그것은 파라오 시대의 이집트 서기로서는 절대로 상상할 수 없는 실수였다. 이집트의 수많은 유물과 비문들에서 확인할 수 있듯이, 라를 상징하는 기호인 ⊙와 Kh를 상징하는 기호인 ● 은 서로 다른 비문에서는 물론이고 같은 서기가 쓴 동일한 비문에서도 항상 정확하게 구분되어 사용되었다.

그러므로 Kh 대신 Ra에 해당하는 상징을 쓴 것은 쿠푸의 시대뿐만 아니라 고대 이집트의 어떤 파라오 시대에서도 일어날 수 없는 실수였다. 그런 중대한 실수는 상형문자를 전혀 모르고, 쿠푸에 대해 알지 못하며, 라에 대한 숭배가 얼마나 중요한지를 모르는 사람만이 저지를 수 있는 것이었다.

바이스에 의해 보고된 발견에 내재된 수많은 문제와 설명이 불가능한 측면들 중에서도 Kh에 대한 상징을 잘못 표시했다는 것이야말로, 대피라미드 안에 붉은색 표시를 한 것이 대피라미드를 만든 사람들이 아니라 바이스와 그의 협력자들이라는 사실을 확실하게 보여 주는 증거가 될 것이다.

그런데 영국과 오스트리아의 영사, 그리고 아버스넛 경 부부와 같은 외부 방문자들이 오래전에 그려진 비문과는 달리 새것처럼 보였을 비문의 위조를 눈치 챌 가능성은 없었을까? 이에 대해서는 문제가 되고 있는 인물 중의 한 사람인 페링이 『기자의 피라미드 The Pyramids of Gizeh』라는 자신의 책에서 답을 제시하고 있다. 그는 고대의 비문에 사용된 염료는 '아랍인들이 모그라(moghrah)라고 부르는 붉은색 오커(ochre, 황토색 물감) 혼합물로 지금도 여전히 사용되고 있다'고 언급했다. 페링은 또 그런 염료가 당시에도 구할 수 있을 뿐 아니라, '채석장 표시의 보존 상태가 워낙 좋아서, 어제 표시된 것과 3,000년 전에 표시된 것을 구분하기 어려울 정도다'라고 적고 있다.

다시 말해 위조범들은 자신들이 사용한 염료에 대해서 확신을 갖고 있었던 것이다.

한 가지 더 따져 볼 일은 바이스와 힐, 그리고 암묵적으로 동조했던 것으로 보이는 페링이 이런 수준의 위조를 저지를 정도의 도덕성밖에 갖지 못한 인물들이었던가 하는 점이다.

바이스가 피라미드 발굴에 뛰어든 정황이나, 카비글리아에 대한 그의 태도, 그가 남긴 발굴 일지, 시간과 돈이 고갈되면서 중요한 발견을 해야겠다고 마음먹었던 것 등을 보면 그는 그러고도 남을 인물이다. 그리고 바이스가 자신의 책 서문에서 칭찬을 아끼지 않았던 힐은, 바이스를 처음 만났을 때는 구리 제련소의 직원에 불과했지만 바이스가 이집트를 떠날 때는 카이로 호텔의 주인이 됐다. 또 토목기사에서 이집트학자로 변신한 페링으로 말하자면, 뒤에 일어난 사건이 그의 인물됨을 대변한다. 왜냐하면 그는 첫 번째 위조의 성공에 고무되어, 바이스와 함께 한 개 혹은 그 이상의 추가적인 위조를 감행했기 때문이다.

대피라미드에서 여러 가지 발견들이 이루어지고 있을 때에도, 바이스는 다른 두 개의 피라미드 내부와 외부에서 카비글리아가 하던 작업들을 마지못해 계속 진행하고 있었다. 그러다가 대피라미드에서 자신이 발견한 것으로 인해 명성을 얻게 되자, 바이스는 영국으로 돌아가는 것도 미루고 다른 두 개의 피라미드의 비밀을 파헤치는 데 집중한다.

두 번째 피라미드에서는 돌 위에 새겨진 붉은색 표시들을 제외하고는 중요하다고 볼 수 있는 것이 아무것도 발견되지 않았는데, 카이로의 전문가들에 따르면 그 붉은색 표시들조차도 피라미드의 내부가 아니라 외부의 신전이나 부속 건물들에 속한 돌에서 나온 것이었다. 그러나 세 번째 피라미드의 내부에서 바이스의 노력에 보답하는 발견이 이루어졌다. 앞에서 간략하게 언급한 것처럼, 1837년 7월 말에 바이스의 인부들이 '묘실'로 뚫고 들어가, 거기서 아름답게 장식되기는 했지만 속은 텅 비어 있는 돌로 된 '관'을 찾아냈다.【그림152】 그 방의 벽에 새겨져 있는 아랍어들과 여러 가지 증거들로 볼 때, 그곳에 '많은 사람들이 이미 다녀갔음'을 알 수 있었다. 그리고 피라미드 내부의 방과 통로의 바닥은 '많은 사람들이 다니고 또 다녀서 닳아 반짝거릴 정도였다'.

그러나 그렇게 많은 사람들이 드나들었고 빈 관밖에 없던 피라미드에서 바이스는 그것을 만든 사람에 대한 증거를 찾아냈다. 대피라미드 안에서 그가 발견한 것과 필적할 만한 업적이었다!

조작된 멘카라의 피라미드

바이스가 '큰 방'이라고 불렀던 커다란 직사각형의 방에서, 아랍어로 된 낙서들과 함께 엄청난 쓰레기 더미가 발견됐다. 바이스는 그 방이 '테베나 아부 심벨에 있던 장례 신전과 같은 것'이라고 여겼다. 그리고

[그림152] 바이스가 돌로 된 '관'을 찾아낸 세 번째 피라미드의 '묘실'

쓰레기 더미를 제거하자,

> 석관의 뚜껑 중 상당 부분이 발견됐다. (…)
> 그 근처에서 석판 위에 놓여 있는 미라를 담아 두었던 상자의 윗부분이 발견 됐는데, 거기에는 멘카레(Menkahre)의 타원형 윤곽을 포함한 상형문자들이 새겨져 있었다. 또 그것과 함께 다리뼈와 발뼈, 갈비뼈와 척추뼈가 노란색의 거친 양모 천에 싸인 채 발견됐다. (…)
> 나중에 더 많은 나무판과 천 조각들이 쓰레기 더미에서 발견됐다.
> 석관을 옮길 수 없었기 때문에 그 안에 있던 나무 상자만 빼내 '큰 방'으로 옮겨 조사했던 것으로 보인다.

바이스가 만들어 낸 이야기는 다음과 같다. 그로부터 수 세기 전에 아랍인들이 석관이 있던 '무덤' 방으로 들어갔다. 그들은 석관을 발견하고 석관의 뚜껑을 열었다. 석관 안에는 미라가 든 나무 관이 있었는데, 그 미라는 피라미드를 건설한 파라오였다. 아랍인들은 석관과 미라를 조사하기 위해 그것들을 '큰 방'으로 옮겼으며, 그러는 중에 그것들이 파손됐다. 그런데 바이스가 모든 잔해들을 찾아냈고, 심지어는 헤로도토스가 미케리노스(Mycerinus)라고 불렀던 파라오 '멘카라(Men-ka-ra)'의 타원형 윤곽이 새겨진 미라 상자까지도 찾아낸 것이다. 【그림 153】 바이스는 대피라미드와 세 번째 피라미드를 지은 두 명의 파라오를 모두 찾아낸 것이었다.

아쉽게도 거기서 발견된 석관은 영국으로 옮기던 도중 바다에 침몰되었다. 그러나 다행히 미라 상자와 뼈들은 대영박물관에 안전하게 도착했다. 그 결과 버치는 대피라미드에서 발견됐다는 붉은색 표시들을 조사하던 때와는 달리, 복사물이 아닌 실제로 기록된 상형문자를 조사할 수 있게 됐다. 그런데 버치는 곧바로 의문을 제기했다. '미케리노스의 관'은 이집트 제4왕조 시대의 다른 기념물들과는 '상당히 다른 형태를 보이고 있다'는 것이 그의 의견이었다. 그러나 윌킨슨은 그와 달리, 그 미라 상자야말로 세 번째 피라미드를 누가 건설했는지에 대한 믿을 만한 증거라고 받아들였다. 하지만 윌킨슨도 미라 자체에 대해서는 의구심을 제기했는데, 미라를 감싼 천들이 제4왕조 시대의 것이라고 볼 정도로 오래돼 보이지

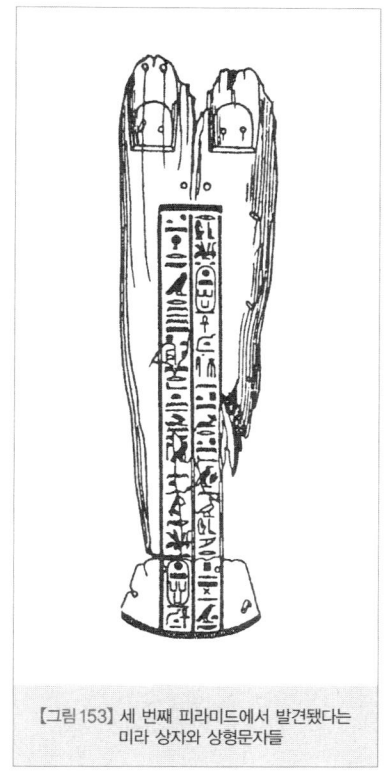

【그림153】 세 번째 피라미드에서 발견됐다는 미라 상자와 상형문자들

않았기 때문이었다. 또 마스페로는 1883년에 '멘케레(Menchere) 왕의 나무 관 뚜껑은 제4왕조 때의 것이 아니다'라고 말하면서, 아마 그것이 제25왕조 때 복원됐을 것이라고 여겼다. 그리고 1892년에 세테(Kurt Sethe)는 그 관 뚜껑이 '제25왕조 이후에 만들어졌을 것'이라고 대다수 학자들의 의견을 정리해서 발표했다.

현재는 모두 밝혀진 것과 같이, 바이스가 발견한 미라 상자와 뼈는 원래 피라미드가 지어졌을 때 함께 들어간 것이 아니었다. 에드워즈(I. E. S. Edwards)의 표현을 빌리자면, '원래의 묘실에서 바이스 대령은 인

골 일부와 미케리노스의 이름이 새겨진 사람 모양을 한 나무 관 뚜껑을 발견했다. 그 뚜껑은 현재 대영박물관에 보관되어 있는데, 절대로 미케리노스의 시대에 만들어진 것이 아니다. 왜냐하면 그것은 사이스 왕조 이전에는 사용되지 않던 형태이기 때문이다. 또한 방사선 탄소 측정 결과 거기서 발견된 인골도 초기 기독교 시대의 것으로 밝혀졌다'.

그러나 바이스가 발견한 것이 진품이 아니라고 부정하는 것만으로는 문제의 핵심에 이르지 못한다. 만약 유물들이 처음부터 매장된 것이 아니라면 약탈장이 있었다는 말이 되는데, 그렇다면 최소한 미라와 관은 같은 시대의 것이어야 한다. 그런데 그것도 아니었다. 따라서 누군가 각기 다른 곳에서 발견된 미라와 미라 뚜껑을 함께 넣어 두었다는 말이 된다. 그렇다면 결론은, 바이스가 발견했다는 것은 실상은 의도적인 고고학적 사기에 불과하다는 것이다.

혹시 그런 불일치가 우연의 일치 때문에 생길 수는 없었을까? 즉 피라미드 안에서 발견된 것들이 서로 다른 시기에 있었던 두 번의 약탈장의 결과는 아니었을까? 그러나 관 뚜껑에 멘카라의 타원형 윤곽이 새겨져 있다는 사실에 비추어 그런 일은 있을 수 없는 것이었다. 멘카라의 타원형 윤곽은 세 번째 피라미드 주변에서 발견된 동상들과 비문에서, 그리고 그에 부속된 신전들에서도 발견되고 있었다. 멘카라의 타원형 윤곽이 그려진 관 뚜껑 역시도 세 번째 피라미드의 주변에서 발견됐을 가능성이 높다. 또 그 관이 후대에 만들어졌다는 증거는 그 모양뿐만 아니라 거기 사용된 단어들에서도 확인된다. 즉 거기에 기록된 글은 「사자의 서」에 등장하는 오시리스에게 바치는 기도문인 것이다. 그런 글이 제4왕조 시대에 사용됐다는 것은, 아는 것은 많았지만 사람을 잘 믿었던 버치까지도 '놀랍다'고 표현할 정도였다. 하지만 그렇다고 해서 그 관의 뚜껑이 일부 학자들이 주장하듯이 반드시 제25왕조 이후에 '복원된' 것이었다고 볼 이유는 없다. 왜냐하면 우리는 아비도스(Abydos)에서 발견된 세티 1세의 이집트 왕 연대기에서, 제6왕조의 8대 파라오도 역시 멘카라라고 불렸고 그 이름의 철자도 비슷한 방식으로 기록되었다는 것을 알고 있기 때문이다.

어쨌든 이런 정황으로 볼 때, 누군가 세 번째 피라미드의 근처에서 관을 먼저 발견했음이 분명하다. 그것이 중요한 발견이라는 사실은 곧 인식되었다. 왜냐하면 바이스의 기록에서도 확인할 수 있듯이, 그는 한 달 전쯤에 이미 세 번째 피라미드 남쪽에 있는 세 개의 작은 피라미드 중 한가운데에 있는 피라미드 묘실의 지붕에, 붉은색으로 멘카라라는 이름이 적혀 있는 것을 발견했기 때문이었다. 그 후에 바이스와 그의 일당들은 세 번째 피라미드 안에서 그것을 발견한 것처럼 꾸미자는 생각을 하게 된 것이다.

세 번째 피라미드 내부에서의 발견은 바이스와 페링의 공으로 알려졌다. 힐의 도움이 있었는지 없었는지는 모르지만, 어떻게 그 두 사람이 그런 사기극을 벌일 수 있었던 것일까?

다시 한번 바이스가 기록한 글을 보면 진실의 일단이 드러난다. 바이스는, '처음 유물이 발견됐을 때는 그 자리가 아닌 영국에 있었던 라벤(Raven)에게', 객관적인 증인이 되어 '발굴 상황을 설명하는 보고서를 써 달라'고 부탁했다. 재주 좋게도 때맞춰 발굴 현장에 도착한 라벤은 바이스를 '경(Sir)'이라고 호칭하며, '당신의 충직한 종'이라고 서명한 증명서를 남겼다.

입구에 있는 커다란 방에서 인부들이 여러 날 동안 일을 해 동남쪽 구석까지

들어가면서 쓰레기들을 치우자, 쓰레기 더미 속에서 몇 개의 뼈 조각들이 발견됐다. 그리고 나머지 뼈들과 관의 일부가 곧바로 함께 발견됐다. 그러나 그 방에서는 관의 다른 부분이나 다른 뼈들이 더 이상 발견되지 않았다.
그래서 나는 전에 그 방에서 나온 쓰레기 더미를 다시 조사하게 했다. 그러자 관의 조각들과 미라를 감쌌던 천 일부가 발견됐다.
관의 조각들을 더 찾기 위해 피라미드의 내부를 샅샅이 살폈지만 더 이상 다른 조각들은 발견되지 않았다.

이제 정말 무슨 일이 있었는지 더 잘 이해할 수 있게 됐다. 며칠 동안 인부들은 '큰 방'에서 쓰레기들을 치웠고 그것들을 한쪽에 쌓아 두었다. 분명히 쓰레기를 치우면서 살펴보았겠지만 아무것도 발견하지 못했다. 그러다가 마지막 날에 방의 동남쪽 구석의 쓰레기들만이 남아 있을 때, 약간의 뼈와 나무 관의 일부가 발견됐다. 그리고 '그 방에서는 관의 다른 부분이나 다른 뼈들은 더 이상 발견되지 않았다'. 그러자 방에서 나온 90센티미터 정도 높이로 쌓인 쓰레기 더미들을 '다시 조사'하게 되었고(처음으로 조사하는 것이 아니라), 놀랍게도 더 많은 뼈와 함께 가장 중요한 멘카라의 타원형 윤곽이 새겨진 관의 일부가 발견됐다는 것이다.

나머지 뼈들과 관 조각들은 도대체 어디에 있었던 것일까? '관의 조각들을 더 찾기 위해 피라미드의 내부를 샅샅이 살폈지만' 아무것도 발견하지 못했다. 따라서 그것들이 오래전에 누군가에 의해 기념품으로 사라진 것이 아니라면, 누군가 자신들의 발견을 정당화하기에 충분할 만큼의 유물들만 피라미드 안으로 들여온 것이라고 생각할 수밖에 없다. 아마도 완전한 상태의 관과 미라는 처음부터 없었거나, 피라미드 안으로 몰래 들여오기에는 너무 부담스러웠을 것이다.

이 두 번째 중요한 발견에 대한 학자들의 찬사를 받으며 바이스는 대령에서 장군으로 승진했고, 바이스와 페링은 조세르의 계단식 피라미드에서 조세르의 이름이 쓰인 돌을 발견하기에 이른다. 물론 붉은색 염료로 그려진 것이었다. 바이스의 기록을 통해서는 그것도 위조였는지를 밝힐 만한 충분한 세부 사항을 알 수 없다. 그러나 또 다른 피라미드 건설자에 대한 증거를 같은 사람들이 또 다시 발견했다는 것은 놀라운 일이 아닐 수 없다.

대부분의 이집트학자들이 추가적인 조사도 해보지 않고 쿠푸의 이름이 대피라미드 안에 적혀 있다는 것을 사실로 받아들이는 데 반해, 가디너 경(Sir Alan Gardiner)은 그 문제에 대해 의문을 제기했다. 그는 자신의 『파라오의 이집트 Egypt of the Pharaohs』라는 저서에서 Ra와 Kh라는 상형문자의 차이를 명백히 보여 주는 타원형 윤곽들을 제시했다. 그는 쿠푸를 나타내는 타원형 윤곽은 '여러 채석장과 그의 친족과 귀족들의 무덤 그리고 후대의 글에서도 발견되고 있다'고 기록했다. 그런데 여기서 그가 대피라미드 안에서 발견된 쿠푸의 타원형 윤곽을 언급하고 있지 않는 점이 흥미롭다. 또 그는 세 번째 피라미드에서 바이스가 발견한 것에 대해서는 물론이고, 바이스의 이름 자체도 거론하지 않고 있다.

만약 기자의 피라미드들을 당대의 파라오들이 건설했다고 추정되는 증거들이 효력을 상실했다면, 이제는 더 이상 인벤토리 스텔라의 내용을 의심할 이유가 없다. 거기에는 분명히 쿠푸가 이시스와 오시리스를 경배하기 위해 기자에 왔을 때, 스핑크스와 세 개의 피라미드가 이미 세워져 있었다고 적혀 있기 때문이다.

또한 그 세 개의 피라미드가 '신들'에 의해 만들어졌다는 우리들의 주장을 반박할 만한 아무런 증거도 없다. 오히려 세 개의 피라미드와 관련된 모든 정황이 그것들은 인간이 인간을 위해 만든 것이 아니라는 사실을 보여 주고 있다.

이제 세 개의 피라미드가 어떻게 네필림의 우주선 기지로 통하는 항로 안내 표지로 역할을 했었는지 살펴보기로 하자.

14

스핑크스의 시선(視線)

| **착륙 좌표로서의 피라미드** |

시간이 지나면서 기자의 피라미드들은 아라라트 산의 봉우리들을 초점으로 하고 예루살렘을 통제 센터로 해서, 시나이 반도에 있는 우주선 기지로 우주선을 안내하는 착륙 좌표의 한 '축'이 된다.

그러나 처음에는 피라미드 자체가 그 위치와 형태 그리고 배열로 인해 네필림들의 우주선을 위한 안내 표지 역할을 했었다. 앞서 살펴본 것처럼, 모든 피라미드들의 핵심부는 메소포타미아에 있는 지구라트를 모방한 계단형 피라미드였다. 그러나 '하늘에서 내려온 신들'이 기자에 있는 세 번째 피라미드를 축척 모델로 시험해 본 결과, 지구라트의 윤곽과 그것의 그림자, 그리고 계속해서 움직이는 모래 등이 신뢰할 만한 항로 안내 표지가 되기에는 부적합하다는 결론을 내렸던 것으로 보인다.

그래서 그들은 계단식 피라미드에 외벽을 쌓아 '진짜' 피라미드를 만들었다. 그리고 거기에 (빛을 반사하는) 흰색 석회암 덮개돌을 덮어 빛과 그림자의 완벽한 조화를 이루어 냈고, 그것을 통해 방향을 정확하게 지시할 수 있게 만들었다.

1882년에 발라드(Robert Ballard)는 기차를 타고 가면서 창을 통해 기자의 피라미드를 관찰했는데, 계속해서 변화하는 피라미드들의 배열을 보고 자신의 위치와 방향을 파악할 수 있다는 것을 깨달았다.【그림154】 그는 또 기자의 피라미드들이 피타고라스의 직각 삼각형의 정리에 의해 경사면 길이의 비율이 3 : 4 : 5로 되어 있다는 것도 밝혀냈다. 피라

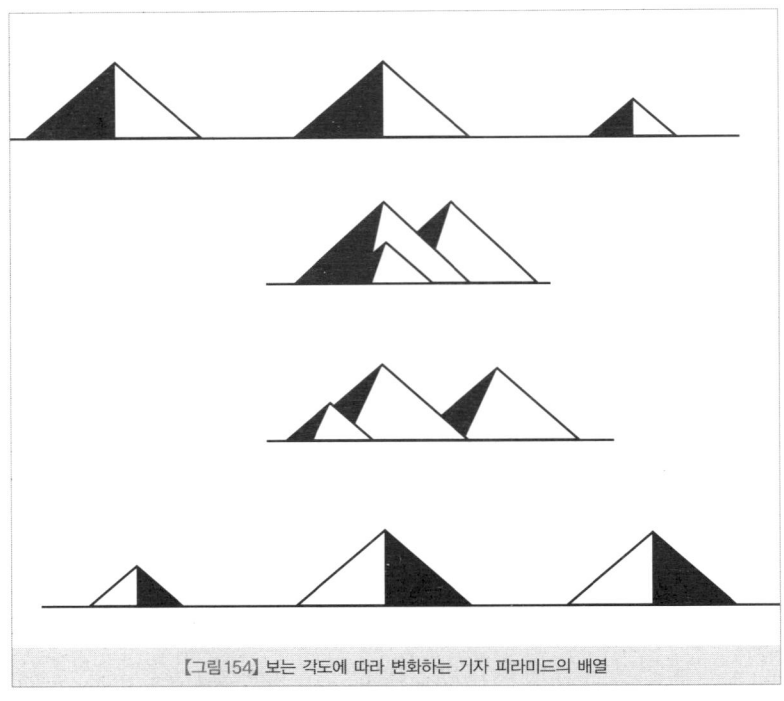

【그림154】 보는 각도에 따라 변화하는 기자 피라미드의 배열

미드 연구자들은 또 기자의 피라미드가 만들어 내는 그림자들이 거대한 해시계의 역할을 할 수 있으며, 그림자의 방향과 길이를 통해 계절과 시간을 알 수 있다는 사실도 밝혀냈다.

그러나 가장 중요한 것은 피라미드의 윤곽과 그림자가 하늘에 있는 관찰자에게 어떻게 보이느냐 하는 것이었다. '그림 155'의 항공사진에서 알 수 있듯이 피라미드는 마치 화살표와 같은 그림자를 만들어 내고 있으며, 그것은 놓칠 수 없는 방향 표시의 역할을 하고 있다.

아눈나키들이 제대로 된 우주선 기지를 건설할 준비를 갖추게 되면서, 바알베크에서 필요하던 것보다 훨씬 더 긴 착륙 회랑이 필요해졌다.

【그림 155】 항공사진을 통해 본 피라미드의 그림자들

아눈나키들은 대홍수 이전에는 근동에서 가장 눈에 잘 띄는 산인 아라라트 산을 메소포타미아에 있던 우주선 기지의 초점으로 삼았었다. 같은 이유에서 그들이 다시 그 산을 새로운 우주선 기지의 초점으로 삼았다는 것은 놀라운 일이 아니다.

기자의 피라미드에 대해 조사하고 연구하면 할수록 삼각 분할과 기하학적 완벽함에 부합하는 '우연의 일치'들이 발견되듯이, 아눈나키들에 의해 만들어진 착륙 좌표들도 밝혀내면 밝혀낼수록 삼각 분할과 기하학적으로 완벽한 '우연의 일치'들이 발견된다. 만약 아라라트 산이 새로운 착륙 회랑의 초점 역할을 했다면, 착륙 회랑의 서북쪽 경계뿐만 아니라 동남쪽 경계도 아라라트 산을 지나야 한다. 그렇다면 시나이 반도 쪽에 있었을 그 동남쪽 경계선은 어디에서 시작했을까?

성 캐서린 산은 서로 크기가 비슷하지만 다소 낮은 화강암 산봉우리들 사이에 위치하고 있다. 팔머 선장과 팔머 교수가 이끌었던 영국의 측량 조사단이 시나이 반도를 조사했을 때, 그들은 성 캐서린 산이 가장 높은 봉우리이기는 하지만 지질학적인 육상 표식이 될 만큼 확실히 눈에 띄지는 않는다는 사실을 발견했다. 그 대신에 조사단은 움 슈마르 산을 선택했다.【그림156】그 산의 높이는 약 2,600미터로 높이로만 보자면 성 캐서린 산과 거의 비슷했는데, 조사단이 실제 높이를 재기 전까지는 성 캐서린 산보다 높다고 여겨졌었다. 그런데 성 캐서린 산과 달리 움 슈마르 산은 홀로 우뚝 솟아 있었기 때문에 절대로 놓칠 수 없는 산이었다. 또 그 산의 정상에서는 페르시아 만과 수에즈 만을 모두 볼 수 있었으며, 동서남북 모두를 막힘없이 내려다볼 수 있었다. 이런 이유들 때문에, 영국 측량 조사단의 팔머 선장과 팔머 교수는 주저 없이 움 슈마르 산을 시나이 반도의 측량을 위한 육상 표식으로 선택했다.

【그림156】움 슈마르 산의 모습

캐서린 산은 바알베크에 초점을 맞춘 착륙 회랑으로는 적합했을지 모르지만, 그보다 더 멀리 떨어져 있는 아라라트 산을 초점으로 한다면 좀 더 분명하고 놓칠 수 없는 육상 표식이 필요했다. 두 명의 팔머가 생각했던 것과 같은 이유로, 우리는 아눈나키들이 움 슈마르 산을 새로 만드는 착륙 회랑의 동남쪽 경계선의 시작점으로 잡았을 것으로 본다.

움 슈마르 산 자체나 그 위치도 매우 흥미롭다. 우선 그 산의 이름이 매우 의미심장한데, 그 뜻은 '수메르의 어머니'라는 것이다. 그것은 우르에서 신(Sin)의 배우자인 닌갈(Ningal)에게 적용되던 이름이었다.

성 캐서린 산은 시나이 반도의 높은 화강암 산봉우리들의 중심부에 위치해 있기 때문에 접근이 용이하지 않다. 그에 반해 움 슈마르 산은 거대한 화강암지대의 가장자리에 위치해 있다. 그리고 거기서 가까운 수에즈 만에 있는 모래 해변에는 여러 개의 천연 온천이 있다. 혹시 그곳이 아세라(Ashera)가 겨울을 보냈다는 그 '바닷가'가 아니었을까? 아

스핑크스의 시선 509

세라가 나귀를 타고 어떤 산에 있던 엘을 방문했던 이야기는 우가리트 기록에 생생하게 묘사돼 있는데, 수에즈 만의 해변에서 움 슈마르 산까지는 그야말로 '암나귀를 타고 갈 만한' 거리였다.

온천들이 있는 곳으로부터 해안을 따라 몇 킬로미터만 내려가면, 시나이 반도에서 가장 중요한 항구 도시인 엘-토르(el-Tor)가 등장한다. 또 다른 우연의 일치인지는 모르지만 엘-토르라는 지명은 '황소'를 뜻하며, 앞에서 본 것처럼 '황소'는 엘의 별칭이다. 실제로 우가리트 기록에서는 엘을 '황소 엘'이라고 부르고 있다. 그곳은 아주 초창기부터 시나이 반도의 가장 중요한 항구 도시였는데, 그곳이 수메르 기록에서 틸문의 땅과 구분해서 말하던 틸문 시가 아니었을까 하는 생각도 든다. 그곳이야말로 길가메시가 배를 타고 가려고 했던 곳이 아닐까? 「길가메시 서사시」에 따르면, 거기서부터 그의 동료인 엔키두는 평생 동안 자신이 노예로 일하게 될 탄광으로 가고, 길가메시 자신은 '쉠이 올려지는 착륙 장소'로 가려고 했었다.

수에즈 만을 마주 보고 있는 시나이 반도의 화강암지대 산봉우리들은 한번쯤 그 의미를 생각하게 만드는 이름들을 지니고 있다. 그중 한 산의 이름은 '축복받은 어머니의 산'이고, 움 슈마르 산에 가까운 곳에는 테만(Theman, 남쪽의) 산이 솟아 있다. 테만 산이라는 이름은 구약의 「하박국서」에 나오는 구절을 떠올리게 한다.

하나님이 남쪽*(한글 번역에서는 '데만')에서 오신다.

거룩하신 분께서

파란 산*('바란 산')에서 오신다.

하늘은 그의 영광으로 뒤덮이고,

땅에는 찬양 소리가 가득하다.

그에게서 나오는 빛은

밝기가 햇빛 같다.

두 줄기 불빛이 그의 손에서 뻗어 나온다.

그 불빛 속에 그의 힘이 숨어 있다.

그의 말이 그보다 앞서 오며 아래로부터 빛을 내뿜는다.*

('질병을 앞장세우시고 전염병을 뒤따라오게 하신다.')

그가 멈추어 지구를 측량한다.*

('그가 멈추시니 땅이 흔들리고')

그가 보이니 나라들이 떤다.*

('그가 노려보시니 나라들이 떤다.')

「하박국서」 3 : 3~6

선지자 하박국이 언급한 '데만(Theman)'이라는 산이 여전히 같은 이름을 갖고 있는 '수메르의 어머니' 산의 남쪽에 있는 그 산이었을까? 그런 이름을 가진 산이 주변에 없기 때문에 그렇다고 보아야 할 것 같다.

움 슈마르 산은 정말로 아눈나키들이 대홍수 후에 새로 세운 신성한 장소들 중 하나로, 착륙 좌표의 역할을 했었을까?

움 슈마르 산은 최종적인 착륙 회랑이 완성되었을 때 아라라트 산을 초점으로 하는 착륙 회랑의 동남 경계선의 시작점으로서, 성 캐서린 산을 대체했던 것으로 보인다. 그렇다면 착륙 회랑의 서북쪽 경계선의 시작점은 어디였을까?

우리가 보기에 헬리오폴리스가 그 자리에 건설된 것은 우연이 아니었다. 그것은 대홍수 이전에 착륙 회랑의 한쪽 경계선 역할을 했던 아라라트-바알베크를 잇는 선상에 있다. 또한 아라라트로부터 헬리오폴리스까지의 거리는 아라라트로부터 움 슈마르까지의 거리와 정확히 똑같다! 따라서 헬리오폴리스의 위치는 아라라트로부터 움 슈마르까지의 거리를 잰 후에, 아라라트-바알베크를 잇는 선에서 똑같은 거리에 있는 곳으로 결정된 것이다. 【그림157】

아눈나키들이 우주선의 착륙과 통신을 위해 구축한 자연적이고 인공적인 봉우리들의 네트워크를 살펴보면, 그것들이 그저 그 높이와 형태만으로 비행 안내의 역할을 했던 것인지에 대해 의구심을 갖게 된다. 혹

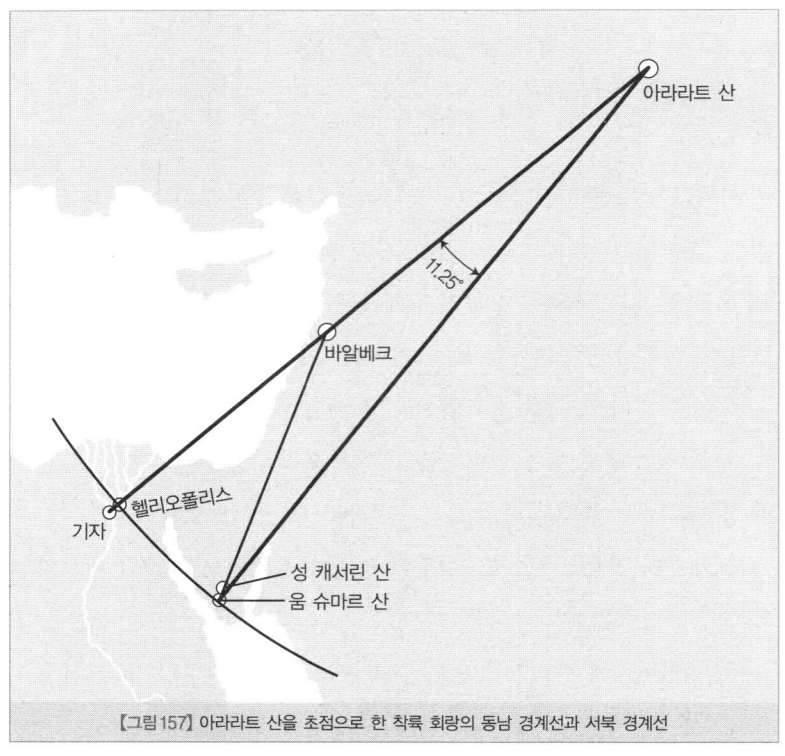

【그림157】 아라라트 산을 초점으로 한 착륙 회랑의 동남 경계선과 서북 경계선

시 거기에는 일종의 유도장치들도 설치돼 있었던 것은 아니었을까?

대피라미드의 방들에서 두 쌍의 좁은 갱도가 처음 발견되었을 때, 그것들은 파라오의 무덤에 산 채로 매장된 사람들에게 음식을 내려 주기 위해 만들어진 것으로 추정됐었다. 바이스의 발굴단이 '왕의 방'에 있는 북쪽 갱도를 뚫자 그곳에 곧바로 신선한 공기가 가득 들어찼는데, 그 이후 그것은 '환기 구멍'으로 알려지게 되었다. 그러나 이런 견해는 당대의 가장 유명한 이집트학자들에 의해 반박되었다. 물론 학계에서는 '피라미드가 파라오들의 무덤'이라는 이론을 부정하고 싶어하지 않았지만, 그럼에도 불구하고 트림블(Virginia Trimble)과 베다위(Alexander Badawy) 같은 학자들은 소위 '환기 구멍'이라는 것이 '분명히 주극성을 향해 1도 정도 기울어져' 있으며 어떤 천문학적 기능을 갖고 있다고 인정했다.

의심할 것도 없이 그 갱도의 방향이나 경사도는 미리 계산된 것이었는데, 일단 '왕의 방'으로 공기가 유입되자마자 외부의 온도와 관계없이 방 내부의 온도는 항상 섭씨 20도를 유지했다. 이런 내용들로 볼 때, 우리는 나폴레옹이 이집트로 데려갔던 과학자 중의 한 사람인 조마드(Jomard)의 결론에 동의할 수밖에 없다. 그는 '왕의 방'과 거기 있던 '석관'이 매장용이 아니라, 무게나 길이를 재던 표준 기기들을 보관하던 상자였을지도 모른다고 주장했다. 오늘날에도 그런 기기들은 습도와 온도가 일정한 환경에서 보관된다.

1824년에 활동하던 조마드로서는 무게나 길이를 재는 장비가 아닌 복잡한 비행 유도장치를 상상하기는 불가능했을 것이다. 그러나 우리에게는 충분히 가능한 일이다.

많은 사람들이 '왕의 방'의 위쪽에 있는 다섯 개의 낮은 천장을 가진 방들의 목적에 대해 고심해 왔는데, 대개는 그것들이 '왕의 방'에 가해지는 압력을 줄이기 위한 것이라고 생각했다. 그러나 '여왕의 방'을 보면 그런 일련의 '완화를 위한 구역들' 대신에 거대한 돌덩어리가 놓여 있음에도 불구하고, 위로부터의 압력을 받지 않고 있다. 또한 바이스와 그의 일꾼들이 '왕의 방' 위에 있는 방들에 들어갔을 때, 그들은 피라미드의 다른 곳에서 말하는 소리를 그곳에서 분명하게 들을 수 있다는 사실에 놀랐었다. 피트리는 '왕의 방'과 그 안의 돌 '관'을 대단히 면밀하게 조사한 후에, 그것들이 모두 완벽한 피타고라스 삼각형의 비율을 갖고 있다는 사실을 발견했다. 또 그런 관을 거대한 돌에서 잘라 내기 위해서는 톱날이 다이아몬드로 된 약 2.7미터 길이의 톱이 필요했을 것이라고 추정했다. 그리고 관의 속을 파내기 위해서는 끝에 다이아몬드가 박힌 드릴이 필요했으며, 약 2톤 정도의 압력을 가해야만 했다. 그러나 어떻게 그런 것들이 가능했는지에 대해 그는 설명할 수 없었다. 그리고 그 목적도 알 수 없었다. 그는 혹시 관 안에 틈이 있는지를 보려고 관을 들어 올렸지만, 아무런 틈이나 구멍도 발견할 수 없었다. 그리고 관을 쳤을 때는 종소리 같은 깊은 소리가 났는데, 그 소리는 피라미드 전체에 울려 퍼졌다. 관을 치면 종소리와 같은 소리가 난다는 사실은 다른 초기의 관찰자들에 의해서도 보고된 바 있다. 그렇다면 '왕의 방'과 거기 있는 '관'은 소리를 내거나 메아리를 만들어 내는 기능을 했던 것이었을까?

오늘날에도 공항에 있는 착륙 유도장치는 전자 신호를 발사하는데, 접근하는 비행기 안에 달린 장치는 비행기가 정상 항로에 있으면 그것을 유쾌한 소리로 변환시키고, 만약 항로에서 벗어나 있으면 경고음으로 변환시킨다. 따라서 우리는 대홍수 직후에 아눈나키들이 새로운 착류 유도장치들을 지구로 가져왔다고 가정할 수 있다. 이집트의 그림에 묘사된 '신성한 줄잡이들'은 '장엄한 돌'이 착륙 회랑의 양 시작점에 설치되었다는 것을 의미하는 것이다.【그림121 참조】 그리고 피라미드 안에 있는 여러 방들은 착륙과 통신을 위한 그런 장비들을 보관하기 위한 장소였을 것이다.

'엘의 산'이었던 샤드 엘(Shad El)에도 그런 장비들이 있지 않았을까?

우가리트 기록들을 보면 엘의 '일곱 개의 방 안으로' 다른 신들이 들어오는 것을 묘사할 때, 예외 없이 '엘의 샤드로 뚫고 들어간다'는 표현을 쓰고 있다. 이런 말로 판단해 볼 때 엘의 방들은 산 안에 있었다는 말이 된다. 마치 대피라미드라는 인공적인 산 안에 있던 방들처럼…….

초기 기독교 시대의 역사가들은, 시나이 반도와 그 접경 지역인 팔레스타인과 북아라비아 지역에 거주하던 사람들이 두샤라(Dushara, 산들의 주님)라는 신과 그의 아내였던 알라트(Allat, 신들의 어머니)라는 신을 숭배했다고 기록했다. 두샤라와 알라트는, 물론 엘과 그의 아내였던 엘라트(Elat, 혹은 Ashera)를 말한다. 다행스럽게도 두샤라가 지니고 있었다는 성스러운 물건이 그 지역을 통치하던 로마 총독의 지시로 주조된 동전에 남아 있다.【그림158】 신기하게도 그것은 대피라미드 안에 있는 수수께끼 같은 방들을 닮아 있는데, 경사진 계단 길('위로 올라가는

【그림158】 동전에 새겨진 두샤라의 성스러운 물건

대회랑')이 두 개의 거대한 돌 사이에 있는 방('왕의 방')으로 이어져 있다. 또 그 위로 쌓여 있는 돌처럼 보이는 것들은 대피라미드 안에 있는 '충격을 흡수하는' 비밀의 방들처럼 보인다.

대피라미드에만 있었던 위로 올라가는 길은 알 마문의 일꾼들이 뚫고 들어가기 전에는 완전히 막혀 있었기 때문에, 도대체 고대의 누가 피라미드의 내부 구조를 알고 있었으며 그대로 그려낼 수 있었는가 하는 의문이 자연스럽게 생긴다. 이는 그런 지식을 갖고 있었던 대피라미드의 설계자들과 건설자들만이 유일한 답이 될 수 있다. 즉, 그들만이 바알베크나 엘이 거처하던 산의 내부에 대피라미드와 같은 구조물을 모방해서 만들 수 있었을 것이다.

그런 이유 때문에 출애굽의 산은 시나이 반도의 북쪽에 있었음에도 불구하고, 시나이 반도의 사람들 사이에서는 시나이 반도 남쪽의 봉우리들 가운데에도 신성한 산이 있다는 기억이 대를 이어 전해지고 있었던 것이다. 시나이 반도 남쪽의 신성한 산들은 그 높이와 위치 그리고 그 안에 설치된 장치들로 인해 '구름을 타고 다닌 사람들'의 안내 표지 역할을 했던 것이다.

| 대홍수 이전 신들의 통제 센터, 예루살렘 |

최초의 우주선 기지가 메소포타미아에 건설되었을 때, 화살 모양으로 생긴 착륙 회랑의 한가운데 그려진 중앙선이 우주선의 비행로가 되었다. 착륙 회랑의 양쪽 경계선에 위치하고 있던 안내 표지들이 빛을 반짝이고 신호를 보내는 가운데, 통제 센터는 그 중앙 유도장치에 위치하고 있었다. 통제 센터는 통신과 유도장치들의 중심지로 행성과 우주선의 궤도에 대한 모든 정보를 보관하고 있던 장소였다.

아눈나키들이 처음 지구에 착륙하여 메소포타미아에 우주선 기지와 기타 시설들을 세울 때, 통제 센터는 '교차 지점'인 니푸르(Nippur)에 있었다. 그곳에 있는 '신성한' 통제 구역은 엔릴의 절대적인 통제하에 있었고, 키우르(KI.UR, 지구 도시)라고 불렸다. 그 통제 구역의 한가운데에는 인공적으로 쌓아 올린 높은 토대가 있었고, 그 위에 두르안키(DUR.AN.KI, 하늘과 지구의 유대)가 세워졌다. 수메르 기록에 따르면, 그것은 '하늘에 닿을 정도로 높이 서 있는 기둥'이었다. '절대 전복되지 않을 토대' 위에 굳게 세워진 그 기둥은 엔릴이 하늘을 향해 '명령을 말하는' 도구였다.

수메르 사람들은 이런 말들을 통해, 엔릴의 이름을 나타내는 그림문자에서도 묘사된 것과 같은 정교한 안테나와 통신 장비들을 표현하려고 했던 것이다. 엔릴의 이름을 그림문자로 표기한 것을 보면 거대한 안테나와 통신 구조물로 이루어진 것을 알 수 있다. 【그림 52 참조】

엔릴의 그 '높은 집' 안에는 '어두운 왕관처럼 생긴 방'이라는 뜻의 신비스럽게 감춰진 방인 디르가(DIR.GA)가 있었다. 그 방의 설명을 듣고 있자면 대피라미드 안에 감춰져 있는 역시 신비스럽기만 한 '왕의 방'을 떠올릴 수밖에 없다. 엔릴과 그의 부하들은 디르가에 행성들의 궤도와 우주선의 비행에 대한 정보가 담긴 '운명의 서판'을 보관하고 있었다. 그리고 마치 새처럼 날 수 있었던 어떤 신이 그 운명의 서판을 채어 가자,

성스러운 절차가 멈추고,
침묵이 퍼지고, 정적이 지배했다.
신전의 찬란함은 사라졌다.

디르가 내부에 엔릴과 그의 부하들은 하늘의 지도를 보관하고 있었다. 또 그 안에서 엔릴은 우주 비행사의 장비를 뜻하던 메(ME)를 '완벽하게 만들었다'고 한다. 디르가는,

> 멀리 있는 창공처럼
> 하늘의 꼭대기처럼 신비롭다.
> 그것의 상징들 중에는
> 별의 상징도 있다.
> 그것은 메를 완벽하게 만든다.
> 그것은 말을 쏟아 내며 (…)
> 그 말들은 은혜로운 신탁이다.

따라서 대홍수 이전의 메소포타미아에서 니푸르가 하던 통제 센터의 기능을 하기 위한 곳이 시나이 반도에도 세워져야 했다. 과연 그곳은 어디였을까?

우리들이 제안하는 답은 예루살렘이다.

유대인과 기독교인 그리고 이슬람교도 모두에게 성스러운 곳으로 여겨지는 예루살렘은 설명할 수 없는 비세속적인 분위기로 가득 차 있으며, 다윗 왕이 그곳을 이스라엘의 수도로 정하고 솔로몬이 하나님의 성전을 그곳에 세우기 훨씬 이전부터 신성한 도시로 여겨져 왔다. 아브라함이 예루살렘의 성문에 도착했을 때, 그곳은 이미 '하늘과 땅의 정의로운 자이며 최고의 신인 엘'을 숭배하는 도시로 자리잡고 있었다. 예루살렘의 지명으로 알려진 것 중 가장 오래된 이름은 우르-샬렘(Ur-Shalem, 완전한 순환의 도시)이며, 그 이름은 행성의 궤도나 궤도를 주

관하는 신과의 연관성을 분명히 보여 주고 있다. 샬렘이 누구였는가에 대해 학자들은 여러 가지 이론을 제시하고 있는데, 마자르(Benjamin Mazar) 같은 학자들은 그것이 엔릴의 손자인 샤마시였다고 주장하고, 다른 학자들은 엔릴의 아들이었던 니니브(Ninib)였다고도 주장한다. 그러나 어떤 이론에서건 예루살렘의 옛 이름이 메소포타미아의 신들과 연결되어 있다는 것은 분명하게 받아들여지고 있다.

처음 도시의 형태를 갖출 때부터 예루살렘은 세 개의 산봉우리로 둘러싸여 있었다. 북쪽에서 남쪽으로 내려오면서 보면, 조핌(Zophim) 산, 모리아(Moriah) 산, 그리고 시온(Zion) 산이 그것들이다. 그런데 각각의 산의 이름이 그 기능을 말해 주고 있다. 가장 북쪽에 있는 조핌 산은 '관찰자의 산'이라는 뜻이며, 현재 영어로 부르는 이름도 '스코퍼스(Scopus) 산'이다. 가운데 있는 모리아 산은 '방향을 지시하는 산'이라는 뜻이며, 가장 남쪽에 있는 시온 산은 '신호를 보내는 산'이라는 뜻이다. 그리고 그 산들은 수천 년이 지난 현재도 같은 이름으로 불리고 있다.

예루살렘의 계곡들도 의미 있는 이름과 별명을 갖고 있다. 그중 「이사야서」에서 '히자욘(Hizzayon)'이라고 부르고 있는 계곡은 '환상의 골짜기'라는 뜻을 갖고 있다. 키드론(Kidron) 계곡은 '불의 계곡'으로 알려져 있다. 또 천 년을 이어온 전설에 따르면, 그리스 성경에서 '게헨나(Gehenna)'라고 불렀던 '히놈(Hinnom)' 계곡에는 지하세계로 들어가는 입구가 있었는데, 그곳에는 두 그루의 야자나무 사이로 연기 기둥이 솟아오르고 있었다고 한다. 또 '레파임(Repha'im)' 계곡은 신성한 치료사들의 이름을 딴 것인데, 그 치료사들은 여신 세페시의 통치하에 있었다고 한다. 구약의 아람어 번역본에서는 그들을 '영웅들'이라고 부르고 있으며, 구약이 그리스어로 처음 번역됐을 때는 그곳을 '타이탄의 계곡'이라고 불렀다.

예루살렘에 있는 세 개의 산들 중에서 가장 신성한 산으로 여겨졌던 것은 모리아 산이었다. 「창세기」에서는 하나님이 아브라함의 믿음을 시험하기 위해 그의 아들 이삭을 데려오라고 했던 곳이 모리아 산이었다고 분명하게 말하고 있다. 유대 전설에 따르면 아브라함은 멀리서도 그 산을 알아 볼 수 있었다고 하는데, 그 이유는 아브라함이 그 산꼭대기에서 '땅에서 하늘까지 닿은 불기둥과 하나님의 영광을 볼 수 있는 무거운 구름'을 볼 수 있었기 때문이다. 이런 표현은 시나이 산으로 내려오는 하나님을 묘사한 구약의 표현과 거의 동일하게 들린다.

바알베크에 있던 것보다는 훨씬 작지만 여전히 거대한 규모인 모리아 산 위에 있는 거대한 수평의 토대 위에는 예루살렘에 있던 유대 성전이 자리잡고 있었기 때문에, 그 토대는 '성전 산'이라고 불린다.【그림 159】 그곳에는 현재 몇 개의 이슬람 사원이 세워져 있는데, 그중에서 가장 유명한 것이 '바위의 돔 사원(the Dome of the Rock)'이다. 그곳의 '돔'은 7세기의 칼리프였던 아브드 알-말리크(Abd al-Malik)가 바알베크의 비잔틴 양식의 사원에 있던 것을 가져온 것이다. 그는 고대로부터 성스럽고 마술적인 능력이 있다고 알려져 있던 신성한 바위 주변에 팔각형의 구조물을 세우고 그 위에 돔을 올렸다.

이슬람교도들은 예언자 마호메트가 바로 그 바위 위에서 하늘로 올라갔다고 믿고 있다. 『코란』에 따르면, 마호메트는 천사 가브리엘에 의해 메카를 출발해 시나이 산에서 잠시 쉰 후 예루살렘으로 옮겨졌다고 한다. 그런 다음 마호메트는 가브리엘 천사에 의해 들려 올려져 '빛의 사다리'를 타고 하늘로 갔다. 일곱 개의 하늘을 지난 후에 마호메트는

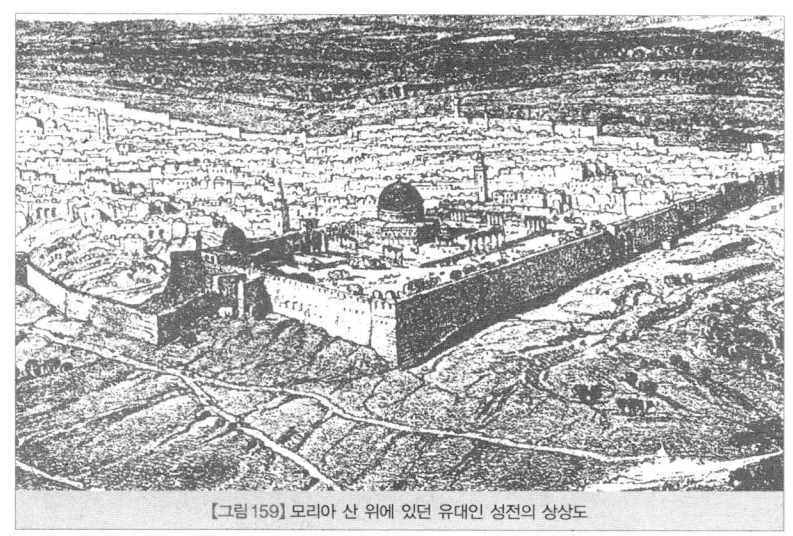
[그림 159] 모리아 산 위에 있던 유대인 성전의 상상도

　마침내 신 앞에 서게 된다. 신의 가르침을 받은 후 마호메트는 다시 빛의 사다리를 타고 신성한 바위로 내려온다. 그리고 가브리엘 천사의 날개 달린 말을 타고 예수살렘을 떠나 시나이 산에 들렸다가 메카로 돌아갔다는 것이다.

　중세의 여행자들에 따르면, 신성한 바위는 사방이 나침반의 네 방향을 가리키는 인공적으로 깎아 낸 정육면체 모양의 거대한 돌 덩어리였다고 한다. 오늘날에는 단지 땅 밖으로 나와 있는 부분만을 볼 수 있지만, 숨겨져 있는 부분이 정육면체일 것이라는 가정은 아마도 메카에 있는 신성한 돌인 카바가 예루살렘의 신성한 돌을 그대로 본떠 만든 것이라는 이슬람 전통에서 유래한 것으로 보인다.

　어쨌든 눈에 보이는 부분만 보아도 그 신성한 바위는 윗면과 측면을 여러 방법으로 잘라 낸 것이 분명한데, 두 개의 깔때기 모양의 구멍이

스핑크스의 시선 **521**

뚫려 있으며, 지하 통로와 비밀스러운 방을 만들기 위해 파낸 것으로 보이는 구덩이들도 볼 수 있다. 그런 일들을 왜 했는지, 그리고 도대체 누가 그런 일들을 계획하고 실행했는지는 아무도 모른다.

하지만 우리는 솔로몬 왕이 하나님이 주신 정확한 계획에 따라, 모리아 산의 바로 그 자리에 첫 번째 성전을 지었다는 사실만큼은 분명히 알고 있다. 또 성전의 지성소는 신성한 바위 위에 세워졌으며, 그 안에 있던 금박을 입힌 가장 성스러운 방은 스핑크스처럼 생긴 역시 금으로 만들어진 날개 달린 두 명의 거대한 게루빔(Cherubim)들이 차지하고 있었다. 게루빔들의 한쪽 날개는 벽에 닿아 있었고, 다른 날개는 다른 게루빔의 날개와 닿아 있었다. 그리고 게루빔들의 사이에는 이스라엘 민족이 광야를 헤맬 때 하나님이 그 안에서 모세에게 말을 했던 '언약의 궤'가 놓여 있었다. 외부로부터 완전히 차단됐던 그 황금 지성소를 구약은 드비르(Dvir)라고 부르고 있는데, 문자 그대로 해석하자면 '확성기'라는 뜻이다.

예루살렘이 신성한 통신 센터로 '장엄한 돌'이 숨겨져 있었고, 하나님의 말 혹은 목소리가 멀리 울려 퍼지던 곳이라는 주장은 그렇게 터무니없는 것이 아니다. 왜냐하면 그런 식의 의사소통에 대한 개념은 구약에서도 전혀 낯선 것이 아니기 때문이다. 실제로 하나님이 그런 능력을 갖고 있다는 것과 예루살렘이 그런 장소라는 사실은 야훼와 예루살렘의 우월성을 입증하는 증거로 여겨졌었다.

구약의 하나님은 선지자 호세아(Hosea)에게 '내가 하늘에 답할 것이고, 하늘은 땅에 답할 것이다'라고 말한다. 아모스는 또 '시온으로부터 야훼가 솟아오를 것이며, 예루살렘으로부터 그의 목소리가 울릴 것이다'라고 말한다. 그리고 「시편」에서는 하나님이 시온에서 말을 할 것이며, '그의 말은 하늘과 땅의 이쪽 끝에서 저쪽 끝까지 들릴 것'이라고 말하고 있다.

바알베크의 주인이었던 바알도 자신의 목소리가 시나이 반도 한가운데의 '광야'에 있는 신들의 영역으로 들어가는 입구인 카데시까지 들릴 것이라고 자랑했었다. 구약의 「시편」에서도 시온에서 말하는 하나님의 목소리가 들리는 지구상의 장소들을 열거하고 있는데, 거기에 카데시와 '삼목나무의 장소', 즉 바알베크가 포함돼 있다.

주의 음성이 물 위로 울려 퍼진다. (…)
레바논의 백향목을 쩌개신다. (…)
주의 목소리가 광야를 흔드시고,
주께서 가데스 광야를 뒤흔드신다.
_「시편」 29 : 3~8

바알이 '장엄한 돌'을 바알베크에 설치했을 때 얻은 능력을 우가리트의 기록에서는, '한 입술을 지구에 대고, 다른 입술을 하늘에 대는' 능력이라고 묘사하고 있다. 그리고 우리가 앞에서 살펴보았듯이, 이런 통신 장치를 나타내는 상징은 비둘기였다. 그런데 그런 상징과 용어가 하나님이 날아서 도착하는 것을 묘사하고 있는 「시편」 68편에서도 그대로 드러나고 있다.

하나님을 찬양하여라.
그의 쉠*(한글 번역에서는 '이름')을 노래하여라.
광야에서 수레를 타고 오시는 분에게 (…)

길을 열어 드려라. (…)

그들이 두 개의 입술 사이에 있었지만

비둘기의 날개는 은으로 덮여 있었고

그 깃은 황금빛이었다. (…)

하나님의 마차는 강하며,

오래된 것이다.

주께서 시내 산으로부터

그것을 타고 오셨다.

_「시편」 68 : 4~14

선지자들이 '언약의 돌' 혹은 '조사하는 돌'이라고 불렀던 예루살렘의 '장엄한 돌'은 지하에 있는 방 안에 감춰져 있었다. 우리는 하나님이 예루살렘의 백성들에게 진노했을 때, 황폐해진 예루살렘을 한탄하는 사람들의 말에서 그 사실을 알 수 있다.

그 성에 거하던 사람들이 궁궐을 버렸다.

시온 산의 봉우리와

'살피는 조사자'도 버림을 받았다.

영원히 지켜보는 동굴이

당나귀가 뛰어놀고

양떼들이 풀을 뜯는 곳이 되었다.*

(나의 백성이 사는 땅에 가시덤불과 찔레나무가 자랄 것이니, (…)

기쁨이 넘치던 모든 집과

흥겨운 소리 그치지 않던 성읍을 기억하고,

가슴을 쳐라.

요새는 파괴되고, 붐비던 도성은 텅 비고,

망대와 탑이 영원히 돌무더기가 되어서,

들나귀들이 즐거이 뛰노는 곳,

양떼가 풀을 뜯는 곳이 될 것이다.)

_「이사야서」 32 : 13~14

    선지자들은 예루살렘의 성전이 재건되면 '예루살렘으로부터 야훼가 말씀하실 것'이라고 약속한다. 예루살렘이 모든 민족들이 찾는 세계의 중심지로 다시 자리잡게 될 것이라는 약속이었다. 하나님의 약속을 전하면서 선지자 이사야는 이스라엘 백성들에게, '조사하는 돌' 뿐만 아니라 '측량하는 기능'도 복원될 것이라고 약속한다.

보라,

내가 시온에 돌 하나를 굳게 놓으리니

그 돌은 조사하는 돌이라,

귀하고 존귀한 모퉁이 돌이라.

그 토대는 (확고할) 것이다.

믿음이 있는 자는

반드시 응답받을 것이다.

정의가 나의 줄이요,

의가 나의 측량이라.*

(주 하나님께서 이렇게 말씀하신다.

내가 시온에 주춧돌을 놓는다.

얼마나 견고한지 시험하여 본 돌이다.

이 귀한 돌을 모퉁이에 놓아서,

기초를 튼튼히 세울 것이니,

이것을 의지하는 사람은

불안하지 않을 것이다.

내가 공평으로 줄자를 삼고,

공의로 저울을 삼을 것이니,)

_「이사야서」 28 : 16~17

    통제 센터의 역할을 하기 위해 예루살렘은 니푸르가 그랬던 것처럼 착륙 회랑을 둘로 나누는 중앙 비행로 위에 위치해야 했다. 예루살렘에 대한 오래된 숭배는 그곳이 그런 위치였음을 확인해 주고 있으며, 여러 증거로 볼 때 그 중심지는 신성한 바위였다는 것을 알 수 있다.

    유대 전통에 따르자면 예루살렘은 '지구의 배꼽(중심)'으로 알려져 있다. 선지자 에스겔은 이스라엘 민족이 '지구의 배꼽 위에 거한다'고 했다. 「사사기」에는 사람들이 '지구의 배꼽'이 있는 곳의 산으로부터 내려오는 일을 언급한 부분도 나온다. 앞에서 본 것처럼 그런 용어는 예루살렘이 핵심적인 통신 센터로, 그곳으로부터 착륙을 유도하는 다른 중요한 지점들에 '줄'을 연결하고 있다는 것을 표현한 것이다. 따라서 히브리어로 신성한 돌을 '에벤 세티야(Eben Sheti'yah)', 즉 '세계를 엮는 돌'이라고 부르는 것은 결코 우연이 아니다. 실제로 세티(sheti)라는 말은 천을 짤 때 사용되는 용어인데, 베틀에서 날실(세로줄)로 쓰이는 긴 줄을 뜻한다. 따라서 그것은 신성한 줄이 시작돼 지구를 마치 거미줄처럼 엮는 출발점이 되는 신성한 돌을 묘사하기에 매우 적절한 용어다.

그러나 그런 용어들과 전설들이 그럴듯하게 들린다고는 해도, 정작 결정적인 질문은 따로 있다. 그렇다면 예루살렘이 정말로, 아라라트 산을 초점으로 해서 기자의 피라미드들과 움 슈마르 산으로 연결되던 화살 모양의 착륙 회랑을 반으로 가르는 중앙선상에 위치하고 있는가?

그것에 대한 답은 '그렇다'는 것이다. 예루살렘은 실제로 그 중앙선상에 위치하고 있다.

기자의 피라미드에서 발견했던 것처럼 아눈나키들이 만들어 놓은 좌표들은 놀라울 정도로 정확한 배열과 삼각 분할을 보여 주고 있다.

예루살렘은 또 바알베크에서 성 캐서린 산으로 이어지는 선이 아라라트 산으로 이어지는 중앙 항로와 만나는 지점에 위치하고 있다. 그리고 헬리오폴리스에서 예루살렘까지의 거리는 움 슈마르 산에서 예루살렘까지의 거리와 같다. 또 예루살렘을 중심으로 헬리오폴리스와 움 슈마르 산으로 이어지는 선을 그어 보면, 그 각도가 정확히 45도가 된다.

【그림 160】

예루살렘과 바알베크(자폰의 정상), 그리고 기자(멤피스)와의 이런 상관관계는 구약의 시대에도 잘 알려져 있었으며 찬양의 대상이었다.

야훼 하나님은 위대하시고

우리 주의 도시,

곧 그의 거룩한 산에서

높이 찬양되도다.

멤피스에서 그는 아름다우시며

시온 산과

자폰의 정상에

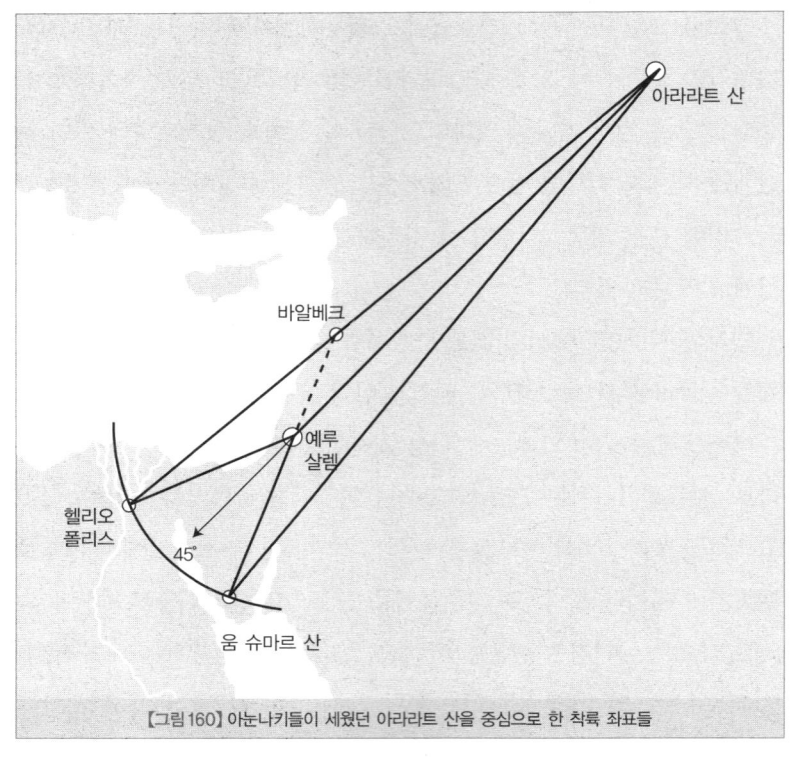

【그림 160】 아눈나키들이 세웠던 아라라트 산을 중심으로 한 착륙 좌표들

전 지구에 그의 기쁨이 있도다.*

(주님은 위대하시니,

우리 하나님의 성에서

그지없이 찬양을 받으실 분이시다.

그의 거룩한 산아,

그 봉우리가 너무 아름다워서,

온 땅이 즐거워하는구나.

먼 북녘의 시온 산은,

위대한 왕의 도성.)

_「시편」 48 : 1~2

「희년의 서 *the Book of Jubilees*」에 따르면, 예루살렘은 지구 위에 있던 네 개의 '하나님의 장소' 중 하나였다고 한다. 그 네 곳이란 예루살렘의 시온 산과 삼목나무 숲에 있던 '영생의 동산', 아라라트 산을 말하는 '동쪽의 산', 그리고 시나이 산이었다. 그중 세 곳은 '쉠의 땅' 안에 있었으며 모두가 밀접하게 연결돼 있었다.

영생의 동산, 가장 신성한 그곳에
주님이 거처한다.
사막 한가운데 있는 시나이 산과,
지구의 배꼽인 시온 산.
그 세 곳은 신성한 곳으로 창조되어
서로 마주 보고 있다.

아라라트 산을 초점으로 하는 중앙 비행로인 '예루살렘 선상'의 어딘가에 우주선 기지가 위치해야 했다. 또 그 선상에 마지막 표시도 자리잡고 있어야 했는데, 그것이 바로 '사막 한가운데 있는 시나이 산'이었던 것이다.

바로 이 지점에서 현재 우리가 북위 30도라고 부르는 경계선이 결정적인 역할을 하기 시작한다.

수메르의 천문학 기록을 보면, 지구를 덮고 있는 하늘은 엔릴에게 할당된 '북쪽의 길'과 엔키에게 할당된 '남쪽의 길', 그리고 중앙의 넓은 띠 모양을 하고 있는 '안(아누)의 길'로 나뉘어 있었다는 것을 알 수 있다. 서로 다투던 엔릴과 엔키에게 하늘을 그렇게 나누어 준 것은 대홍수 이후에 지구를 네 개의 지역으로 나눌 때의 일이라고 보는 것이 논리적인데, 그때 북위 30도와 남위 30도가 대홍수 이전과 마찬가지로 경계선의 역할을 했던 것이다.

그렇다면 인간에게 주어진 세 개의 구역 안에 자리잡고 있는 신성한 도시들이 모두 북위 30도상에 있다는 것은, 엔릴과 엔키 형제와 그 후손들의 의도된 타협의 결과였을까, 아니면 그저 우연의 일치였을까?

| 북위 30도 선상의 성스러운 도시들 |

수메르 기록에서는 대홍수 이후에 '하늘에서 지구로 왕권이 내려왔을 때, 그것은 에리두(Eridu)에 있었다'고 말하고 있다. 에리두는 페르시아 만의 늪지대를 피해 북위 30도에 가장 가까운 곳에 있다. 그 후 수메르의 세속적인 행정 중심지는 시대에 따라 계속 변했지만, 에리두는 항상 성스러운 도시로 남아 있었다.

인간들에게 부여된 두 번째 지역인 나일 유역에서도, 세속적인 수도는 시간이 흐르면서 계속 변했다. 그러나 헬리오폴리스는 영원히 성스러운 도시로 남았다. 피라미드 텍스트에서도 다른 성스러운 도시들과 헬리오폴리스의 연관관계를 인정하면서, 그곳의 오래된 신들을 '이중 사원의 신들(Lords of the Dual Shrines)'이라고 부르고 있다. 그 두 개의 신전은 무척 신비로운 이집트 이전 시대의 이름을 지니고 있는데, 각각 페르-네테르(Per-Neter, 보호자가 오는 장소)와 페르-우르(Per-Ur, 오래된 것이 오는 장소)라고 불린다. 그리고 그 장소들을 나타내는 상형문자 그림을 보면 그것들이 얼마나 오래된 것이었는지를 알 수 있다.

두 개의 사원은 파라오들의 왕위 계승에서 대단히 중요한 역할을 했다. 쉠 사제에 의해 새로운 왕에게 왕관이 주어지고, 그가 헬리오폴리스의 '보호자가 오는 장소'로 들어가는 의식이 행해지는 것과 때를 맞춰, 죽은 왕의 영혼이 동쪽에 있는 가짜 문을 통해 '오래된 것이 오는 장소'로 간다고 여겨졌던 것이다.

그런데 헬리오폴리스도 나일 강의 삼각주를 피해 북위 30도에 가장 가까운 곳에 위치하고 있다.

세 번째 지역인 인더스 문명 지역이 인간에게 주어졌을 때, 그곳의 세속적 중심지는 인도양의 해변에 세워졌다. 그러나 그곳의 성스러운 도시였던 하라파는 북쪽으로 수백 킬로미터 떨어진 북위 30도 선상에 자리잡았다.

그 후로도 수천 년 동안 북위 30도의 중요성은 지속됐다. 기원전 약 600년경에 페르시아의 왕들이 '모든 민족에게 성스러운 도시'로 자신들의 수도를 건설하기 시작했다. 그런데 그들이 선택한 장소는 멀리 있고 외진 장소였다. 그들은 허허벌판 한가운데에 거대한 토대를 세웠다. 그리고 그 위에 날개 달린 원반의 신을 숭배하는 장엄한 계단과 많은 부속 신전들을 가진 구조물을 세웠다. 【그림161】 그리스인들은 그곳을 '페르시아인들의 도시'라는 의미의 페르세폴리스(Persepolis)라고 불렀다. 그러나 아무도 거기에 살지 않았으며, 단지 춘분날에 새해를 기념하기 위해 왕과 그의 수행원들이 찾아갔을 뿐이다. 여전히 그곳에 남아 있는 유적은 이를 지켜보는 사람을 압도하고 있는데, 그곳의 위치도 북위 30도 선상에 있다.

티베트에 있는 불교 성지인 라사(Lhasa)가 언제 세워졌는지는 아무도 확실히 모른다. 그러나 라사 역시 에리두나 헬리오폴리스, 하라파,

【그림 161】 페르세폴리스의 유적에 남아 있는 날개 달린 원반의 상징

페르세폴리스와 마찬가지로 북위 30도 선상에 있다. 【그림 162】

북위 30도 선이 이렇게 성역화된 이유는 신성한 측량사들이 기자의 피라미드들의 위치를 북위 30도 위에 결정할 때 만들어진 착륙 좌표들과 관련이 있다. 그렇다면 신들은 자신들만의 지구상의 네 번째 영역인 시나이 반도에 가장 중요한 시설인 우주선 기지를 만들 때도, 북위 30도의 그런 신성함이나 중립성을 염두에 두지 않았을까?

그 질문에 답하기 위해 우리는, 기자에 남아 있는 마지막 수수께끼인 거대한 스핑크스에서 단서를 찾아야 한다. 스핑크스의 몸은 웅크리고

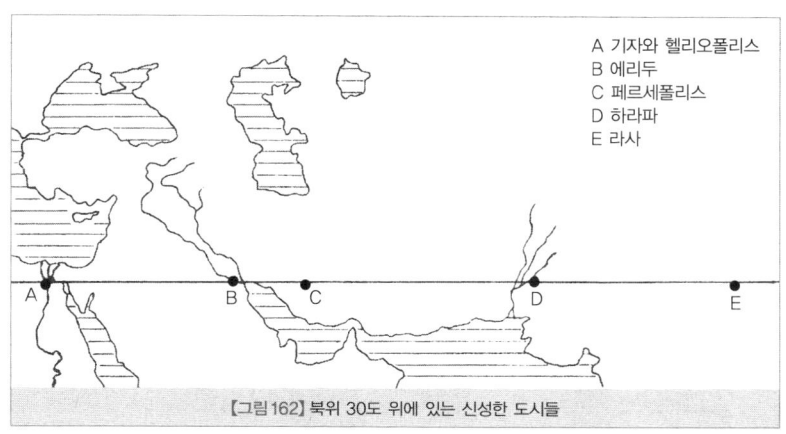

【그림162】 북위 30도 위에 있는 신성한 도시들

A 기자와 헬리오폴리스
B 에리두
C 페르세폴리스
D 하라파
E 라사

있는 사자의 모양이며, 머리는 왕의 머리 장식을 한 사람의 모양이다. 【그림163】 언제 누가 그것을 만들었을까? 어떤 목적으로 만들었을까? 도대체 그것은 누구의 모습인가? 그리고 왜 그것은 다른 곳이 아닌 그 장소에 홀로 서 있는가?

| 신성한 안내자 스핑크스의 시선 |

스핑크스와 관련한 의문은 많지만 답은 거의 없다. 그러나 한 가지는 분명하다. 즉 스핑크스의 시선은 정확히 동쪽을 향해 북위 30도 선상을 바라보고 있다는 것이다.

스핑크스가 정확히 동쪽을 향해 북위 30도를 바라보며 세워져 있다는 사실은, 스핑크스 앞쪽에 세워진 부속 건물들도 스핑크스의 동서축을 따라 정확히 동쪽 방향으로 배열돼 있는 것으로 더욱 강조돼 있다. 【그림164】

18세기 말에 나폴레옹과 그의 부하들이 스핑크스를 보았을 때는 그

【그림163】기자의 스핑크스

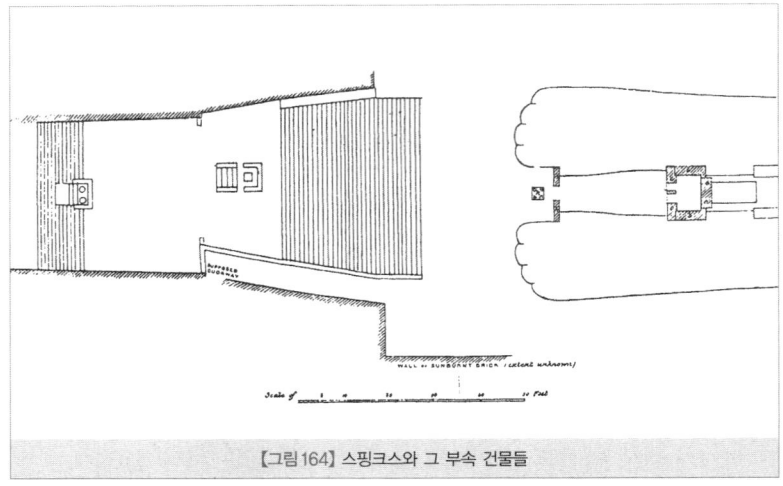

【그림164】스핑크스와 그 부속 건물들

머리와 어깨 부분만이 사막의 모래 밖으로 나와 있었다. 그리고 18세기 내내 스핑크스의 모습은 그런 상태로 묘사되곤 했다. 높이가 약 20미터에 이르고 길이가 약 73미터에 이르는 스핑크스의 전모가 드러나기까지, 여러 번의 반복적이고 체계적인 발굴이 이루어졌으며, 그 결과 고대 역사가들이 묘사한 것과 같은 모습이 나타났다. 고대 역사가들은 스핑크스를 고대의 거대한 손이 자연석을 조각해 만든 하나의 돌로 된 조각품이라고 말했었다. 그런데 1816년에서 1818년 사이에 스핑크스의 몸통 대부분과 발, 그리고 그 주변의 신전과 성소, 제단, 비문들을 발굴해 낸 사람은, 다름 아닌 바이스가 기자에서 몰아낸 카비글리아였다.

카비글리아는 스핑크스 앞에 있는 모래들을 치우면서 스핑크스 앞쪽에서 동쪽으로 이어지는 토대 하나를 발견했다. 토대를 따라 동쪽을 향해 약 30미터 정도를 발굴하다가 그는 장엄한 30단짜리 계단을 발견했는데, 그 계단을 올라가면 넓은 터가 있었고 거기에는 연단처럼 보이는 것이 하나 있었다. 거기서 약 12미터 정도를 더 가면 터의 동쪽 끝이 있었고, 거기에는 다시 13단짜리 계단이 있었다. 그 계단을 올라가면 스핑크스의 머리와 같은 높이가 된다.

그 계단 중간에는 두 개의 기둥을 지탱하는 구조물이 하나 있는데, 스핑크스의 시선이 정확하게 그 두 개의 기둥 사이를 지나도록 자리잡고 있다. 【그림 165】

고고학자들은 그 유적들이 로마 시대의 것이라고 보고 있다. 하지만 우리가 바알베크에서 살펴보았던 것처럼, 로마인들은 원래 신전이 있던 곳에 새로운 건물을 세우고 다시 세우는 식으로 이전 시대의 기념물을 복원하곤 했었다. 그리스 정복자들과 로마의 황제들은 스핑크스를 방문해 경배했던 이집트 파라오들의 전통을 단순히 따랐던 것뿐이며,

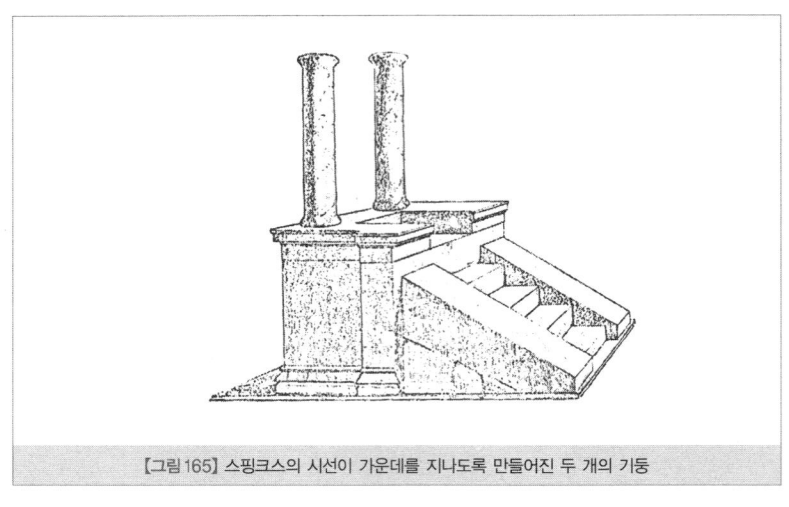

[그림 165] 스핑크스의 시선이 가운데를 지나도록 만들어진 두 개의 기둥

그때마다 적절한 비문을 남겨 두었다는 것이 이제는 가설이 아닌 사실로 알려져 있다. 그 비문들을 보면 그리스와 로마인들은 스핑크스가 신들의 작품이라고 굳게 믿고 있었다는 것을 알 수 있는데, 그런 믿음은 아랍 시대에까지 이어졌다. 스핑크스는 미래에 올 메시아의 평화의 시대에 대한 전조로 여겨졌다. 악명 높은 네로가 새겨 놓은 비문에서도 스핑크스는 '아르마키스(Armachis, 주시자 혹은 구원자)'라고 불리고 있다.

스핑크스가 두 번째 피라미드로 이어지는 둑길 위에 서 있기 때문에, 학자들은 스핑크스 역시 두 번째 피라미드의 건설자로 추정되던 케프라가 세운 것으로 보았고, 따라서 스핑크스의 얼굴은 그의 얼굴을 닮았을 것이라고 생각했다. 그런 생각에는 전혀 사실적 근거가 없음에도 불구하고 교과서에서는 여전히 받아들여지고 있다. 하지만 1904년에 대영박물관의 이집트 및 아시리아 고대 유물관 책임자로 있던 버지(E. A.

Wallis Budge) 같은 학자는 이미 다음과 같은 결론을 내린 바 있다. '이 경이로운 물체(스핑크스)는 카프라(Kha-f-ra) 혹은 케프렌(Khephren)의 시대에도 이미 존재하고 있었으며, 아마도 그가 통치하던 시기보다 훨씬 오래전인 이집트 고시대의 말기부터 존재했었을 가능성이 높다.'

'인벤토리 스텔라'가 말하듯 스핑크스는 케프라보다 앞선 파라오였던 쿠푸의 시대에도 이미 기자에 서 있었다. 그의 뒤를 이은 몇 명의 파라오들이 그랬듯이, 쿠푸도 단지 스핑크스를 덮고 있던 모래를 제거하고 자신이 그것을 세웠다는 명예를 얻으려고 했던 것이다. 따라서 쿠푸의 시대에 스핑크스는 이미 아주 오래된 기념비였다는 것이 분명하다. 그렇다면 도대체 그보다 앞선 어떤 파라오가 스핑크스를 세우고 거기에 자신의 모습을 새겨 넣었다는 것일까?

그 질문에 대한 답은 스핑크스의 모습은 어떤 파라오를 닮은 것이 아니라 신의 모습을 닮았다는 것이다. 그리고 모든 가능성을 다 고려해 볼 때, 그것을 만든 것은 이집트의 어떤 파라오가 아니라 신이었다.

실제로 고대의 모든 기록들이 말하는 것을 무시할 때만 그렇지 않다고 주장할 수 있다. 스핑크스를 '신성한 안내자'라고 부르고 있는 로마의 한 비문을 보면, '그 엄청난 형상은 영원히 사는 신들의 작품'이라고 말하고 있다. 그리스의 한 송시에는 다음과 같은 구절이 나온다.

당신의 엄청난 형상을
여기서 불멸의 신들이 만들었도다. (…)
피라미드의 이웃으로 그들이 당신을 세웠다. (…)
적들을 허용치 않는 하늘의 군주 (…)
이집트 땅에 있는 신성한 안내자.

인벤토리 스텔라에서 쿠푸는 스핑크스를 '자신의 시선으로 바람을 안내하는 하늘의 보호자'라고 부른다. 쿠푸가 분명하게 말하듯 스핑크스는 신의 모습을 하고 있었던 것이다.

> 그 신의 모습은
> 영원히 존재할 것이다.
> 자신의 얼굴을 항상
> 동쪽으로 향하고 주시한다.

쿠푸는 또 자신의 비문에서, 스핑크스 근처에서 자라던 아주 오래된 무화과나무 한 그루가 '하늘의 주인이 수평선에 있는 매-신인 호르엠아케트(Hor-em-Akhet)의 자리에 내려올 때' 손상을 입었다고 말하고 있다. 호르엠아케트란 파라오들의 비문에서 스핑크스를 부르기 위해 가장 자주 사용됐던 용어다. 또 다른 별칭으로는 루티(Ruti, 사자)나 훌(Hul, 불멸) 같은 것들이 사용됐다.

남아 있는 기록을 보면, 19세기에 스핑크스 주변을 발굴하던 사람들은 스핑크스의 밑이나 안에 비밀의 방이 있고, 그 안에 고대의 보물과 마술적 능력을 지닌 물건들이 숨겨져 있다는 아랍인들의 전설을 믿었던 것으로 보인다. 앞에서 살펴본 것처럼 카비글리아는 대피라미드 안에서 '숨겨진 방'을 찾으려고 온 정성을 기울였다. 아마도 그는 그보다 먼저 스핑크스 주변에서 비밀의 방을 찾다가 실패한 후에, 피라미드로 눈을 돌렸을 것으로 보인다. 페링 역시도 스핑크스의 등에 강제로 깊은 구멍을 뚫어 비밀의 방을 찾으려는 시도를 했었다.

심지어 마리에트(Auguste Mariette) 같은 논리적인 학자들조차도 스핑크스의 내부나 아래에 비밀의 방이 숨겨져 있다는 일반적인 견해를 받아들였다. 그런 믿음은 로마의 역사가였던 플리니우스(Gaius Plinius Secundus)의 저술에 의해 더욱 강화됐는데, 그는 스핑크스 안에 '하르마키스(Harmakhis)라는 이름을 가진 통치자의 무덤이 있다'고 말했다. 또한 고대의 거의 모든 그림에서 스핑크스가 어떤 돌 건축물 위에 웅크리고 앉아 있는 모습으로 묘사된 것도, 그런 믿음을 강화하는 요소가 됐다. 그 비밀의 방을 찾던 사람들은 스핑크스 자체가 모래에 의해 거의 감춰져 있었다면, 사막의 모래와 시간이 그런 구조물도 완전히 감췄을 것이라고 믿었던 것이다.

또 가장 오래된 비문들조차도 스핑크스의 아래쪽에 하나가 아닌 두 개의 방이 있는 것처럼 말하면서, 스핑크스의 앞발 아래 있는 입구를 통해 들어갈 수 있다고 암시하고 있다. 또 제18왕조 때의 한 찬가를 보면, 스핑크스 아래 있는 그 두 개의 방이야말로 스핑크스가 통신 센터의 역할을 하게 하는 것이라고 말하고 있는 것처럼 보인다.

그 기록을 보면, 아멘(Amen, 테베의 양머리 신)이 신성한 호르-아크티(Hor-Akhti)의 역할을 담당하면서, '스핑크스의 발 아래 있는 두 개의 방으로 들어가자 (…) 그의 입술에 명령을, 그의 가슴에 정서'를 얻었다고 한다. 그리고 다음과 같은 구절이 이어진다.

메시지가 하늘로부터 내려왔다.
그것은 헬리오폴리스에서도 들렸다.
멤피스에서도 멋진 얼굴 옆에서 그 소리가 되풀이됐다.
그 소리는 토트(Thoth)의 글로 쓰여
아멘의 도시(테베)로 보내졌다.

> 그 소리는 테베에서 답을 얻었고
>
> 명령이 내려졌고 (…) 메시지가 보내졌다.
>
> 신들은 명령에 따라 움직였다.

파라오들이 다스리던 시대에는 스핑크스가 비록 돌로 만들어지기는 했지만 듣고 말할 수 있다고 여겨졌다. 토트메스(Thothmes) 4세가 스핑크스 앞발 사이에 세워 날개 달린 원반의 상징에 바친 한 비석에 새겨진 긴 비문을 보면, 스핑크스가 자신에게 말을 했으며, 스핑크스의 손발을 덮고 있던 모래를 치우기만 한다면 길고 풍요로운 통치를 약속했다고 적혀 있다.【그림166】그 기록에 따르면, 토트메스 4세는 어느 날 멤피스 밖으로 사냥을 나갔다가 헬리오폴리스에서 기자로 이어지는 '신성한 신들의 길'을 따라 돌아오고 있었다. 지쳐 있었던 파라오는 스핑크스의 그늘 아래서 쉬게 됐는데, 그곳은 '시간이 시작되는 장엄한 장소'였다고 한다. 파라오가 '창조주의 위대한 동상'인 스핑크스 옆에서 잠들었을 때, '존경하는 신의 위엄'인 스핑크스가 그에게 말을 하기 시작했다. 스핑크스는 '나는 너의 조상인 호르엠아케트이며, 라-아텐(Ra-Aten)으로 창조된 자'라고 자신을 소개한다.

특이한 '귀 모양의 서판'들과, 신탁의 장소들과 연관되는 상징인 한 쌍의 비둘기 그림이 스핑크스 주변의 신전에서 많이 발견됐다. 고대의 기록들과 마찬가지로 그런 것들 역시 스핑크스가 신성한 메시지를 전달했다는 믿음을 입증하는 것이다. 따라서 스핑크스의 밑을 파려는 시도는 아직까지 성공하지 못했지만, 신들이 '그들의 입술에 명령'을 갖고 들어갔던 지하의 방들이 발견될 가능성은 여전히 배제할 수 없다.

많은 장례 관련 기록들을 보면, 스핑크스는 죽은 자를 '어제'에서 '내

[그림166] 토트메스 4세의 비문

일'로 안내하는 '신성한 안내자'의 역할도 했었음을 알 수 있다. '숨겨진 문들의 길'을 따라 죽은 자가 여행할 수 있도록 안내하려는 목적으로 쓰인 '관에 적힌 주문(Coffin Spells)'을 보면, 그 여행이 스핑크스가 있는 자리에서 시작된다는 것을 알 수 있다. 주문은 스핑크스를 부르면서, '지구의 주인이 명령하고, 두 개의 스핑크스가 반복했다'고 주장하고 있다. 죽은 자의 여행은 호르아케트, 즉 스핑크스가 '통과하라'고 말할 때 시작된다. 죽은 자의 여행을 묘사하고 있는 '두 개의 길'에 나타난 그림들을 보면, 기자의 출발점으로부터 두아트에 이르는 길은 두 갈래였던 것으로 보인다.

신성한 안내자로서 스핑크스는 종종 하늘의 배를 안내하는 모습으로 그려지기도 했다. 또 때로는 토트메스 왕의 비석에 나타난 것처럼, '어제'에서 '내일'로 인도하는 하늘의 배를 안내하는 두 개의 스핑크스로 그려지기도 했다. 【그림 166】 또 그런 역할을 할 때 스핑크스는 지하세계의 숨어 있는 신과 연결되었는데, 그런 이유로 '그림 19'에서 본 것처럼 두아트에서 세케르의 밀폐된 방의 양옆에 상징적으로 그려지기도 했던 것이다.

실제로 피라미드 텍스트와 「사자의 서」에서는 스핑크스를 '지구의 문들을 여는 위대한 신'이라고 말하고 있다. 이런 표현을 볼 때, '길을 안내하던' 기자의 피라미드는 하늘에 이르는 계단 근처에 '지구의 문들을 여는' 또 다른 스핑크스와 한 쌍을 이루고 있었던 것으로 여겨진다. 그런 가능성을 생각할 때만 영생으로 가는 파라오의 여행을 묘사한 아주 오래된 그림이 설명될 수 있다. 【그림 167】 그 그림은, 웅크리고 있는 호루스의 상징이 마치 크레인처럼 보이는 것을 실은 특이한 배가 있는, 대추야자가 열리는 땅을 바라보고 있는 것에서 시작한다. 또 그 땅에는 통신 센터로 묘사된 엔릴의 이름을 생각나게 하는 구조물도 보인다. 【그림 52 참조】 그리고 어떤 신이 파라오를 맞이하는데, 영원히 사는 새와 황소도 보이고, 그 뒤로는 요새와 다양한 복합적 상징들이 따라 나온다. 마지막으로 원 안에 기울어진 십자가 표시가 있는 '장소'의 상징이, 하늘에 이르는 계단과 반대편을 보고 있는 스핑크스 사이에 나타난다.

| 하늘에 이르는 계단은 어디에 |

스핑크스의 복원 작업을 지시했던 파라엠헤브(Pa-Ra-Emheb)라는 파라오가 세운 비석에는 스핑크스를 찬미하는 의미심장한 구절이 담겨

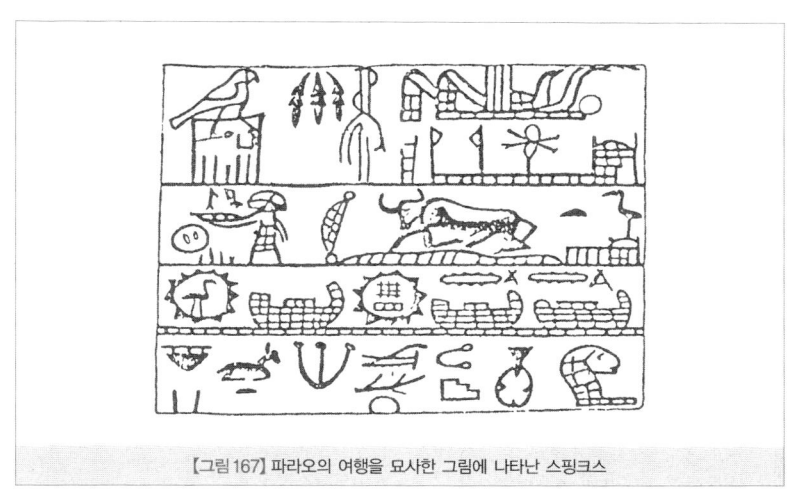

【그림 167】 파라오의 여행을 묘사한 그림에 나타난 스핑크스

있는데, 그것과 구약의 「시편」의 유사성은 놀라울 정도다. 그 비석은 '계획을 위해' 줄을 늘이고, '비밀스러운 것들'을 지하세계에서 만들었다는 것을 말하고 있고, '허공을 가로 지르는' 하늘의 배와 '신성한 황야'의 '보호된 장소'에 대해 말하고 있다. 그리고 신성한 황야에 있는 '숨겨진 이름'을 칭하기 위해 세티타(Sheti.ta)라는 명칭까지도 사용하고 있다.

신들의 왕을 경배하라.

당신은 아텐이요, 창조주라 (…)

당신은 계획을 위해 줄들을 늘이시고,

땅을 만드셨습니다.

당신은 지하 세계를, 비밀을 만들었으며 (…)

이 땅은 당신 아래에 있으며,

당신은 하늘을 높이셨습니다. (…)

당신은 당신 자신을 위해

신성한 황야 가운데 한 지역을 보호하여

숨겨진 이름을 주었습니다.

당신은 낮에는 그 반대편으로 오르시는데 (…)

하늘로 오르는 당신이 아름답습니다.

당신은 좋은 바람을 타고 하늘을 가로지르며 (…)

당신은 배를 타고 하늘을 여행합니다.

하늘이 기뻐하고, 땅이 기뻐 소리칩니다.

라(Ra)의 선원들이 매일 경배합니다.

그가 승리에 넘쳐 오십니다.

히브리 선지자들에게 예루살렘을 지나는 중앙 비행로인 세티(Sheti)는 신성한 선이었다. 그래서 '그 선을 따라 주님이 신성한 시나이로부터 오는' 것을 지켜보라는 지시를 했던 것이다.

그러나 이집트인들에게는 위에서 언급한 비문에서 말하듯, 세티타(Sheti.ta)는 '숨겨진 이름의 장소'였다. 그곳은 '신성한 황야'에 있었는데, 그것이야말로 구약에서 말하는 '카데시의 황야'였던 것이다. 그리고 그곳까지 '계획을 위한 줄들'이 스핑크스로부터 이어졌다. 거기서 파라엠헤브는 낮에 신들의 왕이 승천하는 것을 보았다는 것이다. 그런데 그런 표현은 길가메시가 마슈 산에 도착해서 본 것과 정확히 일치한다. '그곳에서 낮 시간에 쉠들이 들어오고 나갈 때, 그는 쉠들을 보았네. (…) 샤마시가 승천하고 하강할 때.'

그곳은 보호된 장소이자 하늘로 올라가는 장소였던 것이다. 그곳에 가려면 스핑크스의 안내를 받아야 했다. 그래서 스핑크스가 정확히 북위 30도를 따라 동쪽을 바라보고 있는 것이었다.

우리는 예루살렘을 지나는 중앙 비행로와 북위 30도 선이 교차하는 곳이 하늘과 땅의 문이 있었던, 즉 신들의 우주선 기지가 있었던 바로 그곳이라고 생각한다.

그 교차 지점은 시나이 반도 북부의 중앙 평원 내에 위치해 있다. 「사자의 서」에 묘사된 두아트와 마찬가지로, 중앙 평원은 산으로 둘러싸인 타원형의 평원이다. 또 「에녹서」에 묘사된 것처럼 그곳은 거대한 계곡으로, 그곳을 둘러싸고 있는 산맥에는 일곱 개의 협곡이 있다. 그리고 넓고 평평한 평원의 단단한 표면은 아눈나키들의 우주왕복선이 그대로 이용할 수 있는 천혜의 활주로를 제공했던 것이다.

앞에서 보았듯이 니푸르는 동심원의 한가운데 있는 초점으로, 시파르에 있던 우주선 기지는 물론이고 다른 모든 중요한 우주선을 위한 기지들로부터 동일한 거리에 있었다. 【그림122 참조】 그리고 크게 놀랄 것도 없이 예루살렘의 경우에도 똑같은 사실을 발견할 수 있다. 【그림168】

- 우주선 기지와 바알베크의 착륙 장소는 내부 원의 선상에 위치하고 있는데, 모두 예루살렘으로부터 동일한 거리에 있는 중요한 시설 기지의 역할을 하고 있었다.
- 움 슈마르의 자연적 표시와 헬리오폴리스는 모두 외부 원의 선상에 위치하고 있는데, 역시 예루살렘으로부터 동일한 거리에 있었다.

이 도표를 채워 넣어 보면, 아눈나키들이 계획했던 완벽한 좌표가 우리 눈앞에 펼쳐진다. 그리고 우리는 그 정확함과 단순한 아름다움, 그리

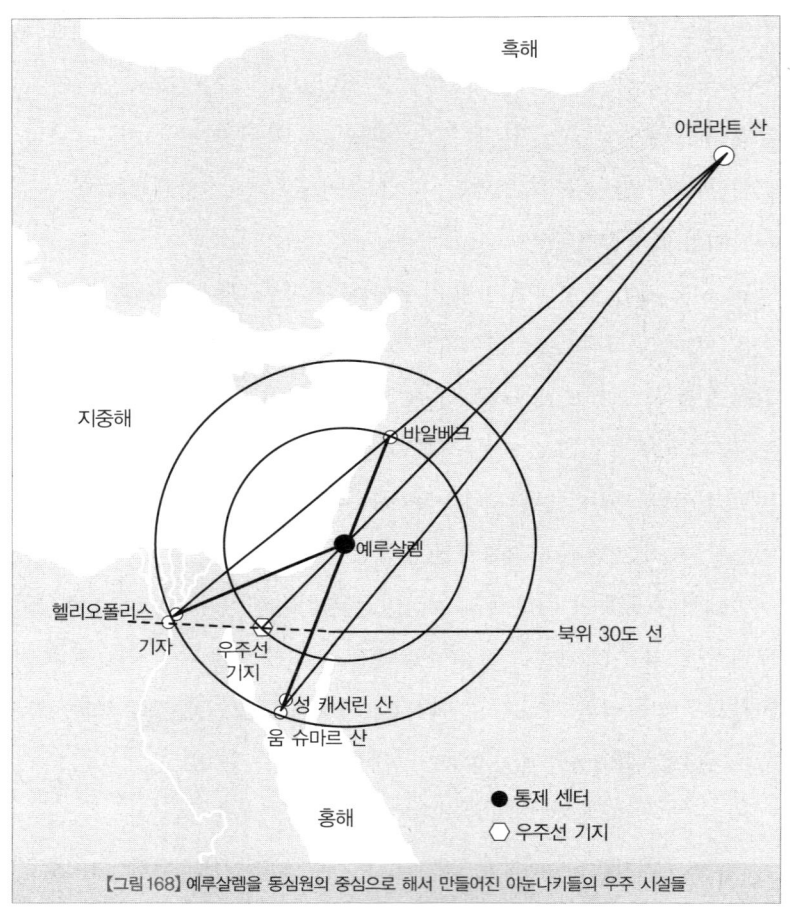

【그림 168】 예루살렘을 동심원의 중심으로 해서 만들어진 아눈나키의 우주 시설들

고 자연이 제공한 표식들을 기하학적으로 연결한 천재성에 경탄하지 않을 수 없다.

- 바알베크-캐서린 선과 예루살렘-헬리오폴리스 선은 정확히 45도 각도로 서로 교차하고 있다. 중앙 비행로는 그 45도 각도를 정확히 이등분하

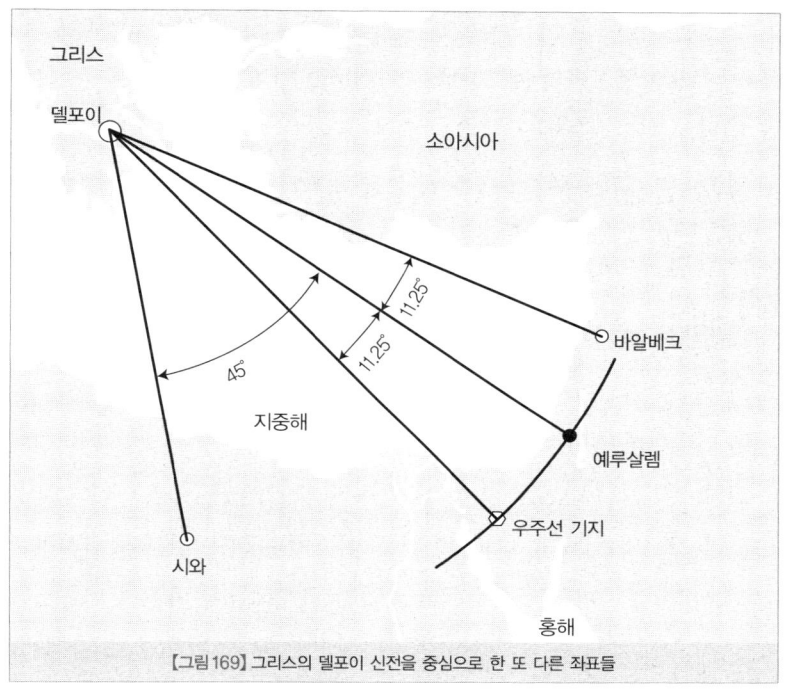

【그림169】 그리스의 델포이 신전을 중심으로 한 또 다른 좌표들

여 그것들과 각각 22.5도의 각을 만들어 낸다. 그리고 실제의 비행 회랑은 그 절반인 11.25도를 유지했다.

- 중앙 비행로와 북위 30도 선의 교차점에 위치한 우주선 기지는 헬리오폴리스와 움 슈마르로부터 동일한 거리에 위치하고 있었다.

그렇다면 그리스의 델포이 신전이 예루살렘에 있던 통제 센터와 시나이 반도 중앙 평원에 있던 우주선 기지로부터 동일한 거리에 있는 것도 결코 우연이라고 할 수 없다. 【그림169】 또 델포이와 예루살렘, 그리고 델포이와 우주선 기지를 연결하는 선들이 만들어 내는 각도가 11.25

스핑크스의 시선 547

도라는 것은 어떻게 설명해야 할 것인가? 또한 델포이와 바알베크를 연결하는 선도 델포이와 예루살렘을 연결하는 선과 11.25도의 각을 이루고 있다.

델포이와 예루살렘을 연결하는 선과 델포이와 시와의 오아시스를 연결하는 선은 45도 각도를 만들어 내고 있다. 그런데 시와는 알렉산더가 아몬의 신탁을 받으러 갔던 곳이다.

이집트의 테베나 에드푸(Edufu) 같은 다른 성스러운 도시와 신탁의 도시들은 이집트의 왕들이 나일 강 유역에 임의로 정한 것이었을까, 아니면 신들이 선택한 비행 좌표였을까?

만약 우리가 그런 모든 유적지들을 연구해 본다면, 지구의 거의 모든 중요한 장소들이 아눈나키들이 만든 비행 좌표의 어딘가에 위치하게 될 것이다. 그런데 그것이야말로 바알이 바알베크에 자신의 비밀스러운 장비를 설치할 때 이미 알고 있던 사실이 아니었던가? 기억을 되살려 보면, 바알의 목적은 근처에 있는 땅들뿐만 아니라 지구 전체와 소통하고 지구 전체를 지배하는 것이었다.

이런 사실을 구약의 하나님도 알고 있었음이 분명하다. 욥이 '엘의 기이한 일'을 알고자 했을 때, 하나님은 '회오리 가운데서 그에게 답하면서' 질문에 질문으로 응수했다.

묻는 말에 대답해 보아라.
내가 땅의 기초를 놓을 때에,
네가 거기에 있기라도 하였느냐?
네가 그처럼 많이 알면
내 물음에 대답해 보아라.

누가 이 땅을 설계하였는지,
너는 아느냐?
누가 그 위에 측량줄을 띄웠는지,
너는 아느냐?
무엇이 땅을 버티는 기둥을 잡고 있느냐?
누가 땅의 주춧돌을 놓았느냐?
_「욥기」 38 : 3~6

그런 다음 야훼 하나님은 지구를 측량하고, 주춧돌을 세우고, 땅을 버티는 기둥을 세우는 모든 일은 다음과 같은 때에 이루어졌다고 스스로 답한다.

그날 새벽에 별들이 함께 노래하였고
하나님의 아들들은 모두 기쁨으로 소리를 질렀다.
_「욥기」 38 : 7

인간이 현명한 것은 분명하지만, 이런 신들의 일을 한 것은 결코 아니다. 바알베크와 피라미드 그리고 우주선 기지는 모두가 신들이 자신들을 위해 지은 것들이었다.
그러나 늘 영생을 찾는 인간은 결코 스핑크스의 시선을 따르는 일을 멈추지 않을 것이다.

참고문헌

1. 잡지와 논문

Ägyptologische Forschungen (Hamburg-New York).

Der Alte Orient (Leipzig).

American Journal of Archeology (Concord, N. H.).

American Journal of Semitic Languages and Literature (Chicago).

Ametocan Philosophical Society, Memoirs (Philadelphia)

Analecta Orientalia (Rome).

Annales du Musée Guimet (Paris).

Annales du Service des Antiquités de l'Egypte (Cairo).

Annual of the American Schools of Oriental Research (New Haven).

Annual of the Palestine Exploration Fund (London).

Antiquity (Cambridge).

Archaeologia (London).

Archiv für Keilschriftforschung (Berlin).

Archiv für Orientforschung (Berlin)

Archiv Orientālni (Prague).

The Assyrian Dictionary of the Oriental Institute, University of Chicago (Chicago).

Assyriologische Bibliothek (Leipzig).

Assyriological Studies of the Oriental Institute, University of Chicago

(Chicago).

Babyloniaca (Paris).

Beiträge zur Aegyptischen Bauforschung und Altertumskunde (Kairo).

Beiträge zur Assyriologie und semitischen Sprachwissenschaft (Leipzig).

Biblical Archaeology Review (Washington).

Bibliotheca Orientalis (Leiden).

British School of Archaeology and Egyptian Research, Account Publications (London).

Bulletin de l'institut français d'archeologie orientale (Cairo).

Bulletin of the American Schools of Oriental Research (New Haven).

Cuneiform Texts from Babylonian Tablets in the British Museum (London).

Deutsche Orient-Gesellschaft, Mitteilungen (Berlin).

Deutsche Orient-Gesellschaft, Sendschriften (Berlin).

Egypt Exploration Fund, Memoirs (London).

Ex Oriente Lux (Leipzig).

France: Délégation en Perse, Memoires (Paris).

France: Mission Archéologique de Perse, Memoires (Paris).

Harvard Semitic Series (Cambridge, Mass.).

Hispanic American Historical Review (Durham, N.C.).

Iraq (London).

Imperial and Asiatic Quarterly Review (London).

Institut Français d'Archéologie Orientale, Bibliothèque d'Etude (Cairo).

Institut Français d'Archéologie Orientale, Memoires (Cairo).

Israel Exploration Society, Journal (Jerusalem).

Jewish Palestine Exploration Society, Bulletin (Jerusalem).

Journal of the American Oriental Society (New Haven).

Journal of Biblical Literature and Exegesis (Philadelphia).

Journal of Cuneiform Studies (New Haven and Cambridge, Mass.).
Journal of Egyptian Archaeology (London).
Journal of Jewish Studies (Oxford).
Journal of Near Eastern Studies (Chicago).
Journal of the Palestine Oriental Society (Jerusalem).
Journal of the Royal Asiatic Society (London).
Journal of Sacred Literature and Biblical Record (London).
Journal of the Society of Oriental Research (Chicago).
Kaiserlich Deutschen Archaelogischen Institut, Jahrbuch (Berlin).
Königliche Akadmie der Wissenschaften zu Berlin, Abhandlungen (Berlin).
Leipziger Semitische Studien (Leipzig).
Mitteilungen der altorientalischen Gesellschaft (Leipzig).
Mitteilungen des deutschen Instituts für ägyptische Altertumskunde in Kairo (Augsburg and Berlin).
Mitteilungen des Instituts für Orientforschung (Berlin).
Orientalia (Rome).
Orientalistische Literaturzeitung (Leipzig).
Palestine Exploration Quarterly (London).
Palestine Exploration Quarterly (London).
Preussischen Akademie der Wissenschaften, Abhandlungen (Berin).
Proceedings of the Society of Biblical Archaeology (London).
Qadmoniot, Quarterly for the Antiquities of Eretz-Israel and Bible Lands (Jerusalem).
Recueil de travaux relatifs à la philologie et à l'archéologie égyptiennes et assyriennes (Paris).
Revue Archéologique (Paris).
Revue d'Assyriologie et d'archéologie orientale (Paris).
Revue Biblique (Paris).

Sphinx (Leipzig).

Studia Orientalia (Helsinki)

Studies in Ancient Oriental Civilizations (Chicago).

Syria (Paris).

Tarbiz (Jerusalem).

Tel aviv, journal of the Tel-Aviv University Institute of Archaeology (Tel-Aviv).

Transactions of the Society of Biblical Archaeology (London).

Untersuchungen zur Geschichte und Altertumskunde Aegyptens (Leipzig).

Urkunden des ägyptischen Altertums (Leipzig).

Vorderasiatisch-Aegyptischen Gesellschaft, Mitteilungen (Leipzig).

Vorderasiatische Bibliothek (Leipzig).

Die Welt des Orients (Göttingen).

Wissenschaftliche Veröffentlichungen der Deutschen Orient-Gesellschaft (Berlin and Leipzig).

Yale Oriental Series, Babylonian Texts (New Haven).

Yeruschalayim, Journal of the Jewish Palestine Exploration Society (Jerusalem).

Zeitschrift für ägyptische Sprache und Altertumskunde (Berlin).

Zeitschrift für die alttestamentliche Wissenschaft (Berlin and Giessen).

Zeitschrift für Assyriologie und verwandte Gebiete (Leipzig).

Zeitschrift der Deutsche morgenländische Gesellschaft (Leipzig).

Zeitschrift des deutschen Palaestina-Vereins (Leipzig).

Zeitschrift für Keilschriftforschung und verwandte Gebiete (Leipzig).

Zeitschrift für die Kunde des Morgenlandes (Göttingen).

2. 연구서

Alouf, M. M.: History of Baalbek (1922).

Amiet, P.: La Glyptique Mésopotamienne Archaique (1961).

Antoniadi, E. M.: L'Astronomie Égyptienne (1934).

Avi-Yonah, M.: Sefer Yerushalaim (1956).

Babelon, E.: Les Rois de Syrie (1890).

_____: Les Collections de Monnais Anciennes (1897).

_____: Traité des Monnais Greques et Romaines (1901-1910).

Bauer, H.: Die alphabetischen Keilschrifttexte von Ras Schamra (1936).

Borchardt, L.: Die Entstehung der Pyramide (1928).

Bourguet, E.: Les Ruines de Delphos (1914).

Buck, A. de: The Egyptian Coffin Texts (1935-1961).

Budge, E. A. W.: The Alexander Book in Ethiopia (1933).

_____: Cleopatra's Needle (1906).

_____: The Egyptian Heaven and Hell (1906).

_____: Egyptian Magic (1899).

_____: The Gods of the Egyptians (1904).

_____: The History of Alexander the Great (1889).

_____: The Lift and Exploits of Alexander the Great (1896).

_____: Osiris and the Egyptian Resurrection (1911).

Budge, E. A. W. and King, L. W.: Annals of the Kings of Assyria (1902).

Capart, J.: Recueil de Monuments Égyptiens (1902).

_____: Thebes (1926).

Cassuto, M. D.: Ha'Elah Anath (1951).

_____: Perush al Sefer Shemoth (1951).

Contenau, G.: L'Épopée de Gilgamesh (1939).

Davis, Ch. H. S.: The Egyptian Book of the Dead (1894).

Delaporte, L.: Catalogue des Cylindres Orientaux (1910).

Delitzsch, F.: Wo Lag Das Paradies? (1881).

Dussaud, R.: Notes de Mythologie Syrienne (1905).

_____: Les Découvertes de Ras Shamra (Ugarit) et l'Ancien Testament (1937).

Ebeling, E.: Reallexikon der Assyriologie (1928-1932).

Eckenstein, L.: A History of Sinai (1921).

Emery, W. B.: Excavations at Saqqara (1949-1958).

Erman, A.: A Handbook of Egyptian Religion (1907).

_____: Aegypten und Aegyptisches Leben im Altertum (1923).

_____: The Literature of the Ancient Egyptians (1927).

Falkenstien, A.: Literarische Keilschrifttexte aus Uruk (1931).

Faulkner, R. O.: The Ancient Egyptian Coffin Texts (1973).

_____: The Ancient Egyptian Pyramid Texts (1969).

Frankfort, H.: Kingship and the Gods (1948).

Frauberger, H.: Die Akropolis von Baalbek (1892).

Friedländer, I.: Die Chadirlegende und der Alexanderroman (1913).

Gaster, Th. H.: Myth, Legend and Custom in the Old Testament (1969).

Gauthier, H.: Dictionnaire des Noms Geographique (1925).

Ginsberg, L.: Kitbe Ugarit (1936).

_____: The Legends of the Jews (1954).

_____: The Ras Shamra Mythological Texts (1958).

Gordon, C. H.: The Loves and Wars of Baal and Anat (1943).

_____: Ugaritic Handbook (1947).

_____: Ugaritic Literature (1949).

Gray, J.: The Canaanites (1965).

Gressmann, E.: Altorientalische Texte zum alten Testament (1926).

Grinsell, L. V.: Egyptian Pyramids (1947).

Heidel, A.: The Gilgamesh Epic and Old Testament Parallels (1946).

Hooke, S. H.: Middle Eastern Mythology (1963).

Hrozny, B.: Hethitische Keilschrifttexte aus Boghazköy (1919).

Jensen, P.: Assyrisch-Babylonische Mythen und Epen (1900).

_____ : Das Gilgamesch-Epos in der Weltliteratur (1906, 1828).

Jéquier, G.: Le Livre de ce qu'il y a dans l'Hades (1894).

Kazis, I. J.: The Book of the Gests of Alexander of Macedon (1962).

Kees, H.: Aegyptische Kunst (1926).

Kenyon, K. M.: Jerusalem (1967).

Kraeling, E. G. (Ed.): Historical Atlas of the Holy Land (1959).

Kramer, S. N.: Gilamesh and the Huluppu Tree (1938).

_____ : Sumerian Mythology (1944).

Langdon, S.: Historical and Religious Texts (1914).

_____ : The Epic of Gilgamesh (1917).

Leonard, W. E.: Gilgamesh (1934).

Lefébure, M. E.: Les Hypogées Royaux de Thébes (1882).

Lepsius, K. R.: Auswahl der wichtigsten Urkunden des Aegyptischen Alterthums (1842).

_____ : Königsbuch der Alten Aegypter (1858).

Lesko, L. H.: The Ancient Egyptian Book of the Two Ways (1972).

Lipschitz, O.: Sinai (1978).

Luckenbill, D. D.: Ancient Records of Assyria and Babylonia (1926-1927).

Meissner, B.: Alexander und Gilgames (1894).

Mercer, S. A. B.: Horus, Royal God of Egypt (1942).

Meshel, Z.: Derom Sinai (1976).

Montet, P.: Eternal Egypt (1969).

Montgomery, J. A., and Harris, R. S.: The Ras Shamra Mythological

Texts (1935).

Naville, H. E.: Das aegyptische Todtenbuch (1886).

Nöldeke, Th.: Beiträge zur Geschichte des Alexanderromans (1890).

Noth, M.: Geschichte Israels (1956).

_____: Exodus (1962)

Obermann, J.: Ugaritic Mythology (1948).

Oppenheim, A. L.: Mesopotamian Mythology (1948).

Perlman, M. and Kollek, T.: Yerushalayim (1969).

Perring, J. E.: The Pyramids of Gizeh from Actual Survey and Measurement (1839).

Petrie, W.M.F.: The Royal Tombs of the First Dynasty (1900).

Poebel, A.: Sumerische Studien (1921).

Porter, B. and Moss, R.L.B.: Topographical Bibliography of Ancient Egypt (1951).

Pritchard, James B.: Ancient Near Eastern Texts Relating to the Old Testament (3rd ed., 1969).

_____: The Ancient Near East in Pictures Relating to the Old Testament (1969).

Puchstein, O.: Führer durch die Ruinen von Baalbek (1905).

_____: Guide to Baalbek (1906).

Puchstein, O. and Lupke, Th. von: Baalbek (1910).

Rawlinson, H. C.: The Cuneiform Inscriptions of Western Asia (1861–1884).

Reisner, G. A. Mycerinus: The Temples of the 3rd Pyramid at Gizeh (1931).

Ringgren, H.: Israelitische Religion (1963).

Rothenberg, B. and Aharoni, Y.: God's Wilderness (1961).

Rougé, E. de: Recherches sur le Monuments qu'on peut Attributer aux six premières dynasties de Manethon (1866).

Schott, A.: Das Gilgamesch-Epos (1934).

Schrader, E. (Ed.): Keilinschriftliche Bibliothek (1889-1900).

Soden, W. von: Sumerische und Akkadische Hymmen und Gebete (1953).

Smyth, C. P.: Life and Work at the Great Pyramid (1867).

Thompson, R. C.: The Epic of Gilgamesh (1930).

Ungnad, A.: Die Religion der Babylonier und Assyrer (1921).

_____: Das Gilgamesch Epos (1923).

_____: Gilgamesch Epos und Odyssee (1923).

Ungnad, A. and Gressmann, H.: Das Gilgamesch-Epos (1919).

Vandier, J.: Manuel d'Archéologie Égyptienne (1952).

Virolleaud, Ch.: La déesse 'Anat (1938).

_____: La légende phénicienne de Danel (1936).

Volney, C. F.: Travels Through Syria (1787).

Wainwright, G. A.: The Sky Religion in Ancient Egypt (1938).

Weidner, E. F.: Keilschrifttexte aus Boghazkoy (1916).

Wiegand, Th.: Baalbek (1921-1925).

Woloohjian, A. M.: The Romance of Alexander the Great by Pseudo-Callisthenes (1969).

Zimmern, H.: Sumerische Kultlieder (1913).

틸문, 그리고 하늘에 이르는 계단

초판 1쇄 인쇄 2009년 11월 20일
초판 1쇄 발행 2009년 11월 25일

지은이   제카리아 시친
옮긴이   이근영
기획   이근영, 이재영, 이재황

펴낸이   김환기
펴낸곳   도서출판 AK

주소   서울시 마포구 마포동 324-3번지 경인빌딩 3층
전화   02-3143-7995
팩스   02-3143-7996
등록   제 395-2009-000037호
이메일   book@booksorie.com
블로그   http://blog.naver.com/akbooks

ISBN   978-89- 962449-6-7 03900
         978-89-962449-4-3 (세트)